누구나 쉽게 시작하는

게임 콘셉트 디자인

LEARN IT

글로벌 게임연구회 추천도서

남기덕 지음

남기덕 교수

세계 게임 시장이 질적으로 한 단계 더 발전하는 데 조금이나마 공헌하고자 대학에서 게임학, 게임 프로그래밍, 게임 디자인을 연구하고 가르치고 있다. 좀 더 많은 사람들에게 게임 제작에 대한 지식과 경험을 나눠줄 수 있는 방법을 찾기 위해 비영리 단체인 글로벌 게임 연구회를 창립해 활동 중이다.

프로필 : 동양대학교 게임학부 교수, 글로벌 게임 연구회 회장 & 창립자, 상명대학교 일반대학원 게임학 박사, 중국 길림애니메이션대학교 객원교수, 게임 비평가 & 게임 분석가, 한국게임학회 정회원, 한국e스포츠학회 기획이사, 한국엔터테인먼트산업학회 상임이사, 한국문화콘텐츠비평협회 정보이사, 한국콘텐츠진흥원 게임전문가 평가위원, 각종 게임 관련 심사위원 (전시회, 행사, 지자체, 게임잼 등), 대학, 기관, 단체, 컨퍼런스 등 강의 및 강연, (전) 게임 PD, PM, 개발팀장, 클라이언트 프로그래머, (전) 가천대학교 게임대학원 겸임교수

저서 : 게임 디자인을 위한 기초 이론, 2019

누구나 쉽게 시작하는

게임 콘셉트 디자인

초판 1쇄 발행 • 2023년 10월 5일 | **지은이** • 남기덕 | **발행인** • 이종원 | **발행처** • (주)도서출판 길벗 | **브랜드** • 길벗캠퍼스

출판사 등록일 • 1990년 12월 24일 | **주소** • 서울시 마포구 월드컵로 10길 56(서교동) | **대표 전화** • 02)332-0931 | **팩스** • 02)323-0586

홈페이지 • www.gilbut.co.kr | **이메일** • gilbut@gilbut.co.kr | **책임편집** • 신유진(backdoosan@gilbut.co.kr) | **디자인** • 강은경

제작 • 이준호, 손일순 | **영업마케팅 및 교재 문의** • 박성용(psy1010@gilbut.co.kr) | **영업관리** • 김명자 | **독자지원** • 윤정아, 최희창

전산편집 • 앤미디어 | **CTP 출력 및 인쇄** • 예림인쇄 | **제본** • 예림인쇄

길벗캠퍼스는 (주)도서출판 길벗의 IT대학교재 출판 브랜드입니다.

ISBN 979-11-407-0627-3 93000(길벗 도서번호 060098)

정가 27,000원

게임은 아이들이 성인이 되기 전 특정 시기에만 즐기는 놀이에 불과할까? 국내는 북미와 일본에 비해 게임의 역사도 상대적으로 짧고 질적으로 성장이 부족하기에 부정적인 인식이 아직 강하게 남아 있다. 이에 따라 아직도 게임은 단순한 놀이에 불과하다고 생각하는 사람이 적지 않은 편이다. 그러나 그 수가 빠르게 줄어들고 있는 것도 사실이다. 산업적으로 막대하게 성장하고 있는 미디어이기도 하며, 그 어떤 다른 미디어보다 젊은 세대에 대한 영향력이 커지면서 오히려 다양한 분야에서 어떻게 하면 게임과 융합하여 새로운 활로를 개척할 것인가 고민하는 시대가 됐다.

북미와 일본에서 게임은 이미 수십 년 전부터 대표적인 미디어로 부상했으며, 다른 미디어와 융합하여 콘텐츠 산업 전체를 이끌어 가고 있다. 게임의 역사가 긴 만큼 대부분의 60대 이상도 어렸을 때부터 게임을 한 게이머였다는 특징도 무시할 수 없으나, 모든 미디어 중 상호작용성이 가장 강한 게임의 중요성을 이해하고 게임에 대해서 많은 부분을 배우려고 하는 사회 전체적인 인식이 우리와 근본적으로 큰 차이를 불러일으키고 있다. 게임을 중심으로 다양한 미디어를 융합하여 글로벌 세계의 젊은 세대가 좋아하는 콘텐츠 생산과 유통을 리드하고 있다.

북미 게임은 영화를 기반 미디어로 하여 예술로서 발전하고 있고, 일본 게임은 애니메이션을 기반 미디어로 하여 문화로서 발전하고 있다. 북미와 일본만 아니라 유럽에서도 이제 게임은 아이들의 전유물이 아닌 콘텐츠 산업 전체를 주도하는 핵심축이 되었고, 다양한 융합 콘텐츠를 이해하기 위해 게임은 이제 필수적인 교재로 평가받고 있다.

국내 다양한 분야에서도 조금씩 게임과 융합하는 것으로 새로운 활로를 개척하려는 움직임이 생기고 있다. 영화나 드라마에서도 게임의 요소를 넣기 위해 게임 전문가에게 자문을 요청하는 빈도가 늘었고, 심지어 게임 개발 경험자를 영입하는 경우도 늘어나고 있다. 이러한 흐름에 따라 수많은 콘텐츠나 멀티미디어 학과에서 게임의 기초과정을 넣어 학생들의 수업에 대한 관심도를 높이려 하고 있다.

게임 제작을 제대로 알기 위해서는 굉장히 많은 것을 학습하고 경험해야 한다. 다른 분야와 비교하기 어려운 정도로 역할이 세분화되어 있고, 전문화되어 있는 게임 산업에서 단 하나의 분야를 제대로 수행하기 위해서 최소 5년은 필요할 정도다. 또한 거의 모든 일이 2개 이상의 다른 분야와 융합된 채로 이뤄지므로 진정한 의미의 융합을 이해하지 못한다면 게임 제작에 참여해서 버티기 어렵다.

본격적인 게임 제작을 위해서는 게임 제작의 방향성을 결정하는 게임 디자인이 필수가 되는데 게임 디자인은 게임 제작에 있어서도 가장 중요하면서 가장 어려운 영역이다. 분명 게임 디자인은 복잡하고 어려운 분야라는 점은 맞지만, 아이러니하게도 게임에 관심을 가지는 사람이 먼저 접근하기 수월한 것도 게임 디자인일 것이다. 게임 프로그래밍과 그래픽 디자인은 특수한 기술이 필요하기 때문에 시도하려는 것조차 어렵게 보이지만 게임 디자인은 만만해 보일 수 있다.

필자는 80년대 게임부터 다양한 게임 장르의 탄생을 직접 경험한 약 40년이 되어가는 하드코어 게이머이자, 전 게임 개발자이자, 현 게임학 박사이자 게임학부 교수로서 게임학, 게임 프로그래밍, 게임 디자인을 가르치고 있다. 40년 넘게 게임과 함께 살아오고 있으며, 앞으로도 40년 이상을 게임과 함께 살아가고자 노력하고 있으나 오히려 시간이 지날수록 게임 디자인은 더 어렵게 느껴진다. 그렇기 때문에 게임학 안에서도 게임 디자인을 중요시하는 입장이며, 게임 디자인 연구에 많은 시간과 노력을 쏟으려 노력하고 있다.

대학에서 학생들에게 게임 제작을 가르치는 것 외에도 수많은 게임 개발사와 공공기관 등에 게임과 관련된 자문을 해 주고, 국내&국제 게임 관련 행사에서 게임 심사를 하고 있기 때문에 필자에게는 항상 게임 제작에 대한 다양한 질문이 들어온다. 게임 제작을 시작하기 위해서 게임 디자인이 선행되어야 하는데, 게임 디자인의 길잡이인 콘셉트 디자인에서는 무엇을 해야 하고 어떻게 구성하는 것이 좋을지, 게임 제작의 시작에 대해 궁금해하는 분들이 생각 외로 굉장히 많다.

이러한 분들을 위해 이 책은 한 학기(15주)를 기준으로 매주 게임 콘셉트 디자인에 필요한 필수적인 항목들을 학습하고, 최종적으로 게임 콘셉트 디자인 문서를 어떻게 구성하여 자신이 만들고자 하는 게임을 어떻게 구체화하는지 가이드를 제시하고자 한다. 분명 게임 디자인은 게임 제작에 있어서 가장 어려운 영역임은 틀림없으나 게임 제작의 시작이 되는 게임 콘텐츠 디자인은 아이디어 차원의 단계이므로 게임에 관심을 가지는 누구나 시도해 볼 수 있다.

게임 콘셉트 디자인을 몇 번 완료했다고 해서 곧바로 게임 디자이너가 될 수 있다고 오해해서는 안 되나 게임 제작의 첫걸음을 내딛은 것은 틀림없는 사실이다. 게임 제작은 배우기 어려우니 포기하자고만 하지 말고 게임 콘셉트 디자인부터 시작해 보고 결정해도 늦지 않다. 다양한 명작 게임들을 찾아보고 분석해 보는 과정을 통해 자신이 만들고 싶은 게임의 방향성을 하나씩 정해 보면 금세 게임 세계에 들어와 있는 자신을 발견하게 될 것이다.

저자 남기덕

이 책은 게임 콘셉트 디자인에 관심 있는 누구나 독학으로 게임 콘셉트 디자인을 따라해 문서를 완성할 수 있도록 작성되어 있다. 또한 기본적으로 대학에서 게임 디자인 기초 과목의 교재로 활용할 수 있도록 구성했다. 이 책이 최종적으로 무엇을 전달하고자 하는지 이른 시점에 이해하고자 한다면, 먼저 목차 중 '중간 발표 가이드'와 '기말 발표 가이드'를 살펴보는 것이 좋다.

한 학기 15주차의 수업에서 활용할 수 있도록, 중간발표와 기말발표를 고려하여 총 13개의 챕터(장)로 구성되어 있다. 챕터별로 동일하게 필수 이론과 개념, 게임 예시를 통한 분석, 실습 가이드 3단계로 구성되어 있어 매주 게임의 다양한 면을 접할 수 있고, 게임 콘셉트 디자인에 필요한 항목을 문서에 조금씩 작성하게끔 함으로써 수업만 잘 따라오면 학생들 스스로 기본적인 게임 콘셉트 디자인 문서를 완성할 수 있도록 구성했다. 2시수 수업에서는 수업 시간에 실습 가이드까지 학습하고 실제 실습은 과제로 제출하도록 안내하면 되며, 3시수 수업에서는 수업 시간 안에 실제 실습 시간을 부여하여 매주 목표를 달성하게 지도하는 것을 권장한다.

이 책은 게임 디자인 기초를 게임 외 분야에서도 폭넓게 가르칠 수 있도록 다른 게임 디자인 책에 비해 기초적인 부분을 포함해 쉽게 작성하려고 하였으며, 가능한 한 게임 예시를 풍부하게 들려고 노력했다. 이 책은 게임 콘텐츠 디자인의 'how to'에 포커스를 맞춰 기본적인 내용만 추려서 작성되었기에 비교적 어려운 내용은 배제하려고 했다.

수업에서 조금 더 깊이 있는 게임 디자인을 학습시키고자 한다면, 부교재나 참고 교재로 필자의 '게임학 이론'에 포커스를 맞춘 다른 저서인 「게임 디자인을 위한 기초 이론」을 같이 보면서 학생들이 필요로 하는 이론을 추가적으로 학습 내용에 포함하면 된다.

「게임 디자인을 위한 기초 이론」은 한 단계 깊이 있는 게임 디자인을 위해 게임 디자인에 필요한 다양한 분야의 '이론'에 집중한 중급~고급 과정의 책으로, 필요한 항목을 선별적으로 추가하면 수업의 난이도를 조정하기 수월할 것이다.

| 계획안 요약 |

교과목 개요 및 수업목표	
교과목 개요	본 수업은 게임 디자인 기초과정으로 게임 콘셉트 디자인에 필요한 항목을 배우고, 해당 항목을 작성하기 위해 필요한 이론과 개념을 배운다. 매주 게임 콘셉트 디자인에 필요한 이론과 개념, 게임 예시를 통한 분석, 실습 가이드 3가지 단계로 나눠 학습하며, 게임 콘셉트 디자인 문서의 전체 구성을 이해한다.
수업목표	문제 중심 학습을 통해, 최종적으로 자신이 만들어보고 싶은 게임의 콘셉트 디자인 문서(기획서)를 완성하고, 설득력 있게 문서를 구성하여 발표까지 하는 것을 목표로 한다.

주차별	챕터	주제
1주차	1장	오리엔테이션과 (1장) 게임 디자인의 이해
		게임 콘셉트 디자인과 상세 디자인의 차이를 이해하고 게임 개발 프로세스와 게임 디자인 프로세스를 학습한다.
2주차	2장	(2장) 테마
		게임 테마의 정의, 테마의 특성, 테마 계승의 중요성을 학습하여 게임의 테마를 정한다.
3주차	3장	(3장) 특징, 유형, 차별점
		게임의 특징, 유형, 놀이의 단계를 학습하여 게임의 차별점을 정한다.
4주차	4장	(4장) 구성요소
		게임 구성요소 모델과 장르별 게임 디자인 구성요소를 학습하여 집중한 구성요소를 정한다.
5주차	5장	(5장) 재미요소
		재미의 유형, 재미 평가 모델, 재미요소 모형을 학습하여 집중할 재미요소를 정한다.
6주차	6장	(6장) 플레이어
		놀이 인격, 다중 지능 이론, 플레이어 유형을 학습하여 집중 공략할 플레이어 범위를 정한다.
7주차	7장	(7장) 타겟층과 장르 선정
		나이와 성별을 통해 타겟층을 선정하고, 게임의 분류(플랫폼, 장르, 소재)를 학습하여 장르를 정한다.
8주차	중간고사	중간고사 발표
		게임 콘셉트 디자인 아이디어 도출 문서 발표
9주차	8장	(8장) 캐릭터 설정
		게임 캐릭터의 분류, 설정 항목, 역할, 보편적 감정을 학습하여 주요 캐릭터 설정을 한다.
10주차	9장	(9장) 세계관 설정과 스토리
		게임에서 활용되는 주요 세계관, 세계관 구축, 스토리 관련 용어, 플롯을 학습하여 세계관 설정과 스토리를 작성한다.
11주차	10장	(10장) 메커닉스와 게임 플레이
		절차와 규칙, 핵심 게임 플레이 루프, 정보 조작의 중요성을 학습하여 게임 메커닉스를 정한다.
12주차	11장	(11장) UI
		행동유도성, 작업 기억과 장기 기억, 게슈탈트 법칙을 학습하여 주요 UI를 디자인한다.
13주차	12장	(12장) 그래픽과 사운드
		그래픽 퀄리티와 분위기, 언캐니 밸리, 칵테일파티 효과를 학습하여 게임 전반의 그래픽, 사운드를 디자인한다.
14주차	13장	(13장) 게임 콘셉트 디자인 문서 작성 가이드
		게임의 규모를 산정하는 인력, 스펙, 일정을 학습하고 게임 콘셉트 디자인 문서의 구성을 이해한다.
15주차	기말고사	기말고사 발표
		게임 콘셉트 디자인 문서 완성본 발표

1 장

게임 디자인의 이해

학 습 목 표

게임 콘셉트 디자인과 상세 디자인의 차이를 이해하고 게임 개발 프로세스와 게임 디자인 프로세스를 학습한다.

GAME CONCEPT

1.1 게임 디자인 개요

01 게임과 게임 디자인이란

● 어디까지 게임인가?

어디까지 영화이고, 어디까지 드라마인가? 이러한 질문은 생소하게 들릴 수 있다. 물론 영화와 드라마도 다양한 형태로 발전하고 있으나 정해진 포맷이 있고, 대부분의 사람들은 영화와 드라마라는 단어를 듣는 순간 동일한 미디어를 생각하게 된다. 이러한 특징은 인쇄 미디어인 출판, 신문, 잡지나 음성 미디어인 음반, 라디오나 영상 미디어인 TV, 영화, 드라마 등이 모두 동일하게 가지고 있다.

반면 게임은 어떨까? "어디까지 게임인가?"라는 질문에 대한 답은 국가나 문화권을 넘어서 심지어 개인마다 다르다. 이러한 다양성이 게임이라는 미디어가 다른 미디어와 굉장히 다른 특이한 미디어라는 점을 방증하고 있으며, 그만큼 게임이 새로 배우기 어려운 미디어라는 것이다. 기존 미디어와 비슷한 점도 있으나 근본적으로 다른 형태의 미디어라고 이해하는 것부터가 게임이라는 미디어를 쉽게 접근하기 위한 첫걸음이라 할 수 있다.

게임은 기존 미디어의 연장선에 불과하기에 기존 미디어의 관점과 기준으로 게임을 이해하려고 한다면, 게임 세계에 들어오는 순간부터 도저히 이해되지 않는 부분이 많을 것이다. 필자는 이러한 특징을 간략히 설명하기 위해 기존 미디어인 연극, 영화, 드라마, TV, 애니메이션 등을 '보는' 미디어라고 하고, 게임은 '하는' 미디어라고 다르게 분류한다.

분명 다른 여러 미디어의 특징을 융합하여 만들어진 것이 게임이지만, 놀이라는 개념에서 발생된 근본부터 다른 특성을 가진 미디어라고 볼 수 있다. 지금까지 게임을 영상 미디어 중 하나이자 영상 미디어의 발전된 형태로 분류하는 주장이 주류였지만, 필자는 게임을 영상 미디어가 아닌 별도의 미디어로 구분해야 한다고 보는 입장이다. 이러한 점은 게임의 소비자를 나타내는 용어에서도 드러난다.

게임의 소비자는 관객, 독자, 시청자가 아닌 유독 '플레이어' 또는 '게이머'라는 다른 명칭을 사용하고 있다. 필자는 게임을 잘 모르는 사람들에게 설명할 때, 지금까지 관객에만 머물러 있던 소비자를 관객이자 '배우'로 만들어 주는 미디어라고 설명한다. 다른 미디어에서 게임의 상호작용과 몰입에 관심을 가지고 게임 요소를 적용하기 위해 많은 궁리를 하고 있으나 근본적으로 '보는' 미디어는 소비자가 제3자의 관점에서 작품을 감상하는 것이기에 이러한 관점에서 게임을 접한다면 게임의 극히 일부만 이해하게 된다. 간접 체험을 하는 기존 미디어와 직접 체험을 하게 되는 게임과 근본적인 차이가 존재하기 때문이다.

게임이라는 미디어를 이해하기 위한 첫 번째 질문은 '게임은 무엇인가?'라는 질문이다. 게임은 이 질문부터 명확히 답하기 난해한 굉장히 독특한 미디어다. 다른 미디어와 비교하기 어려울 정도로 그 범위도 광범위하며, 셀 수 없을 만큼 다양한 유형으로 분류가 가능하다. 심지어 지금 이 순간에도 현재의 틀을 넘어선 다양한 형태로 발전해 가고 있다.

과연 어디까지 게임인지 명확하게 답하긴 어렵기 때문에 게임이라는 미디어를 이해하기 위해서 시대의 변화나 국가의 차이에 따라 달라지는 여러 게임 관련 용어부터 살펴보는 것이 게임에 부드럽게 입문하는 길이다. 가볍게 게임의 역사를 살펴본다고 생각하면 마음이 편할 것이다.

● 시대마다 달라지는 게임을 대표하는 용어

시대마다 '게임'이라고 폭넓게 불리는 게임이라는 용어는 실질적으로 시대에 따라 그 범위가 변해왔다. 당시에는 대표적인 게임 형태였기에 '게임'으로 불렸으나 현재는 별도로 분류되어 세부 명칭으로 불리고 있다. 게임은 시대가 변함에 따라 대표적인 형태가 크게 바뀌면서 전체가 확장되는 굉장히 특이한 미디어이다. 이러한 변화를 이해하면 게임이라는 미디어의 대략적인 윤곽을 그릴 수 있게 된다.

❶ 보드 게임

게임은 놀이에서 발전된 형태라고 보는 것이 보편적인 게임학 연구의 견해다. 놀이에서 구체적인 게임으로 발전한 사례 중 가장 역사가 길다고 볼 수 있는 것이 보드 게임(Board Game)이다. 현재 우리가 디지털로 즐기는 '게임'이 만들어지기 전 아날로그 게임인 보드 게임이 그냥 '게임'이라고 불렸고 누구나 게임이라고 하면 현재 세분화된 표현인 보드 게임을 떠올렸다. 이처럼 게임이라는 미디어는 확장되면서 성격이 크게 다른 경우 별도의 용어로 세분화되는 특징이 있다.

우리가 흔히 알고 있는 체스, 바둑, 장기, 트럼프, 화투 모두가 보드 게임에 속한다. 기원전 3100년 상형문자 형태로 기록이 남아있는 고대 이집트의 〈세네트〉가 게임의 규칙을 확인할 수 있는 최초의 보드게임으로 알려지고 있으며, 현대 보드 게임은 1995년 출시한 〈카탄(CATAN)〉을 기준으로 시장 규모가 크게 성장했다. 현재는 독일을 중심으로 한 유럽이 대부분의 시장을 점유하고 있다.

그림 1-1 체스

❷ 아케이드 게임

보드 게임이 탄생한 후 일정 기간 핀볼을 비롯한 기계식 게임으로 발전되어 유통되었으나 일일이 제작해야 했기 때문에 대중화로 이어지지 못했다. 그러나 미국에서 디지털로 된 아케이드 게임이 탄생하면서 연구 성격을 넘어서 본격적인 상업적 성격을 띠게 된다.

1970~80년도에 상업적으로 성공한 〈퐁(PONG)〉, 〈스페이스 인베이더(Space Invaders)〉, 〈갤러그(Galaga)〉 등의 '게임'들은 술집, 카페, 약국 등 대기시간이 긴 장소를 기반으로, 동전을 넣어 플레이하는 핀볼의 자리를 빠르게 대체했다. 이후 이러한 게임들을 쇼핑 아케이드 센터에 집중적으로 모아 소비자를 끌어 모으면서 아케이드 게임(Arcade Game)이라는 용어로 불리게 된다.

당시 '게임'이라고 하면 당연히 동전을 넣고 플레이하는 게임을 떠올렸으며, 현재는 아케이드 게임으로 세부 분류하여 부르고 있다. 한국에서는 아케이드 센터가 아닌 오락실이라는 명칭의 장소에서 이뤄졌기에 과거에는 오락실 게임이라고 불렸었다.

그림 1-2 PONG

핀볼은 기계식 아케이드 게임으로, 프랑스에서 만들어진 바가텔(Bagatelle)이라는 구슬을 활용한 게임이 원류로 알려지고 있다. 이 게임은 아케이드 게임 전에 시장을 형성하며, 1930년대부터 상업적으로 성공한다. 초기 아케이드 게임을 상업화하는 과정에서 이미 충분한 유통망을 가지고 있고 명확한 시장을 가지고 있던 핀볼의 판매 방식은 아케이드 게임과 궁합이 잘 맞았기에 아타리(Atari)의 창립자인 놀런 부슈널(Nolan Kay Bushnell)은 아케이드 게임도 핀볼의 판매 방식과 유통망을 활용하게 된다. 이후 아케이드 게임은 핀볼을 대체하는 것을 넘어 대중적으로도 크게 성공하고 핀볼은 급격하게 시장 규모가 작아지게 된다.

❸ 컴퓨터 게임과 PC 게임

기업에서 논리 연산과 저장을 통해 업무를 수행하던 대형 컴퓨터가 개인용 컴퓨터인 PC(Personal Computer)로 보급되면서 개인의 취미인 게임을 즐기기 위한 기계로 용도가 확장된다. 당시 Personal Computer로 즐기는 게임이 넓게 보급되면서 컴퓨터 게임이라는 용어가 사용되기 시작했고, '게임'이라고 하면 컴퓨터 게임(Computer Game)을 의미했다.

1976년 텍스트 입력을 통해 플레이어와 상호작용하는 텍스트 모험 게임인 〈Colossal Cave Adventure〉가 출시하면서 최초로 어드벤처 게임 장르가 탄생하였고, 뒤를 이어 1981년 TRPG의 세계관과 어드벤처 게임의 키보드 입력을 결합한 〈울티마(Ultima)〉와 〈위저드리(Wizardry)〉와 같은 롤플레잉 게임(RPG) 장르가 영향을 받아 탄생하게 된다. 현재는 컴퓨터라는 용어가 아닌, Personal Computer의 약어인 PC를 활용하여 PC 게임(PC Game)이라고 부른다.

게임이 연구되기 시작한 초창기에 출간된 책과 논문을 살펴보면, 지금은 사용하지 않는 '컴퓨터 게임'이라는 용어가 자주 등장한다. '컴퓨터 게임'이라는 용어를 사용한 책이나 자료를 본다면 이제는 어떤 시대에 출간된 책이라는 것을 이해할 수 있을 것이다.

```
.run adven

WELCOME TO ADVENTURE!!  WOULD YOU LIKE INSTRUCTIONS?

yes

SOMEWHERE NEARBY IS COLOSSAL CAVE, WHERE OTHERS HAVE FOUND FORTUNES IN
TREASURE AND GOLD, THOUGH IT IS RUMORED THAT SOME WHO ENTER ARE NEVER
SEEN AGAIN.  MAGIC IS SAID TO WORK IN THE CAVE.  I WILL BE YOUR EYES
AND HANDS.  DIRECT ME WITH COMMANDS OF 1 OR 2 WORDS.  I SHOULD WARN
YOU THAT I LOOK AT ONLY THE FIRST FIVE LETTERS OF EACH WORD, SO YOU'LL
HAVE TO ENTER "NORTHEAST" AS "NE" TO DISTINGUISH IT FROM "NORTH".
(SHOULD YOU GET STUCK, TYPE "HELP" FOR SOME GENERAL HINTS.  FOR INFOR-
MATION ON HOW TO END YOUR ADVENTURE, ETC., TYPE "INFO".)
                              - - -
THIS PROGRAM WAS ORIGINALLY DEVELOPED BY WILLIE CROWTHER.  MOST OF THE
FEATURES OF THE CURRENT PROGRAM WERE ADDED BY DON WOODS (DON @ SU-AI).
CONTACT DON IF YOU HAVE ANY QUESTIONS, COMMENTS, ETC.

YOU ARE STANDING AT THE END OF A ROAD BEFORE A SMALL BRICK BUILDING.
AROUND YOU IS A FOREST.  A SMALL STREAM FLOWS OUT OF THE BUILDING AND
DOWN A GULLY.

east

YOU ARE INSIDE A BUILDING, A WELL HOUSE FOR A LARGE SPRING.

THERE ARE SOME KEYS ON THE GROUND HERE.

THERE IS A SHINY BRASS LAMP NEARBY.

THERE IS FOOD HERE.
```

그림 1-3 Colossal Cave Adventure

❹ 비디오 게임과 콘솔 게임

아케이드 게임에 이어 컴퓨터 게임의 성공으로 게임 시장이 급격히 확대되면서 아케이드 센터에서 즐기던 게임을 가정에 하나씩 판매하면 어떨지를 고민한 인물들이 나타난다. 아케이드 게임인 〈퐁〉으로 막대한 이익을 얻은 아타리의 놀런 부슈널은 게임만을 전문적으로 즐길 수 있도록 소형 컴퓨터를 만들어 콘솔 게임기라는 이름으로 〈퐁〉을 넣어 게임의 대중화를 선도한다.

1972년 최초의 게임기인 마그나복스 오디세이가 출시했으나 1975년에 단종되었고, 1977년에 아타리 2600(Atari 2600)이 출시하면서 본격적인 콘솔 게임(Console Game)의 시대가 열린다. 1983년 아타리 쇼크(North American Video game crash)가 발생하면서 미국 게임 시장은 극심한 침체기에 들어선 반면, 1983년 출시한 닌텐도의 패밀리 컴퓨터(Family Computer, Famicom)는 전 세계에 걸쳐 막대한 성공을 거둬 한동안 일본이 게임 시장을 이끌게 된 계기가 된다.

초창기에는 콘솔 게임이 아닌 영상 표시 장치인 비디오 장치에 출력되는 게임이라는 의미로 비디오 게임(Vided Game)이라는 용어로 사용되었으며, 콘솔 게임기를 통해 즐기는 게임을 현재는 콘솔 게임이라고 세분화하여 부르고 있다. 그러나 다양한 형태로 게임이 발전하면서 국가나 문화권별로 게임에 대한 용어에 차이가 생기기 시작했으며, PC 게임과 콘솔 게임의 벽이 사라지면서 서로의 플랫폼으로 출시하는 멀티플랫폼 출시가 보편화되었다. 이로 인해 PC 게임과 콘솔 게임의 합집합으로 비디오 게임이라는 용어가 대중적으로 사용되게 되었다.

그림 1-4 Atari 2600

❺ 온라인 게임

북미, 일본, 유럽을 중심으로 PC 게임과 콘솔 게임을 아우르는 비디오 게임이 게임 시장의 대부분을 차지하는 시대에 변화를 가져온 것은 인터넷(Internet)의 탄생이었다. 1989년 월드 와이드 웹(World Wide Web, WWW)의 탄생과 함께 인터넷 상에 게임의 불법 복제가 성행하게 되고, 이로 인해 여러 게임 개발사가 불법 복제를 방지하기 위해 다양한 방법을 궁리해 가는 중, 근본적으로 복제를 막기 위해 서버와 클라이언트의 통신을 통한 온라인을 활용한 게임이 급증하기 시작한다.

최초의 MMORPG로 알려진 〈울티마 온라인(Ultima Online)〉은 가상 세계에서 수많은 사람들과 실시간으로 만날 수 있고, 현실이 아닌 곳에서 새로운 아바타(Avatar)가 되어 새로운 인생을 누리는 것을 목적으로 탄생됐다. 초창기 MMORPG는 MMORPG라는 장르의 탄생 의의인 가상 세계에서 새로운 인생을 경험하게 해 주는 형태로 발전하게 되었다. 그러나 한국을 주축으로 게임의 불법 복제를 막기 위한 수단으로 온라인을 도입한 게임이 활용되면서 MMORPG의 본질은 흐려지고 단지 비디오 게임을 온라인화하여 불법 복제를 막고, 부분유료화를 통해 막대한 이익을 얻기 위한 형태로 변질된다.

이후 한국에서는 특정 장르가 아닌 플랫폼을 선도하고 있다는 희망을 담아 '온라인 게임의 종주국'이라는 표현을 사용하기 시작했다. 그러나 결국 대부분의 게임이 MMORPG라는 특정 장르에 국한되었고, 콘솔 게임에서 온라인을 도입하고, 모바일 게임이 등장하면서 온라인이라는 의미가 모호해지면서 온라인 게임(Online Game)이라는 용어는 국내에서만 주로 사용하게 됐다. 미국과 일본에서는 온라인 게임은 극히 일부 게이머에게 알려진 용어이며, 글로벌 게임 시장에서는 명확한 구분을 위해 MMORPG라는 장르를 명시해서 사용하고 있다.

❻ 모바일 게임

피처폰 시절에도 폰으로 즐길 수 있는 간단한 게임은 존재했으나 하드웨어의 한계로 인해 큰 인기를 끌지는 못했다. 2007년, iPhone의 출시를 시작으로 iOS와 Android의 체제가 형성되면서 스마트폰의 폭발적인 보급과 함께 스마트폰을 활용한 모바일 게임(Mobile Game)이 등장했다. 최초에 모바일 게임은 스마트폰의 터치라는 새로운 조작 방법이라는 특성을 활용한 게임을 출시하여 PC 게임과 콘솔 게임에서 경험하지 못한 재미를 제공하는 게임으로 전체 게임 시장을 위협했다.

그러나 스마트폰에서 게임을 편하게 즐기기 위한 새로운 조작 방법을 찾지 못하고, 작은 화면, UI 구성, 발열, 피로감 등의 문제를 해결하지 못한 채, 비디오 게임과의 차별성마저 찾지 못하고 결국 게임성이 아닌 상업적인 것에 집중하여 소수의 소비자에 집중한 부분유료화 모델에 매달렸다. 그 결과 게임 시장의 부정적인 인식을 대변하는 용어로 자리잡았다.

미국의 대표적인 게임 개발사 중 하나인 블리자드 엔터테인먼트(Blizzard Entertainment)가 블리즈컨(BlizzCon) 행사에서 〈디아블로 이모탈(Diablo Immortal)〉을 발표했을 때, 현장 반응을 보면 미국 게이머들의 모바일 게임에 대한 부정적인 인식을 쉽게 이해할 수 있다. 북미 시장에서 모바일 게임에서 압도적인 1위 장르는 카지노 게임으로, 비디오 게임을 즐겨온 게이머들은 모바일로 게임을 하는 것 자체를 진정한 게임으로 인정하지 않고 있다. 또한, 일본 시장에서도 미국만큼 부정적인 인식은 없으나 모바일 게임의 약자로 모바게(モバゲー)라는 용어를 통해 비디오 게임과 질적으로 확연한 차이가 존재한다는 인식이 강하다.

❼ 디지털 게임

앞서 살펴본 시대마다 달라지는 게임을 대표하는 용어는 현재 시점에서 역사적으로 중요한 의미를 가지는 것을 중심으로 서술했고, 실제는 더 다양한 게임 관련 용어들이 등장했다가 사라졌다. 게임은 시대를 대표하는 기술이나 문화와 함께 새로운 형태가 만들어졌으며, 그때마다 크게 확장되어 왔다. 시대마다 달라지는 용어와 더불어 게임의 플랫폼과 장르에도 모두 OO 게임이라는 형태로 사용되고 있기 때문에 게임학 연구에서는 우리가 흔히 말하는 게임을 포괄하는 용어의 필요성이 대두됐다.

대중적으로 사용되는 용어는 아니지만, 게임학 연구를 위해서 게임을 포괄하는 용어로 현재 가장 많이 활용되는 것은 아날로그 게임과 대비되는 디지털 게임(Digital Game)이다. 앞서 언급한 용어 중 보드 게임을 제외한 디지털로 만들어진 모든 게임이 디지털 게임에 포함된다. 이 책에서 앞으로 '게임'이라고 포괄적인 용어를 사용하면, 그 범위가 '디지털 게임'을 의미한다. 현재 시점에 "이 용어도 시대가 변하면 또 바뀔 수 있지 않을까?"라는 궁금증이 들었다면 게임의 확장성을 충분히 이해했다는 의미가 된다.

● 국가별로 다른 의미를 가진 게임

시대마다 게임을 대표하는 용어도 달라지지만, 우리가 알고 있는 게임이라는 미디어를 의미하는 용어는 국가별로도 차이가 존재한다. 간략히 미국, 일본, 한국을 비교해 보자.

상업적인 게임을 처음 만든 미국에서는 아이러니하게도 우리가 플레이 하고 있는 게임을 '게임'이라고 하지 않는다. 이게 도대체 무슨 소리인가라고 의아해하겠지만 미국에서는 앞서 소개했던 '비디오 게임'이라는 용어가 우리가 알고 있는 게임이라는 미디어를 의미하는 대표적인 용어다.

미국에서 'Game'이라는 단어의 의미는 미디어가 아닌 굉장히 폭넓은 의미로 사용되고 있다. 정치도 게임이고, 스포츠도 게임이고 심지어 인생 자체가 게임이라고 보는 경우도 있다. 이처럼 영어에서 'Game'은 국내에서 사용되는 '게임'과 전혀 다른 의미를 지닌다. 서양인들과 게임과 관련된 이야기를 하려면 Video Game이라는 표현을 명시해야 이해한다.

대표적인 예로 게임 이론(Game Theory)은 경기자들의 의사 결정에 따라 결과가 달라지는 경쟁 상황을 분석하기 위한 수학 이론 중 하나이다. 한국에서도 이러한 의미로 사용되는 표현이 있다. 누군가와 경쟁을 할 때, 실력 차이가 명확하여 결과가 뻔히 보인다면 우리는 "게임이 안되네."라는 표현을 사용한다.

글로벌 게임 시장의 한 축을 담당하고 있는 일본에서는 ゲーム(게임)이라는 표현으로 게임 미디어를 대표하고 있다. 한국어로 '게임'이라는 단어를 그대로를 사용하고 있기에 큰 방향성은 한국과 비슷하다고 볼 수 있다. 그러나 일본에서 게임이라고 하면 주로 ビデオゲーム(비디오 게임), テレビゲーム(TV 게임), コンシューマーゲーム(컨슈머 게임)을 의미한다. 3가지 용어 모두 일본에서 아직도 많이 사용되고 있으나 결론적으로 동일하게 비디오 게임을 의미하는 용어들이다. 일본에서 게임이라는 미디어를 대표하고 있는 것은 미국과 동일하게 비디오 게임인 것이다.

일본에서도 온라인 게임이라는 용어가 일부 사용되고 있으나 '온라인 게임=한국 PC MMORPG'라는 인식이 강하다. 일본에서 가장 인기 있고 대중적인 MMORPG는 〈파이널 판타지 14(FINAL FANTASY XIV)〉다. 일본에서 MMORPG를 한다고 하면 대부분은 〈파이널 판타지 14〉나 〈드래곤 퀘스트 10(Dragon Quest X)〉을 하고 있으며, 두 게임 모두 일본 RPG의 시초인 작품으로 싱글 플레이 중심의 비디오 게임 프랜차이즈였다. 게다가 일본에서는 PC가 아닌 콘솔로 즐기고 있으므로 이 게임들이 별도의 온라인 게임이라고 구분하지 않고, 비디오 게임이자 일본을 대표하는 RPG 시리즈의 '온라인 작품'이라는 인식이 보편적이다.

이는 게임의 명칭에서도 쉽게 알 수 있다. 따라서 일본에서 온라인 게임을 즐기는 게이머는 극히 소수에 불과한 상황이기에 보편적인 게임인 비디오 게임과 별도로 구분해서 사용되고 있다.

그림 1-5 FINAL FANTASY XIV ONLINE

한국에서 게임은 '께임'으로 발음되고 있으며, 일본과 같이 게임이라는 용어만으로 게이머들이 즐기는 게임을 의미한다. 그러나 세부적으로 들어가보면 한국에서의 게임과 일본에서의 게임은 동일하지 않다. 한국에서 게임이라고 하면 PC 온라인 게임을 의미하는 경우가 많다. 스팀(Steam)의 보급과 함께 비디오 게임을 즐기는 게이머가 늘어나고 있다고 해도 아직 전체 게이머의 10%도 되지 않는다. 그렇기 때문에 한국에서 게임이라고 하면 〈스타크래프트(Starcraft)〉, 〈워크래프트3(Warcraft3)〉, 〈리그 오브 레전드(League of Legends)〉, 〈오버워치(Overwatch)〉 등을 떠올리게 되며 이 게임들은 모두 PC로 즐기는 온라인 게임이라는 공통점이 있다.

현재 온라인 게임은 몇몇 대표 게임을 제외하고 모바일 게임에 밀려 게임 시장에서 자리를 차지하는 것이 일부에 불과하다. 그러나 모바일 게임이 국내 게임 시장의 대부분을 차지하고 있다고 할지라도 한국에서 게임이라고 하면 앞에서 소개한 해외 게임 개발사가 제작한 PC 온라인 게임을 떠올리는 아이러니한 상황이 지속되고 있다.

PC를 주로 업무 용도로만 사용하고, 게임은 콘솔 게임기로 즐기는 미국이나 일본과는 다르게 국내는 PC방을 중심으로 게임 문화가 발전했기에 PC는 게임을 하는 기계가 된 굉장히 특이한 시장이다. 현재 한국에서 게임이라고 하면 대부분 〈리그 오브 레전드〉를 중심으로 한 몇몇 온라인 게임을 상상하게 되며, 모바일 게임까지 포함해서 게임의 이미지를 떠올린다고 볼 수 있다. 몇몇 개발사에서 비디오 게임에 도전하고 있으나 글로벌 시장에서 완성도나 작품성 면에서 질적으로 뚜렷하게 인정받는 작품은 아직 만들어지지 않았기 때문에 한 동안 한국에서 게임이라는 용어가 의미하는 바는 크게 달라지지 않을 가능성이 높다.

그림 1-6 League of Legends

● 게임 기획이 아닌 게임 디자인이어야 하는 이유

지금까지 게임이라는 미디어를 이해하기 위해 게임을 의미하는 다양한 용어를 살펴봤다. 게임이라는 미디어가 정확히 어느 범위까지 포함하는지 재단하긴 어렵지만, 게임이라는 미디어가 어떻게 융합하면서 확장하고, 대략 어느 정도의 범위를 의미하는지 조금은 감을 잡았을 것이다.

모든 콘텐츠는 기획부터 시작하여 제작으로 이어진다. 이러한 관점을 기준으로 본다면 게임도 콘텐츠이므로 자연스럽게 '게임 기획'이라고 사용하면 아무런 문제가 없을 것 같다고 생각하기 쉽다. 실제 한국에서는 이후 소개할 글로벌 스탠다드와 다르게 아직도 '게임 기획', '게임 기획자', '기획서'로 사용하는 경우가 대부분이다. 물론 NCSOFT를 비롯한 국내 대형 개발사 중에서도 글로벌 시장에 진출하고 글로벌 인재를 등용하기 위해 '게임 디자인'이라는 용어를 정식적으로 활용하는 곳이 조금씩 늘어나고 있다.

게임의 탄생부터 시작하여 지금까지도 게임 시장을 주도하고 있는 미국과 일본에서는 글로벌 스탠다드로 '게임 디자인', '게임 디자이너', '게임 디자인 문서'라는 표현을 사용하고 있다. 게임은 프로그래밍과 그래픽 디자인 등의 영역까지 폭넓게 다뤄야 하므로 기획이 아닌 설계라는 표현이 적합하다고 여긴다. 필자도 실제 수행해야 할 업무를 고려하면 'Plan'이 아닌 'Design'이 되어야 한다고 보고 있으며, 이는 전세계적으로 통용될 정도로 표준화된 용어가 됐다. 일본에서는 Game Plan과 Game Design이 혼재되어 사용되고 있으나 게임 디자인이 보편성을 가지고 있다.

글로벌 스탠다드이니 무조건 게임 디자인을 사용해야 한다고 외우기보다, 실제 게임 디자인에서 이뤄지는 과정을 정리해 보면서 왜 게임에서는 기획이 아닌 디자인을 사용하는 것이 적합한지 이해하는 것이 좋다. Design의 사전적 정의와 게임 디자인 과정을 통해 게임 디자인을 다음과 같이 정의하고자 한다. Cambridge Dictionary에서 Design을 찾아보면 다음과 같은 의미를 포함하고 있다.

잠깐만요 **Design(noun)**

① **설계** : the way in which something is planned and made

② **무늬, 장식** : a pattern or decoration

③ **디자인, 기술** : the art of making plans or drawings for something

게임에서 디자인이라는 용어는 사전적 정의 ①과 ③에 해당되며, 이 두 정의의 공통된 키워드는 'Plan'과 'Make'다. 즉, Design은 사전적 정의상 단순히 Plan에서 끝나는 것이 아닌 Make까지 포함한 의미를 가지는 것을 알 수 있다. 따라서 게임 디자인은 계획 단계를 포함하여 게임이 제작되는 과정까지 전부를 설계하고 제작에 끝까지 참여하는 것이다.

흔히 국내 게임 개발사에서 게임 기획이라고 하면 게임을 상상해 보고, 동작 방식을 정의하고, 구성요소를 정하고, 이러한 정보를 문서로 만들어 전달하는 것으로 업무가 끝났다고 생각한다. 게임 기획이라는 용어에서부터 게임을 어떻게 만들지 계획만 하는 역할이라는 의미를 가지고 있기에 어찌 보면 당연한 결과라 볼 수 있다. 언어가 가지는 힘은 인간이 생각하는 것보다 월등히 강력하다. 어떤 용어를 사용하는가에 따라서 인간은 잠재의식적으로 그 용어에 맞게 행동하고 사고한다.

필자는 'Design'의 사전적 정의를 바탕으로 실제 게임 제작에서 이뤄져야 할 게임 디자인 과정을 다음과 같이 구분한다. 국내에서는 게임 기획라는 용어를 사용해 왔기에 게임 기획자들은 그 용어의 의미에 맞게 아이디어를 내고, 콘셉트 디자인을 하고, 기획서를 작성하고 전달하는 것으로 자신의 역할이 끝났다고 생각해 왔으며, 이후에 발생하는 커뮤니케이션, 수정, 테스트 등은 귀찮고 가치가 없는 것으로 여기는 경향이 강해진 것으로 본다. 그러나 이 과정들은 게임 디자인의 계획(Plan) 단계에 불과하다.

잠깐만요 **게임 디자인 정리**

게임 디자인이란 게임을 계획하고 만드는 행위다. (Design = Plan + Make)

- **Game Plan** : 아이디어 구상, 동작 방식&구성요소&콘텐츠를 정의, 문서 작성 등
- **Game Make** : 커뮤니케이션, 디자인 및 문서 수정, 밸런스 수정, 테스트 등

그러나 게임 디자인이라는 용어를 사용한다면 계획 단계에서 끝나는 것이 아니라 게임이 구체적으로 제작될 수 있도록 상세 디자인 문서를 작성하고, 팀별로 문서를 공유한 후의 커뮤니케이션, 디자인과 문서 수정, 테스트 참여 등 만드는(Make) 단계가 반드시 게임 디자이너의 역할에 포함되게 된다. 그러므로 필자는 "게임 디자인이란 게임을 계획하고 만드는 행위다."라고 정의한다. 미국과 일본 게임의 넘어설 수 없는 벽은 게임 디자인의 힘에서 오며, 이러한 차이는 근본적으로 사용하는 용어에서부터 큰 영향을 받고 있다고 볼 수 있다.

이러한 관점에 따라 필자는 대학에서 게임 기획이 아닌 게임 디자인이라는 글로벌 스탠다드를 사용하도록 학생들을 가르치고 있으며, 국내 게임 시장과 학계에서 장기적으로 게임 디자인이라는 용어를 표준화해 사용하기를 제언하고 있다. 다만 아직도 국내에서는 게임 기획이라는 용어가 보편적이기에 완전하게 게임 디자인이라는 용어만을 사용하기는 현실적으로 어렵다. 아직도 게임 디자인이라고 하면 디자인은 아트라는 인식 때문에 게임 그래픽 디자인(아트)을 생각하는 사람이 생각 외로 굉장히 많기 때문이다.

따라서 이 책의 제목은 글로벌 스탠다드와 게임학에서의 의미에 따라 기본적으로 게임 기획이 아닌 '게임 디자인'이라고 통일해서 사용되었다. 다만, 게임 디자인 문서는 표현이 길고 대중에게 익숙하지 않기 때문에 상황에 따라 일부 게임 기획서라는 표현을 병행하여 사용한다. 부제에는 현재 대중적으로 사용되는 게임 콘셉트 기획서라는 표현을 사용했다.

이제 게임은 누구도 피해갈 수 없는 미디어다

최근 대부분 국가에서 게임의 디지털 보급이 자리잡음에 따라 젊은이들을 중심으로 꽤 넓은 세대층에 걸쳐 게임을 즐기는 사람이 급격히 늘어나고 있다. 게임은 더 이상 젊은 세대만 향유하는 놀이나 오락이 아닌 문화이자 예술이자 미디어이자 콘텐츠가 되었다.

미국은 60~70대의 상당수가 게임을 즐기며 자랐고, 일본도 60대 대부분이 게임을 하는 것을 마치 생활의 일부인 것처럼 성장해 왔다. 반면 한국은 게임을 제대로 즐긴 세대가 40대 중 소수라고 볼 수 있기 때문에 게임에 대한 정책이나 방향을 결정하는 데 한계가 드러나고 있는 것은 어찌 보면 당연하다고 볼 수 있다. 시간만 지난다고 해결되는 문제는 아니다. 게이머로

서 충분히 게임을 경험했으면서, 이후 충분히 학술적인 지식을 습득한 사람들을 양성하여 정치권, 공무원, 교수, 연구원 등 다양한 분야로 많이 진출했을 때야말로 비로소 게임의 위상이 달라지기 시작할 것이다.

분명 게임을 즐기는 게이머가 전세계적으로 모든 세대를 아우르는 형태로 확장되고 있지만, 게임은 현재 젊은 세대가 즐기는 대표적인 미디어라는 점은 변하지 않는 사실이다. 그렇기 때문에 젊은 세대를 이해하고 그들과 깊은 교류를 하기 위해서는 본인 스스로가 게임을 즐기는 '게이머'가 되는 것이 가장 빠르고, 가장 확실한 방법이다. 간단히 예를 들어, 부모가 자식을 이해하고 같은 이야기로 소통하고 공유하고 싶다면, 가장 명확한 방법은 자식과 함께 게임을 하는 게이머가 되는 것이다.

지금 나이에 게임을 시작하기 어렵다는 핑계를 대며 단순히 자료만 찾아보거나 다른 사람이 플레이하는 것을 보는 것만으로는 게이머들은 결코 같은 게이머로 인정하지 않는다. 게임은 플레이해 보지 않으면 경험하지 못하는 영역이 대부분인 '하는' 미디어이기 때문이다. 이제 게임은 누구도 피해갈 수 없는 미디어가 되었다. 용기를 내서 조금만 게임에 관심을 가져보고, 쉬운 게임부터 몇 개 플레이해 보고, 게임 콘셉트 디자인을 시도해 보는 것만으로 세상을 바라보는 관점이 바뀌고, 콘텐츠에 대한 시야가 넓어지며, 인맥 네트워크가 상상할 수 없을 만큼 넓어지는 것에 놀라게 될 것이다.

이 책은 게임 개발자 지망생, 게임학부(학과) 학생, 현직 개발자만이 아닌 게임이라는 미디어에 처음 입문하는 독자들을 포함하여 누구나 따라해 보는 것만으로 게임 디자인을 시작하고 콘셉트 디자인 문서를 완성하는 것을 목표로 한다. 게임 콘셉트 디자인의 모든 것이 담겨있다고 볼 수는 없으나 핵심적인 항목은 모두 포함하고 있다. 다만 게임 콘셉트 디자인에 정답이란 존재하지 않으니 게임 콘셉트 디자인의 큰 틀을 이해하고 본인에게 맞게 틀을 수정 및 추가하면 된다.

이 책에서 소개하는 게임들은 대부분 게임 역사상 중요한 의미를 가지는 예시들이므로 가능한 한 직접 플레이해 보는 것이 추천하나, 현재 국내에서는 구매하기 어려운 경우도 많아 이 경우에는 영상이나 자료라도 충분히 찾아보고 게임에 대해 확실히 이해한 후 넘어가는 것이 좋다.

02 게임 개발 프로세스와 게임 디자인 프로세스

● 게임 개발 프로세스와 게임 디자인 프로세스

게임은 다양한 분야가 융합된 미디어이기 때문에 다른 콘텐츠와 다르게 게임 개발에 있어 그림 1-7과 같이 여러 프로세스를 거치게 된다. 글로벌에서 보편적으로 활용되는 프로세스지만, 기업이나 게임의 특성에 따라 프로세스를 세부적으로 변경하는 경우도 존재한다.

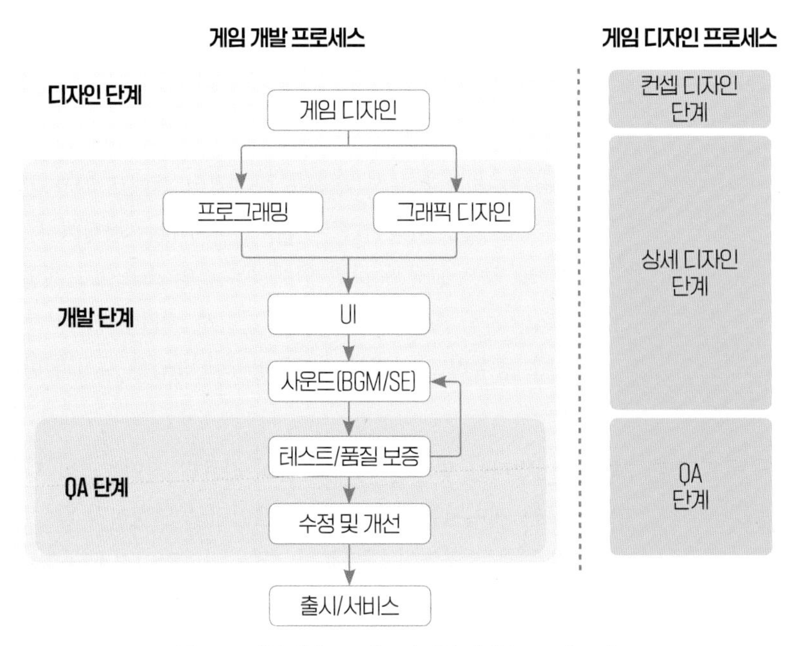

그림 1-7 게임 개발 프로세스와 게임 디자인 프로세스 비교

❶ 게임 개발 프로세스

게임 개발 또는 게임 제작에 있어 핵심이 되는 3가지는 게임 디자인, 프로그래밍, 그래픽 디자인이다. 상업적인 게임 개발이 이 3가지만으로 이뤄지지 않는 경우가 대부분이나 게임의 근간을 만들어 내기 위해 필수적이며, 오랜 기간 게임 개발의 핵심이 된 만큼 3가지 영역을 칼같이 구분하기 어려울 정도로 상호 융합되어 있는 부분이 점차 많아지고 있다. 이러한 부분은 유니티 엔진이나 언리얼 엔진과 같은 통합 엔진이 시장의 주류가 되면서 더욱 잘 나타나고 있다. 어디까지가 게임 디자인의 영역이고, 어디까지가 프로그래밍의 영역이며, 어디까지가 그래픽 디자인 영역인지 점차 모호하게 구분되고 있다. 결국 게임 개발을 위해서는 게임 디자인, 프로그래밍, 그래픽 디자인에 대한 전반적인 이해가 점차 필요해지는 추세가 되고 있다.

게임 개발 프로세스는 크게 3가지 단계로 구성된다.

첫째, 디자인 단계에서는 어떤 게임을 만들 것인지 아이디어를 내고 이를 구체화하여 문서화하는 과정을 거친다. 그리고 그 게임이 왜 재미있는지, 왜 성공할 수 있는지 설득하는 과정을 거친다. 이 단계에서는 게임 디자인이 포함된다. 국내에서는 게임 디자인이 전혀 되어 있지도 않은데 무작정 프로그래밍부터 시작하는 경우가 많은데 글로벌 스탠다드에서는 게임 디자인부터 충분히 시간을 들여 체계적으로 이뤄진다.

둘째, 개발 단계에서는 게임 디자인에서 구체화된 내용을 통해 실제 프로그래밍과 그래픽 디자인을 통해 게임을 인간의 눈으로 확인할 수 있게끔 실체화해 간다. 프로그래밍에서는 게임의 콘텐츠와 시스템을 프로그래밍 언어와 게임 엔진을 통해 구현하고, 그래픽 디자인에서는 프로그래밍에서 구현되는 게임 안에 들어갈 다양한 아트 리소스를 제작한다.

다음으로 플레이어가 게임과 상호작용할 수 있는 피드백 시스템 중의 하나인 UI가 제작된다. UI 또한 게임 디자인, 프로그래밍, 그래픽 디자인 파트로 구분되지만, 플레이어와 상호작용이 중요한 게임이라는 미디어이기에 UI를 별도의 프로세스로 구분하여 강조했다.

마지막으로 그래픽 디자인에서 게임의 시각적인 부분을 만들었다면, 사운드를 통해 청각적인 부분을 만들게 된다. 사운드는 크게 BGM(Back Ground Music), SE(Sound Effect), 성우 보이스(Voice) 3가지로 구분한다. 북미와 일본의 게임들 중 상당수는 게임 디자인에서부터 사운드 디자인을 설계하며, 스튜디오나 오케스트라 등에서 녹음된 파일을 게임에 적용한다. 콘솔 게임의 경우 진동 등을 적용한 컨트롤러가 존재하기 때문에 촉각적인 부분을 디자인 단계에서 설계하고 개발 단계에서 구현하기도 한다.

셋째, QA 단계에서는 개발 단계까지 구현된 게임이 게임 디자인에 맞게 구현되었는지, 버그가 없는지, 여러 하드웨어에서 문제없이 동작하는지 등을 검증한다. 게임 개발에는 정답이라는 것이 존재하지 않고, 사람마다 다른 관점에서 보기 때문에, 테스트가 그만큼 어렵고 필수적이다는 것을 의미한다. 게임의 품질 보증(Quality Assurance)에서 가장 대표적인 과정이 테스트다. 테스트 케이스(Test Case)를 설계하고 테스트 케이스에 따라 게임에서 수정, 추가, 삭제, 개선해야 할 부분을 정리하여 각 담당자에게 전달하고, 수정사항이 적용되면 수정이 되었는지 확인하는 과정을 반복한다.

이러한 3가지 단계를 거쳐 게임이 게임 디자인에서 설계했던 것과 방향성이 일치하고 완성도가 어느 수준 이상으로 확보되었다고 판단되면, 게임을 출시 또는 서비스 개시를 하게 된다.

❷ 게임 디자인 프로세스

게임 디자인 프로세스를 이해하기 쉽게 게임 개발 프로세스와 비교해서 표현하면 그림 1-7의 오른쪽 부분과 같이 콘셉트 디자인 단계, 상세 디자인 단계, QA 단계 3가지 단계로 구분된다.

게임 개발 프로세스의 디자인 단계에 해당되는 게임 디자인 프로세스는 콘셉트 디자인 단계 전체와 일부 상세 디자인 단계가 포함됨에 주목하자. 즉, 게임 개발 프로세스의 게임 디자인에서 초기에 해야 하는 역할은 콘셉트 디자인에서 끝이 아닌 기본적인 상세 디자인의 방향성까지 문서화에 포함된다는 의미이다. 따라서 게임의 방향성을 결정하는 게임 콘셉트 단계에 필요한 항목과 더불어 게임을 개발하기 위해 구체적으로 필요한 상세 디자인의 개요를 포함하여 최종적으로 게임 콘셉트 디자인 문서를 작성하고 발표하는 것을 목표로 한다.

콘셉트 디자인 단계에서는 본격적으로 게임을 구현하기 앞서 게임을 어떻게 만들 것인지 명확한 방향성을 결정하는 단계이며, 상세 디자인 단계에서는 프로그래밍, 그래픽 디자인, 사운드에서 구체적으로 어떤 작업을 해야 할지 수치나 각 리소스의 파일명을 표기하는 수준까지 구체화해야 한다. 상세 디자인 문서만 보더라도 게임 개발에 참여한 모든 구성원이 자신의 역할에 맞게 게임의 모든 것을 개발할 수 있는 것이 이상적인 상세 디자인 문서다.

QA 단계에서는 콘셉트 디자인과 상세 디자인에서 이뤄진 콘텐츠와 시스템이 문서에 맞게 구현되었는지 확인하고, 설계했을 때와 달리 실제 구현되었을 때의 차이점을 살펴보면서 게임에 적합하게 수정하며 개선하는 과정을 거친다. 아무리 뛰어난 게임 디자이너라고 해도 생각만으로 실제 만들어질 게임의 모든 것을 정확하게 예측해서 문서화하기는 어려우니 QA 단계에서 게임 디자이너는 충분히 시간을 들여 자신이 설계한 부분을 확인하고 조정하는 시간을 가져야 한다. 콘셉트 디자인과 상세 디자인의 세부적인 설명은 29p의 〔03 게임 콘셉트 디자인과 상세 디자인〕에서 다룬다.

● 게임 개발의 단계별 범위를 제대로 이해하자

이제 게임 개발이 어떤 단계를 거쳐 이뤄지는지, 게임 개발 중 하나인 게임 디자인이 어떤 단계를 거쳐 이뤄지는지 이해됐을 것이다. 지금까지의 단계 구분은 다른 서적이나 연구에서도 거의 공통적으로 사용할 정도로 글로벌 게임 시장 전체에서 보편적으로 활용되고 있다.

다만, 그림 1-7을 잘 살펴보면 다른 서적이나 연구의 프로세스와 다른 점이 존재한다. 바로 단계의 범위를 나누는 기준을 다르게 그리고 있다는 것이다. 지금까지의 선행 연구나 서적에서는 디자인 단계가 끝나면 개발 단계가 이뤄지며, 개발 단계가 끝나면 QA 단계가 이뤄지는 그림 1-8과 같은 폭포수 모델(Waterfall)로 표현되고 있다. 폭포수 모델이란 프로젝트의 단계 구분이 명확하게 구분되는 순차적인 프로젝트 관리 방법론이다. 즉, 1단계가 끝나고 2단계가 시작되고, 2단계가 끝나고 3단계가 시작되는 방식이다.

과연 게임 개발이 실제로 이런 형태로 이뤄지는가? 게임 개발을 경험해 본 많은 게임 개발자들은 이렇게 깔끔하게 순차적으로 게임 개발이 이뤄지기 어렵다는 것을 피부로 느낄 것이다.

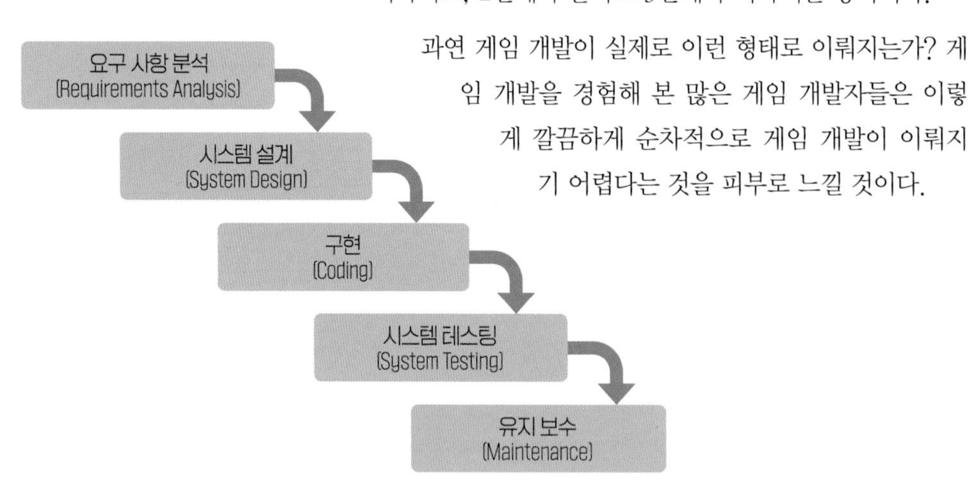

그림 1-8 폭포수 모델의 예시

실제 게임 개발에 적합한 모델을 제시한 연구자료가 없어 IT 분야에서 활용된 폭포수 모델을 그대로 게임 개발에 적용했을 뿐이다. 이는 게임 개발 실무를 경험한 게임 연구자가 그만큼 적다는 것을 의미한다.

그림 1-7의 게임 개발 프로세스를 기준으로 하여 다시 설명해 보자. 게임 개발 프로세스에서 디자인 단계는 처음부터 시작하여 개발 단계와 QA 단계에서도 진행되어야 한다. 즉, 디자인 단계는 게임이 출시되는 순간까지 이뤄져야 한다는 의미를 담아 단계의 범위를 다르게 그림으로써 표현하고 있다. 개발 단계 또한 QA 단계까지 포함하며 결국 게임이 출시되는 순간까지 이뤄져야 한다. 결론적으로 실무에서는 단순한 폭포수 모델로 게임 개발이 이뤄지기 어렵다.

지금까지의 과거 자료에서 게임 개발 프로세스의 단계별 범위를 실제 게임 개발 상황과 괴리되게 지정하고 있었기 때문에 다수의 게임 개발자가 잘못된 인식을 가지게 되었고, 게임 개발에 있어 생각보다 큰 문제들이 발생하고 있었다.

많은 게임 개발사들이 효율적인 프로젝트 매니징을 한다는 명분으로 프로젝트 관리 방법론을 가져온 것은 좋았으나 폭포수 모델에 따라 디자인 단계가 끝나면 게임 디자이너들에게 다른 업무를 주었다. 이에 따라 해당 게임 디자인을 수행한 사람은 개발 단계와 QA 단계에서 나오는 게임 디자인 관련 문제가 발생했을 때, 다른 중요한 업무를 맡고 있는 상태가 되고, 이에 따라 경력이 부족한 신입 게임 디자이너들이 대신 투입되어 개발 단계와 QA 단계에서 적절하지 못한 대응을 하게 되었다. 폭포수 모델에 따라 프로그래머와 그래픽 디자이너 또한 개발 단계가 끝나면 다른 중요한 업무가 할당됐다. 그렇기 때문에 QA 단계에서 처음부터 디자인, 구현, 제작에 참여한 인원이 직접 수정하지 못하고, 문제를 파악할 시간이 부족한 다른 사람이 수정하게 되어, 결국 근본적인 문제를 수정하지 못하는 경우가 많아지게 된다.

본인이 디자인, 구현, 작업한 내용이 아니니 당연히 제대로 수정하기 어려운 건 당연하다. 이러한 문제는 누적되어 게임 디자인의 질적 저하를 가져오게 되고, 게임 전체의 완성도에도 막대한 영향을 가져온다. 프로세스를 정리한 그림 하나가 뭐가 그리 중요하냐고 생각할 수도 있겠지만, 인간은 시각적인 정보에 가장 많은 영향을 받으며, 잠재의식적으로 그에 맞게 사고하고 행동한다.

지금이라도 늦지 않았으니 다른 분야의 이론을 아무런 고민 없이 게임에 가져와서는 안되며, 게임에 적합한 이론과 모델을 만들기 위해 실제 게임 개발을 경험한 자들이 보다 많이 게임학 연구에 참여할 수 있는 환경을 만들 필요가 있다. 이제 게임 개발자들은 게임에 대한 사회 인식이 변화되기를 희망한다는 제3자의 관점에서 머무르지 말고, 스스로 공부해서 변화를 이끌어야 할 시기가 됐다.

● 게임 개발은 IT 분야의 개발과 다르다

앞서 게임은 기획이 아닌 디자인이라는 표현을 사용하는 것이 적합한 미디어라고 했다. 단순히 계획에서만 끝나는 것이 아닌 실제 만드는 과정이 포함되어야 하기 때문이다. 이러한 게임의 특이성은 다른 용어에서도 드러난다.

게임이라는 콘텐츠는 굉장히 다양한 것이 융합된 형태이기에 다른 분야에서 사용하는 '개발'이라는 용어에서도 차이가 존재한다. IT 분야는 콘텐츠나 미디어가 아니므로 순수한 '기술'을 다룬다. 그렇기 때문에 IT 분야에서 '개발'은 해당 분야의 고급 기술을 얼마나 다룰 수 있는가에 따라 성패가 결정된다. 따라서 IT 분야에서 '개발'은 기술을 구현하는 '프로그래밍'을 의미한다. IT 분야는 기술 중심의 '공학'의 관점에서 발전한 산업이기 때문에, IT 분야에서 개발자란 프로그래머만을 의미한다. 그러므로 IT 분야에서는 주로 개발자(프로그래머)를 주축으로 팀을 구성하고, 콘텐츠가 아니기에 기획은 큰 의미를 가지지 않으며, 그래픽 디자인은 적당한 수준만 있으면 되므로 외주로 해결하는 경우가 많은 것이다.

그러나 게임은 기술만 존재하는 것이 아니라, 디자인(설계), 프로그래밍(기술), 그래픽 디자인(아트), 사운드 디자인(음악) 등이 복합적으로 필요한 콘텐츠이자 미디어다. 기술은 게임이라는 콘텐츠를 만들기 위한 하나의 하위 요소에 불과하다는 차이를 이해하지 못하겠다면, 게임과는 인연이 없을지도 모른다. 그렇기에 게임에서 개발의 의미는 IT 분야의 개발과 다를 수밖에 없다.

게임이라는 콘텐츠를 만드는 직군 모두가 게임 개발에 포함된다. 게임 개발은 콘텐츠를 만드는 것이므로 콘텐츠를 만드는 프로그래머, 그래픽 디자이너, 사운드 디자이너, 게임 디자이너 등이 모두 게임 개발자로 구분된다. 실제 글로벌의 많은 게임 개발사에서 게임 개발자의 영역을 프로그래머에 한정하지 않고, 게임이라는 콘텐츠를 만드는 직군 모두에게 적용하고 있다.

국내에서도 개발사 내부에서는 글로벌과 동일한 기준으로 개발자의 범위를 보는 경우가 대부분이나, 채용 및 인사 시스템은 삼성과 같은 게임 외 대기업 인사 시스템을 기초로 구축됐기에 아직도 개발자는 프로그래머라는 게임 산업과 맞지 않는 구분으로 사용하는 경우가 대부분인 애매한 상황이다.

☑ 잠깐만요 개발자의 범위 차이

- **IT 분야 개발자** : 프로그래머
- **게임 개발자** : 프로그래머, 그래픽 디자이너(아티스트), 사운드 디자이너, 게임 디자이너 등

그렇다면 왜 이러한 괴리가 생겼을까? 복합적인 문제가 결합되어 발생한 것이나, 산업의 근간을 이루는 교육 시스템을 살펴볼 필요가 있다. 국내 게임 교육의 현실은 실제 게임 개발을 경험한 개발자 출신들이 현재 4년제 대학에서 강의를 할 수 있는 교수의 자격을 갖추기 어렵다는 벽에 직면해 있다. 4년제 대학의 교수가 되기 위해 게임 개발 경력보다 박사 학위와 논문 실적 등이 핵심 지원 요건이 되므로, 게임 개발자들이 학계로 들어오기 위해 전혀 다른 학술적인 영역을 개발자 경력을 상당 부분 포기하고 수행해야 한다. 암묵적으로 전임 교수 임용에는 나이 제한도 있기 때문에 정해진 나이까지 게임 개발 경력도 쌓고, 박사 학위도 받고, 연구도 해야 한다는 현실의 벽이 존재한다.

그렇기 때문에 대부분의 대학에서는 게임 개발 경험이 전무한 컴퓨터 공학 등을 중심으로 한 공학 베이스에서 게임 개발을 가르치기 시작했고, 대학에서 게임 교육이 시작된 지 20년이 넘은 지금도 국내 대부분의 게임 관련 학과는 게임을 단순한 기술 중심의 IT의 관점에서 바라보는 상황을 벗어나지 못하고 있다.

이에 따라 게임 개발사의 요구와 다르게 게임 개발을 프로그래밍 중심으로 생각하는 대학이 많아지게 되었으며, 게임 관련 학과임에도 컴퓨터 공학과와 거의 동일한 교육과정을 가진 곳이 대부분인 상황이다. 게임이라는 하나의 융합콘텐츠를 스스로 생각해 제작할 수 있는 능력을 길러주는 것에 주목하지 않고, 정해진 기술을 기계처럼 가르치는 교육 환경이 되어버렸다. 이러한 상황을 가장 잘 보여 주는 것이 바로 '개발'이라는 용어에 대한 인식 차이라 볼 수 있다.

특히 게임 업계에 취업이나 창업을 생각하는 학생들은 이러한 용어의 차이를 정확히 알고 있어야 한다. 아무리 인사 시스템에서 게임 개발은 프로그래밍이라고 표기되어 있다고 할지라도, 현직 게임 개발자들은 이러한 잘못된 인식에 대해 굉장히 민감하게 반응하고 있다. 심지어 개발을 프로그래밍에 한정해서 생각할 경우 게임 산업과 업계에 대한 기본적인 이해조차 없다고 판단하는 경우가 많다. IT 분야의 개발을 생각하여 게임 그래픽 디자이너에게 개발자가 아니라고 한다면 굉장히 큰 실례가 된다. 만약 취업 면접에서 면접관으로 참여한 아트 팀장에게 이러한 실수를 범한다면 어떤 결과를 보게 될지 생각하기도 싫을 것이다.

● 게임 개발이 어려운 이유

융합(Fusion)이란 무엇일까? 많은 분야에서 융합이라는 표현을 무분별할 정도로 사용하고 있으나 게임이라는 미디어는 탄생부터 융합 미디어였고, 그 어떤 미디어보다 근본적으로 융합적인 특징을 가지고 있다. 융합하지 못하면 결과물 자체가 나올 수 없는 융합이 필수적인 미디어이다. 융합이란 다른 종류의 것이 녹아서 서로 구별되지 않을 정도로 하나로 합해지거나 그렇게 만드는 것을 의미한다. 즉, 융합이라고 부르면서 몇 가지 덩어리를 그냥 모아 놓는다고 해서는 융합이라고 부를 수 없는 것이다.

게임 개발은 왜 다른 미디어 제작보다 어려운가에 대한 답은 바로 여기에 있다. 게임 개발은 거의 100% 인력으로 이뤄진다는 특징도 있으나, 다양한 분야의 수십~수천 명의 사람들이 모여 하나의 게임을 개발하기 위해 지금까지 살아온 경험, 지식, 철학, 사고 등을 모두 융합해야만 좋은 게임이 나오기 때문이다.

고등학교에서는 진도 범위의 효율성과 배우는 과목 구분에 따라 문과, 이과, 예체능반으로 구분한다. 그러나 실제 각각의 반에 가보면 단순히 공부하는 과목이 다른 것이 아니라 사고 방식과 사용하는 용어조차 다르다는 것을 알 것이다. 중고등학교에서 문과, 이과, 예체능반의 학생들을 한꺼번에 모아 하나의 작품을 만들게 해야 한다고 생각해 보자. 생각하기 싫을 정도로 굉장히 힘든 수업이 될 것을 직감할 것이다. 영화 제작사는 영화에 관심을 가지는 사람들이 대부분 모인다. 드라마나 연극이나 출판 분야 등 대부분의 미디어와 산업은 비슷한 학과 출신에 비슷한 경험을 가지고, 비슷한 사고 방식을 가진 사람들이 대부분 구성원으로 모이게 된다.

그러나 게임 개발은 이과, 문과, 예체능 출신들이 모여 있는 끔찍한 상황에서 시작된다. 프로그래밍팀은 이과 기반 업무가 많은 직무이나 이과 출신이 많다고 해도 문과 출신이나 예체능 출신 프로그래머도 적지 않다. 이는 그래픽 디자인팀이나 게임 디자인팀도 동일하다. 예체능 기반 업무가 많은 그래픽 디자인팀에도 이과 출신과 문과 출신이 있으며, 문과 기반 업무가 많은 게임 디자인팀에도 이과 출신과 예체능 출신들이 적지 않다. 게임 업계의 관리자는 이러한 다양한 구성원의 장단점을 파악해서 자신의 실력을 발휘할 수 있도록 이끌어 줄 수 있는 사람이어야만 하므로 다른 분야보다 높은 관리 능력이 요구된다.

10명 이내의 작은 팀만 보더라도 정말 다양한 학과 출신들이 모여 있으며, 각자 다른 사고 방식과 경험을 가진다. 이러한 상황에서 팀을 하나로 이끈다는 것은 여간 힘든 것이 아니다. 문제는 게임 개발은 다양한 출신으로 구성된 프로그래밍팀, 그래픽 디자인팀, 게임 디자인팀, 마케팅팀, QA팀 등을 다시 한 번 더 큰 관점에서 융합시켜야 하기 때문이다.

따라서 실무에서 게임 개발을 직접 경험해 보고 게임의 프로젝트 매니징을 해 보면 진정한 의미의 융합이 얼마나 어려운 것인지 뼈저리게 느끼게 된다. 게임 업계에서 프로젝트 매니징을 경험한 사람들의 건강이 왜 심각할 정도로 악화되는지, 그들이 받는 스트레스 강도가 어느 정도인지 짐작해 볼 수 있을 것이다.

인력들의 융합도 문제지만 더 큰 문제는 하나의 결과물로 나오는 게임이 제대로 융합되어야 한다는 점이다. 게임 중에 대중들에게 인기 있는 게임의 몇 가지 특징을 눈에 뻔히 보이듯 카피한 게임은 게이머들에게 결코 인정받지 못하고, 그 게임만의 특징이 없다고 혹평을 받는다. 그러나 수많은 게임의 장점을 마치 믹서기로 섞은 것처럼 어느 게임에서 가져왔는지 알 수 없을 정도로 잘 융합한 게임은 대부분 자신만의 차별점을 가지게 되고 수작 이상의 평가를 받는다.

이러한 예에서 알 수 있듯이 게임에서 융합의 의미를 얼마나 깊게 이해하는지가 게임의 성패를 결정한다고 해도 과언이 아니다. 다양한 출신으로 구성된 각 팀의 작업물을 얼마나 하나의 게임으로 잘 융합시킬 수 있는지는 게임 디자인 능력으로 결정된다는 점이 중요하다. 덩어리를 단순히 한 곳에 모아 놓은 것이 아니라 완전히 녹여서 마치 자기 자신인 것처럼 하나의 성질로 만드는 것이 진정한 의미의 융합이기 때문이다. 게임 개발이 어려운 이유는 이외에도 무궁무진하게 많지만 간단히 소개한 몇 가지만 보더라도 다른 미디어와 제작 난이도가 크게 차이나는 이유를 이해할 수 있을 것이다.

03 게임 콘셉트 디자인과 상세 디자인

게임 디자인 프로세스는 크게 콘셉트 디자인 단계, 상세 디자인 단계, QA 단계 3가지로 구분된다고 했다. QA 단계는 게임 디자인을 확인하고 수정하는 과정이므로, 순수하게 게임 디자인을 수행하는 단계는 콘셉트 디자인 단계와 상세 디자인 단계라고 볼 수 있다. 이 2가지 단계를 하나의 과정으로 보지 않고 2가지로 구분한 것은 이 2가지 단계에 명확한 차이가 존재하기 때문이다.

흔히 콘셉트 디자인만 완료하면 게임 디자인 전부가 끝난 것이라 생각하고, 스스로가 게임 전부를 구상했다고 착각하기 쉽다. 하지만 진정한 게임 디자인은 대부분 상세 디자인 단계에서 이뤄지고, 상세 디자인을 할 수 있을 때 진정한 게임 디자이너라고 평가받는다. 아이디어는 누구나 낼 수 있으나 그 간단한 아이디어를 게임으로 만들 수 있을 정도로 구체화하는 것과 그것을 문서로 가독성 있게 정리하는 것이 게임 디자이너의 역할이자 능력이기 때문이다.

콘셉트 디자인은 게임에 관심을 가지고 아이디어가 좋다면 누구나 시도해 볼 수 있는 영역이지만, 상세 디자인은 실제로 해 보면 게임 개발 전체에서 가장 어려운 영역이다. 어렵고 아무나 할 수 있는 것이 아니기에 대부분 여러 가지 핑계를 대며 콘셉트 디자인까지 진행하고, 이후는 말로 설명해서 끝내려는 경향을 보이는 것이다. 필자는 대학에서 게임 디자인을 본격적으로 하고자 하는 학생들에게 워드 기준 최소 100페이지의 상세 디자인 문서를 요구하는데, 상업적인 게임 개발을 위해 필요한 내용을 모두 포함하기에는 한참 부족한 분량이다.

한국 게임은 게임 디자인이 약하다는 말을 많이 들어봤을 것이다. 국내 많은 게임 개발사에서는 콘셉트 디자인 문서 정도만 작성하고, 이후 말로 의사소통하는 것으로 게임을 완성하는 경우가 대부분이다. 문서 작성 기준을 만들고 상세 디자인 문서를 체계적으로 작성하여 모든 구성원에게 공유하고, 이후에도 최신 버전을 확인할 수 있도록 버전 관리를 통해 확실히 보관하는 곳은 극히 드물다.

해외 게임 개발사의 게임 디자인 문서는 보안 때문에 정말 보기 힘들지만, 실제 워드로 수백~수천 페이지에 달하는 상세 디자인 문서가 기본이라고 보고 있다. 이 정도는 구체화되어야 게임 개발에 참여하는 다양한 직군 개발자들이 자신의 역할에 맞게 문서를 보고 게임을 개발할 수 있는 것이다. 한국은 게임 디자인이 약하다는 의미를 조금 더 깊게 들어가면, 실질적인 작업이 진행되는 상세 디자인 문서 작성 능력을 가진 인력 양성이 부족하다는 것을 의미한다.

● 콘셉트와 상세 디자인 문서는 그 목적과 대상자부터 다르다

흔히 콘셉트 디자인 문서를 완성하면, 페이지를 늘리기만 해도 자연스럽게 상세 디자인 문서가 나올 것이라고 생각한다. 들어가는 항목이 비슷한 것은 맞지만 콘셉트와 상세 디자인 문서는 그 목적과 대상자부터 다르기에 항목별 순서와 배치가 달라져야 한다는 점을 잊어서는 안 된다. 다시 말해서 목차부터 달라져야 한다.

콘셉트 디자인의 주된 목적은 '설득'이다. 게임 개발사의 경영진이라면 투자자나 정부나 지자체 지원사업의 심사위원들에게 자신들의 아이디어가 담긴 게임이 재미있고, 충분한 성과를 거둘 수 있다는 점을 설득해야 한다. 게임 개발사에 속한 게임 개발자라면 당연히 경영진에게 해당 아이디어를 통해 팀을 구성하고 프로젝트가 이후에 정식으로 진행될 수 있도록 다른 게임과의 차별점과 막대한 매출을 올릴 수 있다는 점을 요약 및 강조해서 설득해야 한다.

즉, 콘셉트 디자인 문서는 프로젝트가 정식적으로 인정받고 본격적인 개발이 진행될 수 있도록 하기 위한 두말할 필요 없이 중요한 문서다. 그렇기 때문에 설득하기 좋은 PPT로 제작되는 경우가 많고 핵심적인 내용만 포함되어 보기 쉽도록 여러 번 수정 절차를 거친다. 투자자, 심사위원, 경영진 등이 주된 대상자가 되며, 프로젝트가 승인되면 이후에 자신의 아이디어로 게임을 개발해 보고 싶은 개발자들을 합류시키기 위해 설득하기 위한 목적도 가지고 있다.

그러므로 구체적인 내용을 시시콜콜 작성하면 오히려 역효과다. 자신의 아이디어 중 다른 게임에 비해 매력적이고, 독창적이고, 성공할 만한 요소를 최대한 요약해서 한눈에 이해할 수 있도록 인포그래픽을 활용해 시각적으로 표현해야 한다. 또한 여러 일정으로 바쁜 투자자, 심사위원, 경영진은 게임의 대한 구체적인 내용을 발표 시간이 길어지면서까지 알고 싶어하지 않는다. 발표가 시작되고 아주 빠른 시기에 이 게임의 핵심 특징과 차별점이 무엇이고, 과연 시장성이 있는지를 궁금해하기에, 이런 궁금증을 해소해 줄 수 있는 항목들을 목차 앞부분에 배치해야 한다.

상세한 내용이 담긴 문서는 인쇄하여 참고할 수 있도록 별도로 제공하는 것이 오히려 좋다. 개발자들이야 구체적으로 어떻게 구현하고 제작할지 궁금해하기에 세부적인 게임 내용을 알고 싶어하겠지만, 이건 콘셉트 디자인의 목적에서 벗어난 사항이며, 콘셉트 디자인 문서를 보는 대상자들을 지루하게 만들 뿐이다.

상세 디자인의 주된 목적은 실질적인 '게임 개발'이며 당연히 대상자는 게임 개발자들이다. 게임 개발은 정말 다양한 직군의 인원이 모여 공동작업을 하게 된다. 역할마다 게임 개발에 필요한 정보가 다른데, 이때마다 많은 개발자들이 게임 디자이너를 찾아가서 구체적으로 어떻게 해야 될지 묻는다면 게임 디자이너는 일일이 답변하느라 하루 종일 자리에 앉아있을 시간조차 없을 것이다. 그렇기 때문에 하나의 통합된 게임 상세 디자인 문서가 반드시 존재해야 한다.

따라서 보편적으로 상세 디자인 문서는 워드를 기본으로 작성하나, 워드로 보여 주기 어려운 정보는 엑셀이나 Visio(순서도) 등의 보조 문서로 분리하여 같이 제공한다. 상세 디자인 문서가 잘 작성된 프로젝트는 그만큼 커뮤니케이션 비용이 급감하기 때문에 모든 인원이 게임 개발에 집중할 수 있는 환경이 만들어지고, 이는 게임의 완성도와 직결될 정도로 중대한 영향을 미친다.

수많은 수정 사항과 요청 사항이 들어오는 와중에 하나의 통합된 문서를 계속 수정해 가면서 유지하는 것이 얼마나 힘들지 예상될 것이다. 이것이 게임 디자이너가 해야 하는 중요한 역할 중 하나다. 문서 정리를 게을리하면 이전 버전의 문서를 본 다른 개발자가 수정되기 전의 정보를 보고 구현이나 제작을 하게 되어, 결국 작업을 다시 해야 하는 끔찍한 경우도 발생한다. 개발 일정에 차질이 생기는 것도 큰 문제나 팀워크에도 심각한 균열이 발생하므로 결코 가볍게 넘길 사안이 아니게 된다.

또한 게임 개발사의 인력은 굉장히 빠르게 순환되기 때문에, 같이 일하던 동료가 언제 이직할지 아무도 모른다. 문서가 제대로 관리되어 있지 않다면, 해당 인원이 담당했던 작업은 다른 누군가가 넘겨받아 이어서 진행하기도 어렵고, 이미 제작된 게임 내에서 삭제하기도 어려워 게임 개발 일정에 치명적인 타격을 입게 된다.

상세 디자인 문서를 통합 문서로 관리하는 것도 중요하나 통합 문서는 누구나 읽기 편한 문서가 아니라는 점을 반드시 기억해야 한다. 모든 구성원에게 통합 문서에 전부 있으니 통합 문서만 확인하라고 하는 게임 디자이너는 아직 게임 개발에 대해서 충분한 경험을 쌓지 못한 것이다. 따라서 업계에서는 직군마다 원하는 정보만을 모아 작업별로 나눠 쪽기획서(세부 디자인 문서)라는 형태로 담당자마다 제공할 필요가 있다.

프로그래머에게는 프로그래머가 필요한 정보만을 추려서 프로그래머들이 사용하는 용어에 맞게 작성하고, 그래픽 디자이너에게는 그래픽 디자이너가 필요한 정보만을 추려서 그래픽 디자이너들이 사용하는 용어에 맞게 작성해서 전달하는 것이 바람직하다. 그리고 쪽기획서가 협의되어 게임에 적용되면 쪽기획서를 통합 문서에 포함하는 것이 문서 관리에 아주 중요한 마무리 작업이 된다. 상세 디자인 문서를 작성하는 과정도 어렵다고 하지만, 문서를 관리하는 것이야말로 굉장히 어렵기 때문에 실제 업계에서 게임 디자이너는 아무나 하는 직군이 아니라고 하는 것이다.

> **잠깐만요** **콘셉트 디자인과 상세 디자인의 차이**
>
> • **콘셉트 디자인의 목적과 대상자** : 프로젝트 승인 및 팀원 합류를 설득/투자자, 심사위원, 경영진, 게임 개발자 등
>
> • **상세 디자인의 목적과 대상자** : 실질적인 게임 개발/게임 개발자

● 게임 콘셉트 디자인

게임 콘셉트 디자인은 독창성을 담은 아이디어를 통해 게임의 전체적인 방향성을 결정하고, 이를 콘셉트 디자인 문서(콘셉트 기획서)로 정리 및 시각화하여, 프로젝트가 정식적인 개발 단계에 들어가도록 설득하는 목적을 가지고 있다고 했다.

아이디어를 구체화하는 과정이 중요하기 때문에 순차적으로 사고하기 쉽도록 그림 1-9와 같이 게임 콘셉트 디자인의 흐름을 6가지로 정리했다. 게임 콘셉트 디자인은 '게임'과 '플레이어' 크게 2가지를 결정하는 과정이다.

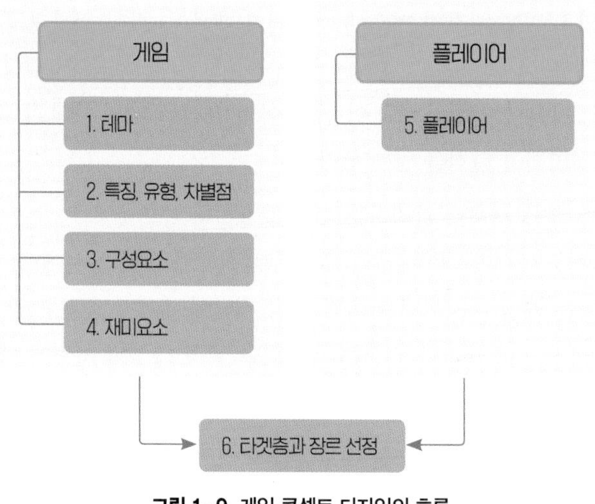

그림 1-9 게임 콘셉트 디자인의 흐름

첫째, 어떤 게임을 만들 것인가를 결정한다. 어떻게 게임을 만들 것인지 지금까지의 게임 디자인 관련 서적에서 명확한 가이드라인이 없었기 때문에 게임에 관심은 있지만 게임 콘셉트 디자인을 어디부터 시작해야 할지 모르는 경우가 굉장히 많았다. 이 책에서는 콘셉트 디자인의 게임 항목을 '테마', '특징, 유형, 차별점', '구성요소', '재미요소'로 구분하여 정리했다.

둘째, 해당 게임을 플레이하는 주된 대상을 어떤 플레이어로 할 것인가를 결정한다. 게임을 플레이하는 플레이어 또한 인간이므로, 먼저 어떤 인간을 주된 소비자로 할 것인지를 결정할 필요가 있으며, 앞서 인간에 대해서 충분히 이해할 필요가 있다.

필자는 자유롭게 '게임'과 '플레이어'를 결정한 다음, 게임의 타겟층과 장르를 구체화하는 것이 독창적인 게임이 만들어지기 쉬운 흐름이라고 보고 있다. 물론 개발 일정이 부족하다면 장르를 시작부터 정하는 것이 효율적일 수 있다. 실제 대부분의 게임 개발사에서는 게임의 장르를 먼저 정하고 콘셉트 디자인을 진행하는 경우가 대부분이나, 오히려 해당 장르라는 벽에 갇혀 누구나 알만한 뻔한 게임을 구상하는 결과를 맞이할 가능성이 높아진다는 단점을 간과하고 있다.

따라서 가능하면 게임 디자인을 배우는 단계에서는 상상력을 충분히 발휘할 수 있도록 먼저 '게임'과 '플레이어'를 디자인하고, 이에 따라 장르가 도출되는 것이 좋은 훈련이 된다고 가르치고 있다. 게임은 지금도 진화하고 있는 미디어이므로, 꼭 기존의 게임 장르라는 틀에 맞출 필요는 없다. 실제 게임 산업에서 새로운 장르가 만들어지는 과정을 분석해 보면 기존 장르의 고정관념에서 벗어나 자신이 만들고 싶은 게임을 만들고 새로운 장르를 창조한 사람들이 있었기 때문이다. 이에 대한 상세한 설명은 〈7장〉의 〔게임의 분류 : 장르〕에서 상세히 다룬다.

콘셉트 디자인의 6가지 흐름에 해당하는 항목은 항목별로 나눠 이 책의 〈2장〉~〈7장〉으로 구성했다. 〈7장〉까지 이론과 개념을 학습하고, 실습 가이드에 따라 꾸준히 실습하면 기초적인 게임의 방향성을 잡아볼 수 있게 될 것이다.

● 게임 상세 디자인

게임 상세 디자인은 콘셉트 디자인에서 결정된 게임의 방향성을 유지하며 게임 개발에 필요한 각 항목들을 가능한 한 수치로 표현할 정도로 구체화하여, 게임 개발에 참여한 모든 구성원들이 상세 디자인 문서(상세 기획서)만 보고 게임 개발에 필요한 모든 것을 얻을 수 있도록 하는데 목적이 있다고 했다.

게임 개발 실무에서 사용할 수 있을 만큼 세부적으로 문서를 작성하는 것이 중요하기에 이 책에서는 그림 1-10과 같이 게임의 테마를 중심으로 스토리 축과 게임 플레이 축이라는 크게 2가지 축으로 중요 항목을 정리했다. 게임의 상세 디자인은 크게 '스토리'와 '게임 플레이' 2가지 축을 수행하는 과정이다.

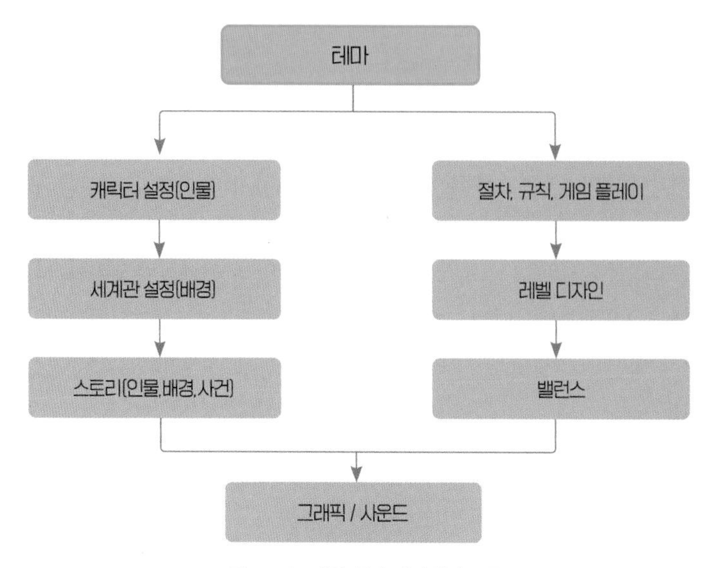

그림 1-10 게임 상세 디자인의 흐름

첫 번째 축은 「테마 → 캐릭터 설정 → 세계관 설정 → 스토리」로 스토리 3요소인 인물(캐릭터), 배경(세계관), 사건(스토리)를 구체화하는 스토리 축이다.

두 번째 축은 「테마 → 절차, 규칙, 게임 플레이 → 레벨 디자인 → 밸런스」로 메커닉스(게임의 규칙과 절차, 규칙 간의 관계) 게임 플레이를 구체화하는 게임 플레이 축이다.

스토리 축과 게임 플레이 축의 각 항목들을 구체화한 이후, 게임의 전체적인 방향에 맞게 그래픽과 사운드를 결정하면 상세 디자인의 핵심적인 항목을 모두 디자인하게 된다. 상세 디자인 단계에서는 각 항목별로 수십~수백 페이지에 달할 정도로 상세하게 문서로 작성할 필요가 있으나, 게임 콘셉트 디자인 문서에는 상세 디자인에 작성할 항목의 핵심만 요약해서 방향성을 보여 주고, 매력적인 부분만 일부 포함하여 설득하기 유리하게 구성하면 충분하다.

상세 디자인의 흐름에 해당하는 항목은 항목별로 나눠 이 책의 〈8장〉~〈12장〉으로 구성했다. 이 책에서는 게임 콘셉트 디자인 문서를 완성해 보는 것을 목표로 하기 때문에 〈8장〉~〈12장〉에서 다루는 상세 디자인 항목은 콘셉트 디자인 문서에 일부 포함하여 방향성을 보여 줄 수 있는 기초적인 개념 정도만 다룬다.

2 장

테마

학 습 목 표

게임 테마의 정의, 테마의 특성, 테마 계승의 중요성을 학습하여 게임의 테마를 정한다.

GAME CONCEPT

2.1 필수 이론과 개념

● 게임의 테마

게임 콘셉트 디자인에서 게임의 방향성을 정하는 것이라고 했지만, 과연 무엇을 '기준'으로 방향을 잡아야 하는가? 이에 대한 답은 연구자마다 다르다. 스토리라는 연구자도 있고, 게임 플레이라는 연구자도 있고 재미라는 연구자도 있다. 과연 연구자마다 달라지는 것을 모든 게임 디자인의 시작이자 기준이라고 할 수 있을까? 스토리가 중요한 게임에서 게임 플레이를 시작으로 할 수는 없고, 스토리가 없는 게임 플레이 중심의 게임에서 스토리를 시작으로 하기도 이상하다. 이외에도 세계관, 캐릭터, 그래픽 등 다양한 게임의 구성요소부터 게임 디자인을 시작하는 것이 좋다는 의견도 있다.

현재 국내 게임 업계에서는 대부분 해당 장르를 대표하는 성공했던 작품을 몇 개 선정해서 만들고자 하는 게임의 방향성을 결정하기 때문에 독창적인 작품이 아닌 모방작이 나오는 경우가 많은 것이다. 게임 디자인을 시작할 때 따라할 작품 미리 결정하고 시작하는 것은 독창적인 게임을 디자인하는데 적합한 방법이 아니다. 빠르게 개발에 착수할 수는 있으나 고민을 적게 한 만큼 독창성이 없는 카피캣(Copycat)이 될 가능성이 농후하다.

더 큰 문제는 이러한 개발 방식이 오랜 기간 국내 거의 모든 개발사에서 보편적으로 자리를 잡았기에, 이러한 환경에 적응한 게임 디자이너들이 고용되고, 상대적으로 느리지만 독창성을 가진 게임 디자이너들은 점차 업계에서 설자리가 없게 되었다는 것이다. 현재 국내 게임 개발사의 상당수는 백지부터 게임 디자인을 할 수 있는 인력을 거의 보유하고 있지 못하다고 볼 수 있다.

독창적인 게임을 만들기 위해서는 백지에서부터 본인 스스로가 무슨 게임을 만들고 싶은 건지 그리고 그 게임을 통해서 무엇을 하고 싶은지에 대해 깊이 탐구할 수 있는 능력을 보유해야 한다. 게임 디자인에 앞서 자기 자신에 대해서 충분히 이해해야 하며, 당연하게도 인간에 대한 탐구도 요구된다.

게임에서 스토리와 게임 플레이도 물론 중요하지만, 우리는 중요한 것을 잊고 있지 않을까? 인간이 향유하는 모든 미디어의 시작은 테마(주제)다. 그 작품을 왜 만들었는지가 바로 제작자나 개발자가 전달하고자 하는 테마에서 나오기 때문이다.

따라서 게임 디자인의 시작은 '테마'가 되어야 한다. 그렇다면 게임 콘셉트 디자인에서 테마는 어떻게 정하면 좋을까? 게임에서 테마는 무엇이고, 어떤 특성을 가지고 있으며, 어떻게 찾아가는지 가이드라인이 되어 줄 몇 가지 이론과 개념부터 살펴보자.

01 게임에서 테마란 무엇인가

● 주제와 테마

작품에서 작가가 나타내고자 하는 기본 사상을 주제(Subject) 또는 테마(Theme)라고 한다. 그런데 어떤 미디어에서는 주제라고 하고, 어떤 미디어에서는 테마라고 한다. 예를 들어, 문학, 소설, 음악 등에서는 주제라는 용어를 주로 사용한다. 반면 영화, 드라마 등에서는 테마라는 용어를 주로 사용한다. 어떤 차이로 인해 동일한 의미를 다르게 사용하고 있을까? 먼저 결과부터 언급하면 영상을 기반으로 한 미디어에서는 주제가 아닌 테마를 주로 사용하고 있다.

테마보다 먼저 주제라는 용어가 등장했다. 1926년, 유럽의 구조주의 언어학파인 프라그(Prague) 학파에서 문법 연구를 위한 기준으로 주제라는 용어를 사용하기 시작했다. 프라그 학파에서는 인간이 사용하는 언어의 핵심 기능을 의사소통이라고 생각했으며, 담화적인 언어분석을 통해 주제라는 개념이 만들어졌다. 이후 문학을 중심으로, 언어를 기반으로 한 미디어에서 주제라는 용어가 보편화된다.

시간이 지나 영상 미디어를 대표하는 영화에서 주제가 아닌 테마라는 용어가 주로 사용되기 시작했고, 이후 대부분의 영상으로 제공되는 미디어에서 주제보다는 테마를 보편적으로 사용하게 됐다. 아직 게임에서는 주제와 테마라는 용어가 혼용되어 사용되고 있으나, 게임도 영상을 통해 표현되는 미디어이므로, 이 책에서는 주제가 아닌 테마라는 용어를 사용할 것이다.

테마의 사전적 정의는 사전마다 조금씩 차이가 존재하나, 의미상 큰 차이는 없다. 『우리말 큰사전』에서 테마는 "사상이나 예술작품의 으뜸이 되는 제재나 중심사상"을 뜻하며, 영상 미디어의 용어를 정리한 『넬슨 신 영상 백과사전』에서 테마는 "작품 중 내내 흘러가는 일반적인 테마로 작품에서 전달하고자 하는 주된 생각 또는 메시지"를 뜻한다.

● 게임 외 미디어 연구에서 본 테마의 특징

문학을 시작으로 기존 미디어에서 주제와 테마는 작품에서 가장 중요시될 정도로 오랜 기간 많은 연구가 이뤄졌다. 반면 게임 연구에서는 테마를 단순히 파편적으로 다룰 뿐 게임의 테마만에 집중한 연구는 거의 없었다. 연구가 아닌 제작 관점에서도 다른 미디어에서 테마를 정하는 것은 작품의 절반이라고 할 정도로 중요하게 보고 있는 반면 게임 제작에서 테마는 상대적으로 중요하다고 인식되지 않는다. 이 점이 아직 게임이라는 미디어가 다른 미디어에 비해 역사도 짧고, 질적인 발전이 덜 되었다는 것을 방증하고 있다.

게임 외 미디어에서 테마는 어떻게 표현되고 있는가? 시나리오가 작품의 생명인 문학이나 소설에서 테마는 그 무엇보다 중요하게 인식되고 있어 다양한 방면으로 깊이 있는 연구가 이뤄졌다. 테마의 특징을 이해할 수 있는 키워드를 가진 게임 외의 몇 가지 연구를 정리하면 다음과 같다.

❶ 작품의 시작

퍼시 러벅(P. Lubbock)은 작품에서의 테마란 "작품에 있어서 최초로 존재하는 것이 테마라고 볼 수 있다. 테마를 발견하는 능력은 작가의 기초적인 재능이다. 테마가 제출되기 전까지 작가는 아무것도 시작할 수 없다."라고 했다. 작가는 작품을 쓰기 전 먼저 테마를 정해야 하며, 테마를 정한 다음부터 본격적으로 집필이 가능할 정도로 테마를 정하는 것은 중요하다.

또한 작품의 시작인 테마를 어떻게 정하는가에 따라 작품의 방향성과 한계가 결정되므로 어떤 테마를 정할 수 있는지가 작가의 가장 기초적이고, 가장 중요한 재능이라고 봤다. 괴테의 명언인 "첫 단추를 잘못 끼우면 마지막 단추는 낄 구멍이 없어진다."에서 알 수 있듯이 작품의 시작인 테마를 잘못 설정하면 아무리 중간 과정에서 많은 노력을 했다고 해도 뛰어난 작품이 되기 어렵다.

또한 그는 "테마는 시초이자 전체이므로 테마에 의하지 않고 작품은 형태를 이룰 수 없다."라며 작품에서 테마가 가진 중요성을 강조했다. 테마는 작품의 시작만이 아닌 전체를 관장할 정도로 작품의 형태를 잡는데 큰 영향을 준다.

❷ 작가의 인생관

노다 코고(野田 高梧)는 작품에서의 테마는 "작품을 통해서 작가가 무엇을 말하고 있는가 또는 무엇을 표현하려고 하는지를 의미한다. 그렇기 때문에 작가의 인생관과는 떨어질 수 없는 밀접한 관계다."라고 했다. 작가가 지금까지 살아오면서 느끼고 경험한 모든 것을 토대로 작품을 통해서 소비자에게 무엇을 표현하고자 하는지가 테마이며, 그렇기 때문에 작가의 인생관을 담는 것이 작품을 잘 만들 수 있는 확실한 방법이다.

작품의 테마를 살펴보면, 단순히 작품에서 끝나는 것이 아니라 작가가 어떤 인생을 살아왔고, 사회와 문화를 어떠한 관점에서 바라보는지 이해할 수 있어 소비자에게 있어도 작품의 테마를 파악하는 것은 작품을 이해하기 위한 첫 걸음이라 볼 수 있다.

❸ 간접적으로 표현하라

소설가 정한숙은 작품에서의 테마는 "작품에 나타나 있는 의미이자 작가의 중심사상이다. 작가가 특정 문제를 다루려고 한다면 그 문제가 바로 테마가 된다. 테마는 작가의 인생관과 작품의 의도에 따라 성장하는 것이다."라고 했다. 작가의 인생관에 따라 테마라 결정되기 때문에 사회 문제를 바라보는 작가의 관점이 작품이 녹아 든다.

또한 그는 "테마는 작품에 있어 가장 중요한 요건이지만 결코 직접적으로 내보여서는 안된다."고 테마를 표현하는 방법에 대해서 주의를 기울여야 한다고 주장했다. 테마는 작품 안에서 캐릭터, 세계관 등을 통해서 천천히 그리고 자연스럽게 소비자에게 전달되어야 하며, 직접적으로 테마를 내보인다면 작품 스스로 스포일러를 하는 셈이 된다.

● 게임 연구에서 본 테마의 특징

게임 연구에서 테마는 어떻게 표현되고 있는가? 게임 연구에서는 스토리텔링 관련 연구에서 주로 테마에 대해 가볍게 언급하고 넘어가는 경향이 짙다. 기존 미디어와 다르게 게임이라는 미디어에서 테마가 어떻게 다른지에 대한 연구는 아직 시작 단계에 불과하므로, 작품의 시작이 되는 테마에 대한 게임에 특화된 연구가 앞으로 활발히 이뤄졌으면 한다. 테마의 특징을 언급한 몇 가지 게임 연구를 정리하면 다음과 같다.

❶ 일정한 이미지와 방향성

사사키 토모히로(佐々木 智広)는 게임에서의 테마는 "게임에 일정한 이미지와 방향성을 이끌어내는 열쇠가 되는 말과 문장이다."라고 했다. 게임은 다른 미디어 작품에 비해 다양한 구성요소로 이뤄지므로, 하나의 방향성을 가지고 제작하기 쉽지 않다. 또한 어떤 것을 기준으로 방향을 설정해야 할지 선택하기 쉽지 않다. 테마는 게임에서도 일정한 이미지와 방향성을 이끌어 줄 수 있는 마스터키가 될 수 있기에, 다른 구성요소보다 우선될 필요가 있다.

또한 그는 "테마를 표현하는 방법으로는 사랑, 용기같이 한마디로 정의되는 타입과 긴 문장으로 정의되는 타입 2가지가 있다. 긴 문장으로 정의되는 타입이란 〈바이오 하자드〉의 '좀비는 객사에서 탈출할 수 있을까?'와 같이 캐치프라이즈 같은 표현 방법이다."라고 했다.

❷ 중요한 프로세스이자 중추

웬디 데스파인(Wendy Despain)은 게임에서의 테마는 "게임 디자인 중에 특히 중요한 프로세스다. 게임에서 재미만이 아니라 의미를 부여하고 인간의 가치를 이해하게 만드는 중추적인 아이디어면서 동시에 모든 작업을 이끌어 줄 유용한 도구다. 따라서 강력한 테마는 좋은 게임 디자인의 중추가 된다."라고 했다. 그는 게임의 테마를 게임 전체가 아닌 게임 디자인으로 범위를 좁혀서 바라봤으며, 게임 디자인에 있어 중추가 되는 아이디어로, 이후 모든 작업의 기준이 된다고 주장했다.

❸ 구심점

한국게임정책학회 학회장 이재홍은 게임에서의 테마는 "작품에 그리고자 하는 중심사상이자 핵심이고 작품을 통해 표현하고자 하는 궁극적인 목표다."라고 했으며, "여러 구성요소들을 통합시켜 한 방향으로 이끌어가는 구심점이다. 게임의 테마에는 설득력과 호소력이 끈끈하게 담겨있어 여러 감정이 분출돼야 한다."라며 게임의 모든 구성요소가 테마를 중심으로 긴밀하게 연결되어야 함을 강조했다.

● 필자가 생각하는 게임의 테마는?

다양한 게임 외 연구나 게임 연구에서 테마의 특징을 살펴봤다. 한 가지 명확한 것은 테마는 미디어에 상관없이 거의 동일한 정의와 특징을 가진다는 것이다. 연구자들이 언급한 테마의 특징은 테마를 어떻게 결정해야 하는가에 있어 훌륭한 가이드라인이 되어 준다.

이러한 특징들을 토대로 필자는 게임의 테마를 "제작자가 작품을 통해, 소비자에게 전달하고자 하는 메시지다."라고 정의한다. 게임은 문자 기반 미디어가 아니기에 중심사상과 메시지 중에서 메시지가 더 적합하다.

테마에서 가장 중요하게 생각하는 특징은 바로 제작자와 소비자를 연결해 주는 '통로'가 된다는 점이다. 테마는 제작자와 소비자를 연결해 주는 '촉매'로, 제작자가 전달하고자 하는 메시지에 공명하여 소비자는 감동하게 된다. 제작가가 제공하고자 하는 테마를 대신 플레이어에게 전달하는 것이 바로 게임 캐릭터다. 제작자가 작품에 별다른 테마를 넣으려 노력하지 않았다면, 소비자는 당연히 아무런 감동을 느낄 수 없게 된다. 박수는 한 손으로 칠 수 없기 때문이다. 작품에서 별다른 메시지가 느껴지지 않는다면 테마가 없거나 테마를 표현하는데 서투른 작품일 것이다.

테마를 이해함에 있어, 필자는 한 가지 주의할 점이 있다고 생각한다. 많은 연구에서 아직도 소재와 테마의 경계를 모호하게 설명하고 있기 때문이다. 테마와 소재는 다르다. 예를 들어, '전쟁'이라는 키워드만으로 제작자가 전쟁에 대해 어떤 인생관과 철학을 가지고 있는지 알 수 있을까? 제작자마다 전쟁이라는 소재를 활용해서 다양한 테마를 만들어 낼 수 있다.

그렇기 때문에 테마를 정할 때는 반드시 '소재'에서 머물어서는 안되며, 자신의 인생관이 담긴 '테마'를 표현하려 노력할 필요가 있다. 소재는 누구나 쉽게 생각하고 쉽게 정할 수 있다. 반면 테마는 제작자 스스로가 이 작품을 통해 어떤 메시지를 전달하고자 하는지, 먼저 자아성찰이 필요하기에 정하기 쉽지 않다. 가볍게 소재만 생각해서 만든 게임과 충분히 고민해서 자신의 메시지를 담은 게임과는 처음부터 시작점이 다를 수밖에 없을 것이다. 그렇기에 게임 디자인은 아이디어가 숙성될 수 있는 충분한 시간이 필수적이다.

잠깐만요 '전쟁'이라는 소재를 활용한 다양한 테마 예시

- 전쟁의 참혹함을 알리고자 한다.
- 전쟁 속의 위대한 영웅의 모습을 통해 단합의 중요성을 강조하고 싶다.
- 전쟁이란 인류에게 무의미하다. 전쟁은 없어져야 한다.
- 전쟁 속에서도 사랑이 꽃핀다.

'전쟁'이라는 소재를 활용한 다양한 테마를 각각 살펴보면, 제작자가 전쟁에 대해서 어떠한 관점을 가지고 있는지 순간적으로 이해할 수 있다. 게다가 각각의 테마를 활용하면 전혀 다른 게임이 만들어질 것이라는 점을 게이머가 아니라고 할지라도 바로 눈치챌 것이다.

이외에도 "인류의 전쟁은 절대 끝나지 않는다."나 "전쟁은 인류가 살아남기 위해 인구를 줄이기 위한 방안 중 하나다."라는 테마도 얼마든지 가질 수도 있다. 문학에서 테마를 정할 때 상상력을 발휘할 수 있도록 도덕적인 것에 구애될 필요가 없다고 한만큼 게임에서도 자신의 관점을 담는 것이 중요하다. 다만, 작품을 제작하고 연출할 때, 세간의 도덕적 기준에 맞게끔 표현할 필요는 있다.

소재만으로 게임의 방향성을 결코 결정할 수 없다. 소재는 하나의 테마에서도 굉장히 다양하게, 그리고 다수 활용될 수 있는 만큼 작품 전체를 관통하는 하나의 기준이 되긴 어렵다. 제작자의 인생관, 철학, 관점 등이 반드시 반영되어야 비로소 작품의 '테마'라고 할 수 있으며, 이 테마를 강화하기 위해 사용되는 것이 '소재'인 것이다. 테마를 어떻게 정해야 하는지는 실습 가이드에서 조금 더 자세히 설명하겠다.

02 테마의 특성

● 게임 테마의 11가지 특성

게임이라는 작품의 시작이자, 게임 디자인의 시작은 테마라고 했다. 테마를 어떻게 결정하는가에 따라 작품의 방향성과 한계가 결정되므로, 어떤 테마를 잡을 수 있는지가 게임 디자이너의 핵심 역량이 된다. 그러나 아무리 좋은 테마를 잡았다고 해도, 그 테마를 깊게 이해하고 작품에 충분히 녹여내서 표현하지 못한다면 소비자인 플레이어는 제작자가 전달하고자 하는 테마를 느끼거나 공감하기 어려워진다.

테마의 정의와 특징에 대한 감을 잡았으니, 다음으로 테마의 특성이 무엇인지 이해할 필요가 있다. 테마는 어떠한 성질을 가지고 있는가? 테마가 가진 특성을 파악하면 테마를 표현하는 능력이 향상됨은 물론 테마를 결정하는 단계에서부터 큰 그림을 그릴 수 있게 된다. 「게임 테마의 특성 비교 분석 연구: 미국과 일본의 프랜차이즈 롤플레잉 게임을 중심으로」에서 여러 선행 연구에서 추출한 테마의 특성을 분석하여 표 2-1과 같이 정리했다.

표 2-1 게임 테마의 11가지 특성

No.	게임 테마의 특성	테마 특성 관련 키워드	조작적 정의
1	감동(성) Emotionality	감동	크게 느끼어 마음이 움직이는 것
2	공감(성) Sympathy	공명, 자연스럽게 느끼다, 감정으로 표출	남의 감정, 의견 따위에 대해 자기도 그렇다고 느낌 또는 기분
3	구체(성) Concreteness	구체적	실제적이고 세밀한 부분까지 담고 있는 것
4	단일(성) Unicity	단일한, 하나의, 통일성, 섞어서 사용하면 안 된다	단일한 성질
5	독창(성) Originality	독창성, 개성	다른 것을 모방함이 없이 새로운 것을 처음으로 만들어 내거나 생각해 내는 것
6	명확(성) Clarity	명확한	명백하고 확실한 성질
7	방향(성) Directionality	방향성, 목표, 지침	방향이 나타내는 특성에 대한 또는 방향에 따라 제약되는 특성
8	일관(성) Consistency	일관성, 한결같이, 처음부터 끝까지	하나의 방법이나 태도로써 처음부터 끝까지 한결같은 성질
9	집약(성) Concentration	압축, 농축	하나로 모아서 뭉뚱그리는 것
10	철학(성) Philosophy	철학, 인간의 가치, 인생에 대한 해석 & 시각	철학에 기초를 두거나 철학에 관한 것
11	통합(성) Integrity	통합, 결부, 총화, 합치다, 배합하고 조화하다	둘 이상의 조직이나 기구 따위를 하나로 합치는 것

게임 테마의 특성은 감동(성), 공감(성), 구체(성), 단일(성), 독창(성), 명확(성), 방향(성), 일관(성), 집약(성), 철학(성), 통합(성)이라는 총 11가지로 정리할 수 있다. 테마는 소비자에게 감동을 줄 수 있어야 하며, 공감되어야 하며, 단일한 테마로 통일성 있게 표현되어야 하며, 자신만의 독창성을 담아야 하며, 애매하지 않고 명확해야 하며, 목표를 달성하기 위해 하나의 방향을 가져야 하며, 처음부터 끝까지 일관성 있게 표현되어야 하며, 제작자가 전달하고자 하는 바가 농축되어 표현되어야 하며, 제작자의 인생관과 철학이 담겨야 하며, 게임의 모든 구성요소를 하나로 합치는 역할을 해야 한다.

11가지 특성 중에 한눈에 차이점을 알기 어려운 항목이 있어, 특성별 차이점을 확실히 이해할 수 있도록 표 2-2와 같이 정리했다.

표 2-2 차이점을 알기 어려운 특성 비교

차이점 비교	부연 설명
구체(성)≠명확(성)	세밀하지 않아도 명확할 수 있다.
단일(성)≠방향(성)	여러 대상일지라도 하나의 방향성을 가질 수 있다.
방향(성)≠일관(성)	일관성은 '한결같은'이라는 기간을 의미하지만 방향성은 기간이 아닌 시점이다.
집약(성)≠통합(성)	집약은 요약이며 통합은 그대로를 둔 채 하나로 묶는 것이다.

현실적으로 작품마다 11가지 게임 테마의 특성을 모두 만족시킬 수는 없다. 게임 디자인의 시작인 테마를 선정하는 단계에서 게임 테마의 11가지 특성 중 본인이 테마에서 중요하다고 생각하는 몇 가지 테마의 특성을 선별하여 중점적으로 고민해 본다면 게임의 테마를 선정하는데 있어 훌륭한 가이드라인이 될 것이다.

또한 테마가 결정된 후에도 게임 제작 과정에서 지속적으로 게임 테마의 11가지 특성을 되짚어 본다면, 과연 결정된 테마가 11가지 특성을 만족하고 있는지, 부족한 특성을 강화하기 위해 추가 및 수정을 어떻게 해야 할지에 대한 힌트를 얻을 수도 있다.

● 게임 테마의 4가지 핵심 특성

게임 테마의 11가지 특성을 이해하면 게임의 테마를 어떻게 결정하고, 어떻게 표현해야 할지에 대해 많은 정보를 얻을 수 있다. 그러나 11가지 특성을 모두 만족시키는 테마는 여간해서 정하기 어렵다. 게다가 게임 개발은 항상 시간에 쫓기기에 게임 디자인의 시작인 테마를 결정하는데 있어서도 그다지 많은 시간을 할애하기 어렵다. 따라서 게임 분야의 학계와 업계의 전문가를 대상으로 한 인터뷰를 통해 중요하다고 판단되는 특성의 우선순위를 표 2-3과 같이 정리했다.

표 2-3 전문가 분류별 게임 테마의 특성의 중요도 순위

구분	학계 전문가 우선순위		업계 전문가 우선순위		전문가 전체 우선순위	
게임 테마 특성	1	명확(성)	1	공감(성)	1	공감(성)
	2	공감(성)	2	방향(성)	2	방향(성)
	3	방향(성)	3	감동(성)	3	명확(성)
	4	일관(성)	4	일관(성)	4	일관(성)
	5	구체(성), 통합(성)	5	통합(성)	5	통합(성)

게임 학계에서는 게임 테마의 특성 중 명확(성), 공감(성), 방향(성) 순으로 중요하다고 평가했다. 명확(성), 방향(성), 일관(성) 모두 테마가 뚜렷하게 만들어지는 결정 과정에서 특히 중요한 특성이다. 반면, 게임 업계에서는 게임 테마의 특성 중 공감(성), 방향(성), 감동(성) 순으로 중요하다고 평가했다. 공감(성), 감동(성)에서 알 수 있듯이 업계에서는 테마를 결정하는 것도 중요하나 결국 소비자에게 어떻게 전달되는지를 중요한 특성으로 인식하고 있다.

학계 전문가, 업계 전문가, 전문가 전체를 집합 개념으로 정리하면 그림 2-1과 같다. 학계와 업계 전문가들은 다른 지식과 경험을 가지고 다른 관점을 통해 게임의 테마를 바라보고 있으나 공감(성), 방향(성), 일관(성), 통합(성)이라는 4가지 특성을 동일하게 중요하게 보고 있다. 따라서 이 4가지 테마의 특성을 게임 테마의 핵심 특성이라 볼 수 있다.

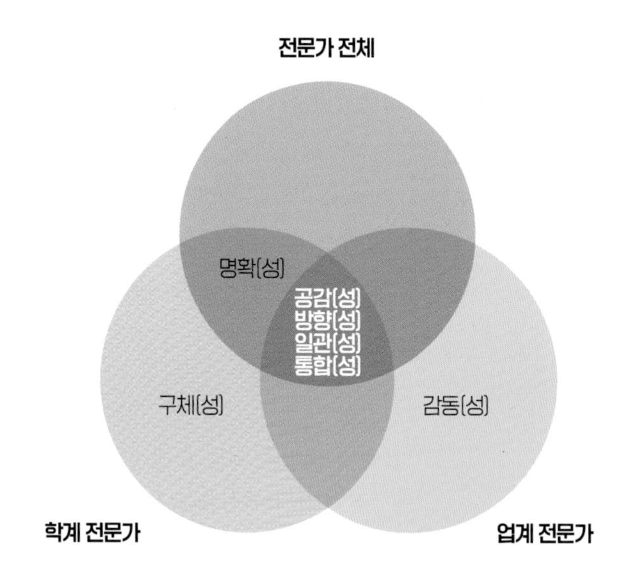

그림 2-1 게임 테마의 4가지 핵심 특성

4가지 핵심 특성을 통해 필자는 게임의 테마란 "게임 디자이너가 자신의 가치관을 플레이어들에게 게임 플레이 하는 내내 일관되게 공감될 수 있도록 게임의 모든 요소들을 통합해 하나의 방향성을 가지게 만드는 것이다."라고 정의한다.

흔히 명작이라고 불리는 테마가 뚜렷한 작품을 떠올려 보자. 해당 작품과 동일한 테마를 흉내 낸 게임도 여럿 있을 수 있으나 그 작품은 테마를 어떻게 표현하고 있는지 게임 테마의 4가지 핵심 특성을 통해 분석해 볼 수 있다. 11가지 특성을 모두 적용시키기 어렵다면, 최소한 4가지 핵심 특성을 통해 스스로 결정한 테마가 뚜렷하게 결정되었고 제대로 표현되고 있는지 개발 과정에서 지속적으로 체크해 볼 필요가 있다.

● 게임 테마의 특성 비교 : 미국 RPG vs 일본 RPG

명작이라고 불리는 게임은 정말 게임 테마의 4가지 핵심 특성을 잘 표현하고 있을까? 위의 논문에서는 미국과 일본의 명작을 비교하기 위해 다음과 같은 기준을 세워 작품을 선정했다.

첫째, 테마가 중요한 장르이자, 테마를 다양한 구성요소에 표현했는지 확인할 수 있는 RPG로 장르를 한정했다.

둘째, 미국과 일본을 대표하는 게임 어워드를 각각 GOTY와 Japan Game Awards로 선정했고, 연구가 이뤄진 년도 기준에서 10년간 대상을 수상한 작품이 많은 시리즈(또는 프랜차이즈)를 선정했다. 10년간 GOTY와 Japan Game Awards에서 대상을 받은 작품은 모두 비디오 게임에 해당되므로, 비디오 게임으로 한정했다.

셋째, 대상 수상작 중 리마스터, 통합 에디션 등을 포함해 현 세대 콘솔기기로 플레이 가능한 작품을 선정했다.

그 결과, 미국 RPG를 대표하는 작품은 〈엘더스크롤〉 시리즈의 〈엘더스크롤 5 스카이림〉이 선정됐으며, 일본 RPG를 대표하는 작품은 〈파이널 판타지〉 시리즈의 〈파이널 판타지 X 리마스터〉가 선정됐다.

2가지 비교 대상으로만 평가를 할 경우, 둘 다 높은 점수이거나 둘 다 낮은 점수일 때 평가의 신뢰도를 확보할 수 없어 더미로써 한국 게임을 위와 동일한 기준에 따라, 2015년 대한민국 게임대상에서 대상을 받은 〈레이븐〉으로 선정해서 참고 대상으로 추가했다. 평가자는 3가지를 평가함으로써 미국 게임과 일본 게임에 대한 편견이 점수에 덜 반영되는 효과도 있다. 국내 게임은 시리즈도 아닌 경우가 많고, 비디오 게임이 아닌 모바일 게임이므로, 연구의 대상이 될 수 없기에 더미로 추가했으니 참고로 비교해 보는 것이 좋다.

그림 2-2 엘더스크롤 5 스카이림(위) / 파이널 판타지 X/X-2 리마스터(아래)

게임 작품과 게임 영상광고로 구분하여 테마를 얼마나 잘 표현했는지 4가지 핵심 특성을 통해 비교 분석하면 그림 2-3과 같이 표현할 수 있다.

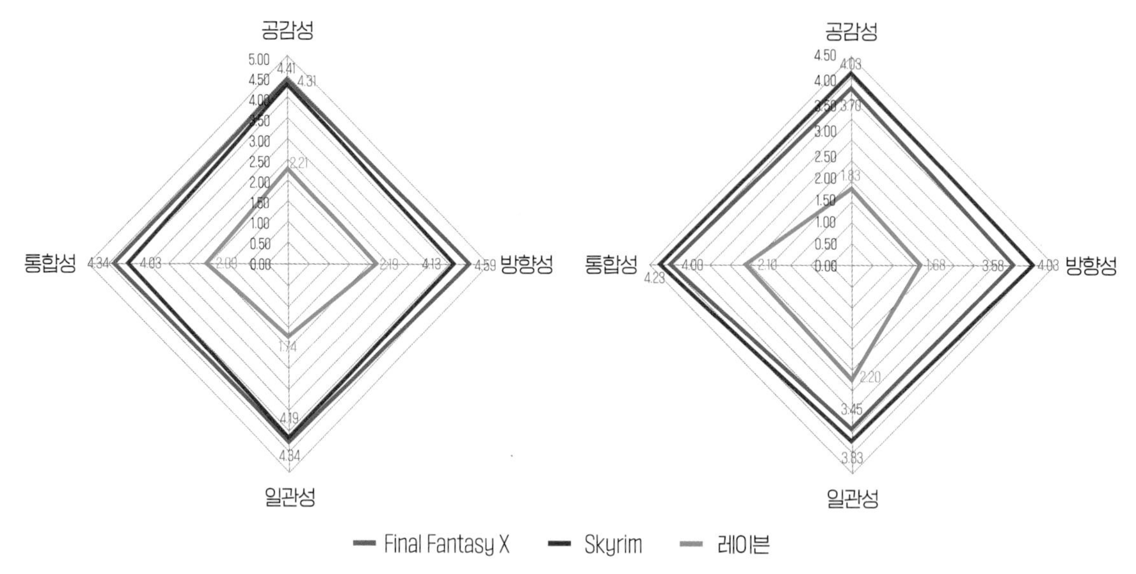

그림 2-3 게임 작품에서의 비교 결과(왼쪽) / 게임 영상광고에서의 비교 결과(오른쪽)

> **잠깐만요** **게임 작품과 게임 영상광고에서 테마의 핵심 특성 표현 정도 비교**
>
> - **게임 작품** : 파이널 판타지 X(일본) 〉 엘더스크롤 5 스카이림(미국)
> - **게임 영상광고** : 엘더스크롤 5 스카이림(미국) 〉 파이널 판타지 X(일본)

❶ 비교분석 결과 : 게임 작품

그림 2-3의 왼쪽에서 볼 수 있듯이, 〈파이널판타지 X 리마스터〉는 방향(성)에 대한 표현 정도가 가장 높게 평가받았고 〈엘더스크롤 5 스카이림〉은 공감(성)에 대한 표현 정도가 높게 평가받았다. 이것은 선형적인 스토리를 주로 추구하는 일본 게임에서는 방향(성)이 중요하다는 점을 확인할 수 있으며, 세계관을 만들고 오픈월드를 추구하는 미국 게임에서는 공감(성)이 중요하다는 점과 일치하는 결과다.

❷ 비교분석 결과 : 게임 영상광고

그림 2-3의 오른쪽에서 볼 수 있듯이, 〈파이널 판타지 X 리마스터〉와 〈엘더스크롤 5 스카이림〉의 공통적으로 통합(성)에 대한 표현 정도가 가장 높게 평가받았고 일관(성)이 가장 낮게 평

가받았다. 미국과 일본의 게임 개발사들은 제한된 광고 시간이라는 조건에서 게임 영상광고에서 게임 테마의 핵심 특성인 일관(성) 및 방향(성)이 표현하기 어렵기 때문에 통합(성)을 중시하는 것이 게임의 테마를 표현하기에 효과적이라는 것을 이미 수많은 경험을 통해 알고 있다는 것을 의미한다.

❸ 비교분석 결과 : 한국 게임의 문제점

게임이라는 미디어에서 한국 게임들은 테마를 효과적으로 표현하고 있지 못하다는 것을 확인할 수 있다. 게임의 테마가 효과적으로 표현되고 있지 않기 때문에 장기적인 전략이 필요한 시리즈나 프랜차이즈 게임으로 발전하기 힘들다고 할 수 있다. 게임 작품에서는 일관(성) 그리고 게임 영상광고에서는 방향(성)에 대한 표현 정도가 가장 낮게 평가되었다.

이는 한국 게임이 앞으로 시급하게 개선해야 할 부분이라고 할 수 있다. 게임 작품에서는 무분별한 패치로 인해 일관(성)을 잃고 처음과 전혀 다른 게임이 되어 가는 한국 게임의 모습을 반영하며, 게임 영상광고에서는 게임의 테마나 차별점을 제시하지 못하니, 대신 인기 연예인을 광고모델로 내세우고 있는 현실을 반영한 결과와 일치한다.

03 테마 계승의 중요성

● 인생을 걸고 테마를 계승하라, 시리즈

게임만이 아닌 모든 미디어에서 대표적인 작품은 거의 시리즈와 프랜차이즈다. 또한 성공한 신규 작품은 자연스럽게 시리즈와 프랜차이즈로 발전하게 된다. 미디어에서 시리즈는 같은 종류의 연속된 기획물로 동일한 제목에 넘버링 또는 부제를 붙이는 작품들의 묶음이며, 프랜차이즈는 미디어에서 시리즈보다 넓은 의미로 사용된다. 한 미디어 내의 시리즈물을 포함하여 하나의 줄기를 통해 다양한 미디어로 확장된 모든 작품을 통칭하는 의미다. 〈셜록 홈즈〉, 〈스타워즈〉, 〈해리포터〉, 〈더 워킹 데드〉, 〈원피스〉, 〈포켓몬〉 등 셀 수 없은 인기 작품에서 알 수 있듯이 인간이 향유하는 모든 미디어는 이른바 시리즈와 프랜차이즈의 역사라고 볼 수 있다.

게임의 역사를 살펴보면, 다른 미디어와 크게 다르지 않다. 시리즈 게임과 프랜차이즈 게임의 역사라고 할 수 있다. 오히려 제작 기간이 긴 만큼 시리즈와 프랜차이즈로 발전하지 않으면, 매년 쏟아지는 다른 경쟁 작품에 가려져 소비자들에게 알려지지도 못한 채 조용히 사라지는 게임이 수도 없이 많을 정도다. 서양 3대 RPG와 일본 양대 RPG를 비롯하여, 역대 Game of the Year 최다 득표 작품과 Japan Game Awards 대상을 찾아봐도 이미 시리즈와 프랜차이즈 게임이거나, 첫 작품의 성공으로 이후 시리즈와 프랜차이즈로 발전하고 있는 게임이다.

그렇다면 게임이 성공적인 시리즈와 프랜차이즈로 발전하기 위해서 무엇이 필요한지 고민해 볼 필요가 있다. 게임 시장에서 첫 작품이 크게 성공하면 거의 확정적이라고 할 수 있을 정도로 시리즈와 프랜차이즈로 확장을 시도한다. 그러나 첫 작품이 성공했다고 해서 안정적으로 시리즈와 프랜차이즈로 발전한 작품은 소수에 불과하다. 특히 게임의 방향성을 결정하는 위치에 있는 주요 개발진이 바뀐 경우, 엄청나게 성공했던 시리즈와 프랜차이즈 게임이라고 할지라도, 다음 작품에서 엄청난 혹평을 받고 세상에서 마치 없었던 것처럼 순식간에 사라지는 경우도 많다.

이러한 점에서 시리즈와 프랜차이즈 게임을 이끌어 가는 힘은 작품의 완성도 이전에 누가 게임의 방향성을 결정하는가, 즉 게임 디자이너인 인간에게 있다는 것을 알 수 있다. 시리즈와 프랜차이즈 게임은 단순히 이전 작품의 콘텐츠와 시스템을 가지고 와서 단순히 기술적으로 개선시키는 것이라 생각해서는 안된다. 소비자들에게는 이전 작품의 테마를 계승하는지가 중요하다.

따라서 자신만의 인생관과 철학을 가지고, 단순히 하나의 작품에서 끝나는 것이 아닌 제작자의 인생을 걸고 매번 제작하는 각 작품들에 꾸준히 테마를 계승하는 것이야말로 시리즈와 프랜차이즈 게임이 되기 위한 선행조건이 된다.

성공적인 시리즈와 프랜차이즈 게임이 되기 위해서 시리즈와 프랜차이즈의 모든 작품을 관통하는 주된 테마가 필요하며, 이 테마는 제작자가 인간으로서 성장하는 만큼 성숙해져서 다음 작품으로 계승되어야 한다. 이러한 예는 표 2-4와 표 2-5와 같이 미국과 일본의 대표적인 게임 디자이너의 시리즈 작품에서 쉽게 찾아볼 수 있다.

표 2-4 대표적인 미국 게임 디자이너의 인생의 테마

게임 디자이너(미국)	게임 & 시리즈명	출시연도	테마(간략하게 표현)
피터 몰리뉴	파퓰러스	1989~	선과 악
	던전키퍼	1997~	선과 악
	블랙 앤 화이트	2001~	선과 악
	페이블	2004~	선과 악
윌 라이트	심시티	1989~	세상과 소통
	심즈	1999~	인간과 소통
	스포어	2006~	생명과 소통
리차드 개리엇	울티마	1981~	미덕
	울티마 온라인	1997~	미덕과 자유

피터 몰리뉴(Peter Molyneux)는 게임 안에서 전지전능한 신이 되고자 했다. 〈파퓰러스〉에서 플레이어는 신이 되어 두 개의 부족 중 하나를 선택하여 자신의 부족을 번영시켜 다른 부족을

전멸시키는 것을 목적으로 한 시뮬레이션 장르다. 〈던전키퍼〉에서 플레이어는 던전에 침입하는 용사와 영웅들을 막기 위해 던전 내부를 강화하고, 몬스터를 훈련시켜 '악이 선을 물리친다.'는 기존 게임의 고정관념을 깬 작품이었다. 그는 〈파퓰러스〉, 〈던전키퍼〉, 〈블랙 앤 화이트〉, 〈페이블〉이라는 다양한 작품을 만들어 오면서, 플레이어에게 신의 입장이 되어 자신만의 선과 악은 어떻게 정의 내릴 것인가라는 질문을 매번 던져왔다.

윌 라이트(Will Wright)에게 게임은 하나의 장난감이었다. 장난감이기에 엔딩이 존재할 필요가 없으며, 매번 즐길 때마다 다른 재미를 줄 필요가 있었다. 아이에게 장난감은 위험하지 않은 안전한 환경에서 무엇과 소통을 연습하기 위한 것이기에 그가 만드는 게임은 소통을 하는 것에 대한 재미를 선사하려고 했다. 〈심시티〉에서는 세상과 소통하는 재미를 선사했고, 〈심즈〉에서는 다른 인간과 소통하는 재미를 선사했으며, 〈스포어〉에서는 다른 생명과 소통하는 재미를 선사했다. 장난감은 만드는 것만이 아닌 부수는 것에도 재미를 느낄 수 있기 때문에 그가 만드는 게임들은 공들여 만들어 온 것을 부수는 것에도 큰 재미를 느낄 수 있도록 시스템을 제공하고 있다.

리차드 개리엇(Richard Allen Garriott)은 게임도 어떤 미디어보다 철학적인 면을 담을 수 있다는 것을 작품으로 증명한 게임 디자이너다. 1980년대 미국에서 게임 산업이 크게 성장하는 것에 대한 반발로 학부모 단체를 중심으로 게임에 대한 부정적인 인식이 자리잡았다. 예를 들어, 〈팩맨〉의 캐릭터가 마치 아이들의 뇌를 먹는 것 같은 느낌이며, 학습을 방해하고 멍청하게 만든다는 주장이 있을 정도였다. 이에 대해 그는 〈울티마 4〉에서 '과연 인간의 미덕이란 무엇인가?'라는 테마를 통해 8대 미덕을 디자인했고, 플레이어의 행동에 따라 반응하는 NPC와 게임 월드를 창조해 냈다. 게임에 대한 부정적인 인식은 그 어떤 설명과 설득보다 뛰어난 게임 작품으로 해소하는 것이야말로 가장 확실하고 근본적인 해결 방법이라는 것을 증명한 사례다.

표 2-5 대표적인 일본 게임 디자이너의 인생의 테마

게임 디자이너(일본)	게임 & 시리즈명	출시연도	테마(간략하게 표현)
미야모토 시게루	동키 콩	1981~	남자의 로망
	슈퍼 마리오	1985~	남자의 로망
	젤다의 전설	1986~	남자의 로망
사카구치 히로노부	파이널 판타지	1987~	삶과 죽음
	로스트 오딧세이	2007~	삶과 죽음
호리이 유지	드래곤 퀘스트	1986~	성장

미야모토 시게루(宮本 茂)는 공주를 구하는 것이야말로 남자의 로망이라는 테마를 통해 남녀노소 누구나 같이 즐길 수 있는 작품들을 만들어 왔다. 〈동키 콩〉에서 등장한 캐릭터 중 하나가

바로 마리오며, 이후 〈슈퍼 마리오〉 시리즈에서 피치 공주를 구하는 영웅으로 등장하게 된다. 〈젤다의 전설〉 시리즈에서도 주인공인 링크는 젤다 공주를 구하는 영웅이다. 사람마다 남자의 로망이 무엇인지 생각하는 바가 다를 것이다. 하지만 그는 수십 년간 수많은 작품이 발매되는 와중에도 자신만의 테마를 변함없이 일관성을 가지고 계승 및 발전시키고 있다. 시대별로 빠르게 변하는 돈이 되는 소재만 쫓아다니면, 자신만의 테마를 가질 수 없고 뛰어난 작품을 만들기 어렵다는 점을 잘 보여 주는 대표적인 사례다.

사카구치 히로노부(坂口 博信)는 삶과 죽음이 무엇인지, 인간에게 죽음이란 어떤 의미가 있는지를 작품에 표현해 왔다. 과거에 친밀한 사람들의 죽음을 여러 차례 경험한 것으로 알려진 그는 삶과 죽음의 의미를 〈파이널 판타지〉의 여러 캐릭터들의 죽음으로 표현했고, 다른 게임들과 다르게 캐릭터들의 죽음에 대한 무게감이 달라 많은 게이머들에게 감동과 공감을 선사했다. 소비자들은 단순히 캐릭터가 죽었다는 결과에 슬퍼하는 것이 아니라 그 캐릭터가 살아온 경험, 사고방식, 성격 등을 통해 감정 이입하는 과정에서 슬픔을 느끼는 것이다. 게임 디자이너가 죽음에 대해 자신만의 인생관과 철학이 없다면, 캐릭터의 죽음도 단순히 죽었다는 결과로밖에 표현하지 못할 것이다.

호리이 유지(堀井 雄二)는 문학을 전공하고 만화가를 꿈꿨으나 사고를 당하면서 그림을 그리기 어렵게 됐고, 이에 따라 시나리오 라이터로 전향했다고 알려져 있다. 게임 업계에 입문하여 일본 초창기 어드벤처 게임인 〈포토피아 연속 살인 사건〉과 같은 어드벤처 장르에서 시나리오를 집필하기 시작했고, 이후 1986년 일본 최초의 RPG인 〈드래곤 퀘스트〉를 탄생시킨다. 1981년 미국에서 〈울티마〉와 〈위저드리〉와 같은 RPG가 탄생했으나, 탄탄한 시나리오라고 하기 애매한 간략한 영웅 이야기를 담은 RPG였기에, 그는 영웅의 성장에 주목하여 RPG라는 장르에서 영웅의 성장에 대한 장대한 시나리오를 만들어 낸다.

따라서 〈드래곤 퀘스트〉 시리즈에서 주인공은 처음부터 막강한 힘을 가지게 된 서양의 영웅이 아닌 '용사'다. 용사는 처음에 성장하는 속도가 매우 느리지만, 점차 폭넓은 기술과 마법을 동시에 사용할 수 있는 전형적인 대기만성형 캐릭터다. 용사의 특징을 보면 그가 인간의 성장에 대한 어떠한 철학을 가지고 있는지 이해할 수 있다. 이후 일본에서는 게임 시나리오 라이터라는 직군이 별도로 생길 정도로 게임에 깊이 있는 스토리를 중시하게 시장이 변한다.

몇 가지 예를 살펴봤으나 비디오 게임의 역사를 살펴봤을 때 이러한 예는 극히 일부에 불과하다. 명작을 탄생시킨 미국과 일본의 대표적인 게임 디자이너들은 단순히 하나의 작품 안에서만 테마를 표현한 것이 아니라 자신이 만들어 온 모든 작품에 인생을 걸고 하나의 관통되는 테마를 계승하고 발전시켜왔다. 명작이라고 불리는 미국과 일본의 수많은 작품이 왜 수십 년간 시리즈와 프랜차이즈로 발전하고 있고, 왜 국내 게임은 시리즈로 발전하지 못하는지에 대한 답은 멀리서 찾을 필요가 없다.

과연 한국 게임의 역사 전체를 통틀어서 테마를 계승해 시리즈를 이어간 작품을 얼마나 찾아볼 수 있을 것인가? 자신만의 인생의 테마가 명확하게 있다고 자신 있게 이야기할 수 있는 한국의 게임 개발자가 얼마나 있을까? 테마를 계승하지 않는 시리즈는 게이머들에게 있어서는 스킨만 씌운 전혀 다른 게임으로 인식된다는 점을 잊어서는 안된다.

04 테마를 찾는 방법

게임을 통해서 어떤 메시지를 소비자에게 전달할 것인가? 모든 게임이 반드시 테마가 있을 필요는 없다. 단순한 퍼즐 게임 등은 테마가 없어도 성공할 수 있다. 그러나 명확한 테마가 있다면 스토리, 게임 플레이, 그래픽 스타일 등에서 다른 게임과 확실한 차별점을 도출하기 쉬워지며 게임을 개발하는 과정에서 흔들리지 않는 명확한 기준이 되어 준다. 소비자에게 여러 비슷한 게임 중에 굳이 왜 이 게임을 플레이해야 하는가를 설득하기 위한 시작도 역시 테마에서 온다. 만들고자 구상하고 있는 게임의 명확한 차별점을 제시하기 어렵다면 언제든 〈2장〉으로 돌아와 자기 자신을 돌아볼 필요가 있다.

〈모비딕〉의 작가인 허먼 멜빌(Herman Melville)은 "위대한 책을 쓰려면 위대한 테마를 잡아야 한다."고 말했다. 그의 주장에 동감하며 게임에서도 "위대한 게임을 만들려면 먼저 위대한 테마를 잡아야 한다."고 생각한다. 그렇다면 게임에서 뛰어난 테마를 어떻게 찾을 수 있을까? 뛰어난 테마는 절대 타인이 알려주지 않는다.

테마를 찾는 능력을 기르기 전에 먼저 기존 작품의 테마를 분석하는 연습을 충분히 해야 한다. 테마를 잘 잡기 위해서는 먼저 기존 작품의 테마를 정확히 잡아낼 수 있어야 한다. 해당 작품에서는 최종적으로 어떤 메시지를 전달하려고 하는지, 본인의 경험하고 아는 범위에서 보이기 때문에 작품을 많이 경험하는 것도 중요하지만, 현실에서 다양한 경험을 하고 깊게 고민하고 여러 분류의 사람들과 토론하는 것이 큰 도움이 된다.

❶ 작은 궁금증부터 시작하라

테마를 정할 때 게임 안에서 찾기 보다 가장 먼저 자기 자신을 뒤돌아볼 필요가 있다. 자신은 인간과 인간이 살아가는 세상을 어떤 관점으로 바라보고 있으며, 어떤 궁금증을 가지고 있는가? 철학적인 테마는 인간의 무의식적인 곳에 존재하는 경우가 많기 때문에 평소에 깊이 있는 자아성찰을 하지 않으면 쉽게 발굴해 내기 어렵다. 가장 뛰어난 테마는 본인이 오랫동안 생각해왔던 것을 구체화하여 테마로 끄집어 내는 것이다.

그러나 이러한 철학적인 테마는 처음부터 쉽게 찾을 수 없다. 특히 인생 경험이 많지 않는 젊은 세대에게는 세상을 바라보는 시야가 좁은 경우가 많을 수밖에 없기 때문에 철학적인 테마를 어설프게 흉내 내려 해 봐야 공감을 이끌어 내기 어려워진다. 게임 디자이너로서 충분한 경험을 쌓으면서, 인생의 쓴 맛도 경험하고 산전수전 겪으며 인생이란 무엇인가에 대해 뼈저리게 고민했을 때 비로소 자신만의 인생관과 철학이 생기기 때문이다.

그렇기 때문에 게임 제작 경험이 부족하거나 처음으로 게임을 만들려고 하는 젊은이들에게 "테마는 인간과 인간이 살아가는 세상에 대한 작은 궁금증으로부터 시작한다."고 설명한다. 어렵게 생각하지 말고, 지금부터 주변을 둘러보려고 노력해 보자. 매일 출근하는 동일한 길도 의식적으로 다양한 곳까지 보려고 한다면, 평소에 보지 못했던 것이 얼마나 많은지 놀라게 될 것이다. 넓은 세상을 바라보면서 이것은 왜 이렇게 되어 있는가, 다른 관점에서 볼 수 없는가, 과연 맞는 것인가를 고민하는 습관을 가진다면 생각보다 게임으로 만들 수 있는 힌트를 쉽게 얻게 된다. 테마는 거창한 것만 있는 것이 아니다. 조금만 세상을 세심하게 살펴보면 우리 주변에 널려 있다. 유치한 발상도, 유머스러운 발상도, 가벼운 발상도 얼마든지 테마가 될 수 있다. 인간과 인간 세상에 대한 고민이 조금이라도 담겨 있다면 훌륭한 테마가 될 수 있다.

❷ 다양한 명작을 경험하라

게임을 제작하기 위해 테마를 결정하고자 하는 것이 목적이기에, 여러 게임에서 어떤 테마를 사용했고, 어떻게 테마를 표현하고 있는지 분석해 보는 것이 선행되어야 한다. 그러니 이를 위해서는 뛰어난 테마를 가진 명작이라고 불리는 게임을 다양하게 경험할 필요가 있다.

게임을 단순히 많이 한다고 해서 게임을 잘 만들 수 있는 것이 아니다. 게임을 잘하는 것과 게임 제작을 잘하는 것은 전혀 다른 이야기다. 〈리그 오브 레전드〉와 같이 인기 있는 게임을 수백~수천 시간했다고 해도 그저 그 게임에 대해서만 잘 알 뿐이라 게임 개발자가 되기 위해서는 아무런 도움이 되지 않는다. 이러한 경우 처음부터 QA, 프로게이머, 스트리머 등을 목표로 하는 것이 좋다.

게임에 대해서 잘 알고 싶다면, 장르별 대표적인 작품을 알아야 하고, 해당 장르가 어떤 역사를 통해 발전했는지 분석하는 것부터 시작할 필요가 있다. 아무리 뛰어난 테마를 정했다고 해도, 결국 게임에 테마를 표현하는 방법을 충분히 이해해야 하기 때문이다.

❸ 반드시 게임 외 취미를 가져라

현대인은 굉장히 제한적인 공간에서 반복적인 생활을 하게 되는 경우가 대부분이다. 그렇기 때문에 시야가 좁아지고 사고방식이 제한되게 된다. 게임 개발자의 경우, 야근이 일상화되고 출시가 다가오면 주말 출근도 빈번해지므로, 다른 분야의 사람들과 만나거나 다른 분야를 경험하기 어렵게 된다. 게임에 대한 이해도를 높이기 위해 다양한 게임을 하는 것은 당연히 필수적인 사항이나 게임 외 취미를 반드시 가질 것을 추천한다.

게임은 모든 것을 흡수할 수 있는 융합 미디어이기 때문에, 특정 국가의 역사를 잘 안다면 해당 국가의 역사 관련 게임을 만들 때 큰 힘이 되며, 법정에 관심이 많다면 〈역전재판(逆転裁判)〉과 같이 법과 관련된 게임을 만들 수 있게 된다. 이와 같이 자신이 게임 외에 어떤 것에 관심이 있는지는 게임 디자이너에게 있어 엄청난 무기가 된다. 〈스트레이〉라는 게임을 보면, 제작자들이 얼마나 고양이를 좋아하고 고양이의 움직임과 행태에 대해 많이 알고 있는지 한눈에 알 수 있다.

특히 다른 누구나 가지는 뻔한 취미라면 게임 제작에서도 큰 도움이 안 될 수도 있겠지만, 특이한 취미를 가진다면 다른 사람은 상상하지 못하는 게임을 만들 수 있는 위치에 서게 된다. 미국과 일본 게임 개발사에서 다양한 이력을 가진 사람을 적극적으로 채용하는 건 명확한 이유가 있다. 뻔한 사람들만 모여 있으면 뻔한 게임만 만들어지기 때문이다.

그림 2-4 스트레이

2.2 게임 예시

● 인간은 전쟁을 반복하는 어리석은 생물이다 - 폴아웃

〈폴아웃〉 시리즈는 인터플레이에서 1편과 2편을 개발하고, 이후 3편부터 베다스타 게임 스튜디오로 판권이 넘어가게 된 시리즈 게임이다. 〈폴아웃〉은 핵전쟁 후 방사성 낙진으로 황폐해진 포스트 아포칼립스 세계관을 가진 대표적인 롤플레잉 게임이다.

그림 2-5 폴아웃 콜렉션

〈폴아웃〉 작품들은 'War never changes'라는 문구로 시작한다. 〈폴아웃〉의 테마를 함축적으로 표현하는 문구지만, 사람에 따라 해석할 수 있는 여지가 많아 〈폴아웃〉에서 전하고자 하는 테마를 더 깊게 살펴볼 필요가 있다. 전쟁은 변하지 않는다는 의미는 핵전쟁 후의 아무리 최악인 포스트 아포칼립스 세계에서조차 인간은 변하지 않고 전쟁을 반복한다는 것이다. 이것은 상황을 서술한 것에 불과하고, 제작자는 인간에게 어떤 메시지를 던지고 싶었을까? 바로 인간은 전쟁을 반복하는 어리석은 생물이니 더 이상 전쟁을 해서는 안된다는 메시지를 던지고 있다고 볼 수 있다.

이러한 테마를 표현하는 방법으로, 특히 클래식 〈폴아웃〉으로 불리는 1편과 2편에서는 풍자와 반어법을 사용한다. 클래식 〈폴아웃〉 세계에는 도저히 정상이라고 볼 수 없는 특이한 캐릭터들이 수많이 등장한다. 핵전쟁 후의 끔찍한 상황에서도 전쟁을 멈추고 있지 않은 이들을 비판하기 위한 것이며, 이는 현실에서도 전쟁을 하고 있는 이들을 비판하기 위한 메시지라고 볼 수 있다.

〈폴아웃〉 시리즈는 개발사를 기준으로 클래식 〈폴아웃〉과 〈폴아웃 3〉 이후로 구분된다. 두 작품은 게임의 특징과 대상 소비자층이 크게 다르며, 특히 클래식 〈폴아웃〉은 테마를 강력하게 전달하고 있는 반면, 〈폴아웃 3〉 이후 작품은 상업적으로 큰 성공을 거두었더라도 〈폴아웃〉 시리즈의 기반이 되는 테마의 강도가 상대적으로 약해졌다는 비판을 받고 있다.

● 법은 모든 것을 해결해 주지 않는다 – 역전재판

〈역전재판〉 시리즈는 캡콤에서 제작하고 있는 법정, 추리, 영매를 소재로 한 어드벤처 게임이다. 변호사와 검사의 변론을 마치 배틀처럼 구성해서 차별점을 부각한 시리즈로 넘버링 작품 외에 외전도 출시되고 있고, 영화화나 애니메이션화가 될 정도로 팬을 거느린 시리즈다.

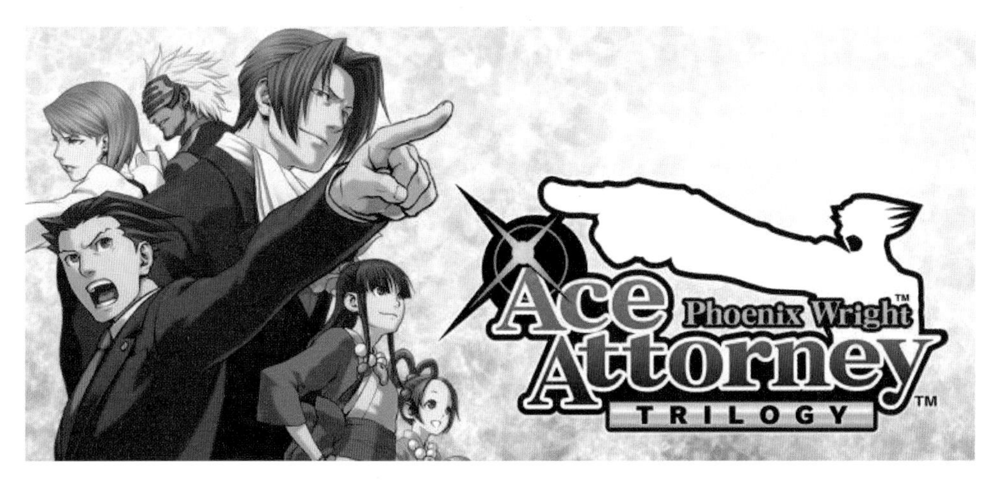

그림 2-6 역전재판 123 트릴로지

〈역전재판〉의 테마는 1편에서 명확하게 드러난다. 변호사인 주인공이 검사와의 배틀에서 승리하기 위해 동료들과 힘을 합쳐 물적 증거, 상황 증거 등을 제시하지만, 천재 검사의 높은 벽에 부딪혀 손발을 쓸 수 없게 된다. 이때 등장하는 것이 영매라는 개념이다. 제작자는 법은 모든 것을 해결해 주지 않는다는 테마를 통해 현실의 법의 한계점을 꼬집어 법과 정반대 개념인 영매라는 소재를 의도적으로 사용한 것이다. 영매 능력이 있는 영매사 캐릭터를 주인공의 동료이자 조력자로 두어 주인공 스스로 극복할 수 없는 시련이 닥쳤을 때 주인공을 도와주는 방식으로 게임의 이야기를 진행한다.

〈역전재판〉에서 재판을 역전하는 계기를 마련하는 건 현대 법정에서 중시하는 물적 증거, 상황 증거, 진술 증거가 아니라 현대인 대부분이 부정하는 영매를 통해 들여다본 사람들의 본심이라는 것이다. 이를 위해서는 법적인 증거만 보려는 것이 아니라 사람들의 이야기를 더 깊이 듣고 이해하려는 노력이 필요하다는 메시지가 포함되어 있다.

반면 적 캐릭터로 등장하는 인물들은 대부분 물적 증거와 진술 증거를 중요시하면서도 증거를 조작하는 것에 대해 눈 하나 깜짝하지 않는다. 사람들의 이야기를 듣기 보다 증거만을 중시하는 현재 법정을 과장해서 풍자한 것이며, 이는 현실의 법정 증거는 변호사 측이나 검사 측이나 얼마든지 조작이 가능하다는 것을 보여 줌으로써 증거 중시의 법정의 한계를 꼬집는다.

법은 모든 것을 해결해 주지 않기 때문에 영매라는 법과 정반대의 소재를 사용했지만, 그럼에도 불구하고 결론적으로 법정 안에서 문제를 해결하려고 했던 것도 제작자가 가진 가치관이다. 법이 모든 것을 해결해 주지 않는다고 법정에서 벗어나 복수를 하는 것이 아닌 법정 안에서 해결법을 찾아야 한다는 점까지 파악해야 〈역전재판〉의 테마를 이해한 것이라 볼 수 있다.

● 감정을 가지게 된 안드로이드는 인간과 차이가 없다 – 디트로이트 비컴 휴먼

〈디트로이트 비컴 휴먼〉은 퀀틱 드림에서 제작한 다변수 서사를 극한으로 발전시킨 어드벤처 게임이다. 〈헤비 레인〉에서 뛰어난 스토리를 평가받았으나 제한적인 분기와 큰 차이 없는 멀티 엔딩은 아쉬웠다고 평가받았다. 그러나 〈디트로이트 비컴 휴먼〉에서는 수많은 선택지와 플레이어의 선택에 따른 결과를 분기별로 의미 있게 다르게 표현해서 다변수 서사를 게임에서 제대로 구현한 작품으로 높게 평가받고 있다.

그림 2–7 디트로이트 비컴 휴먼

〈디트로이트 비컴 휴먼〉은 작품 초반에 '안드로이드는 인간이 될 수 있는가?'라는 질문을 던지며 3명의 안드로이드 주인공에 대한 여정을 그린다. 캐릭터별로 각각 세부 테마와 플롯을 가지고 있으나 작품 전체의 테마는 게임의 제목에서부터 알 수 있다.

왜 제목을 '안드로이드 비컴 휴먼'이 아닌 '디트로이트 비컴 휴먼'이라고 했을까? 이것이 테마를 이해하는 중요한 포인트라고 생각한다. 단순히 감정을 가지게 된 안드로이드가 스스로 인간이라고 느끼는 것이 아니라, 인간도 감정을 가진 안드로이드를 새로운 인류로 인정하게 되고, 디트로이트라는 공간 안에 있는 인간과 안드로이드 모두가 하나의 인류로서 공존할 수 있다는 것이 〈디트로이트 비컴 휴먼〉에서 보여 주고 싶은 결과이다. 즉, 감정을 가진 안드로이드가 탄생한다면 인간으로서 대해 줬으면 한다는 제작자의 테마가 담겨있다.

물론 다변수 서사를 주요 특징으로 삼는 어드벤처 장르이기에 멀티 엔딩 중에는 안드로이드는 안드로이드일 뿐 절대 인간이 될 수 없다는 엔딩도 존재한다. 안드로이드는 인간이 될 수 없다는 생각을 가진 플레이어를 위한 엔딩도 존재하지만, 진정한 해피 엔딩을 인간과 안드로이드가 공존하는 것으로 그렸다는 것은 〈디트로이트 비컴 휴먼〉의 제목과 테마가 일치한다는 점을 알 수 있다.

게임만으로 한정하지 않고 여러 미디어에서, 과거 많은 로봇이나 안드로이드를 소재로 다룬 작품들은 대부분 로봇과 안드로이드가 지성과 감정을 가지면 인류를 위협하는 적이 될 것이라는 메시지를 던졌다. 그렇기 때문에 로봇과 안드로이드를 대부분 적 캐릭터로 선택해서 인간이 생존을 위해 해치워야 하는 존재로 그려왔다. 이러한 작품들은 AI 기술의 발전에 두려움을 느낌과 동시에 경고를 하기 위한 테마를 가지고 있다. 이런 흐름 속에서 〈디트로이트 비컴 휴먼〉은 정반대의 테마를 선택해서 굉장히 설득력 있게 표현했고, 기존의 작품과 다른 관점을 가진 테마를 완성도 있는 작품으로 표현했기 때문에 많은 게이머가 공감을 하고 역사에 남을 명작으로 평가한 것이다.

2.3 실습 가이드

2주차 실습

① **목표** : 게임의 테마 결정

② **추천 분량** : PPT 1장

③ **페이지 구성**

Page 1) 테마를 정리한 문장(참고 그림 1장 이상 첨부)

④ **페이지 내용**

Page 1) 게임을 통해 소비자에게 전달하고자 하는 테마를 한 문장으로 작성

주의점

한 페이지에 테마를 정리한 한 문장만 적으면 되니 간단할 것이라 생각할 수 있겠지만, 작품에 테마를 결정한다는 것은 굉장히 어려운 일이다. 흔히 작가들은 테마를 정하는 것이 작품의 절반에 해당된다고 말하기도 하니 충분히 깊게 고민해서 결정해야 할 것이다. 테마를 쉽게 생각하고 대충 넘긴다면, 결국 콘셉트 디자인에서 뒤로 갈수록 항목을 구체화하기 어려워 디자인 전체를 포기하거나 다른 게임을 똑같이 따라하게 될 것이다.

학생들이나 업계의 개발자들에게 테마와 관련된 교육이나 자문을 하다 보면, 우선 기존 작품의 테마를 잡아내는 능력이 부족하다고 느껴진다. 게임을 떠나 모든 미디어 작품의 테마를 이해하지 못한다면 자신의 작품에 테마를 넣는 것은 시기상조다. 너무 단편적인 것만 보지 말고 작품의 끝까지 경험 후 과연 작품에서 어떤 메시지를 전달하려고 했는지를 파악해 보자. 동일 작품을 여러 명이 경험해 보고 테마에 대해 토론해 보는 것이 테마를 찾는 가장 빠른 방법 중 하나다.

다양한 미디어에서 뛰어난 테마를 가진 명작들을 중심으로 테마를 분석해 보고, 자신이 생각하는 테마와 비슷한 작품들을 리서치하는 것부터 시작하자. 다음은 테마를 잡는 과정에서 주의해야 할 점을 다시 한 번 정리한 것이다.

❶ 테마는 소재가 아니다

콘셉트 디자인을 시작하면서 처음 테마를 잡아보라고 하면 대부분은 전쟁, 죽음, 연예인, 사랑, 기후 위기, 좀비 등과 같은 키워드를 하나 정하고 테마를 결정했다고 한다. 그러나 테마는 소재가 아니다. 테마는 작품에서 전달하고자 하는 구체적인 메시지다. 단순히 키워드인 소재를 테마라고 한다면 사람마다 해석을 달리할 수 있기 때문에 본인의 철학과 가치관이 포함될 수 없다.

❷ 테마는 뻔한 정답을 말하는 것이 아니다

테마가 소재가 아니라는 것을 이해시킨 후 테마를 문장으로 만들어 보라고 하면 상당수 다음의 문제가 발생한다. 많은 사람들이 '전쟁은 나쁜 것이다', '물을 아껴 써야 한다.', '거짓말은 나쁘다.' 등으로 누구나가 동일하게 대답할 정답과 같은 문장을 테마라고 한다.

테마는 정답을 말하는 것이 아니다. 누구나 당연히 알고 있는 사실을 테마로 한다면 만드는 게임도 당연히 누구나 아는 당연한 사실을 메시지로 전달하게 되어 식상한 게임이 되어 버리기 쉽다. 최소한 왜 나쁜 것인지, 어떻게 아껴 써야 한다는 것인지 구체화해서 뻔한 정답이 아니게 바꿀 필요가 있다.

오히려 '거짓말은 자신을 보호하기 위한 최후의 수단이다.'와 같이 일반적인 상식과 다른 테마가 더 매력적이다. 테마는 해당 소재를 바라보는 자신만의 관점과 가치관을 담는 것이므로 오히려 정답이 아닌 것이 좋다. 보편적으로 정답이 아니라고 생각하는 것을 자신만의 가치관으로 타인에게 공감이 가게 표현한다면 좋은 테마와 작품이 만들어 진다. 그래야 작품을 경험한 사람들에게 여운을 느끼게 하고, 해당 소재에 대해 다시 한 번 생각해볼 수 있는 계기를 줄 수 있는 것이다.

❸ 상황만 서술하기보다 결과까지 도달하라

테마는 정답을 말하는 것이 아니라는 것은 이해했지만 다음으로 상황 설명에서 끝나서는 안된다는 점에 유의하자. 예를 들어, '법이 모든 것을 해결해 주지 않는다.', '유명해지는 것이 좋은 것만은 아니다.'라는 테마는 상황만 서술한 것이지 아직 결론에 도달한 완전한 테마는 아니다. 이러한 상황을 사람들마다 다르게 해석할 여지가 많기 때문에 게임을 개발하는 팀 구성원들마다 각자 다른 생각으로 게임을 만들게 되니 서로 의견 충돌이 발생할 수밖에 없다. 따라서 결론이 무엇인지까지 고민해야 한다.

완전한 테마는 상황만을 서술하는 것이 아닌 결론적으로 다른 사람들이 어떤 생각과 행동을 하기를 원하는지 표현해야 한다. '법이 모든 것을 해결해 주지 않는다.-그러므로 법이 아닌 실제 복수를 해야 한다.'가 될 수도 있고, '법이 모든 것을 해결해 주지 않는다.-그러므로 현재의 법 체계를 바꿔야 한다.'가 될 수도 있다. 동일하게 '유명해지는 것이 좋은 것만은 아니다.-그러므로 유명해지는 것을 피해야 한다.'가 될 수도 있고, '유명해지는 것이 좋은 것만은 아니다.-그러므로 유명해지면 매사를 조심해야 한다.'가 될 수도 있고, '유명해지는 것이 좋은 것만은 아니다.-그러므로 유명해지면 발생하는 단점들을 스스로 기꺼이 받아들여야 한다.'가 될 수도 있다. 이것 외에도 법이나 유명해진다는 소재에 대해 사람마다 다른 가치관과 철학을 가지고 있을 것이다. 자신만의 철학과 인생관을 문장으로 결과까지 표현해야 명확한 테마가 완성된다.

어떤 결론에 도달했는지에 따라 작품의 방향성이 완전히 달라질 것이다. 완전한 테마는 상황 설명에서 끝나는 것이 아니라 본인이 주장하는 결론까지 메시지로 포함되어야 한다.

❹ 테마는 자랑하기 위한 것이 아니다

다음으로 테마를 결정하는 과정에서 조심해야 할 것이 있다. 상당수는 자신이 소화하기 어려운 테마를 선택하려는 경향이 높다. 죽음을 소재로 한 테마를 정한다고 가정해 보자. 죽음이란 무엇인가가 테마를 결정하기 위한 첫 번째 질문이다. 죽음이란 무엇인지 본인만의 철학과 가치관이 명확해야 비로소 작품의 테마로 죽음에 대한 자신만의 메시지를 녹여낼 수 있다.

스스로 죽음이 무엇인지 정의내려 보면 테마로 삼을 수 있을지 없을지 답이 나온다. 스스로 인터넷만 찾아봐도 나오는 뻔한 답만 할 수 있다면, 현재 자신에게 어울리지 않는 테마일 확률이 높다. 물론 일부 예외는 있겠지만 대부분의 학생들이 죽음이란 무엇인지 충분히 고민해 봤을 정도로 주변 인간의 죽음에 대해 충분히 경험해 보지 못했기 때문에 죽음이라는 소재와 관련된 테마를 깊이 있게 소화하고 표현하기 어렵다.

테마는 어려운 걸 선택했다고 자랑하기 위한 것이 아니다. 테마를 결정해 보라고 하면 대부분 자신이 소화하기 어려운 굉장히 철학적인 테마를 찾으려고 하는데, 자신이 평소에 가지고 있던 주변의 것들에 대해 기존의 관점과 다른 관점을 말하는 것이 테마다.

인기 애니메이션 〈이니셜 D〉의 테마는 '공공도로에서 하는 배틀이야말로 예측할 수 없는 변수가 있으므로 진정한 레이싱이다. 자동차 스펙이 좋으면 이기는 서킷 레이싱과 다르다. 그러므로 레이싱이 아닌 배틀이라고 한다. 공공도로의 배틀이 재미있다는 것을 알아줬으면 한다.'라는 것으로 정리할 수 있다. 흔히 중2병스럽다고 웃을 수 있겠지만 이러한 테마야말로 해당 나이대가 진심으로 생각하는 테마고, 그렇기 때문에 많은 공감을 얻은 것이다. 테마의 11가지 특성에 철학(성)만이 아닌 공감(성)과 감동(성)도 있다는 것을 잊어서는 안된다.

무리해서 자신에게 어울리지도 않는 철학적인 것을 담기보다 자신의 주변에 있는 것 중 자신이 마음 속 깊은 곳에서 말하고자 하는 것을 담은 것이 좋은 테마가 된다. 자신에게 맞지 않는 철학적이고 어려운 테마를 선택해 봐야 결국 깊이 있게 다루지 못한다. 테마는 마치 자신이 철학적인 사람이라고 자랑하기 위한 것이 아니다.

❺ 테마가 꼭 하나일 필요는 없다

작품 하나에 반드시 테마가 하나일 필요는 없다. 오히려 뛰어난 작품일수록 캐릭터별로 테마를 두는 경우가 많고, 주인공 캐릭터와 적 캐릭터의 테마를 서로 공존할 수 없는 것으로 부여하여 갈등을 증폭시킨다. 캐릭터 간의 반대되는 테마, 가치관, 신념의 충돌로 작품이 매력적이 될 가능성이 있으나 그만큼 여러 테마의 관계를 꼼꼼히 잘 다루지 않는다면 오히려 독이 될 수 있다. 기본적으로 하나의 테마를 명확히 하여 여러 작품을 만들어 본 후에 복수의 테마를 담는 작품을 만드는 것을 시도하는 것이 일반적이다.

또한 멀티 엔딩을 통해 다양한 테마를 전달하는 방법도 있다. 그러나 테마가 여러 가지일 경우에도 작품의 일관성을 유지하기 위해 메인 테마를 하나 정해서 집중해야 한다는 점을 잊어서는 안된다.

3 장

특징, 유형, 차별점

학 습 목 표

게임의 특징, 유형, 놀이의 단계를 학습하여 게임의 차별점을 정한다.

3.1

필수 이론과 개념

● 게임의 특징, 유형, 차별점

게임 콘셉트 디자인에서 테마를 잡은 이후 본격적으로 만들고자 하는 게임을 구체화하기 시작해야 한다. 추상적인 테마에서 시작하여 게임을 구체화하기 위해 무엇부터 시작해야 할까? 이에 대한 정답은 없다. 게임 디자인에 충분한 경험을 가지고 있다면, 장르마다 중요한 구성요소와 재미를 알고 있을 것이고, 해당 게임에 맞게 중요하고 큰 비중을 차지하고 있는 것부터 시작해도 된다. 그러나 게임 디자인을 충분히 경험해 보지 않았다면 대부분의 경우 테마를 잡은 이후 무엇부터 구체화해야 할지 몰라 갈피를 잡지 못한다.

게임 디자인 초보자는 물론이고 경력이 꽤 있는 게임 디자이너라고 해도 구체화 첫 단계에서 다른 게임과의 '차별점'을 3가지 이상 잡아 보기를 권한다. 몇 가지 차별점만으로 게임의 상당 부분을 구체화시킬 수 있고, 누군가에게 설명하기도 쉽기 때문이다.

차별점이 아닌 단순히 게임의 대표적인 '특징'을 몇 가지 정하는 것으로 구체화를 시도해 볼 수 있겠지만, 이 경우 참고하는 게임이 속한 장르의 가장 대표적인 특징과 거의 동일하게 되므로 첫 단추부터 카피캣(Copycat)을 가정해서 게임 디자인이 진행될 위험이 높다. 게임 플레이 중심의 게임에서도 테마를 잡을 수 있으나 테마를 잡기 어려운 경우에도 차별점부터 게임 디자인을 시작하면 방향성이 명확해진다.

독창적인 게임을 만들겠다고 하면서, 기존 게임과 장르를 대표하는 특징을 기준점으로 삼아 게임 디자인을 시작했기에 결과는 눈에 보이듯 뻔하다. 게임의 '특징'이나 '차별점'이나 큰 차이가 없어 보일지 모르나, 게임 전체를 대표하는 특징과 다른 게임과의 차별점은 명백하게 다른 개념이다. 게임 디자인의 시작 단계는 사소한 것 하나부터 얼마나 깊이 있게 고민해서 선택했는지에 따라 게임의 방향성과 최종적인 완성도가 완전히 달라진다.

차별점을 정하려면 어디부터 시작해야 할까? 장르별 대표적인 게임들을 파악하고 있고, 충분한 양의 게임을 다양하게 경험했다면 기존에 있던 파츠들을 분리하고 재조합하는 과정을 통해 아직 대중에게 선보이지 않은 새로운 조합식을 찾아낼 수 있다. 대부분의 차별점은 아예 세상에 없던 것이 새롭게 만들어지는 것이 아니라, 지금까지의 게임에는 아직 없었던 것을 게임에 가져와 적용하는 것으로 창조되는 사례가 상당히 많다. 오히려 게임 외 다른 미디어나 현실에서 힌트를 찾아 아직 게임에서 보편적으로 활용되지 않는 소재나 특징을 차별점으로 조합해낼 수 있다면 그 아이디어 하나만으로도 굉장히 독특한 게임이 만들어질 수 있기 때문이다. 그렇기 때문에 세상을 바라보는 자신만의 관점이나 철학이 있다면 테마는 물론이고 차별점을 잡는데도 큰 도움이 된다.

그렇다면 게임을 충분히 경험해 보지 않은 경우 어디부터 시작해야 할까? 게임의 특징과 유형을 이해하고, 이를 어떻게 조합하는지에 따라 충분히 매력적인 차별점이 나올 수 있다고 보고 있다. 게임 분야 외에서는 이미 널리 활용되는데, 아직 게임에서 활용되지 않는 것이 무궁무진하게 많기 때문이다. 따라서 이 장에서는 게임의 특징과 유형을 살펴보고, 이러한 것을 활용하여 차별점으로 연결되는 과정을 같이 고민해 볼 것이다.

물론 다른 게임들과 차별점을 뚜렷하게 정한다는 것은 굉장히 어려운 과정이다. 이미 수많은 게임이 출시되었고, 스팀(Steam)만 한정해도 1년에 7~8천 개의 게임이 발매될 정도로 어마어마한 수의 작품이 쏟아져 나온다. 모든 플랫폼을 계산하고 영리 목적인 아닌 게임들까지 포함한다면 그 수를 헤아리는 것조차 어렵다. 그렇기 때문에 게임 콘셉트 디자인에서 차별점을 명확하게 잡을 수 있는 능력이 있다는 것은 그만큼 다양한 게임에 대해서 알고 있다는 것이 전제가 된다.

게임이 본격적인 산업으로 발전한 1980년도부터 현재에 이르기까지 게임의 역사를 상세히 알면 알수록 차별점을 결정할 때 게임 디자이너의 절대적인 힘이 되어 준다. 반면 게임의 역사에 대해 자세히 알지 못할 경우, 자신은 차별점이라고 생각했으나 이미 그 특징을 차별점으로 활용해서 크게 성공한 시리즈가 있을 가능성이 높아지기 때문에 그만큼 큰 페널티를 가지고 시작하는 셈이다.

차별점을 결정할 때 게임 플레이에 한정할 필요는 없다. 게임은 '하는' 미디어인 만큼 게임 플레이 자체에서 다른 경험을 제공하는 것이 가장 바람직하나 반드시 게임 플레이에 초점을 맞춰 차이를 둬야 하는 것은 아니다. 캐릭터, 세계관, 스토리, 그래픽, 사운드, 아이템, 무기, 스킬과 같은 콘텐츠 등 게임의 모든 구성요소 중에서 차별점을 선정할 수 있다.

게임 플레이에는 큰 차별점을 두지 않더라도 기존 게임의 플레이를 개선하는 수준에 불과하나, 전혀 다른 세계관과 캐릭터로 매력적인 스토리텔링을 차별점으로 강조할 수도 있다. 실제 게임의 시리즈가 발전하면서 기본적인 게임 플레이는 조금씩 추가 및 개선하면서 발전된다는 점을 살펴보면 쉽게 이해될 것이다. 시리즈 게임은 출시 후 피드백을 받아 해당 게임의 골격이 되는 특징을 무엇으로 볼지 판단하는 것이 가장 중요하며, 그 골격은 크게 흔들지 않고 개선하면서 골격 외에서 차별점을 추가하는 형태로 발전되어 왔다. 게임 디자이너가 골격이 무엇인지 잘못 판단한다면 한순간에 그 시리즈는 소비자에게 외면받기 때문에 골격과 차별점에 대해 철저한 분석과 깊은 고민이 필요하다.

하지만 메커닉스와 발현되는 게임 플레이에서 차별점이 존재할 때 플레이어가 느끼는 게임의 경험이 크게 달라지니 가능한 한 메커닉스와 게임 플레이에서 차별점을 한 가지라도 도출하는 것이 독창적인 게임을 만드는 것으로 연결된다. 지금도 플레이되는 과거의 명작 게임들은 다른 게임으로 대체할 수 없는 메커닉스와 게임 플레이를 가지고 있다는 점을 잊어서는 안된다. 다만 차별점을 결정할 때 반드시 주의해야 할 점이 있다.

첫째, 차별점을 단순히 '감동적인 스토리', '여러 스토리 분기', '강화 시스템', '환상적인 타격감'과 같이 다른 게임에서도 당연히 있을 법한 것들로 정한다면 그만큼 해당 게임은 매력도 없고 차별점으로 내세울 것이 없다는 것을 오히려 선전하는 셈이다. 차별점은 말 그대로 차별점이어야 하며 명확한 차이가 존재하게 구체적으로 설정해야 의미가 있다.

차별점은 한~두 단계 정도 세부적으로 들어가 기존 게임에는 없었으나 다른 미디어에서 활용했던 스토리 분기 시스템을 가져와 게임 내에 구현해 시스템명을 붙이든가, 기존 게임들에 있던 A와 B의 조합으로 새로운 C라는 시스템을 만들어 독특한 시스템명을 붙이는 것과 같이 실제 내용만 아니라 키워드 자체만으로 다른 게임과 다르다는 느낌을 줄 수 있어야 진정한 의미의 차별점이라고 할 수 있다. 최후의 선택이겠지만 아무리 고민해도 뚜렷한 차별점을 도출하지 못하겠다면, 차라리 차별점을 철저하게 숨기고 특정 게임에 영향을 받아 만든 게임이며 정신적인 후속작이라고 선전하는 편이 좋을 수도 있다. 어설픈 차별점 설정은 게임 디자인에서 최악의 선택이다.

둘째, 테마를 결정한 후에 게임의 특징과 유형을 통해 또는 다른 게임과의 비교 분석을 통해 차별점 몇 가지를 1차적으로 도출하지만, 진행하는 과정에서 어떤 차별점을 대표로 내세울 것인가 계속 고민하고, 바꿀 필요가 있다면 과감히 바꾸는 것을 고려해야 한다. 게임 디자인 문서를 구체화하는 과정에서 기존에 설정했던 차별점보다 더 확실하고 독특한 것을 얼마든지 발견할 수 있기 때문이다.

다만 기존에 설정했던 차별점을 개발에서 제외하는 것이 아니라 단순히 대표적인 차별점을 다르게 내세울 뿐이다. 게임의 차별점은 마케팅과도 직결되며 게임 출시 후 초반 주목도에도 적지 않은 영향을 미치기 때문이다. 대표적으로 내세울 차별점은 게임 디자인 단계가 끝나는 시점은 물론 게임 출시 직전까지도 고민해야 하는 중대 사항이다.

☑ 잠깐만요 게임의 특징과 차별점

1. **특징** : 게임에서 특별히 눈에 띄는 부분(장르가 동일하면 상당수 특징이 비슷하게 됨)
2. **차별점** : 특징 중에 다른 게임과 명확하게 구별되는 점

01 게임의 특징

● 놀이의 특징은 곧 게임의 특징이다

게임의 원류가 무엇인가에 대해 다양한 주장인 존재한다. 하지만 놀이에서 게임이 만들어졌다는 주장이 게임학 내부에서 가장 힘을 얻고 있다.

앞서 영화와 같은 기존의 '보는' 미디어와 다르게 게임은 '하는' 미디어라고 설명했었다. 바로 놀이에서 게임이 발전됐다는 전제가 있었기에 이러한 관점이 생겼다고 볼 수 있다. 게임도 영상 미디어 중 하나로 구분하는 주장이 지금까지 주류였으나, 게임의 원류가 참가자가 직접 행위를 하는 놀이에서 발전한 형태이므로 필자는 영상 미디어를 연구하는 방식을 게임에 바로 적용하는 건 힘들다는 입장이다.

게임은 놀이에서 발전됐기에 '보는' 미디어에서 중요시하는 스토리보다 '하는' 미디어로써 플레이가 중요시된다. 따라서 게임을 영화나 드라마의 연장선에서 분석하는 것은 한계가 있으며, 놀이의 연장선에서 더 몰입하기 위해 부차적으로 스토리가 추가되고 영상으로 보이는 형태로 발전됐다고 보는 편이 맞다. 따라서 게임의 구성요소 중 하나로 스토리를 분석할 때 기존 '보는' 미디어의 연구를 적용해 보는 것은 좋은 시도이나 게임 전체를 대상으로 기존 '보는' 미디어의 기준과 잣대를 들이미는 것은 위험할 수 있다. 스토리는 게임 구성요소의 일부에 불과하기 때문이다.

게임이 놀이에서 파생되었다고 한다면, 게임은 놀이의 특징을 상당 부분 가지고 있을 것이다. 그리고 놀이에서 파생된 이후 독자적인 특징을 가지게 됐을 것이라고 예측해 볼 수 있다. 따라서 게임의 기본적인 성질은 놀이와 같고, 놀이의 특징이 게임의 특징으로 연결된다고 볼 수 있다.

현재 제작되는 게임은 상당히 복잡하므로 핵심 특징이 무엇인지 분석하기 결코 쉽지 않다. 그러나 놀이는 심플하면서도 명확한 재미를 준다는 특징을 가지고 있기 때문에 게임의 특징을 이해하기 위해 먼저 놀이의 특징을 이해할 필요가 있다. 이를 통해 자신이 만들고자 하는 게임의 특징의 방향성을 잡는다면, 눈에 보이는 콘텐츠나 시스템의 차별점이 아닌 보다 근본적인 차별점을 발견하게 될지도 모른다.

놀이를 연구한 대표적인 학자는 요한 하위징아(Johann Huizinga)와 로제 카이와(Roger Caillois)다. 요한 하위징아는 놀이하는 인간이라는 뜻인 「호모 루덴스」를 주장하면서 놀이의 본질이 무엇인가 고민해 놀이에서 인간의 문화가 탄생했다고 주장했다. 반면 로제 카이와는 요한 하위징아의 연구에 많은 점을 계승했으나 오히려 문화에서 놀이가 탄생했다는 주장을 펼쳤다. 이러한 놀이에 대한 연구는 최근에도 스튜어트 브라운(Stuart Brown, M.D.)과 크리스토퍼 본(Christpher Vaughan) 등에 의해 이어지고 있다. 이 3가지 연구에서 놀이의 특징을 비교해 보고, 게임의 특징으로 볼 수 있는지 살펴보자.

잠깐만요 **요한 하위징아가 주장한 놀이의 특징**

1. 일상적인 삶의 바깥에 존재한다.
2. 심각하지 않다.
3. 완전히 몰입시킨다.
4. 물질적 이익이나 돈을 버는 것과 관련이 없다.
5. 자신의 시간과 공간의 경계 안에서 벌어진다.
6. 규칙에 따라 진행된다.
7. 스스로를 바깥 세계와 분리시키는 사회적 모임을 만들어 낸다.

요한 하위징아가 주장한 놀이의 특징을 살펴보면, 그가 주장한 놀이하는 인간인「호모 루덴스」의 특징이 잘 드러난다. 노동은 가치 있는 것이나 놀이는 가치 없는 것이라는 만드는 인간인「호모 파베르」는 결국 경제적 팽창을 위해 식민지 경쟁으로 번지고 나치즘을 낳아 두 차례의 세계대전으로 이어졌다. 따라서 인류의 새로운 가능성은 노동이 아닌 놀이에서 찾아야 한다고 주장했다.

따라서 요한 하위징아가 주장한 놀이의 특징은 노동과 놀이는 명확히 분리되어야 한다는 전제를 가지고 있다. 놀이에 노동의 개념이 조금이라도 들어가면 결국 노동으로 변질되므로, 놀이는 심각하지 않고, 일상적인 삶의 바깥에 존재한다는 점을 중요시했다. 놀이는 노동과 분리된 독립적인 곳에서 이뤄질 때 순수한 본질을 가질 수 있다고 보고 있기에 인간은 놀이를 시작하면 자신의 시간과 공간의 경계를 만들고, 노동에서 해방되는 안전한 내부에서 정해진 규칙에 따라 시행되며, 그 안에서의 분리된 사회적 모임을 만들어 낸다. 그렇기 때문에 놀이는 노동으로 변질되지 않기 위해 물질적 이익과 돈을 버는 것과는 전혀 관련되어서는 안된다.

잠깐만요 **로제 카이와가 주장한 놀이의 특징**

1. **자유롭다** : 놀이에는 강제성이 없다.
2. **분리되어 있다** : 미리 정해진 공간과 시간의 경계 내로 제한되어 있다.
3. **불확실하다** : 놀이의 진행 방향은 결정할 수 없으며, 결과를 미리 얻을 수도 없다.
4. **비생산적이다** : 재화나 부 혹은 어떠한 새로운 원소도 창조하지 않으며, 게임이 끝날 때의 환경은 시작할 때와 동일하다.
5. **규칙에 의해 지배된다** : 그 순간에만 독자적으로 작용하는 새로운 규칙이 만들어진다.
6. **상황을 가정한다** : 실제 현실과 대비되는, 제2의 현실 혹은 비현실에 대한 특별한 인식이 수반된다.

로제 카이와가 주장한 놀이의 특징을 살펴보면, 요한 하위징아가 주장한 놀이의 특징과 큰 차이가 없다는 점을 알 수 있다. 놀이에서 문화가 탄생했는지, 문화에서 놀이가 탄생했는지에 대한 관점에 차이는 존재했으나 놀이 자체의 특징에 대해서는 이견이 없을 정도로 요한 하위징아가 내세운 놀이의 특징은 놀이의 본질을 정확하게 꿰뚫고 있었다.

로제 카이와는 놀이와 현실은 완전히 분리되어야 하며, 놀이가 이뤄지는 별도의 공간 안에서 새로운 규칙을 통해 참가자는 강제성에서 벗어나 자유롭고, 결과가 불확실하기에 재미를 느낀다고 보고 있다. 그렇기 위한 전제조건으로 반드시 놀이는 비생산적이라는 특징이 필요하다. 게임을 시작했을 때와 끝났을 때 동일한 상황으로 회귀되어야 하며, 놀이를 하는 과정에서는 어떠한 새로운 재화나 부를 창조해서는 안된다고 했다.

다시 말해서 놀이와 게임을 하는 것으로 재화나 이익을 조금이라도 얻게 된다면 더 이상 놀이와 게임이 아닌 노동과 일로 변질되며, 플레이하는 과정에서 재미를 느낄 수 없게 된다. 이익을 얻거나 경쟁에서 이기는 결과적인 즐거움은 여전히 얻을 수 있으나, 과정에서 얻어지는 순수한 재미와는 다르다는 점을 게임 디자이너는 명확하게 구분할 필요가 있다.

잠깐만요 **스튜어트 브라운&크리스토퍼 본이 주장한 놀이의 특징**

1. 목적이 없이 그 자체가 목적이다.
2. 자발적이다.
3. 고유의 매력이 있다.
4. 시간 개념에서 자유로워진다.
5. 자의식이 줄어든다.
6. 즉흥적으로 바꿀 수 있다.
7. 지속하고 싶은 욕구를 불러일으킨다.

스튜어트 브라운과 크리스토퍼 본이 주장한 놀이의 특징을 살펴보면, 근본적인 놀이의 특징은 초기에 놀이를 연구한 요한 하위징아와 로제 카이와와 맥락을 같이 한다. 시간 개념에서 자유로워지고, 결과가 아닌 과정을 중시하기에 목적이 없고, 놀이 자체가 목적이라는 특징을 가지고 있다.

다만 기존 연구자들은 놀이 자체에 대한 특징에 주목한 반면 스튜어트 브라운과 크리스토퍼 본의 관점은 놀이를 하는 인간에 관심을 가지고 있다고 느껴진다. 놀이를 시작하는 인간은 놀이를 시작하겠다는 스스로의 의지가 있어야 하므로 자발적이라는 특징을 가지고 있고, 놀이라는 과정을 즐기기 위해 자의식이 줄어들며, 지속하고자 하는 욕구가 생긴다.

다양한 놀이가 탄생되나 결국 오랜 기간 아이들에게 인정받아 살아남는 놀이가 존재한다. 많은 인간에게 놀이로서 인정받기 위해서는 놀이의 특징을 벗어나면 안되며 그 놀이만의 고유한 매력과 재미를 가지고 있어야 한다.

놀이라는 것은 무엇인가? 그리고 놀이가 많은 사람들에게 사랑받고 오래 지속되기 위해 필요한 특징은 무엇이 있을까? 앞서 소개한 연구들이 근본적인 답이라고 해도, 사람마다 놀이는 어때야 한다는 다른 기준을 가지고 있을 것이다. 이러한 질문을 놀이가 아닌 게임으로 바꿔서도 생각해 보자.

여기서 이야기하고 싶은 바는 게임의 차별점을 정할 때 이미 완성되어 있는 게임들 안에서만 협소하게 찾으려 하지 말고 게임의 본질에 대해 근본적인 고민을 우선적으로 해 볼 필요가 있다는 것이다. 만들고자 하는 게임의 근본적인 차별점은 게임 안에서 찾는 것이 아니라 게임 디자이너 자신의 내부에서 찾았을 때 비로소 진정한 의미의 차별점이 게임에 반영되며, 정말 독특한 콘텐츠와 시스템이 탄생될 것이다.

예를 들어, 〈2장〉 1절의 테마 계승의 중요성에서 소개했던 윌라이트는 게임이 장난감이라는 관점을 가지고 있었다고 했다. 따라서 그는 장난감은 만들 때의 재미도 중요하나, 완성된 것을 부수는 것이야말로 강렬한 희열을 준다는 점을 알고 있었다. 〈심시티〉와 〈심즈〉를 플레이할 때와 스트리밍을 볼 때의 재미는 무엇일까? 처음부터 하나씩 쌓아가는 과정도 재미있지만, 장난감은 엔딩이라는 것이 존재하지 않기 때문에, 플레이어 스스로 질렸을 때 가장 희열을 느낄 수 있는 방법으로 엔딩을 맞이한다. 바로 열심히 만들어 왔던 게임 세상의 모든 것을 어떻게 파괴할 것인가에 대한 고민과 실행이야말로 장난감으로써 〈심시티〉와 〈심즈〉가 빛을 발하는 순간일 것이다. 〈심시티〉와 〈심즈〉가 가진 명확한 차별점은 대부분 장난감이라는 특징에서 오며, 공들여 만들어 놓은 것을 일순간에 파괴하고 망치게 할 수 있는 콘텐츠와 시스템을 제공한다는 점에 있다.

● 디지털화된 게임의 4가지 특징

놀이가 가진 특징을 살펴봤다. 다음은 놀이가 발전한 형태인 디지털화된 게임의 4가지 특징을 알아볼 차례다. 물론 놀이에서 디지털 게임으로 바로 발전되지 않고, 비-디지털 게임을 대표하는 보드 게임 등을 거쳐서 디지털 게임으로 발전했다. 따라서 디지털화된 게임의 특징을 살펴보고, 자신의 관점에서 게임의 새로운 특징을 도출하는 것도 좋지만, 한 단계 앞으로 돌아가 비-디지털 게임의 특징을 정리하고, 거기서 게임의 차별점을 도출하는 것도 좋은 방법이다.

놀이에서 비-디지털 게임으로, 비-디지털 게임에서 디지털 게임으로 진화되었기에 핵심적인 특징은 상당 부분 계승되었지만 진화해서 변화한 만큼 완전히 동일하다고 볼 수 없다. 따라서 차별점을 도출하기 위해서 무엇이 계승됐는지 고민하는 것도 좋지만, 반대로 계승되지 않고 새롭게 발생한 특징을 고민하는 것도 근본적인 차별점을 도출하기 위한 접근 방식 중 하나가 될 수 있다.

디지털 게임은 놀이와 비-디지털 게임에서 대부분의 특징을 계승해왔지만 디지털화되면서 새로 생겼거나 부각된 특징도 존재한다. 『게임디자인원론 1』에서는 게임이 디지털화되면서 4가지의 특징이 다음과 같이 두드러졌다고 소개한다. 필자의 관점에서 각 특징을 조금 더 구체적으로 부연 설명해 보겠다.

이미 틀이 존재하는 다른 특정 게임이나 장르의 특징을 기준으로 삼는 것이 아니라, 근본적인 질문으로 회귀하여 놀이와 게임이라는 미디어 자체가 가지고 있는 특징을 통해 만들고자 하는 게임의 차별점으로 부각시킬 수 있는 것을 찾는다면 지금까지 게임들과 다른 혁신적인 게임이 만들어질 수 있다.

잠깐만요 **디지털 게임에서 추가된 4가지 특징**

1. 복잡한 시스템의 자동화
2. 즉각적이지만 제한적인 상호작용
3. 정보의 조작
4. 네트워크화된 커뮤니케이션

❶ 복잡한 시스템의 자동화

놀이와 비-디지털 게임과 달리 디지털 게임이 가지는 근본적인 차이는 바로 자동화에 있다. 디지털 게임에서 추가된 4가지 특징 중 다른 3가지 특징도 결국 자동화라는 특징이 있었기에 만들어진 파생적인 특징에 불과하다.

게임이 디지털화되면서 자동화가 핵심 특징으로 작용하면서 제한된 컨트롤과 내부 움직임을 알 수 없다는 특징이 생겼다. 제한된 컨트롤은 '즉각적이지만 제한적인 상호작용' 항목에서, 내부의 움직임을 알 수 없다는 특징은 '정보의 조작' 항목에서 상세히 다룬다.

플레이를 위해 인간이 직접 무엇인가를 움직이는 것이 아닌 기계와 프로그램으로 디지털화된 게임은 자연스럽게 인간이 반복적으로 수행해야 하는 불편한 부분을 자동화했다. 그 결과 새로운 게임을 세팅하기 위해 준비하는 시간이나 점수 계산을 기다려야 하는 등의 재미와 상관없는 부분을 자동화하고 순전히 재미를 느끼기 위한 부분만을 상호작용을 통해 플레이어에게 제공할 수 있는 근간을 마련했다. 이러한 특징에 의해 막대한 수의 사람에게 게임이 널리 판매될 수 있었고, 많은 수의 게임이 플레이될 수 있어 비-디지털 게임과 비교할 수 없을 정도로 디지털 게임이 대중화 및 산업화되었다.

그렇다고 해서 무작정 게임의 모든 것을 자동화하는 우를 범해서는 안된다. 디지털 게임 디자인의 핵심은 결국 어디까지 자동화하고, 어디까지 플레이어가 직접 선택하게 하는가에 있다고 해도 과언이 아닐 정도다. 편안함과 재미는 전혀 다른 개념이다. 게임 플레이를 편하게 만든다고 해서 재미가 생기거나 늘어나는 것이 아니라는 점을 결코 잊어서는 안된다. 재미와 관련된 요소라면 불편함이 조금 느껴진다고 해도 유지를 하면서, 어떻게 불편함보다 재미를 느끼게 할 것인지와 어떻게 불편함을 개선할지에 대한 방법을 강구해야 한다. 별다른 고민 없이 그냥 자동화한다면 플레이어가 게임에서 상호작용할 것이 아무것도 남지 않을 것이다.

만들고자 하는 게임의 콘텐츠와 시스템을 나열하고 각각을 자동화할 것인지 고민해 보는 것은 게임의 차별점을 도출하는데 굉장한 도움이 된다. 또한 단순히 자동화한다와 하지 않는다가 아닌 어느 수준까지 자동화하고 어디까지 플레이어가 컨트롤할 수 있을지를 고민한다면 굉장히 독특한 게임을 만들어 낼 수 있을 것이다.

예를 들어, 〈위저드리〉를 계승하고 발전시켜온 시리즈 중 하나인 〈세계수의 미궁〉을 살펴보자. 기존에 〈위저드리〉를 계승해 온 게임에서는 편리성을 증대하기 위해 던전의 맵을 자동으로 그려주고 있었는데, 〈세계수의 미궁〉에서는 맵을 플레이어가 직접 그리는 재미를 대표적인 차별점으로 선정해서 맵을 그리는 시스템을 넣었다. 물론 플레이어가 맵의 모든 것을 그릴 수는 없기 때문에 불편한 기능은 자동화로 처리하고, 맵을 그리는 행위에서 재미를 느낄 수 있는 핵심 부분만 추려서 플레이어가 직접 컨트롤할 수 있도록 제공했다. 더 자세한 내용은 게임 예시에서 소개한다.

그림 3-1 세계수의 미궁 HD

❷ 즉각적이지만 제한적인 상호작용

디지털 게임의 상호작용은 즉각적이지만 제한적이라는 특징을 가지고 있다. 자동화되었기에 프로그램 내부에서 빠르게 연산하여 즉각적으로 상호작용할 수 있게 되었으나 디지털 게임의 상호작용은 제한적으로 변했다는 점에 대해서 게임 디자이너는 확실하게 이해하고 있을 필요가 있다.

즉각적인 상호작용과 피드백은 플레이어가 어떤 선택을 했을 때 어떤 결과가 나오는지 명확하게 인식할 수 있게 해 주는데 목적이 있다. 한 가지 행동을 했지만 동시에 여러가지 이벤트가 발생했을 때, 플레이어는 자신의 행동이 어떤 결과를 불러일으켰는지 파악하기 어려워 다음 전략을 세우기 애매해진다. 상호작용과 피드백이 즉각적으로 이뤄지지 않는다면 플레이어의 행동과 선택이 여러가지 누적되게 되고, 어떤 행동과 선택에 의해 결과가 만들어졌는지 파악할 수 없게 되어 플레이어는 답답하고 더 나아가 게임을 신뢰할 수 없게 된다.

게임 내부에서 대부분 귀찮을 것을 자동으로 움직여 주기에 플레이어는 쾌적하게 게임을 즐길 수 있으나 자동화가 된 만큼 플레이어에게 선택과 컨트롤이 제한된다.

현실에서 보드 게임인 〈젠가〉를 플레이 한다면, 손이 아닌 발가락이나 입 또는 젓가락 같은 도구를 활용해서 나무막대를 옮길 수도 있고, 다양한 각도에서 독창적인 플레이를 할 수 있다.

그러나 이를 별다른 고민 없이 디지털 게임으로 만들면 게임 디자이너의 능력에 따라 달라지는 구현된 범위 안에서만 플레이할 수 있게 변한다. 그렇기 때문에 보드 게임을 디지털화했을 경우 보드 게임의 맛을 제대로 살리기 어려운 것이다. 반면 제한된 컨트롤이기에 오히려 더욱 많은 콘텐츠를 반복적으로 자주 즐길 수 있도록 변했다.

그림 3-2 젠가

❸ 정보의 조작

게임이 디지털화되면서 방대한 양의 정보를 정리하고 조작하기 수월하게 변했다. 카드 게임을 비-디지털 게임을 플레이한다면, 카드를 나눠주고 세팅하는 과정에 상당한 시간이 소요되며, 특히 참가한 플레이어 수가 많으면 많을수록 최종적으로 점수를 계산하는 과정에 막대한 시간이 소요된다. 반면 디지털 게임으로 카드 게임을 한다면 게임을 시작하기 위한 세팅도 순식간에 이뤄지며 참가한 플레이어 수와 무관하게 실시간으로 점수를 확인할 수 있다.

여러 명이 테이블에 앉아 보드 게임을 플레이할 경우, 대부분의 정보가 공개되고 속임수를 쓰기 쉽지 않은 환경이 만들어진다. 오히려 옆 자리 플레이어가 무슨 카드를 들고 있는지 살짝 엿볼 수도 있고, 의도적으로 옆 사람에게 카드를 보여 주는 심리 플레이도 매력이다. 반면 디지털 게임은 프로그램에 의해 자동화된 만큼 플레이어는 내부의 상황을 알 수 있는 방법이 거의 없다. 그렇기 때문에 게임 디자이너가 의도적으로 플레이어 모르게 속임수를 사용하기도 쉽고, 해킹의 위험성도 커진다.

필자는 정보의 조작도 자동화와 동일하게 게임의 차별점을 도출하기 굉장히 좋은 특징이라고 생각한다. 만들고자 하는 게임의 콘텐츠와 시스템을 나열해 보고 정보를 모든 플레이어가 알고 있는 '완전 정보'로 할 것인지, 1명 이상의 플레이어에게 숨겨지는 정보인 '불완전 정보'로 할 것인지, 처음은 완전 정보나 특정 이벤트나 시점을 통해 불완전 정보로 전환할 것인지, 처음은 불완전 정보나 특정 이벤트나 시점을 통해 완전 정보로 전환할 것인지 고민해 볼 수 있다. 완전 정보는 모든 플레이어가 아는 정보이고, 불완전 정보는 한 명의 플레이어라도 모르는 정보다. 아주 사소해 보이는 것이라고 해도 정보의 조작을 바꿀 경우 게임의 특징만이 아니라 장르 자체가 바뀌는 사례가 적지 않다.

예를 들어, 현재 실시간 전략 시뮬레이션 게임(RTS)에서 아주 당연한 시스템이라고 여기는 전장의 안개라고 불리는 포그 오브 워(Fog of War) 시스템을 살펴보자. 현재 전장의 안개는 가보지 않은 지역은 검은색으로 가려져 있으며, 처음 지나가면 전장의 안개가 사라진다. 그러나 유닛이 그 지역에서 벗어나면 안개가 사라졌기에 검은색으로 지형이 아예 보이지 않은 상황은 아니지만 불투명하게 바뀌어 지형 외에 적의 유닛 등은 볼 수 없다.

그림 3-3 워크래프트 2

전장의 안개는 1977년 출시한 〈엠파이어〉에서 처음 도입됐다. 당시 전장의 안개는 정보를 공개와 비공개만으로 표현했다. 다시 말해 가보지 않은 지역은 검은색으로 아무 정보를 얻을 수 없지만, 한 번이라도 가본 지역은 모든 정보를 제공하는 것이다. 이후 1995년 출시한 〈워크래프트 2〉에서 한 번 가본 지역이라고 할지라도 유닛이나 건물이 실제 해당 지역에 존재하지 않는다면 지형만 볼 수 있고 현재의 변동 정보는 알 수 없도록 변경했다. 아주 단순하게 하나의 객체에 대해서 정보의 조작을 변경했을 뿐인데 RTS 장르 전체의 패러다임을 바꿨다.

❹ 네트워크화된 커뮤니케이션

초기 디지털화된 게임은 주로 싱글 플레이 게임으로 자동화되어 핵심적인 재미만 반복해서 쉽게 즐길 수 있도록 변화했다. 또한 모든 데이터가 디지털화됐기에 네트워크를 통해 정보를 빠르게 주고받을 수 있어 물리적인 거리와 참가 인원의 한계를 극복하여 실시간으로 전 세계 게이머를 한 곳에 모을 수 있게 멀티 플레이 게임으로 세분화됐다.

이러한 디지털 게임의 특징을 파악하고 적극적으로 활용하기 시작한 것이 〈울티마 온라인〉을 비롯한 MMORPG 장르다. MMORPG 장르는 물리적인 거리를 초월해서 수백~수천 명의 인원이 하나의 가상 월드에 모여서 현실에는 없는 새로운 세계를 만들 수 있으면 좋겠다는 목표를 가지고 탄생됐다. 따라서 현실에서는 소심한 사람도 MMORPG 세계에서는 많은 사람들을 거느리는 공대장이 될 수도 있다. MMORPG의 존재 가치는 게임마다 전혀 다른 가상 세계를 제공하여, 다른 아바타를 꾸미고 다른 세계를 체험하기 위해서 탄생된 장르이다. 따라서 게임 내의 풍부한 콘텐츠나 시스템도 중요하지만 가상 세계에 모인 사람들끼리 네트워크화된 커뮤니케이션이 무엇보다 중요했다.

초기 MMORPG는 가상 세계에 모이는 사람들과 그 사람들 간의 커뮤니케이션 기능을 발전시키기 위해 노력했고 전 세계적으로 MMORPG 붐을 일으켰다. 그러나 한국에서 MMORPG가 인기를 끌기 시작하고 내부 경쟁이 치열해지면서 MMORPG를 마치 싱글 플레이 비디오 게임처럼 아름다운 그래픽, 뛰어난 타격감, 방대한 콘텐츠와 시스템을 추구하기 시작했다. MMORPG가 전혀 다른 방향성을 가진 싱글 플레이 명작 비디오 게임의 뒤를 쫓기 시작하면서 빠르게 쇠퇴의 길을 걷게 된다. MMORPG가 왜 탄생했는지를 잊어버린 MMORPG는 더 이상 예전의 영광을 되찾기 어려울 것이다.

MMORPG가 쇠퇴하기 시작했다고 해도 여전히 네트워크를 활용한 멀티 플레이 게임은 게임 시장에서 상당한 비중을 차지하고 있다. 경쟁이 심각한 대형 멀티 플레이 게임은 몇 개의 게임을 제외하고 대부분 처참한 실패로 이어지고 있으나, 〈어몽 어스〉와 같은 게임을 보면 디지털 게임에서 네트워크를 차별점으로 잘 활용하는 것이 얼마나 중요한지 알 수 있다.

또한 게임 내의 커뮤니케이션 기능에 한정하지 않고 게임 외 커뮤니케이션으로 새로운 재미를 만들어낼 수도 있다. 〈헤일로〉는 번지넷이라는 사이트를 통해 지역간 플레이어의 적 처치 수 등의 데이터를 공개하고 인포그래픽으로 표현함으로써 네트워크화된 커뮤니케이션을 잘 활용했다.

그림 3-4 어몽 어스

02 게임의 유형

● 놀이의 4가지 유형

이미 제작된 특정 게임들을 분석해서 차별점을 도출하는 것이 아니라, 자신이 생각하는 놀이와 게임이란 무엇인지, 어떤 특징을 가지고 있는지 등의 근본적인 질문을 통해 게임의 차별점을 발견하는 과정을 살펴보았다. 다양한 게임을 분석해서 차별점을 고민하는 것은 좋지만, 근본적인 특징을 찾으려 시도해 보는 것은 결코 시간 낭비가 아니다.

다만 근본적인 답변을 찾아냈다고 해도, 키워드나 간단한 문장 형태로 만들어진다. 아직은 추상적인 상태에 불과하기에 다른 사람들에게 어떤 차별점이 있는지 시각적으로 공유할 수는 없다. 따라서 놀이의 유형을 통해 게임 유형의 큰 윤곽을 시각적으로 표현하고자 한다. 먼저 놀이의 4가지 유형을 살펴보자.

로제 카이와는 문화에서 놀이가 탄생했으므로, 문화라는 틀 안에서 놀이가 어떻게 분류되는지 연구했다. 그는 「놀이와 인간」에서 '규칙'과 '의지'라는 2가지 축을 기준으로 그림 3-5와 같이 놀이의 4가지 유형을 제안했다. 대중은 유형의 분류에서 결과에 주목하는 경향이 강한데 실제 연구에서는 어떤 기준인지, 다시 말해서 축을 중요시한다. 연구자는 유의미한 유형을 찾아내기 위해 다양한 축으로 유형을 나눠보고 유의미한 결과가 나왔을 때 비로소 유형으로 구분하기 때문이다. 축이 바뀐다면 전혀 다른 결과가 나올 수 있기 때문에 도출된 결과로 유형의 이름을 기억하는 것도 중요하지만, 어떤 축에 의해 유형이 구분되었는지 파악하는 것이 우선되어야 한다.

잠깐만요 **놀이의 4가지 유형**

1. **아곤(Agon)** : 경쟁 놀이(규칙&의지의 범주)
2. **알레아(Alea)** : 우연 놀이(규칙&탈의지의 범주)
3. **미미크리(Mimicry)** : 역할 놀이(탈규칙&의지의 범주)
4. **일링크스(Ilinx)** : 몰입 놀이(탈규칙&탈의지의 범주)

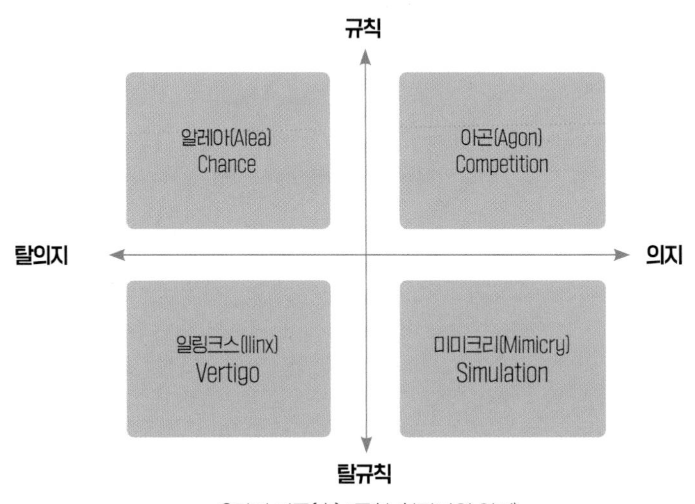

<2가지 기준(축) : 규칙, 참가자의 의지>

그림 3-5 놀이의 4가지 유형(축 : 규칙, 의지)

❶ 아곤(Agon) : 경쟁 놀이

아곤은 참가자들이 자신의 의지를 가지고 경쟁하는 놀이로, 경쟁에 참가한 자들이 이론(異論)의 여지가 없는 이상적인 조건 아래에서 경쟁이 이뤄진다. 결과의 평등이 아닌 기회 평등의 경쟁이므로, 경쟁 대상의 급이 다를 경우 유리한 참가자에게 핸디캡을 부여해서라도 가급적 동일한 기회의 평등을 제공하는 것으로 놀이의 재미가 발생한다.

아곤은 단순히 참가자들이 보유한 현재 능력을 가지고 경쟁하는 시합이 아니다. 스스로 지금까지 노력해온 과정을 통해 냉정하게 결과를 정하는 현실이 아니라 능력이 다른 사람들끼리 모여서 가능한 한 비슷한 상황을 만들어 놓고 같이 즐기기 위한 놀이인 것이다.

그렇기 때문에 아곤에서는 기회의 평등 안에서 경쟁과 승부가 핵심이 되며, 가능한 한 동등한 상황을 만들기 위한 상세한 승패 조건과 규칙이 필요하다. 따라서 아곤은 의지와 규칙이라는 기준에서 도출된 놀이의 유형이다.

아곤의 대표적인 예로는 체스, 바둑, 당구 등이 있다. 바둑에서 하수보다 기력이 강한 상수에게는 핸디캡이 주어지며 몇 점의 핸디캡을 주는지에 대한 규칙과 몇 점의 핸디캡일 때 어떻게 배치해야 하는지 상세한 규칙이 있다. 수많은 시행착오를 거쳐 어느 정도 능력의 차이가 있을 때 어떤 핸디캡을 주면 보다 동등한 상황을 만들어 치열하고 재미있는 놀이가 가능한지를 찾아가는 과정 또한 아곤이라는 놀이가 가진 재미 중 하나라 볼 수 있다.

디지털 게임에서도 놀이의 '비생산성'의 특징을 살려 경쟁을 보다 재미있게 만드는 사례가 많다. 대표적으로 〈철권〉과 같은 대전 액션 게임에서는 최대 HP를 조정할 수 있는 옵션을 제공하며, 이 옵션을 활용해서 실제 급수가 다른 참가자들이라고 할지라도 비교적 비슷한 경쟁 기회를 제공할 수 있다. 대전 액션 게임의 캐릭터가 과금을 통해 강해질 수 있다고 한다면, 더 이상 게임도 아니고 그 이전에 놀이도 아니게 되어 버린다. 단지 현실의 자본력을 자랑하고 결과적인 즐거움을 느끼는 프로그램으로 전락하게 되므로, 결국 게임을 재미있게 만들기 위해서는 놀이의 기본적인 특징을 버려서는 안된다는 점을 확인할 수 있다.

그림 3-6 철권 7

❷ 알레아(Alea) : 우연 놀이

알레아는 라틴어로 '주사위 놀이'를 의미한다. 주사위는 인간의 능력이 아닌 운을 시험하는 대표적인 도구로 보드 게임에서 가장 많이 활용하는 컴포넌트 중에 하나다. 주사위는 현재의 신분, 경제력, 나이, 성별 등과 전혀 무관하게 자신의 운에 의해 결과가 나오며, 운은 확률과 통계에 해당된다. 따라서 알레아는 참가자의 의지가 반영되지 않는다.

알레아는 아곤과 정반대되는 놀이의 유형으로 참가자의 의지와 무관하게 진행되며, 상대방과의 경쟁이 아닌 자신의 운명을 이기는 것이 목표인 운을 시험하는 놀이이다. 그렇기 때문에 확률과 통계에 따라서 나온 결과에 대한 명확한 규칙이 필요하다. 운에 따라 결과가 나오기 때문에 판정에 대한 규칙은 사전에 미리 명확하게 모든 참가자에게 공유되어야 문제가 발생하기 않는다. 따라서 알레아는 탈의지와 규칙이라는 기준에서 도출된 놀이의 유형이다.

그림 3-7 파이어 엠블렘 문장의 비밀에서 캐릭터의 레벨업

알레아의 대표적인 예로는 주사위 놀이, 슬롯 머신, 룰렛 등이 있다. 알레아는 희박한 확률에 당첨되었을 때의 희열도 있으나, 희박한 확률을 뚫고 자신이 당첨될 수 있다는 기대하는 과정에서 재미를 얻는 놀이다. 따라서 현실과 연결되어 이득이나 손해를 얻게 된다면 놀이가 아닌 도박으로 변질되게 된다. 알레아라는 놀이와 도박의 근본은 운을 시험하는 것으로 완벽히 동일하다. 단지, 현실의 돈으로 바꿀 수 있는 수단이 내외적으로 하나라도 존재한다면 가위바위보나 주사위 놀이와 같은 아주 단순한 알레아조차 도박이 된다.

운이라는 것은 누구에게나 기회의 평등을 제공하기 수월하므로 디지털 게임에서도 굉장히 많은 곳에서 활용되고 있다. D&D에 기반한 RPG 게임들 중에 〈위저드리〉, 〈발더스 게이트〉와 같이 초기 캐릭터 생성에서 능력치를 결정할 때 주사위를 굴려서 보너스 스테이터스 포인트를 받는다. SRPG의 시초인 〈파이어 엠블렘〉과 같이 레벨업했을 때 상승되는 능력치가 매번 확률에 의해 달라지는 경우도 디지털 게임에서 아주 보편적으로 활용하는 시스템이다.

❸ 미미크리(Mimicry) : 역할 놀이

미미크리는 가공한 인물이 되어 마치 그 인물이 된 것처럼 따라하고 흉내 내는 놀이다. 인간은 태어나는 순간부터 부모를 보고 따라하면서 생존하기 위해 필요한 모든 것을 배운다. 다시 말해서 미미크리는 본능에 가까운 놀이의 유형에 해당된다.

아이들이 놀이터에 모여서 소꿉놀이를 할 때 아빠, 엄마 등으로 역할을 나누고 그 역할에 맞춰 흉내를 내는 것으로 현재 자신의 입장에서 느낄 수 없는 감정을 느끼고, 다양한 지식을 얻게 된다. 미미크리는 스스로 가공된 인물을 설정하고 그 인물을 흉내 내는 것부터 놀이가 시작되므로 자신의 의지가 필수적이며, 별다른 규칙 없이 상상의 나래를 펼칠 수 있다. 따라서 미미크리는 의지와 탈규칙이라는 기준에서 도출된 놀이의 유형이다.

미미크리의 대표적인 예로는 소꿉장난, 연극, 롤플레잉, 코스프레 등이 있다. 자신이 동경하는 캐릭터를 코스프레하는 것으로 현실의 단점을 가진 자신에서 벗어나 멋진 캐릭터를 체험하는 것으로 새로운 경험과 자신감을 얻을 수 있는 기회가 된다.

미미크리는 본능에 가까운 놀이이므로 굉장히 강력하면서도 근본적인 재미를 준다. 디지털 게임에서도 아예 RPG(Role-playing Game)라는 장르를 구분하고 있고, 전 세계적으로 오랜 기간 가장 인기가 많은 장르이기도 하다. 특히 〈디비니티: 오리지널 신(Divinity: Original Sin)〉과 〈패스파인더: 킹메이커(Pathfinder: Kingmaker)〉와 같이 TRPG를 PC에 맞게 발전시킨 CRPG(Computer Role-playing Game or Classic Role-playing Game)는 성별, 종족, 직업(클래스), 가치관, 능력치, 기술 등 수많은 선택지를 제공하여 자신만의 가공된 인물을 만들고, 그 인물을 통해서 가상 세계에서 다양한 선택과 상호작용을 할 수 있도록 매력적인 세계를 제공한다.

한국의 많은 게임 디자이너는 한국식 MMORPG의 정해진 틀이라는 함정에 빠져 RPG 장르의 핵심을 '성장'이라고 생각하는 경향이 강한데, RPG는 성장도 중요하지만 Role-playing Game, 즉 '역할 놀이'가 근본적인 재미라는 점을 잊어서는 안된다. 성장 시스템은 단지 역할 놀이를 보다 세부적으로 나누고 장기적으로 콘텐츠를 제공하기 위한 수단 중에 하나에 불과하다는 점을 기억하자.

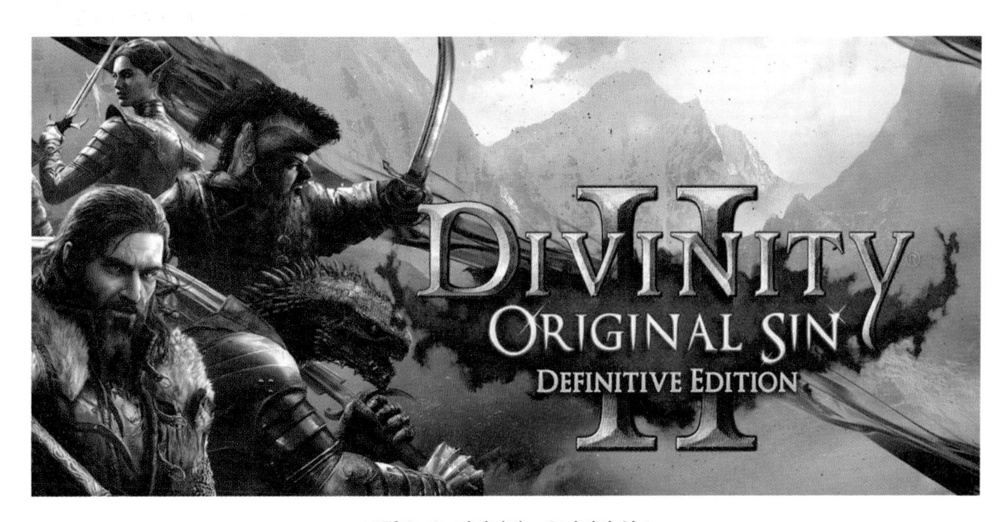

그림 3-8 디비니티 : 오리지널 신 2

❹ 일링크스(Ilinx) : 몰입 놀이

일링크스는 일시적으로 모든 신경을 집중해서 몰입하는 놀이다. 일시적으로 인간이 가진 지각의 안정을 파괴하는 것으로 자신의 능력을 뛰어넘어 한계에 도전하며, 한계를 극복하는 것으로 기분 좋은 패닉 상태에 빠짐으로써 쾌감과 재미를 느끼는 놀이다.

놀이터에 있는 많은 놀이기구들이 바로 일링크스에 해당되는 놀이다. 시소나 그네를 타면서 안정적인 상황보다 자신의 한계를 시험해 보는 것으로 희열을 느껴본 사람이 대부분일 것이다. 롤러코스터, 번지 점프, 스카이 다이빙과 같은 레저로 발전된 형태에서도 일링크스를 쉽게 찾아볼 수 있다.

일링크스는 정해진 규칙도 없고, 자신의 의지와 무관하게 몰입하는 것이 중요한 놀이이다. 따라서 일링크스는 탈의지와 탈규칙이라는 기준에서 도출된 놀이의 유형이다.

디지털 게임에서도 전통적인 비디오 게임에서는 일링크스를 비교적 제한적으로 활용해 왔다. 리듬액션 게임이나 고전 FPS나 탄막 슈팅 게임 등에서 극한의 상황을 만들어 주고, 플레이어가 자신의 한계를 극복할 수 있게 레벨 디자인을 함으로써 쾌감을 제공했다. 그러나 특별한 도구를 활용해서 시각과 청각만이 아닌 촉각까지 제공하는 〈링 피트 어드벤처(Ring Fit Adventure)〉와 같은 체감형 게임이나, 1인칭의 극대화된 현실적인 가상 현실을 제공하여 몸으로 직접 조작을 하게 만드는 〈비트 세이버(Beat Saber)〉와 같은 VR 게임들은 기존 게임들과 차원이 다른 일링크스를 경험하게 해 준다.

그림 3-9 비트 세이버

● 게임은 다양한 놀이의 조합이다

놀이는 문화권별, 국가별, 지역별로 굉장히 다양하다. 그러나 문화와 국가를 뛰어넘어 비슷한 구조를 가지고 있다. 아이들의 기준에서 놀이로 인정받을 수 있는 특징은 시대와 국경을 초월해서 동일하기 때문이다. 3가지 연구에서 살펴본 놀이의 특징이야말로 인간이 노동이 아닌 놀이와 게임으로서 인식하는 가장 근본적이고 기본적인 특징일 것이다.

놀이가 오랜 시간 사라지지 않고 지속되기 위해서는 누구나 참여할 수 있어야 하고, 누구나 이길 수 있어야 하며, 규칙이 명확하고 간단해야 한다. 가위바위보를 할 때 외치는 구호는 국가별로 다르지만 결국 어느 국가든지 가위바위보는 현실의 지위와 상관없이 누구나 참여할 수 있고, 경제력과 무관하게 동일한 기회를 주기에 누구나 이길 수 있다. 그리고 규칙이 아주 단순하고 승패를 결정하는 과정이 명확하다.

위에서 소개한 놀이의 4가지 유형은 가위바위보에 비하면 꽤 복잡한 규칙을 가지고 있다. 놀이도 다양화되면서 규칙의 복잡도가 올라가지만, 간단한 규칙에서 줄 수 없는 다양한 재미와 새로운 경험을 제공하도록 진화했다. 게임이 놀이에서부터 진화했다고 한다면 게임 역시 놀이에 비해 복잡한 규칙을 가지되 다양한 재미와 경험을 제공하도록 발전됐다고 볼 수 있다. 특히 디지털 게임으로 발전하면서 자동화를 위한 굉장히 세부적인 규칙을 하나하나 세우지 않으면 개발 자체가 불가능하게 됐다.

게임은 매우 복잡하고 빠르게 변하고 있는 미디어이기 때문에 유형을 놀이처럼 간단히 분류하기란 현실적으로 무리가 따른다. 게임은 일반적으로 플레이어의 행동을 기준으로 하여 장르로 분류하지만 장르는 본질적인 개념으로 분류하는 방식은 아니다. 게임을 장르가 아닌 조금 더 근본적인 개념으로 유형을 분류하려면 어떻게 해야 할까?

게임의 유형을 놀이와 분리해서 별도로 찾을 필요는 없다고 생각한다. 게임의 유형을 놀이의 관점에서 봤을 때 "게임은 다양한 놀이의 조합이다."라고 보기 때문이다. 게임을 놀이가 복잡하게 융합되면서 콘텐츠이자 미디어로 발전한 형태라고 본다면, 간단한 규칙을 가진 몇 가지의 놀이가 다른 조합식으로 융합되어 다양한 게임의 원형이 되었고, 그렇게 만들어진 원형이 콘텐츠와 미디어에 적합하게 진화하면서 지금의 게임에 도달했다고 볼 수 있다.

게임의 유형은 놀이의 유형처럼 간단한 단어나 문장으로 표현하기 어렵다고 했다. 따라서 게임의 유형을 표현하는 방식을 놀이의 유형 조합을 수치적으로 표현해 보는 것으로 게임의 방향성을 결정할 때 큰 도움이 된다고 본다. 물론 수치를 정확하게 표현하는 것은 불가능하기에 감각적으로 추측한다는 한계는 존재한다. 다만, 어떤 유형의 게임을 만들 것인가 전체적인 그림을 그릴 수 있도록 설명하고 공유하는 하나의 방법이다.

예를 들어, 2가지의 RPG 게임을 다음과 같이 계획하고 있다고 가정해 보자. A 게임의 유형을 아곤 10, 알레아 50, 미미크리 90이라고 방향성을 잡고, B 게임의 유형을 아곤 70, 알레아 20, 미미크리 50이라고 방향성을 잡는다면, 동일한 RPG 장르에서 동일하게 아곤, 알레아, 미미크리라는 놀이의 유형에 한정해서 융합했음에도 불구하고 꽤 큰 차이가 생기는 것을 확인할 수 있다.

잠깐만요 **RPG 게임 방향성 예**

A 게임(RPG)의 유형

1. 아곤 : 10
2. 알레아 : 50
3. 미미크리 : 90

B 게임(RPG)의 유형

1. 아곤 : 70
2. 알레아 : 20
3. 미미크리 : 50

A 게임은 미미크리가 중요한 RPG인 만큼 역할 놀이에 집중하여 경쟁 요소를 최소화하고 확률이 포함된 운적인 요소가 꽤 포함된 싱글 플레이를 중시하는 CRPG에 가까운 게임이라고 쉽게 예측된다. 반면 B 게임은 적당한 수준의 역할 놀이를 가지고 있으나 운적인 요소를 일부만 포함한 반면 기회의 평등을 가진 아곤을 중시하는 멀티 플레이를 떠올리게 될 것이다.

이처럼 몇 가지의 유형으로 구분하는 것이 현실적으로 어려운 게임의 유형을 수치적으로 표현함으로써 완벽한 분류는 아니지만 게임의 방향성을 결정하는데 뚜렷한 지침을 마련할 수 있다.

이 예에서는 각 유형별로 0~100점을 기준으로 유형을 정리해 보았으나, 얼마든지 수치에 제한을 두는 % 등으로 표현할 수 있다. 이를 통해서 동일한 장르 내에서 참고한 게임에 비해 자신이 만들고자 하는 게임의 차별점을 도출하기 위한 도구로 활용할 수 있다. 참고한 게임들의 유형을 수치로 표현해 보고, 자신이 만들고자 하는 게임의 유형을 수치로 비교해서 표현할 때 명확한 차이가 존재하도록 디자인을 수정해 보자.

세상에는 앞서 소개한 4가지 유형 외에도 다양한 놀이의 유형이 존재한다. 다른 연구에서 놀이의 유형을 조금 더 세부적으로 분류한 것을 찾았거나, 본인이 생각하는 명확한 놀이의 유형이 있다면 4가지 놀이의 유형에 추가해서 게임의 유형을 표현하는 항목을 추가해서 얼마든지 확장할 수 있다.

03 게임의 단계

지금까지 놀이의 특징과 유형을 통해 게임의 특징과 유형을 살펴봤다. 다음으로 놀이의 단계를 통해 게임의 단계를 살펴볼 차례다. 특정 게임에 대한 단계가 아닌 게임의 근본적인 단계를 이해한다면 어떤 단계에 집중할 것인지, 다른 게임에 비해 어떤 단계를 강화할 것인지 찾아내어 차별점으로 연결할 수 있을 것이다.

먼저 놀이의 단계를 살펴보자. 스코트 에버리(Scott Eberle)는 스트롱 놀이 박물관에서 근무하면서 수많은 놀이를 경험하고 연구한 후 대부분의 놀이는 6가지의 단계를 거쳐 이뤄진다고 주장했다.

잠깐만요 **놀이의 6단계**

1. **기대** : 앞으로 무슨 일이 일어날지 예상하고 궁금해하는 호기심과 약간의 불안감이 혼재되어 있는 단계다.
2. **놀라움** : 예기치 못한 발견, 새로운 감각 또는 아이디어, 발상의 전환이 있는 단계다.
3. **즐거움** : 예상치 못한 즐거움을 통해 기분 좋음을 느끼는 단계다.
4. **이해** : 새로운 지식의 습득, 다른 별도의 개념을 종합, 낯설었던 아이디어의 적용 등이 이뤄지는 단계다.
5. **힘** : 경험과 이해를 통해 세상이 돌아가는 원리에 대해 알게 된 후 찾아오는 숙달된 단계다.
6. **평형** : 우아함, 만족감, 평정심, 삶의 균형감각을 이루는 단계다.

어느 국가에서나 인기 있는 놀이는 첫 단계에서 호기심을 불러일으킨다. 놀이의 6가지 단계를 필자의 입장에서 재해석하면 다음과 같다. 첫 번째 단계에서는 놀이에 참여하면서 앞으로 어떤 체험을 하게 될지 불안하기도 하면서 기대감을 가지게 된다. 참여자가 놀이에 참여할 것인지 말 것인지를 결정하는 단계이기에 충분한 기대감을 주지 못하면 놀이에서 빠지려 할 것이다.

두 번째 단계에서 예기치 못한 재미를 찾으므로 놀라게 되고, 놀이에 빠져들게 된다. 세 번째 단계에서는 놀라움이 구체적인 즐거움으로 바뀌어 기분이 좋아지게 된다.

네 번째 단계에서는 놀이의 메커니즘을 이해하면서 자신감과 만족감을 얻게 된다. 다섯 번째 단계에서는 놀이에 대한 이해를 바탕으로 단순히 이해한 것이 아닌 놀이에서 이길 수 있게 숙달되려고 한다. 마지막으로 놀이에 숙달된 것을 넘어 평정심을 가지게 된다. 놀이에 대해 더 이상 배울 것이 없기에 승패에 대한 집착도 없어지고 다른 참가자들을 가르쳐 주거나 그들이 이기는 재미를 느낄 수 있도록 유도하여 놀이에 참여하는 사람들이 늘어날 수 있게 행동한다. 반면 이 단계에 돌입하면 점차 놀이에 대한 흥미가 줄어든다.

놀이의 단계는 게임에서 플레이어가 느끼는 단계와 일치한다. 다만 놀이와 게임에서 사용하는 용어와 조금 다르기 때문에 여기에서는 게임 디자인에 맞게 용어를 변경했다. 또한 엔딩이 존재하지 않는 멀티플레이 게임의 경우 대규모 업데이트나 확장팩 등의 출시를 통해 첫 단계로 회귀하여 반복적으로 순환하는 구조를 가지는 차이점이 존재한다.

잠깐만요 **게임의 단계**

1. 기대
2. 발견
3. 재미
4. 이해
5. 숙달
6. 통달

* 필요시 첫 단계(기대)로 회귀하여 순환

명작이라고 불리는 게임을 플레이한다고 가정해 보자. 대표적으로 〈젤다의 전설 : 브레스 오브 더 와일드(The Legend of Zelda : Breath of the Wild)〉를 플레이했을 때의 경험을 되살려 보자. 게임이 시작되고 튜토리얼이 끝나 동굴을 빠져나오면, 이번 작품의 세계를 한눈에 느낄 수 있도록 전망 좋은 뷰에서 타이틀이 나오게 된다. 플레이어는 앞으로 어떤 세계와 모험이 펼쳐질지 기대감이 오르게 된다.

다른 액션 어드벤처 게임처럼 몇 가지 아이템을 파밍하면서 진행하다 보면 다른 게임들과 다르게 이번 작품에서는 사과를 구워 구운 사과로 만들 수도 있다. 이것을 시작으로 플레이어는 다른 게임과 다르게 "이것도 한 번 해 볼까?", "정말 이런 것도 가능할까?"라고 궁금함을 가지게 되고, 실제로 여러 가지를 시도해 보면 게임 내에서 상호작용이나 기능이 실제 구현되어 있는 것을 발견하게 된다.

이렇게 하나씩 새로운 시도를 하면서 게임에 대해서 재미를 느끼게 된다. 이러한 과정을 거쳐 게임의 메커닉스, 스토리, 조작 방법, 전투 방법 등을 이해하게 되고, 캐릭터를 성장시키고 여러 곳을 탐험하면서 점차 게임에 숙달되어 캐릭터만 아니라 플레이어 스스로 성장하고 있다고 느낀다. 최종적으로 엔딩을 맞이하면서 게임 플레이와 스토리에 대한 대부분을 이해하고 통달하는 단계에 도달한다. 싱글 플레이 게임이기에 6단계를 거쳐 마무리되지만, 대형 DLC(Downloadable content)나 스탠드 얼론 확장팩 또는 차기작을 통해서 다시 게임의 단계를 첫 단계로 회귀시킨다. 일부 게임에서는 차기작을 예상하여 아예 엔딩 부분에 기대의 단계로 전환시키기 수월한 장치를 넣어두기도 한다.

싱글 플레이 게임이 아닌 멀티 플레이 게임의 경우, 명백하게 순환 구조로 게임을 디자인하게 된다. 대부분의 멀티 플레이 게임은 엔딩이 없거나 엔딩을 본 이후에도 무한히 콘텐츠를 즐길 수 있도록 구성해야 플레이어들이 해당 게임에서 이탈하지 않고 장기간 매출을 올리며 서비스를 진행할 수 있기 때문에 어느 시점에서 마지막인 통달 단계를 끝내고, 어떤 방법을 통해 첫 단계인 기대 단계로 돌릴 수 있는지에 대한 노하우가 가장 중요하다.

수많은 MMORPG가 출시하면서 통달 단계에서 기대 단계로 회귀시켜 다시 순환을 하기 위한 다양한 방법을 시도했었다. 그러나 대부분의 방법은 큰 성과를 거두지 못했다. 현재 대부분의 MMORPG가 빈번하게 작은 업데이트를 하기보다 버그 정도를 수정하면서 가급적 조용히 서비스를 유지하다가 한 번에 대규모 업데이트를 진행하는 것이 바로 게임의 단계를 다시 첫 단계로 돌리기 위해 가장 적합한 방법이라는 것을 수많은 실험을 통해 습득한 것이다. 즉, 작은 업데이트를 나눠서 자주 시행해도 상당수의 플레이어들의 기대감을 매 업데이트마다 기대 단계로 되돌릴 수 없기 때문에, 개발 비용을 고려했을 때 효과가 미비하다는 사실을 확인할 수 있다.

게임의 단계는 플레이어가 게임을 통해서 어느 시점에 어떤 감정을 가지는지 알 수 있어 콘텐츠 배치에 적용할 수 있다. 초반 콘텐츠는 어디에 초점을 맞춰야 하고, 초반부가 종료되는 시점는 어디에 초점을 맞추어야 하며, 마무리는 어떻게 해야 할지에 대한 가이드를 해 주고 있다.

또한 게임의 차별점을 도출하기 위해서 자신이 만들고자 하는 작품을 게임의 단계에 따라 콘텐츠와 시스템을 분류해 보고, 다른 게임과 다르게 어떤 단계를 보다 강조할 것인지, 강조하기 위해 어떤 콘텐츠와 시스템을 추가할지 고민해 볼 필요가 있다. 발견 단계를 강화할 것인가, 이해 단계를 강화할 것인지에 따라 동일한 장르를 구상했다고 해도 게임의 방향성이 크게 달라지게 된다.

3.2

게임 예시

수많은 게임은 출시된 후 게이머들에 의해 한 번 플레이 되고 머지않아 쉽게 잊혀진다. 그러나 출시되고 수십 년이 지난 지금까지도 많은 게이머가 플레이하는 명작이라고 불리는 게임들은 다른 게임들과 어떤 차이가 존재하는 걸까?

게임마다 가지고 있는 강점이 다르기 때문에 스토리 때문에 플레이하는 게임도 있고, 독특한 메커닉스 때문에 플레이하는 경우도 있고, 타격감이 뛰어나기 때문에 플레이 하는 게임도 있다. 이를 간단히 요약하면 현재까지 출시된 게임들 중 해당 게임을 대체할 수 있는 게임이 아직도 없다는 것이다. 다시 말해서 명작들은 다른 게임에서는 경험할 수 없는 한 개 이상의 명확한 차별점을 가지고 있다는 의미다. 아무리 새로운 비슷한 게임들이 쏟아져도 그 게임을 대체할 수 없으니 게이머들은 과거의 게임을 할 뿐이다. 과거의 게임을 뛰어넘는 전혀 색다른 새로운 게임이 나오면 게이머들은 아무런 망설임 없이 새로운 게임을 하게 될 것이다. 그 새로운 게임 역시 다른 게임과는 다른 차별점이 한 가지 이상 존재한다는 의미다.

최근 북미 게임은 막대한 자본을 바탕으로 혁신적이기 보다 방대하고 완성도가 높은 안정적인 AAA 게임이 많이 출시되는 편이다. 그러나 북미 게임 중에 게임의 역사를 바꿀 정도로 게임 시장의 트랜드를 크게 바꾸거나 새로운 장르를 만들어 내는 게임도 꽤 있다. 반면, 일본은 북미 게임에 비해 상대적으로 자본력이 제한되므로, 게임 내부에서 차별점을 가지지 않으면 글로벌 시장에서 경쟁력을 가지기 어려웠기 때문에 게임 디자인을 할 때 차별점을 상당히 중시하는 편이다. 따라서 게임의 명확한 차별점은 북미보다 일본 게임에서 찾기 쉽다. 차별점은 세상에서 유일한 것이 될 필요는 없고 보통 새로운 조합이나, 기존의 고정관념을 깨는 새로운 관점에서 탄생한다.

● 맵 매핑 – 세계수의 미궁

〈세계수의 미궁〉 시리즈는 아틀라스에서 개발한 〈위저드리〉의 정신적인 계승작인 던전 롤플레잉 게임이다. 〈울티마〉와 함께 롤플레잉 게임의 기틀을 마련한 〈위저드리〉는 아무런 지도 정보도 제공 없이 극도로 위험하고 어두운 던전의 마지막 층에 도달해야 한다는 목적을 가지고 있다. 던전 안에서 공포와 불안감을 극대화하기 위해 의도적으로 지도 정보를 제공하지 않았는데, 당시에 〈위저드리〉를 플레이했던 플레이어들은 모눈종이 등을 활용해서 한 칸 한 칸 나아갈 때마다 손수 지도를 그리면서 신중히 플레이했다.

그림 3-10 세계수의 미궁 123 리마스터

시리즈가 지속되면서 불편함을 호소한 게이머가 많아지기 시작해 〈위저드리〉에서도 미니맵과 전체 지도를 지원하는 형태로 변한다. 그러나 이러한 편의성 개선은 오히려 독이 되어 던전 RPG의 매력이 급격히 약해져 장르 자체가 하드코어 팬만 플레이하는 비인기 장르로 바뀌게 된다.

〈세계수의 미궁〉은 '나만의 지도를 그리자!'를 캐치프레이즈로 삼을 정도로, 〈위저드리〉 시리즈에서 지도를 그리는 재미와 한 치도 알 수 없는 던전에서의 공포를 부활시키기 위한 의도로 제작됐다. 던전 RPG는 지도를 직접 그려가면서 미지의 던전을 탐험해야 진정한 재미를 느낄 수 있다는 것이 〈세계수의 미궁〉의 테마다. 아예 게임 내의 목표를 지도를 완성하는 것으로 삼았으며, 지도를 완성함으로써 스토리 진행과 함께 보상이 주어진다.

〈세계수의 미궁〉은 이러한 심플하고 명확한 테마가 존재하기에 차별점으로 플레이어가 직접 맵을 그려가는 맵 매핑 시스템을 도출할 수 있었다. 또한 펜으로 지도를 그리는 것이 실제 지도를 그리는 느낌을 줄 수 있어 닌텐도 DS로도 출시되었다. 맵 매핑 기능은 지도를 그리는 과정 중 불편한 부분은 최소화하고 지도를 그릴 때 재미를 느낄 수 있는 부분만 함축해서 제공한다.

유튜브 '『세계수의 미궁 1 · 2 · 3 HD REMASTER』 소개 동영상'에서 확인할 수 있듯이 〈세계수의 미궁〉은 다음의 특징을 전면에 내세우고 있다. 자유로운 캐릭터 메이킹으로 자유로운 파티 편성, 모험하며 직접 작성하는 맵 매핑 시스템, 다양한 동료 스킬을 전략적으로 활용, 도전적인 난이도 제공 등이다. 다른 던전 RPG와 비슷하게 파티 편성, 동료 스킬, 도전적인 난이도라는 공통된 특징을 가지고 있으나 맵 매핑 시스템이라는 명확한 차별점이 다른 특징에서도 영향을 주기에 다른 던전 RPG와는 다른 색다른 경험을 제공한다. 〈세계수의 미궁〉은 현대의 기술과 감각으로 던전 RPG의 본래의 재미가 무엇인지를 명확한 차별점을 제시하는 것으로 선보인 좋은 사례다.

● 부대 전투 – 랑그릿사

〈랑그릿사〉 시리즈는 일본 컴퓨터 시스템의 게임 브랜드인 메사이어에서 제작한 SRPG다. 글로벌 게임 시장을 기준으로는 SRPG의 시초이자 장르의 기틀을 마련한 〈파이어 엠블렘〉 시리즈가 인지도가 높지만, 국내에는 〈파이어 엠블렘〉 시리즈가 최근 들어서 비로소 한글화된 작품이 출시되어 대중적으로 알려지기 시작했다. 반면 〈랑그릿사〉는 당시 국내에서 잡지의 부록 CD로 배포되면서 국내 게이머들 중 상당수는 SRPG를 대표하는 작품으로 〈파이어 엠블렘〉이 아닌 〈랑그릿사〉를 꼽는 경우가 많다.

그림 3-11 랑그릿사 2

SRPG의 기틀은 〈파이어 엠블렘〉에서 거의 완성되었기 때문에 〈파이어 엠블렘〉과 명확한 차별점을 가지는 SRPG는 많지 않다. 그러나 〈랑그릿사〉는 '전쟁에서는 아무리 혼자 강해도 이기지 못한다. 동료와 부대와 함께 싸워야 승리할 수 있다.'라는 테마를 통해 부대 전투 시스템이라는 차별점을 도출했다.

〈랑그릿사〉는 부대 전투 시스템으로 인해 〈파이어 엠블렘〉을 토대로 만들어진 SRPG들과 전혀 다른 재미를 제공했다. 기존 SRPG들은 유닛 하나하나를 독립적으로 움직이면 되지만, 〈랑그릿사〉에서는 부대 전투 시스템을 살리기 위해 지휘관 캐릭터별로 부대 보정 범위와 부대 보정(공격력과 방어력) 능력치가 존재한다. 지휘관 부대 보정 범위 안에 병력이 존재할 때만 부대 보정 능력치가 가산되기에 부대 단위의 운영이 필수적이다. 반대로 전략적으로 적의 부대 보정을 무력화시키는 것이 전투의 핵심이 되어 기존 SRPG에서는 경험할 수 없는 독특한 재미를 선보였다. 그렇기 때문에 지휘관 캐릭터의 능력치가 높은 것보다 부대 보정 능력치가 높은 것이 전략상 중요하다. 부대 전투 시스템으로 인해 SRPG 장르에서 플레이어가 취해야 할 전략과 전술 자체가 완전히 바뀐 것이다.

클래스 전직 시스템에 분기를 제공, 스토리에 멀티 엔딩 제공, TRPG를 일본식으로 해석한 애니메이션 〈로도스도 전기〉에 영향을 받은 일본풍 판타지 세계관, 유명 일러스트레이터의 미려한 캐릭터, 플레이어의 선택에 따라 직업과 능력치가 달라지는 캐릭터 메이킹 등 다른 SRPG와는 다양한 차별점을 가지고 있어 지금까지도 많은 게이머들에게 사랑받는 다른 게임으로 대체할 수 없는 게임 중 하나다.

● 사영기 – 제로

〈제로〉 시리즈는 테크모에서 개발한 일본풍 공포 어드벤처 게임이다. 명확한 테마를 가진 작품은 아니지만, 오히려 기존 아이디어를 조합하는 것으로 매력적인 차별점을 잘 잡은 사례다. 사진이라는 소재를 공포와 접목하는 것으로 색다른 게임을 탄생시켰다.

〈제로〉는 북미의 권선징악적이고 시각적인 잔인한 공포와 차이를 두기 위해, 특별한 잘못이 없음에도 저주나 귀신 때문에 죽게 되는 심리적이고 부조리한 일본식 공포를 게임에서 제공하기 위한 목적으로 제작됐다. 테크모의 강점이었던 〈데드 오어 얼라이브〉의 캐릭터 같이 남성 게이머에게 어필할 수 있는 예쁜 여자 캐릭터를 공포 어드벤처의 주인공으로 채택함으로써 다른 공포 어드벤처와 시각적인 차별점을 두려고 했다.

그림 3-12 제로

〈제로〉 시리즈의 가장 큰 차별점은 바로 사영기라는 소재에 있다. 〈제로〉에서는 특수한 카메라 형태의 사영기를 통해 령을 제령할 수 있다는 설정을 만들어 사영기를 꺼내면 1인칭 전투 시스템으로 바뀌면서 사영기로 령을 찍어서 데미지를 주는 매우 독특한 전투 시스템을 창조해 냈다. 게다가 령의 사진을 보다 가까운 상태에서 찍으면 데미지가 증가하는 메커닉스를 제공하여, 무서운 령을 빠르게 잡기 위해서는 오히려 령이 눈앞에 올 때까지 기다려야 했다. 이러한 메커닉스로 보고 싶지 않고 피하고 싶은 령이 오히려 플레이어를 덮치는 순간까지 다가오도록 참고 기다려야 한다는 게임 플레이를 만들어 내 긴장감과 공포감을 극대화할 수 있었다.

실습 가이드

3주차 실습

① **목표** : 게임의 유형과 차별점 1~3개 선정

② **추천 분량** : PPT 2~4장

③ **페이지 구성**

Page 1) 게임의 유형을 4가지 놀이의 유형의 비율(%)로 조합한 표 1개

Page 2~4) 차별점을 정리한 문장(차별점별 참고 그림 1장 이상 첨부)

④ **페이지 내용**

Page 1) 아곤, 알레아, 미미크리, 일링크스별 비율(%)을 입력하고 부연 설명 추가

Page 2~4) 다른 게임과의 차별점을 자유롭게 작성

주의점

❶ 차별점과 특징은 다르다

〈3장〉 시작에서도 언급했지만 필자는 콘셉트 디자인의 시작점을 '테마'와 함께 게임의 특징이 아닌 '차별점'으로 잡고 있다. 게임의 특징으로 콘셉트 디자인의 방향성을 결정한다면 특정 장르의 가장 대표적인 특징 몇 개가 선정될 수밖에 없고, 그렇게 된다면 특정 장르의 대부분의 게임은 동일한 특징을 기준으로 비슷하게 만들어질 수밖에 없다.

힘들더라도 게임의 특징 중 차별점에 해당하는 것만 도출하기 위해 깊게 고민할 필요가 있다. 차별점은 세상에 없는 것을 찾기 보다 기존 게임들의 특징을 조합해서 새로운 조합법을 만들거나 다른 미디어에는 있지만 게임에 존재하지 않는 것을 게임에 맞게 적용하는 등 게임의 특징 중 다른 게임에 흔히 없는 것이 해당된다.

❷ 테마를 잘 잡았다면 자연스럽게 차별점 몇 개가 도출된다

〈2장〉에서 자신이 전하고자 하는 가치관과 철학으로 결과까지 도달한 완전한 테마를 결정했다면, 별다른 고민 없이도 자연스럽게 몇 가지의 차별점이 자연스럽게 도출되어 있는 것에 놀랄 것이다. 해당 테마를 대변해 줄 수 있는 주요 캐릭터가 누가 되어야 하는지 알 것이며, 해당 테마를 표현하기에 적합한 세계관과 스토리의 윤곽을 떠올리기 쉽고, 해당 테마를 어떻게 메커닉스에 녹여내 어떤 대표적인 게임 시스템을 만들어야 할지 감을 잡을 수 있다. 또한 테마를 잘 표현하기 위한 그래픽, 사운드도 자연스레 결정되며 이를 플레이어와 상호작용할 피드백 시스템에도 힌트를 얻을 수 있다.

그러나 〈2장〉에서 테마를 제대로 잡지 못했다면 차별점을 잡아내는데 굉장히 어려움을 겪을 수 있다. 테마까지 도달하지 못했거나 너무 뻔한 테마를 잡았다면 상투적인 특징이 생기는 건 당연한 이치다. 어떤 특징을 생각해 봐도 다른 게임들에도 이미 존재하므로 차별점이라고 할 수 없을 것이다. 따라서 필자는 게임 디자인의 시작을 테마로 보고 있는 것이다. 차별점을 제대로 도출할 수 없다면 〈2장〉으로 돌아가서 다시 테마를 구체화해 보자.

❸ 희망 사항은 차별점이 아니다

콘셉트 디자인에서 차별점을 3개, 최소한 1개 도출하라고 하면, '감동적인 스토리', '멋진 타격감', '독창적인 게임 플레이', '잘 잡힌 밸런스' 등 모든 게임에 있을 법한 뻔한 것을 선택하는 경우가 의외로 많다. 그러나 이것은 게임을 만들고자 하는 모든 사람이 바라는 결과일 뿐이다. 단순한 희망 사항은 차별점이 될 수 없다.

구체적으로 감동적인 스토리, 독창적인 게임 플레이 등을 만들기 위해 무슨 콘텐츠와 시스템을 구상했는지가 게임 디자이너의 역할이다. 다른 게임에도 있을 법한 뻔한 것을 선택할 것이라면 해당 프로젝트에서 게임 디자이너의 존재 가치가 사라진다. 게임 디자이너는 자신의 존재 가치를 증명하기 위해서 해당 콘텐츠와 시스템의 별도의 명칭을 만들어서라도 구체적으로 차별점을 선정해야 하며, 어떻게 희망 사항에 도달할 것인지를 차별점으로 제시해야 하는 역할을 수행해야 한다.

감동적인 것은 무엇인지, 멋진 타격감이란 무엇인지, 재미있는 게임 플레이란 무엇인지, 잘 잡힌 밸런스란 무엇인지 정의를 내릴 수 있나? 이런 애매모호하고 주관적인 해석이 가능한 것은 차별점만 아니라 게임의 특징으로도 선정하기 어렵다. 자신만의 정의를 내릴 수 없다면 게임 디자인에서는 아직 사용할 수 없는 것이다.

4 장

구성요소

학 습 목 표

게임 구성요소 모델과 장르별 게임 디자인 구성요소를 학습하여
집중한 구성요소를 정한다.

4.1 필수 이론과 개념

● 게임의 구성요소

게임 디자인의 시작인 테마와 게임의 방향성을 결정하는 차별점들을 결정하면 대략적인 게임의 큰 틀이 눈앞에 그려진다. 다음으로 게임 디자인의 내부를 어떻게 구성할지 고민할 차례다. 게임 디자인의 내부를 구성하기 위해서는 먼저 게임 디자인을 어떻게 세분화할 것인지에 대한 기준이 필요하다.

일반적으로 모든 연구에서 사물이나 현상을 상세히 이해하기 위해서 분석(Analysis)부터 시작한다. 분석이란 현실에 있는 복잡한 대상, 개념, 현상을 단순한 구성요소(Component)로 분해하여 각각의 단순화된 구성요소들을 이해하고, 구성요소들 간의 관계를 파악하여 복잡한 원래 대상, 개념, 현상을 이해하는 방법이다. 분석을 위해 분리하는 구성요소란 사물을 이루고 있는 필수적인 성분으로, 해당 구성요소가 없다면 전체가 성립할 수 없는 것을 의미한다. 따라서 대상, 개념, 현상을 구성하는 요소들은 많지만 그 중에서도 필수적인 성분이 구성요소가 되며 구성요소 외에 다른 요소들도 존재한다고 이해하면 된다.

게임이라는 미디어는 너무나도 방대하고 복잡하게 진화됐기에 게임 산업에 대한 경험이 풍부한 게임 전문가라고 할지라도 분석하기가 쉽지 않다. 또한 하나의 게임을 분석한다고 한정할지라도 최근 게임들은 다양한 소비자층에게 어필하기 위해 여러 장르의 특성을 조합하여 콘텐츠 볼륨을 늘리고 있어 게임 전체를 통으로 분석하기란 여간 어려운 것이 아니다.

그러므로 게임을 분석하기 위해서는 모든 요소를 고려하지 않더라도 핵심적인 몇 가지 구성요소로 분리한 후, 각각의 구성요소와 구성요소들 간의 관계를 이해함으로써 전체 게임의 윤곽을 파악하는 과정을 거치게 된다. 반대로 이미 만들어진 게임을 분석하는 것이 아닌, 새로운 게임의 내부를 디자인하는 과정에서도 게임의 구성요소는 명확한 기준점이 되어 준다. 비교적 이해하기 쉬운 형태로 분리되어 있는 각각의 구성요소를 디자인하고, 구성요소들 간의 관계를 설계하면 어렵게만 느껴지던 게임의 전체적인 디자인이 서서히 모습을 드러내게 된다.

이번 장에서는 게임의 구성요소를 어떻게 분류할 것인지에 대한 대표적인 선행 연구를 알아보고, 8가지 게임 구성요소 모델을 학습한다. 이 8가지는 게임의 가장 기본이 되는 구성요소로, 얼마든지 하위 계층의 다양한 구성요소를 포함할 수 있다는 점을 기억하자. 마지막으로 게임의 구성요소에서 도출된 '게임 디자인 구성요소'와 장르별로 게임 전문가들이 어떤 게임 디자인 구성요소의 우선순위가 높다고 평가하는지에 대한 연구를 살펴본다.

01 3가지 게임 구성요소 이론

● 게임 내부에서 본 게임의 구성요소

게임은 어떤 구성요소로 구성되어 있는가? 누구도 이에 대한 정답을 명확하게 말할 수는 없다. 따라서 모든 연구는 어떤 관점에서 바라보는가에 따라 다른 결론에 도달하게 되며, 어떤 관점에서 해당 연구가 이뤄졌는지가 중요하다. 게임의 구성요소에 대한 연구들 또한 다양한 관점에서 이뤄졌고, 게임학에서 큰 의미를 부여하는 몇 가지 연구가 존재한다.

제시셀(Jesse Schell)은 「The Art of Game Design: A Book of Lens」에서 그림 4-1과 같이 게임의 구성요소를 4가지로 분류했다. 그가 어떤 관점에서 게임의 내부를 살펴봤는지 그의 경력을 통해서 어느 정도 추론할 수 있다. 물론 이후에 소개할 게임 구성요소에 대한 다른 연구 또한 연구자의 경력을 통해서 그들이 어떤 관점에서 게임의 구성요소를 도출했을지 해설하고자 한다.

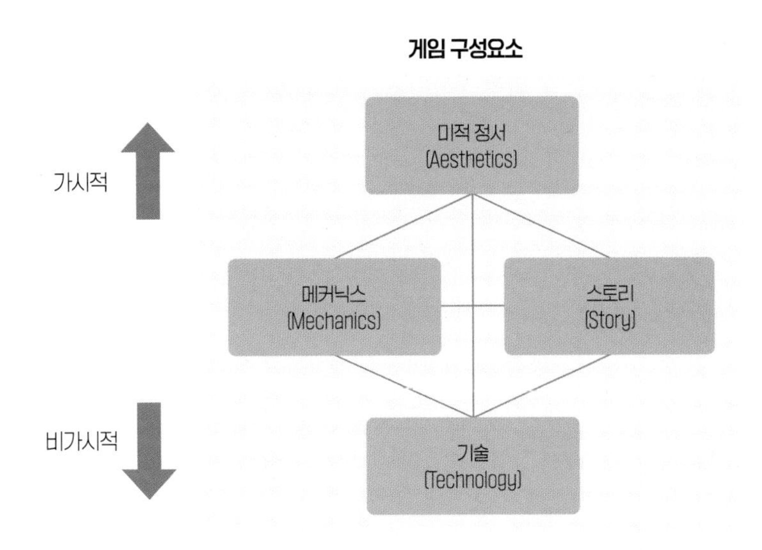

그림 4-1 제시셀이 주장한 게임 구성요소

제시셀은 게임 디자이너와 게임 프로그래머 출신으로 비디오 게임 스튜디오 셸 게임즈(Schell Games)의 CEO이자, 대학교수로서 게임을 연구하고 가르치고 있다. 그는 게임 개발자 출신이기에 게임의 구성요소를 게임 내부에서 찾으려고 했다고 추측할 수 있다.

그는 게임의 구성요소를 다음과 같이 미적 정서(Aesthetics), 메커닉스(Mechanics), 스토리(Story), 기술(Technology)로 구분할 수 있으며, 게임을 바라보는 플레이어의 입장에서 가시적인 구성요소와 비가시적인 구성요소가 있다고 주장했다. 플레이어의 입장에서 가장 눈에 잘 보이는 구성요소는 미적 정서이며, 눈에 잘 보이지 않는 구성요소는 기술이며, 그 중간에 있는 구성요소가 메커닉스와 스토리다.

잠깐만요 **제시셀의 4가지 게임 구성요소**

1. **미적 정서(Aesthetics)** : 플레이어에게 가장 가시적인 구성요소
2. **메커닉스(Mechanics)** : 플레이어와 게임의 중간에 위치한 구성요소
3. **스토리(Story)** : 플레이어와 게임의 중간에 위치한 구성요소
4. **기술(Technology)** : 플레이어에게 가장 가시적이지 않은 구성요소

❶ 미적 정서

미적 정서는 게임의 외관, 소리 냄새, 맛, 느낌에 해당하는 구성요소로, 게임의 분위기에 해당하는 모든 것을 의미한다. 시각, 청각, 촉각, 미각, 후각적으로 표현되는 게임의 분위기이므로 플레이어의 경험에 가장 직접적인 영향을 미치며, 게임의 첫인상에 막대한 영향을 준다. 따라서 게임 디자인에 있어 간과할 수 없는 중요한 구성요소다.

❷ 메커닉스

메커닉스는 게임의 절차와 규칙에 해당하는 구성요소다. 게임의 목표와 목표 달성을 위해 플레이어가 할 수 있는 행위, 할 수 없는 행위 그리고 행위를 시도했을 때 발생하는 현상 등을 표현하기 위한 절차와 규칙이 메커닉스라 할 수 있다.

영화, 드라마와 같은 기존의 선형적인 미디어는 구성요소로 미적 정서, 스토리, 기술을 가지고 있으나 메커닉스는 존재하지 않기 때문에 메커닉스는 게임을 게임답게 만드는 매우 중요한 구성요소이며, 다른 미디어와 차별성을 가지게 하는 근간이 된다. 게임에서 이뤄지는 상당수의 상호작용은 바로 메커닉스에서 오기에 플레이어의 흥미를 끌 수 있도록 새로운 무엇인가를 메커닉스에 담으려고 노력하는 것이 좋다. 또한 메커닉스가 흥미롭기만 해서는 안되며 밸런싱이 잘 되어 있어야 플레이어가 재미를 느낄 수 있게 된다.

❸ 스토리

스토리는 게임 내에서 펼쳐지는 일련의 사건을 표현한 것으로, 게임에서 스토리가 필수는 아니지만 스토리가 있음으로 인해 게임이 더 흥미로워지고 다른 구성요소를 이해하는데 도움을 주는 구성요소다.

기본적인 특징은 기존 선형적인 미디어와 비슷하지만 게임 스토리 전개 방식은 굉장히 다양하다. 다른 선형적 미디어와 동일하게 선형적인 게임 스토리도 존재하며, 다양한 분기를 제공하여 선택에 따른 결과를 맞이하게도 한다. 스토리의 전개도 미리 준비된 과정에 따라 발현되기도 하며, 예상하지 못한 곳에서 갑자기 부분적으로 발현되기도 한다.

❹ 기술

기술은 미적 정서가 나타나고, 메커닉스가 발생하고, 스토리가 전달되는 매체 자체가 되는 구성요소다. 게임 개발에서 선택하는 기술에 따라 게임 내에 구현할 수 있는 것과 구현할 수 없는 것이 상당수로 결정되기 때문에 어떤 기술을 선택할 것인지 게임 콘셉트 디자인 과정에서 프로그래머들과 충분히 논의될 필요가 있다. 또한 게임은 빠르게 발전하는 미디어이므로 새롭게 만드는 게임에서는 새로운 혁신적인 기술이 포함되어야 한다.

제시셀이 주장한 4가지 게임의 구성요소는 게임 디자이너로서 게임의 내부에서 본 게임의 구성요소라 볼 수 있다. 그는 4가지 게임의 구성요소를 주장하면서 4가지 구성요소는 모두 필수적이며, 어떤 구성요소도 나머지 다른 구성요소들보다 더 중요하지 않다고 설명했다. 다시 말해서 4가지 구성요소 모두가 중요하므로 4가지 구성요소가 하나의 테마를 기준으로 조화를 이루고, 상호보완하며, 서로 상호작용을 해야 한다고 보았다.

아티스트는 미적 정서를, 게임 디자이너는 메커닉스를, 작가는 스토리를, 엔지니어는 기술을 가장 중요시하는 경향이 있으나 플레이어의 입장에서 보면, 4가지 구성요소 모두가 중요하기 때문에 게임 디자이너는 게임의 뼈대가 되는 4가지 구성요소를 디자인할 때 플레이어의 경험이 어떻게 될 것인지를 염두해서 게임을 디자인해야 한다.

● 게임과 플레이어의 관계에서 본 게임의 구성요소

다음은 게임의 내부가 아닌 게임과 플레이어의 관계에 집중한 연구를 살펴보자. 로빈 허니크(Robin Hunicke), 마크 르블랑(Marc LeBlanc), 로버트 주벡(Robert Zubek)은 「MDA: A Formal Approach to Game Design and Game Research」에서 그림 4-2와 같이 게임의 구성요소를 3가지로 분류했다.

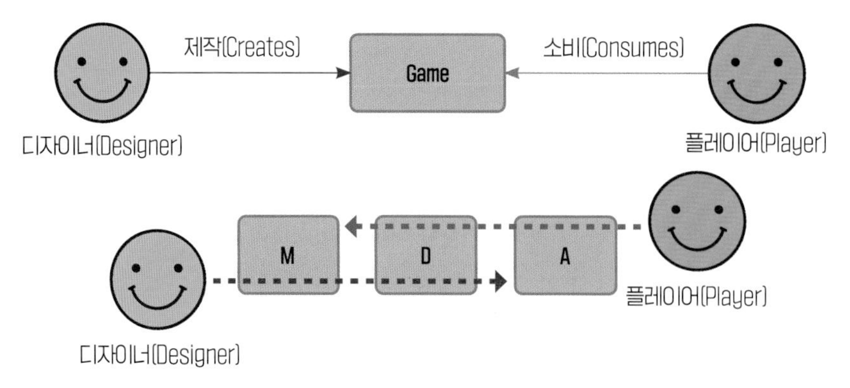

그림 4-2 MDA Framework에서 제안한 게임 구성요소

로빈 허니크는 미국의 비디오 게임 디자이너이자 프로듀서이며, 게임 디자인을 가르치고 연구하는 대학교수다. 마크 르블랑은 게임 디자이너이자 비디오 게임의 교육자로 〈울티마 언더월드(Ultima Underworld)〉, 〈시스템 쇼크(System Shock)〉, 〈씨프(Thief)〉 등에 게임 디자이너로서 참여했다.

그들은 공동 연구를 통해 제작자인 게임 디자이너와 소비자인 플레이어의 관계에 집중하여 게임의 구성요소는 메커닉스(Mechanics), 다이내믹스(Dynamics), 미적 정서(Aesthetics)로 구성된다고 주장했다. 또한 그들은 메커닉스, 다이내믹스, 미적 정서의 앞 글자를 따서 그들의 연구한 모델을 MDA 프레임워크(MDA Framework)라고 칭했다.

그들은 게임 개발자이자 연구자로서 게임 내부에 한정하지 않고, 제작자로서의 게임 디자이너와 소비자로서의 플레이어가 바라본 게임이 어떻게 구성되어 있는지에 대한 관계를 중심으로 게임의 구성요소를 도출했다고 볼 수 있다.

잠깐만요 **MDA 프레임워크의 3가지 게임 구성요소**

1. 메커닉스(Mechanics)
2. 다이내믹스(Dynamics)
3. 미적 정서(Aesthetics)

MDA 프레임워크에서 메커닉스(Mechanics)는 게임 시스템의 규칙과 구조이며, 미적 정서는 플레이어가 느끼는 감정적 결과물로 정의한다. 메커닉스와 미적 정서는 제시셀이 주장했던 4가지 구성요소에 포함되어 있으며, 실제 MDA 프레임워크에서 정의하는 내용이 크게 다르지 않으므로 새로운 개념인 다이내믹스(Dynamics)에 주목해 보자.

다이내믹스는 게임 플레이 시, 게임 시스템 내부에서 일어나는 플레이어의 행동으로, 동일한 게임을 플레이한다고 해도 사람마다 다른 플레이를 통해 다른 경험을 가진다는 개념이다. 게이머라면 누구나 알고 있는 것이지만 연구를 통해 이것을 개념화했다는 것이 중요하다.

잘 만들어진 게임일수록 플레이할 때마다 전혀 다른 경험을 하게 된다. 어제와 오늘이 다르고, 오늘과 내일의 게임 플레이가 달라질 것이다. 또한 회차마다 다른 경험을 할 수도 있다. 단순히 현재를 기준으로 하여 플레이할 때마다 다른 플레이를 경험하는 것이 아닌 좀 더 넓은 범위로 확장해 보자.

흔히 명작이라고 불리는 게임은 나이가 들어가면서도 여러 번 플레이하게 되고 그때마다 다른 플레이 방식을 통해 다른 경험을 하게 된다. 인간은 성장하면서 성격이나 가지고 있는 지식이 변하므로 10대에 처음으로 플레이했던 방식과, 20대 성인으로 성장하는 과정에서 플레이했던 방식과, 30~40대에 충분한 사회경험을 하고 관리자 또는 교육자로서 플레이했던 방식이 달라진다. 명작은 이렇게 플레이어가 가지고 있는 능력, 지식, 사고방식, 성격에 따라 다양한 플레이를 시도할 수 있도록 확장성을 가지고 있는 경우가 대부분이며 이는 인간이 성장함에 따라 다른 플레이로 변화한다. 이러한 게임들은 다이내믹스를 충분히 고려해서 게임 디자인된 게임임을 알 수 있다.

다른 구성요소와 다르게 다이내믹스는 게임 디자이너와 플레이어의 관계에 따라 도출된 구성요소이기 때문에 게임 디자이너가 제어하기 굉장히 어렵다. 게임 내부에만 해당되는 것이 아닌 플레이어에 따라 다르게 반응하는 영역이기 때문에 플레이어의 유형에 맞게 다양한 행동을 예측해서 디자인해야 할 필요가 있다. 최근 다양한 선택을 제공하고 그에 따라 다른 결과를 만들어 내는 게임이 높은 평가를 받는 추세이므로, 게임 디자이너에게 다이내믹스라는 구성요소에 대한 깊은 이해가 요구되는 시대가 됐다.

잠깐만요 **게임 디자이너와 플레이어가 바라본 다른 관점**

- **게임 디자이너의 관점** : A → D → M(A부터 시작)
- **플레이어의 관점** : M → D → A(M부터 시작)

MDA 프레임워크의 또 다른 특징은 게임 디자이너와 플레이어가 바라보는 게임은 동일할지라도 접하는 게임의 구성요소의 순서가 대칭되게 다르다는 점이다. 그림 4-2의 아래 그림을 볼 때 화살표가 실선이 아닌 점선으로 되어 있다는 점에 주의해야 한다.

게임 디자이너는 게임 디자인을 수행할 때, 게임의 전체적인 분위기를 의미하는 미적 정서(A)부터 디자인하면서 방향성을 잡고, 플레이어들이 수행하게 될 다이내믹스(D)를 디자인함으로써 구체적인 메커닉스(M)를 디자인하는 과정을 거치게 된다.

반대로 플레이어는 게임을 플레이할 때, 정해진 게임 메커닉스와 상호작용함으로써 다양한 다이내믹스를 경험하게 된다. 메커닉스와 다이내믹스를 통해 게임의 전체적인 분위기를 이해하게 되면 플레이어는 통합적인 느낌을 미적 정서라는 감정으로 받아들이게 된다.

● 게임 외부에서 본 게임의 구성요소

마지막으로 게임 외부에서 게임의 구성요소를 바라본 연구를 살펴보자. 제인 맥고니걸(Jane McGonigal)은 「누구나 게임을 한다(Reality is Broken)」에서 다음과 같이 게임의 구성요소를 4가지로 분류했다.

제인 맥고니걸은 미래학자, 가상 현실 게임 개발자, 게임 연구자로, 게이머들이 소비자인 상용화 게임보다 가상 현실 게임이나 게이미피케이션(Gamification)의 관점에서 게임을 연구하고 있다. 그녀는 게임을 통해서 현실을 바꾸는 것에 초점을 맞추고 있기 때문에, 그녀의 관점은 게임이 주가 되기 보다 현실이 주가 된다고 추측할 수 있다.

그녀는 게임의 구성요소를 목표(Goal), 규칙(Rule), 피드백 시스템(Feedback System), 자발적 참여(Voluntary Participation)로 구분했다. 그녀는 현실을 중시하기 때문에 게임의 외부에서 플레이어가 어떻게 게임을 플레이하는지를 바라봄으로써 기존의 연구와 다른 구성요소가 도출됐다는 점을 알 수 있다.

잠깐만요 제인 맥고니걸의 4가지 게임 구성요소

1. 목표(Goal)
2. 규칙(Rule)
3. 피드백 시스템(Feedback System)
4. 자발적 참여(Voluntary Participation)

❶ 목표

목표는 플레이어가 성취해야 하는 게임 내의 구체적인 결과로, 플레이어가 게임에 집중해 게임에서 제공된 장애물을 헤쳐 나갈 수 있도록 방향을 제시하고 목적 의식을 제공하는 것이다. 게임의 목표가 명확해야 플레이어는 게임 내에서 무엇을 해야 할지 헤매지 않고 게임에 집중할 수 있다.

❷ 규칙

규칙은 플레이어가 쉽게 목표를 달성하지 못하도록 게임 내의 제약을 만드는 것으로, 이를 통해 플레이어의 창의력이 발휘되고, 여러 가지 선택 중에 전략적인 사고를 하게 된다. 플레이어에게 목표를 주되 확실한 목표 달성 방법을 없애거나 제한함으로써 플레이어 스스로 사고해서 미지의 공간을 탐험하고 목표에 도달할 수 있도록 하는 것이다.

❸ 피드백 시스템

피드백 시스템은 플레이어가 목표에 얼마나 가까워졌는지 즉각적으로 알려주는 기능으로, 실시간 피드백은 플레이어와 게임 간의 목표 달성이 가능하다는 약속이 된다. 따라서 피드백 시스템을 제대로 제공함으로써 플레이어는 자신의 행동에 따른 결과를 이해하게 되고 게임을 지속적으로 할 수 있는 의욕이 생긴다. 피드백 시스템은 점수, 레벨, 진행률 등을 시각적, 청각적, 촉각적인 형태로 제공한다.

❹ 자발적 참여

자발적 참여는 플레이어 스스로가 게임에 참여하려고 하는 의지를 가진 것으로, 게임이라는 가상 현실에 들어가기 위한 첫 번째 관문이라고 볼 수 있다. 플레이어는 자발적으로 참여를 함으로써 게임에 참여하는 모든 사람이 다른 구성요소인 목표, 규칙, 피드백 시스템을 인정하게 된다. 이를 통해 같이 게임을 하게 되는 공동 기반이 만들어진다.

게임은 플레이어의 자발적 참여를 통해 이뤄지므로, 플레이어는 자유롭게 게임 세상에 들어갔다가 다른 일이 생기면 현실로 나올 수 있다. 플레이어에게 자유가 주어지므로 플레이어는 게임 내에서 어렵고 스트레스를 받는 상황에도 게임 안에서 안정감과 재미를 느낄 수 있게 된다.

02 통합된 8가지 게임 구성요소 모델

● 8가지 게임 구성요소 모델

앞서 소개한 3가지 게임의 구성요소에 관한 연구는 뛰어난 통찰력을 바탕으로 여러 관점의 게임의 구성요소를 제안했고 게임 전체를 이해하기 위한 길잡이가 됐다. 각각의 연구에서 주장한 게임의 구성요소들은 하나같이 게임 전체를 대표하기에 충분히 중요한 요소이기에 모두가 게임의 구성요소로 봐도 전혀 문제가 없을 정도다. 그러나 이 뛰어난 연구들을 하나로 통합하려고 시도한 연구는 없었기 때문에 각각의 연구에서 언급한 구성요소들이 어떤 관계를 형성하고 있는지 설명할 수 없었다.

이 3가지 연구에서 언급된 게임의 구성요소를 바탕으로 「게임 디자인을 위한 기초 이론」에서 그림 4-3과 같이 8가지 게임 구성요소 모델을 제안했다. 기존 3가지 선행 연구에서 언급한 구성요소의 합집합으로 8가지 게임의 구성요소를 정리했으나, 구성요소의 범위나 관계는 필자의 관점에 따라 재배치했다.

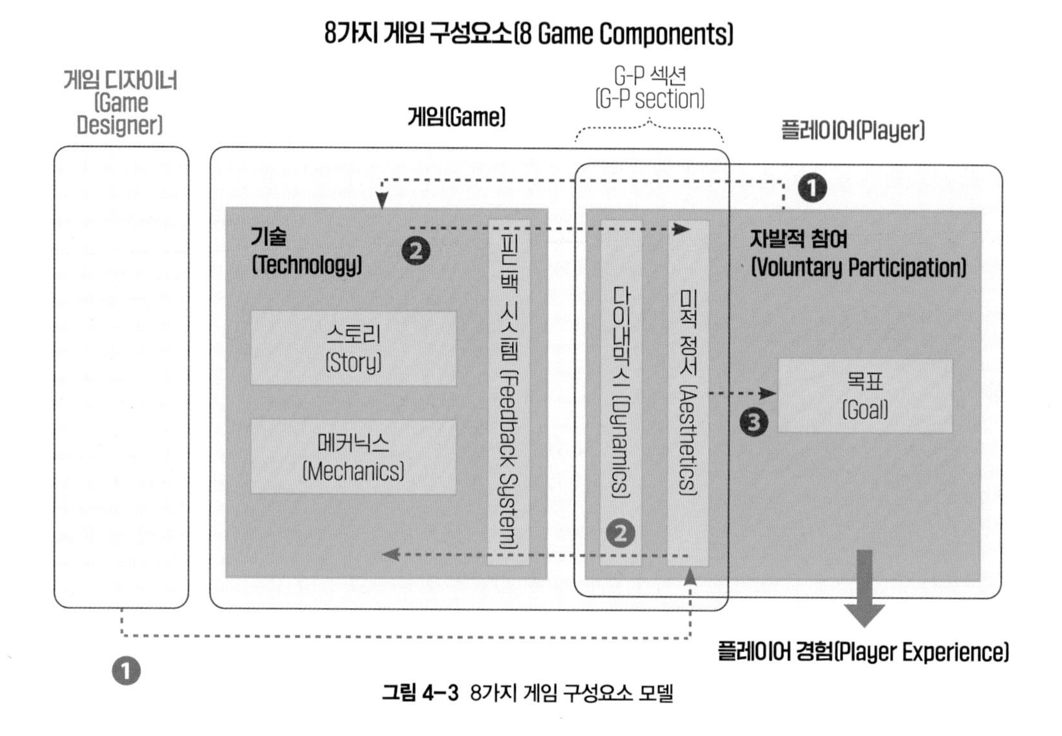

그림 4-3 8가지 게임 구성요소 모델

기존 연구들과의 차이점은 크게 3가지로 정리할 수 있다.

첫째, MDA 프레임워크와 같이 게임 디자이너와 플레이어 간의 관계를 다루고 있으나, MDA 프레임워크와 다르게 게임 디자이너와 플레이어가 바라보는 게임의 구성요소가 대칭이 아니다. 플레이어의 입장에서 경험하게 되는 게임의 구성요소와 게임 디자이너의 입장에서 디자인하게 되는 게임의 구성요소는 순서뿐만 아니라 구성요소 자체에도 차이가 존재한다.

둘째, 기존 연구에서는 플레이어와 게임을 별개의 독립된 객체로 완전히 분리하고 있었으나, 이 책에서 주장하는 8가지 게임 구성요소 모델에서는 게임과 플레이어 영역에 동시에 존재하는 게임의 구성요소가 존재한다고 정의한다. 게임과 플레이어의 겹치는 영역인 G-P Section(Game-Player Section)이라는 새로운 개념을 제시했고, 이 영역에 속하는 게임의 구성요소는 다이내믹스와 미적 정서가 존재한다. 다이내믹스와 미적 정서는 게임 디자이너가 게임에 디자인하는 것도 존재하나 게임 디자이너의 의도와 다르게 플레이어가 자신의 방식대로 느끼고 반응하기 때문이다.

셋째, 자발적 참여와 목표는 플레이어 영역에만 존재하는 구성요소다. 자발적 참여는 플레이어가 스스로 게임을 플레이하겠다는 의지를 보일 때 발생하는 것이므로 게임 디자이너가 디자인할 수 있는 구성요소가 아니다. 게임 디자이너가 게임 내의 목표를 정할 수 있으나 플레이어는 게임 디자이너가 설정한 목표를 따를 수도 있고, 자신만의 목표를 설정해서 게임 디자이너의 의도와 다른 목표를 마음대로 정할 수 있기 때문에, 게임 디자이너가 플레이어의 목표에 직접적인 영향을 주기는 어렵다.

잠깐만요 **통합된 8가지 게임 구성요소**

1. 자발적 참여(Voluntary Participation)
2. 기술(Technology)
3. 스토리(Story)
4. 메커닉스(Mechanics)
5. 피드백 시스템(Feedback System)
6. 다이내믹스(Dynamics)
7. 미적 정서(Aesthetics)
8. 목표(Goal)

❶ 자발적 참여

자발적 참여는 플레이어 자신이 현실 세계와 분리하여 가상 세계로 들어가려고 결심한 것을 의미하는 구성요소다. 자발적 참여는 플레이어가 게임을 플레이함에 있어 시작점으로, 플레이어의 의지에 따라 자유롭게 현실에서 가상 세계로 넘어갈 수도 있고, 가상 세계에서 현실로 돌아오는 것도 가능하다. 게임은 플레이어 스스로 게임을 하고자 하는 자발적 참여가 없다면 시작될 수 없다. 인간이 하기 싫은 게임에 집중하지 못하는 것은 바로 자발적 참여를 하겠다는 의지가 결여되어 있기 때문이다.

플레이어가 게임 세계보다 현실에 무엇인가를 신경쓴다면 게임에 집중하지 못한 채 머지않아 결국 게임을 그만두게 될 것이다. 하지만 현실에서 떠나 가상 세계에서 새로운 모험을 하고자 한다면 그 순간부터 플레이어는 게임 안에 들어가며, 게임 내 절차와 규칙이라는 메커닉스를 인정하고 그에 따르게 된다.

게임 디자이너는 플레이어가 자발적 참여를 할 수 있도록 게임을 완성도 높고 재미있게 만들 수는 있으나 직접적으로 관여할 수 없다. 따라서 자발적 참여는 플레이어 영역에만 존재하는 구성요소이며, 자발적 참여가 이뤄진다는 가정하에 플레이어 영역 안에서 다이내믹스, 미적 정서, 목표도 존재할 수 있다.

❷ 기술

기술은 게임이 제작될 범위를 제한하는 구성요소다. 어떤 기술을 선택하는가에 따라 스토리, 메커닉스, 피드백 시스템의 구현 가능한 범위가 제한되므로 기술은 스토리, 메커닉스, 피드백 시스템의 바탕이 되는 구성요소라 할 수 있다.

예를 들어, 게임에서는 크게 2D로 제작할 것인가, 3D로 제작할 것인가에 따라 표현할 수 있는 것에 큰 차이가 발생하기 때문에 제작하기 유리한 장르와 불리한 장르가 나뉜다. 2D로 제작한다면 2D 리소스 작업이 가능한 아티스트가 필요하고, 2D 프로그래밍을 할 수 있는 프로그래머가 필요하다. 반대로 3D로 제작한다면 3D 리소소 작업이 가능한 전문적인 아티스트가 필요하고, 3D 프로그래밍을 할 수 있는 프로그래머가 필요하다.

또한 유니티(Unity) 엔진, 언리얼(Unreal) 엔진, 기타 상용 엔진, 자체 엔진을 사용할 것인지에 따라 제작 가능한 게임의 범위가 크게 바뀌며, 요구되는 인력 구성도 완전히 달라지게 된다. 팀 내에 어떤 인력을 보유하고 있는지에 따라 사용할 수 있는 기술이 결정되기 때문에 게임 디자이너는 기술에 대한 기본적인 지식을 필수적으로 가지고 있어야 한다.

게임 디자이너가 기술에 대해 모른다면 현재 팀 구성원이 할 수 없거나 개발하기 어려운 장르를 선택할 가능성이 있기 때문에 이는 결국 프로젝트의 실패로 이어질 가능성이 발생한다. 뛰어난 게임 디자이너는 팀 구성원들이 현재 사용할 수 있는 기술의 한계를 명확히 파악하고, 팀 구성원이 보유한 현재 기술력으로 부족한 부분이 있다면, 개발 가능하면서 가능한 한 비슷한 효과를 낼 수 있도록 다른 제안을 할 수 있어야 한다.

❸ 스토리

스토리는 게임 내 이뤄지는 모든 사건을 인과관계의 흐름에 따라 풀어낸 구성요소다. 영화나 드라마와 같은 '보는' 미디어와 달리 '하는' 미디어인 게임에서 스토리는 필수가 아니다. 스토리가 없는 게임 중에서도 스토리 외의 구성요소를 활용해서 매력적인 게임을 얼마든지 만들 수 있다.

그러나 게임에 스토리가 존재함으로써, 플레이어는 게임 내 스토리를 따라가면서 몰입하기 쉬운 환경에 노출되며, 게임의 다른 구성요소들을 빠르게 이해하는데 큰 도움을 받게 된다. 스토리를 만들기 위해 캐릭터와 세계관이 필요해지기 때문에 캐릭터, 세계관, 스토리를 통해 메커닉스에서 제공하지 못하는 재미를 제공할 수도 있고, 차기작과 연결점을 만들기 쉬워 시리즈 게임이나 프랜차이즈 게임으로 발전하기 위해 중대한 가교 역할을 하는 구성요소다. 이로 인해 팬을 만들어 내기 위한 핵심이 되는 구성요소로 볼 수 있다.

❹ 메커닉스

메커닉스는 게임이 '하는' 미디어가 되기 위한 존재 가치를 증명하는 구성요소로, 게임의 규칙, 절차 그리고 규칙 간의 관계를 의미한다. 기존의 '보는' 미디어에 부족한 상호작용성을 가장 적극적으로 표현하는 구성요소가 바로 메커닉스다. 스토리와 메커닉스, 이 2가지가 축이 되어 게임의 콘텐츠와 시스템을 구성하며, 게임의 다른 구성요소에서도 상호작용을 도입하지만 메커닉스야말로 플레이어와 게임의 상호작용의 중핵이 되며 게임의 특징과 차별점을 부각시킬 수 있는 중요한 구성요소라 할 수 있다.

규칙과 절차 그리고 규칙 간의 관계가 메커닉스이며, 게임 디자이너가 디자인한 메커닉스를 통해 자연스럽게 게임 플레이가 도출된다. 아무리 뛰어난 게임 디자이너라고 할지라도 완성된 게임 플레이를 처음부터 머리 속에서 구상하는 것은 현실적으로 불가능에 가깝다. 게임 디자이너는 게임 플레이를 디자인하는 것이 아니라, 메커닉스를 디자인함으로써 게임 플레이가 탄생한다는 점을 이해해야 한다. 이렇게 탄생된 게임 플레이를 보다 재미있고 풍부하게 하기 위해 레벨 디자인을 하는 것이며, 공정하고 완성도 높은 게임 플레이를 즐길 수 있도록 수치를 조정하는 것이 밸런싱이라는 과정이다.

❺ 피드백 시스템

피드백 시스템은 기술이라는 그릇에 놓여있는 스토리와 메커닉스를 플레이어와 상호작용할 수 있게끔 연결해 주는 구성요소다. 플레이어가 키보드, 마우스, 게임 패드 등과 같은 입력 장치(Input Device)를 활용하여 게임 안에서 하고자 하는 동작을 선택하면 피드백 시스템을 통해 게임 세계에 반영되며, 반대로 게임 내에서 이뤄지는 변화를 플레이어에게 알 수 있도록 UI, 그래픽, 사운드 등으로 즉각적으로 제공한다.

플레이어는 직접적으로 게임 세계에 관여할 수 없기 때문에 피드백 시스템을 통해 플레이어와 게임을 연결하여 서로 상호작용할 수 있게끔 만들어 주는 것이기에 피드백 시스템을 결코 무시해서는 안된다. 일반적으로 일부 게임 디자이너는 게임의 콘텐츠와 시스템을 구성하는 스토리와 메커닉스만을 중요시하는 경향이 있는데, 아무리 잘 만들어진 게임 세계가 존재한다고 해도 피드백 시스템이 어설프다면 플레이어가 게임을 제대로 즐기기 어려운 상황이 생길 가능성이 높아진다. 아무리 열심히 만들어 놓은 스토리와 메커닉스도 피드백 시스템이 제대로 동작하지 않는다면 아무런 의미가 없어진다.

피드백 시스템의 대표적인 것이 UI지만, UI 외에도 플레이어에게 피드백해 줄 수 있는 그래픽 요소, 사운드 요소 등이 모두 피드백 시스템에 포함되므로 게임 디자이너는 피드백 시스템을 어떻게 혁신할 수 있을지 많은 고민을 해야 한다.

❻ 다이내믹스

다이내믹스는 게임 내에서 이뤄지는 플레이어의 행동이 매번 변한다는 것을 의미하는 구성요소다. 하나의 게임에 이미 정해진 메커닉스가 존재한다고 할지라도 플레이어는 해당 게임을 플레이할 때마다 조금씩 다르게 플레이하게 된다. 이는 게임 디자이너가 정해 놓은 스토리와 메커닉스는 게임의 영역에 해당되지만, 스토리와 메커닉스를 통해 만들어지는 다이내믹스는 게임의 영역이면서 동시에 플레이어의 영역에도 포함되기 때문이다. 게임 디자이너는 어느 정도 플레이어의 행동을 예측해서 다이내믹스를 디자인할 수 있으나 최종적으로 게임 내에서 어떤 행동을 할 것인지는 게임에서 제공되는 범위 안에서 플레이어의 선택에 따라 결정된다.

최근 게임 시장의 트렌드는 플레이어의 선택에 따른 다른 결과를 얼마나 풍부하게 제공할 수 있을지가 게임을 평가하는 하나의 중요한 척도가 됐다. 비디오 게임의 가격이 상승하고 게임 개발사들 간의 경쟁이 심해짐에 따라 동일한 가격이라고 할지라도, 난이도 변경이나 회차 플레이 등을 통해 여러 번 게임을 즐길 수 있도록 디자인하는 것이 필수적으로 요구되고 있다.

오픈월드, 샌드박스, 배틀로얄의 경우가 이를 대표하는 흐름이라고 볼 수 있으며, 이러한 게임들을 디자인할 때 중요하게 고려해야 하는 구성요소 중 하나가 바로 다이내믹스이다. 최근에는 플레이어에게 얼마나 다양하게 다이내믹스를 제공할 수 있도록 디자인하는가에 게임의 성패가 달려있다고 해도 과언이 아니다.

❼ 미적 정서

미적 정서는 플레이어가 스토리, 메커닉스, 기술, 피드백 시스템, 다이내믹스를 통해 얻게 되는 게임의 전반적인 느낌 또는 감정을 의미한다. 단순히 미적인 감정에 제한된 것이 아니고 게임에 대한 인식을 포괄하는 구성요소다.

플레이어는 게임을 플레이하면서 여러 구성요소를 접하게 되고, 플레이함에 따라 생긴 감정과 경험을 종합적으로 사고하여 게임에 대한 느낌, 감정, 인식, 인상을 가지게 된다. 단순히 해당 게임을 '좋다' 또는 '싫다'로 표현하는 것도 당연히 미적 정서에 해당되며, 각 구성요소별로 구체적인 평가를 하는 행위 또한 플레이어가 느낀 미적 정서가 된다.

플레이어는 충분한 시간을 들여 플레이를 경험한 후에 미적 정서가 형성되지만, 게임 디자이너는 반대로 플레이어에게 제공하고자 하는 미적 정서부터 시작하여 게임 디자인을 시작하는 것이 제작하고자 하는 게임의 방향성을 결정하기 수월하다.

❽ 목표

목표는 게임 내에서 플레이어가 최종적으로 얻어야 할 구체적인 결과가 된다. 거의 대부분의 게임은 플레이어가 몰입하여 게임을 지속적으로 플레이할 수 있도록 유도하기 위해 명확한 목표를 제공한다. 그러나 게임 내에서 제공되는 목표는 플레이어에게 있어 하나의 제안 중 하나에 불과하며, 게임의 정해진 규칙 안에서 플레이어가 얼마든지 스스로 목표를 결정할 수 있다. 그렇기 때문에 게임 디자이너는 플레이어에게 매력적인 목표를 제안할 수 있으나 플레이어의 결정에 직접적인 영향을 줄 수는 없고, 게임의 목표를 최종적으로 정하는 것은 플레이어다.

게임에서 제공된 목표를 따르는 것도 플레이어의 선택이며, 엔딩과 무관하게 다양한 무기를 모으거나, 레벨업과 무기 강화 없이 가혹한 환경을 만들어 플레이하는 것도 플레이어가 스스로 정한 목표가 된다. 게임 내부적인 목표만 아니라 게임 외적인 목표도 얼마든지 설정이 가능하다. 자신보다 실력이 좋은 사람에게 한 번이라도 게임을 이기는 목표를 설정하거나, 친구들과 게임을 즐기는 자체가 해당 게임을 플레이하는 목표가 될 수 있다. 따라서 목표를 플레이어의 영역에 속한 구성요소로 보고 있다.

☑ 잠깐만요 게임 디자이너와 플레이어가 바라본 다른 관점

1. **게임 디자이너 관점** : 미적 정서 → 다이내믹스 → 스토리/메커닉스/기술/피드백 시스템
2. **플레이어 관점** : 자발적 참여 → 기술 → 스토리/메커닉스 → 피드백 시스템 → 다이내믹스 → 미적 정서 → 목표

8가지 게임 구성요소 모델은 게임 디자이너와 플레이어가 게임을 바라보는 관점을 통해 '게임 디자이너 – 게임 – 플레이어'의 관계를 살펴보고 게임의 구성요소를 도출한 모델이다. 그러나 MDA 프레임워크와 다르게 게임 디자이너와 플레이어의 관점이 대칭이 아닌 비대칭 구조를 가지고 있다는 차이점이 존재한다.

게임 디자이너는 플레이어의 경험이나 플레이어가 설정하는 목표를 제안할 수는 있으나 직접적인 영향을 줄 수 없기 때문에, 게임 디자이너가 제어할 수 있으면서 플레이어에게 가장 가시적인 미적 정서부터 디자인하게 된다. 미적 정서는 게임의 전체적인 느낌이나 분위기를 결정하는 것으로 게임의 대략적인 그림을 그릴 수 있다. 이렇게 결정된 미적 정서를 기준으로 미적 정서를 느낄 수 있게 해 주는 세부적인 다이내믹스가 무엇인가 고민하여 디자인한다. 최종적으로 플레이어가 게임 내에서 수행하기 원하는 다이내믹스를 구현하기 위해 구체적으로 스토리, 메커닉스, 기술, 피드백 시스템을 디자인한다.

플레이어는 처음 게임을 접하면서 먼저 해당 게임을 플레이할 것인지 여부를 결정한다. 플레이어 스스로 게임을 플레이하겠다는 자발적 참여를 시작으로 게임 세계에 참여하게 된다. 플레이어가 게임 세계에 들어가면 해당 게임이 제작된 기술이라는 그릇 안에 담긴 콘텐츠와 시스템으로써 만들어진 스토리와 메커닉스를 경험하게 된다. 스토리와 메커닉스를, 피드백 시스템을 통해 상호작용하면서 플레이마다 달라지는 다이내믹스가 창출되고, 게임에 대한 종합적인 느낌인 미적 정서가 자리잡는다.

마지막으로 플레이어는 게임을 언제까지 할 것인지, 즉 목표를 결정하게 된다. 게임 디자이너가 제안하는 게임 내 목표를 받아들일 수도 있으며, 게임 내에서나 게임 외에서 플레이어만의 목표를 정할 수 있다. 목표가 달성되면 새로운 목표를 세워 게임을 다시 플레이할 수도 있고 해당 게임에서 추가적인 목표를 찾지 못한다면 플레이를 중단할 것이다.

03 장르별 게임 디자인 구성요소

● 게임 디자인 구성요소

앞서 게임 디자이너와 플레이어의 관계를 통해 8가지 게임의 구성요소를 살펴봤다. 게임의 구성요소는 8가지로 구분할 수 있으나 게임 디자이너의 입장에서 게임 디자인을 수행할 때 제어할 수 있는 구성요소는 제한적이었다.

따라서 「장르별 게임 디자인 구성요소의 우선순위에 대한 연구」에서 게임 디자이너가 게임 디자인 과정에서 제어하고 설계할 수 있는 구성요소를 '게임 디자인 구성요소'라 칭했다. 게임 디자인 구성요소는 8가지 게임 구성요소에서 플레이어의 영역에 있는 목표와 자발적 참여를 제외하고, 그림 4-4와 같이 미적 정서, 다이내믹스, 스토리, 메커닉스, 기술, 피드백 시스템 6가지로 구성된다.

'플레이어의 행동'을 기준으로 게임의 대분류 장르를 액션, 어드벤처, 롤플레잉, 시뮬레이션, 테이블, 퍼즐 게임 6가지로 분류한다. 6가지 대분류 장르는 모두 게임 디자인 구성요소를 가지고 있으며, 장르별로 게임 디자인 구성요소에 대한 중요도와 우선순위가 다르므로, 그림 4-4와 같이 게임 장르별 게임 디자인 구성요소 모델을 통해서 6가지 장르마다 어떤 게임 디자인 구성요소가 상대적으로 중요한지 수치적으로 분석했다.

그림 4-4 게임 장르별 게임 디자인 구성요소 모델

● 장르별 게임 디자인 구성요소의 우선순위

연구를 통해 도출된 6가지 대분류 게임 장르별 6가지 게임 디자인 구성요소의 우선순위를 정리하면 표 4-1과 같다. 대분류 장르에는 다양한 하위 장르가 존재하나 현실적으로 수많은 하위 장르를 모두 평가할 수 없기 때문에 대분류 장르를 기준으로 포괄적인 평가가 이뤄졌다.

예를 들어, 대분류 장르인 액션 게임의 하위 장르에는 슈팅 게임, FPS, TPS, 플랫포머 등이 포함되는데 액션 게임에는 이러한 모든 하위 장르를 포함하여 종합적인 판단하에 게임 디자인 구성요소의 중요도와 우선순위가 평가됐다. 표 4-1에서는 장르별 우선순위 1과 2를 강조해서 보기 쉽게 표현했다.

표 4-1 게임 장르별 게임 디자인 구성요소의 우선순위 비교

	액션	어드벤처	롤플레잉	시뮬레이션	테이블	퍼즐
미적 정서	5	2	5	6	4	3
다이내믹스	3	5	6	3	3	4
스토리	6	1	2	5	6	6
메커닉스	2	4	1	1	2	1
기술	4	6	4	4	5	5
피드백 시스템	1	3	3	2	1	2

액션 게임에서는 피드백 시스템과 메커닉스가, 어드벤처 게임에서는 스토리와 미적 정서가, 롤플레잉 게임에서는 메커닉스와 스토리가, 시뮬레이션 게임에서는 메커닉스와 피드백 시스템이, 테이블 게임에서는 피드백 시스템과 메커닉스가, 퍼즐 게임에서는 메커닉스와 피드백 시스템이 상대적 우선순위가 높은 게임 디자인 구성요소라 평가됐다.

스토리는 어드벤처와 롤플레잉에서 매우 중요하다고 평가받았고, 메커닉스는 어드벤처를 제외한 모든 장르에서 높은 우선순위로 평가됐다. 게임이 다른 '보는' 미디어와 달리 '하는' 미디어이기 위한 메커닉스는 대부분의 장르에서 핵심적인 게임 디자인 구성요소라는 점을 확인할 수 있었다. 피드백 시스템은 액션, 시뮬레이션, 테이블, 퍼즐에서 우선순위가 높게 나타났다. 다이내믹스는 특정 하위 장르에서는 매우 중요한 게임 디자인 구성요소가 될 수 있으나, 대분류 장르를 기준으로 할 때는 다른 게임 디자인 구성요소에 비해 중간 정도의 우선순위로 평가받았다. 마지막으로 기술은 분명 게임 제작에서 간과해서는 안되는 것이나 게임 디자인을 하는 과정에서는 다른 게임 디자인 구성요소에 비해서 상대적으로 중요하지 않다고 평가됐다.

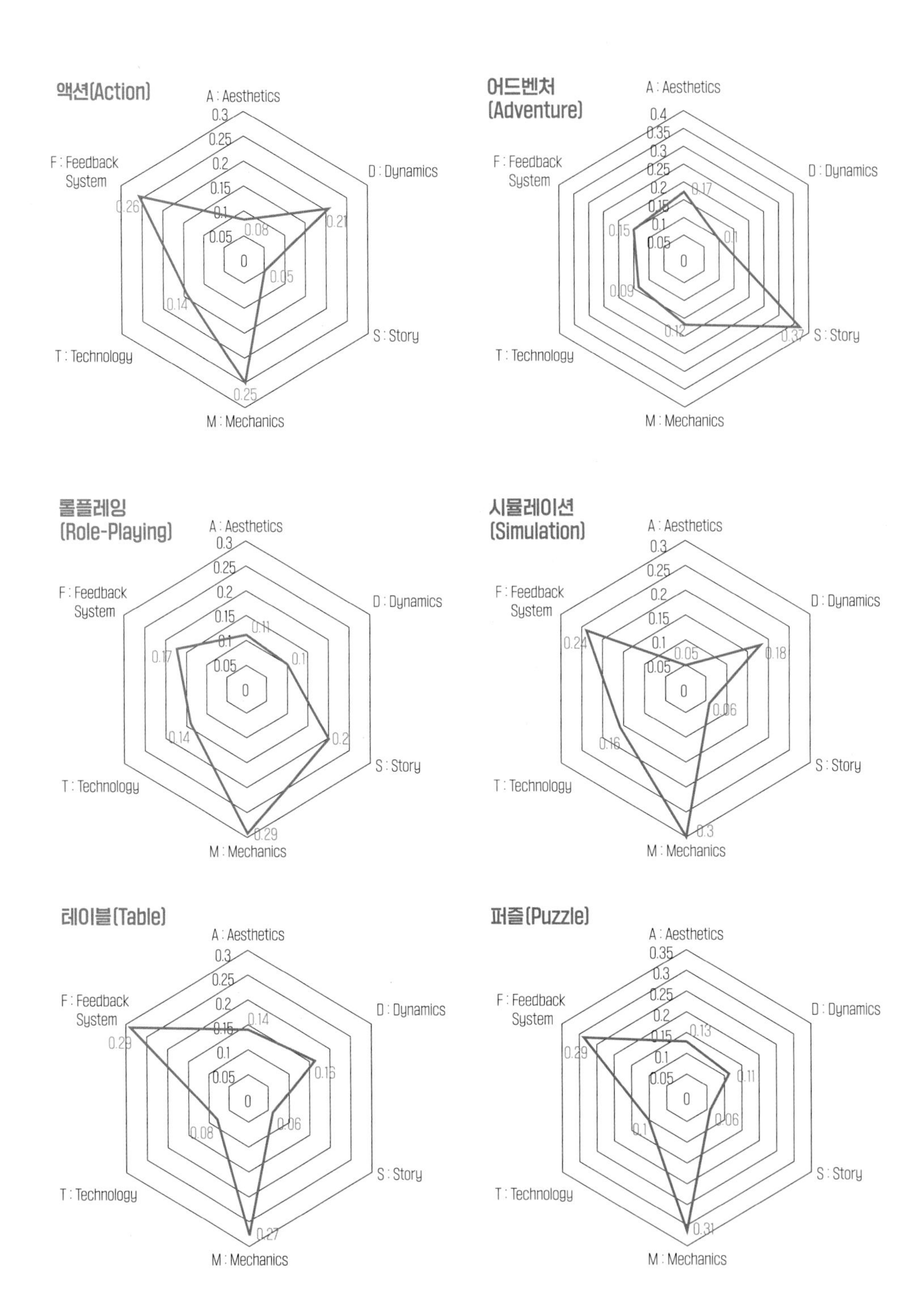

그림 4-5 게임 장르별 게임 디자인 구성요소의 중요도 비교

표 4-1에서 소개한 우선순위는 중요한 의미를 가지지만, 수치적으로 표현된 중요도의 패턴을 분석하는 것도 중요한 의미를 가진다. 우선순위에는 조금씩 차이가 존재하지만, 그래프의 패턴을 보면 장르별로 게임 디자인을 어떤 게임 디자인 구성요소를 중시해서 진행해야 할지 쉽게 감을 잡을 수 있다. 액션과 시뮬레이션은 다이내믹스, 메커닉스, 피드백 시스템이 중요도가 높은 비슷한 패턴을 보이고 있으며, 테이블과 퍼즐은 메커닉스와 피드백 시스템이 중요도가 높은 패턴을 보이고 있다.

게임은 다른 미디어에 비해 굉장히 세부적으로 장르가 나뉘어지고 있기 때문에 게임 디자인을 수행하기 위한 난이도가 끊임없이 올라가고 있다. 롤플레잉 장르에 대한 게임 디자인 경험이 많다고 해서 액션이나 퍼즐에 대한 게임 디자인을 잘할 수 있다는 보장은 없다. 게임에서 장르가 달라지면 마치 다른 미디어를 새로 배우고 경험해야 할 정도로 막대한 양의 지식을 습득해야 하고, 오랜 시간을 투자해서 해당 장르에 대한 경험을 처음부터 다시 쌓아야 비로소 개발할 수 있다. 게임에서 장르가 다르다는 것은 개발에 필요한 거의 모든 것이 바뀔 정도로 중대한 문제다.

게임 디자인이 어려운 이유는 굉장히 많지만, 장르별로 게임을 플레이하는 방식이 달라지며, 심지어 플레이어의 사고방식조차 달라진다는 점을 고려해야 한다는 것이다. 장르별로 개발하기 위한 노하우, 필요한 기술과 인력 구성이 다른데 무수한 수로 게임의 장르가 세분화되고 있다는 점이 난해한 점이다. 게임은 장르별로 게임 디자인 단계부터 크게 달라진다. 그러나 장르별 게임 디자인 구성요소의 중요도와 우선순위를 이해한다면 조금이나마 장르별 게임 개발에 대한 난해함이 줄어들 것으로 기대한다.

4.2 GAME CONCEPT

게임 예시

게임의 구성요소가 구체적으로 어떻게 게임을 이루는지 알고 싶다면, 해당 장르의 시초나 기틀을 잡은 고전 게임들의 구성요소를 분석하는 것이 가장 빠르고 확실한 방법이다. 게임의 볼륨도 크지 않아 혼자서 충분히 게임 전체의 분석을 시도해 볼 수 있으며, 과거 게임일수록 용량이나 하드웨어의 제한이 있었기에 장르를 구성하는 핵심만 남기고도 명작이라고 불릴 정도의 완성도를 선보였기 때문이다.

국내에서 게임 디자인을 배우고자 하는 학생들이나 신입 개발자 중 상당수는 개발자 이전 게이머로서 다양한 게임을 충분히 경험해 보지 못한 경우가 의외로 많아서, 어떤 게임을 분석해야 본인에게 실질적인 도움이 되는지 몰라 대상이 되는 게임을 잘못 선택하는 경우가 태반이다. 대부분은 평소에 즐기고 있는 최근 게임을 분석한다고 덤비지만, 현대의 서비스 개념이 추가된 복잡한 게임을 아무리 열심히 분석한다고 해봐야 수백~수천 명의 개발자가 오랜 기간을 들여 개발한 작품을 개인이 분석한다는 것은 불가능에 가깝다. 특정 부분만 잘라서 분석하기에도 최근 게임들은 구성요소들이 서로 복잡하게 얽혀 있어 일부만 분리하는 것도 게임 디자인을 충분히 이해하고 있어야 시도해 볼 수 있는 것이다.

해당 장르의 기틀을 잡았다는 의미는 해당 장르에 필요한 구성요소를 다른 게임들과 다르게 새롭게 정의하고, 구성요소 간의 관계를 재정립했다는 것이다. 최신 게임들은 대부분 과거의 명작들이 만들어 놓은 구성요소들을 재조합해서 복잡도를 늘리고 있는 것에 불과하다. 레시피를 외우기 전에 먼저 재료의 특징부터 충분히 이해하고, 만들기 쉬운 요리들부터 연습해야 하는 것과 동일한 원리다. 장르의 시초나 기틀을 잡은 몇몇 게임들이 어떻게 구성요소를 디자인했는지 살펴보자.

● 횡스크롤 슈팅 - 그라디우스 2 : 고퍼의 야망

1978년, 〈스페이스 인베이더〉가 고정화면 종 슈팅 게임의 붐을 일으키면서 아케이드 게임 시장의 핵심 장르로 빠르게 발전한 슈팅 게임은 1981년 〈디펜더〉에서 처음으로 배경의 스크롤 기술을 응용해서 플레이어 캐릭터가 마치 움직이는 것처럼 구현했다. 이후 횡스크롤 슈팅, 종스크롤 슈팅 등 많은 슈팅 게임이 등장하는데, 1985년 첫 〈그라디우스〉 시리즈가 출시되고 횡스크롤 슈팅의 기틀을 마련한 작품이 〈그라디우스 2: 고퍼의 야망〉이다. 횡스크롤 슈팅 게임이라 스토리와 미적 정서보다 메커닉스, 피드백 시스템을 중시했다.

그림 4-6 그라디우스 2 : 고퍼의 야망

〈그라디우스〉는 박테리안의 침략을 받은 혹성 그라디우스에서 적군의 중심부를 괴멸시키기 위해 전투기 빅 바이퍼를 발진한다는 간략한 스토리를 가지고 있다. 〈스페이스 인베이더〉를 시작으로 본격적으로 슈팅 게임이 상업적 성공을 거뒀기에 우주를 배경으로 SF 세계관을 채택했다. 우주 배경에 SF 세계관에 맞는 그래픽을 채택하고, 스테이지별로 명확한 테마를 정해서 스테이지별로 스테이지의 형태, 등장하는 적 캐릭터, 스테이지 BGM 등을 변경하여 미적 정서를 강화했다.

〈그라디우스〉 시리즈를 비롯한 상당수의 횡스크롤 슈팅 게임에서 이후 차용하게 된 파워업 시스템은 적을 해치워 나오는 파워업 캡슐을 먹을수록 게임 하단에 있는 파워업 게이지가 순서대로 차게 되며 플레이어는 원하는 파워업을 할 수 있다. 〈그라디우스 2 : 고퍼의 야망〉에서는 최초로 4가지의 무기 세트 중 골라서 출격할 수 있는 웨폰 타입 셀렉트 시스템 등이 존재하는 등 매력적인 메커닉스를 선보이며 횡스크롤 슈팅 게임의 기틀을 마련했다.

슈팅 게임에서 스크롤 기술은 스테이지를 고정한 상태로 플레이어가 오른쪽으로 이동하는 방식이 아닌 플레이어와 카메라를 고정된 영역에 놔두고 오히려 스테이지를 왼쪽으로 이동시키는 것으로 마치 플레이어 캐릭터가 오른쪽으로 이동하는 것과 같은 착각을 불러일으키게 제작된다.

● SRPG - 파이어 엠블렘 암흑룡과 빛의 검

1990년, 출시한 〈파이어 엠블렘 암흑룡과 빛의 검〉은 유닛에 개성이 부족하고 단지 하나의 소모품에 불과했던 〈패미컴 워즈〉와 같은 대전략 장르에 캐릭터성을 부과하고 캐릭터의 성장과 전직 시스템을 추가함으로써 시뮬레이션 롤플레잉 게임(SRPG)이라는 장르를 탄생시키는 동시에 기틀까지 마련했다. 전략 시뮬레이션 장르에 캐릭터와 스토리를 보강하여 롤플레잉 장르로 전환했기에 스토리, 메커닉스, 다이내믹스를 중시했다.

그림 4-7 파이어 엠블렘 암흑룡과 빛의 검

TRPG를 일본식으로 해석한 애니메이션 〈로도스도 전기〉에서 정립한 일본식 판타지를 기초로 미형의 캐릭터, 매력적인 정통 판타지 세계관, 심도 있는 영웅 스토리가 잘 어우러져 있으며, 일본식 판타지를 잘 살리는 그래픽과 웅장한 사운드로 미적 정서가 장대한 스토리를 강화하는 역할도 수행했다.

캐릭터의 이동과 공격, 플레이어 턴과 적 턴의 구분, 스토리 파트와 전투 파트 구분 등 SPRG에서 필요로 하는 대부분의 메커닉스가 〈파이어 엠블렘 암흑룡과 빛의 검〉에서 이미 정립됐다. 캐릭터들의 직업, 전직, 능력, 성장, 상성 등은 최근 SRPG에서도 많은 영향을 받아 변형해 사용하고 있다. 〈파이어 엠블렘 암흑룡과 빛의 검〉에서는 고정된 무기가 아닌 무기 셀렉트 시스템이 존재하며, 무기마다 내구도가 존재하여 강한 무기만 사용할 수 없으며 다양한 무기를 상황에 맞게 전략적으로 선택해야 한다. 또한 캐릭터가 한 번 사망하면 스토리상 특정 이벤트를 제외하고 게임 내에서 부활이 불가능해 사망처리되며, 중간 세이브를 없애 모든 선택의 신중함을 요구해 전투의 몰입감을 극대화하려는 메커닉스를 가지고 있다.

수많은 캐릭터가 존재하므로 어떻게 주력 파티를 구성하는지에 따라 전혀 다른 전략으로 캐릭터들을 운영하고 게임을 플레이해야 하기 때문에 몇 번을 플레이해도 매번 다른 경험을 하게 되는 다이내믹스가 있는 게임이기도 하다.

● 메트로배니아 - 악마성 드라큘라 X 월하의 야상곡

액션 어드벤처 하위 장르인 메트로배니아는 〈메트로이드〉와 〈악마성 드라큘라 X 월하의 야상곡〉에서 기틀을 마련한 장르다. 일본판에서 〈악마성 드라큘라〉지만 북미판에서는 〈캐슬바니아〉이므로 〈메트로이드〉와 〈캐슬바이아〉를 합쳐 장르명이 만들어졌다. 〈악마성 드라큘라〉 시리즈는 액션 게임으로 시작됐으나 〈악마성 드라큘라 X 월하의 야상곡〉을 기점으로 던전 탐색을 하며 숨겨진 요소를 획득하여 기존에 가지 못했던 곳을 갈 수 있는 액션 어드벤처로 변화했다. 기존의 액션 게임에 모험 요소를 강화하여 만들어진 장르이기에 피드백 시스템과 메커닉스가 중요하며, 오랜 기간 던전 탐색에 몰입할 수 있도록 캐릭터, 세계관, 스토리와 미적 정서가 강화됐다.

그림 4-8 악마성 드라큘라 X 월하의 야상곡

〈악마성 드라큘라 X 월하의 야상곡〉에서는 대대로 드라큘라를 토벌하는 운명을 가진 벨몬드 일족이 아닌 인간과 드라큘라의 혼혈이 주인공으로 바뀌었으며, 이에 따라 RPG 요소를 강화하고 혼혈 흡협귀라는 특징을 활용하여 여러 변신을 활용한 던전 탐색을 강화했다. 어둡고 무게감이 느껴지는 세련된 그래픽과 사운드로 미적 정서가 스토리와 잘 어울린다.

메트로배니아 장르의 핵심인 방대한 맵과 숨겨진 요소를 적절히 배치함으로 기존에 진행할 수 없던 길이 새로 획득한 숨겨진 요소로 인해 진행할 수 있게 되어 점차 탐색할 수 있는 영역이 확대되는 메커닉스를 정립했다.

4.3 GAME CONCEPT

실습 가이드

4주차 실습

① **목표** : 중요시할 게임의 디자인 구성요소 결정

② **추천 분량** : PPT 1장

③ **페이지 구성**

Page 1) 게임의 디자인 구성요소의 우선순위를 작성한 표 1개

④ **페이지 내용**

Page 1) 미적 정서, 다이내믹스, 스토리, 메커닉스, 기술, 피드백 시스템의 우선순위를 숫자로 입력하고 부연 설명 추가

● 주의점

❶ 모든 것을 얻겠다면 모든 것을 잃게 될 것이다

미적 정서, 다이내믹스, 스토리, 메커닉스, 기술, 피드백 시스템의 세부적인 구상은 〈7장〉에서 타겟층과 장르를 선정한 후, 〈8장〉부터 순차적으로 이뤄지기 때문에 〈4장〉에서는 게임 디자인 구성요소의 우선순위를 잡고, 대략적인 방향성을 고민하는 것으로 충분하다. 얼핏 우선순위를 정하는 것이 쉬워 보이지만 미적 정서, 다이내믹스, 스토리, 메커닉스, 기술, 피드백 시스템 모두 게임에서 중요하므로 우선순위를 명확히 숫자로 표현하려면 많은 고민이 요구된다.

모든 게임 디자인 구성요소를 중요시하겠다는 것은 과욕이다. 모든 구성요소를 중요시하여 디자인을 잘하고 싶겠지만, 게임 제작은 정해진 기간, 비용, 인력으로 진행된다. 인간은 항상 욕심을 부리는 존재이므로 미리 중요시해야 할 구성요소를 명확하게 결정해 두지 않고 게임을 제작하게 되면 욕심이 생겨 게임이 완성되지 않는다.

모든 게임에서 당연히 스토리와 메커닉스가 가장 중요할 것처럼 보이나 그렇지도 않다. 어떤 게임은 특정 기술이 개발되지 않는 한, 시도할 수도 없기에 기술이 가장 중요할 수도 있으며, 테마를 제대로 표현하기 위한 미적 정서가 중요시되어야 할 게임도 있을 수 있다.

❷ 특정 장르를 염두하지 말자

게임 디자인 구성요소의 우선순위를 결정할 때, 특정 장르를 염두하기 보다 지금까지 결정된 테마와 차별점에 집중해서 테마와 차별점을 잘 표현하기 위해서 어떤 구성요소에 집중하는 것이 좋을지 결정하는 것이 좋다. 이미 머릿속에 특정 장르가 결정되어 있다면 몇몇 작품에서 크게 벗어나기 힘들며, 자신만의 독창적인 게임이 만들어질 가능성이 거의 없어진다. 특정 작품에 영향을 받는 것과 따라하는 것은 전혀 다른 것이다. 동일한 장르 내에서 게임에 따라 우선순위가 완전히 다를 수 있기 때문에 본인은 무엇에 집중할 것인지 정해야 한다.

5 장

재미요소

학 습 목 표

재미의 유형, 재미 평가 모델, 재미요소 모형을 학습하여 집중할 재미요소를 정한다.

5.1

필수 이론과 개념

게임의 재미요소

게임의 차별점을 통해 게임의 전체적인 방향성을 결정하고, 게임 디자인 구성요소의 우선순위를 잡아보면서 구성요소별로 조금씩 구체화해 가면 게임에 대한 밑그림이 어느 정도 완성된다. 구체화한 게임 디자인 구성요소들이 이전 장에서 결정한 테마와 차별점들에 부합하는지, 테마와 차별점을 충분히 구현하고 있는지 수시로 체크하면서 게임 내부를 채워간다. 이러한 과정을 통해 게임 디자이너는 어떤 게임을 만들지에 대한 틀을 잡게 된다.

이렇게 틀이 만들어지면 게임 콘셉트 디자인에서 가장 어려우면서 가장 중요한 단계가 남아있다. 바로 지금까지 구상해 온 게임이라는 틀의 재미를 검증하는 단계다. 아무리 뛰어난 테마를 가지고 있고, 다른 게임과 명확한 차별점을 가지고, 구성요소별로 충분한 분량의 내용을 작성했다고 할지라도, 게임이라는 미디어는 재미가 없다면 해당 작품은 아무런 의미를 가지지 못하게 된다.

게임에서 재미가 모든 것이라 할 수는 없지만, 놀이에서 파생된 게임이라는 미디어에서 재미는 해당 작품의 존재 가치에 해당될 정도로 중요한 것임에는 틀림없다. 따라서 게임 콘셉트 디자인에서 결정해야 하는 하나의 축인 "어떤 게임을 제작할 것인가?"에 대한 마지막 단계로 게임의 재미요소를 어떻게 디자인할 것인가를 고민할 차례이다.

이 단계가 어려운 이유는 아주 단순하다. 재미라는 개념은 매우 주관적이고 복합적인 감정의 산물이기 때문이다. 재미는 작품 자체에서 가진 재미도 존재하지만, 그것을 체험자마다 다르게 해석한다. 재미는 개인이 인생을 살아오면서 경험한 지식과 경험만 아니라 성격에도 영향을 받으며 어떤 사회와 문화권에 살면서 성장했는지, 현재 주변환경이 어떤지, 누구와 같이 게임을 플레이하고 있는지에 따라서도 크게 달라진다. 또한 재미있다는 감정은 복합적인 감정이 동반되어 발현되므로, 스스로 정확히 어떤 요인에 의해 재미를 느꼈는지 이해하기 어려워 다른 사람에게 자신이 느낀 재미를 객관적을 설명하는 것은 결코 쉬운 일이 아니다.

그럼에도 불구하고 게임 디자이너는 본인이 만들고자 하는 게임의 재미를 설계하고, 과연 재미있는가? 어떤 재미를 가지고 있는가? 부족하다면 어떤 재미를 보강할 것인가?에 대해 끊임없이 고민해서 자신만의 답에 도달해야 한다. 일단 게임을 만들다 보면 어느 순간 재미있어질

지도 모른다고 생각하는 것은 게임 제작을 운에 맡기는 셈이고, 그러한 게임 디자이너와 같이 게임을 개발하기를 원하는 개발자들은 거의 존재하지 않을 것이다.

세상에 없는 새로운 재미를 만들어 내는 것은 솔직히 불가능에 가까울 정도로 어렵다. 게임만 아니라 수많은 미디어에서 엄청난 수의 작품이 쏟아져 나오고 있고, 인간이 느끼는 재미라는 감정은 제한적이기 때문에 새로운 재미를 만들어 내기 보다, 먼저 인간은 왜 재미를 느끼는지, 재미에는 어떤 유형이 존재하는지 이해하고 이들의 조합을 통해 자신만의 새로운 조합식을 찾아내는 것이 게임 디자인을 배우는 단계에서 가장 적합한 접근 방법이다.

게임 디자이너가 특히 주의해야 할 점은 재미(Fun)와 즐거움(Enjoyment)에 차이가 있다는 것이다. 재미는 결과와 관계없이 과정 자체에서 발현되는 것으로, 특별한 보상을 기대하거나 목적을 가지지 않는 상태에서 생기는 감정이다. 반면에 즐거움은 결과에 따라 발현되는 것으로, 특별한 보상을 기대하거나 목적을 가지는 적극적인 감정이다.

의미상 재미와 즐거움은 차이가 존재하며, 즐거움이 재미를 포함하는 넓은 개념으로 볼 수 있다. 게임 디자이너는 재미와 즐거움의 차이를 명확하게 이해하고 게임을 디자인해야 한다. 게임은 놀이에서 진화된 미디어이므로 결과적인 즐거움도 물론 중요하겠지만, 게임을 플레이하는 과정에서 느낄 수 있는 재미가 주가 되어야 한다. 특히 게임의 보상을 설계할 때 즐거움과 재미의 차이를 몰라 마치 즐거움이 재미라고 착각한다면, 결과만 중시하게 되는 경향이 생겨 더 이상 게임이나 놀이가 아닌 일이 되어 버릴 것이다.

01 플레이어가 느끼는 쾌락

게임의 재미를 이해하기 전에 먼저 인간이 느끼는 쾌락에 대해서 알아보자. 쾌락이란 무엇인가로 인해 일시적 또는 지속적으로 즐겁다고 느끼는 말초적인 감정을 의미한다. 도적적 관념을 중시하는 현대 사회에서 쾌락이라는 용어 자체가 가지는 부정적인 뉘앙스도 존재하나 인간이 살아가기 위해 쾌락은 필수불가결한 감정이라는 점을 부정할 수는 없을 것이다. 과정에서 발현되는 재미는 쾌락보다 복합한 감정이지만 쾌락에서 시작하여 다양한 재미가 만들어지는 것도 사실이다.

MDA 프레임워크의 공동연구자 중 한 명인 마크 르블랑은 다른 연구에서 쾌락을 8가지로 분류할 수 있다고 주장했다. 그렉 코스티키안(Greg Costikyan)은 마크 르블랑이 주장한 쾌락의 분류를 「I Have No Word & I Must Design」에서 소개하면서 플레이어가 게임에서 느끼는 재미를 설명했다. 8가지 쾌락의 분류를 다음과 같은 관점으로 해설한다.

인간이 게임에서 느끼는 쾌락과 재미는 깊게 연결되어 있다고 볼 수 있다. 플레이어가 느끼는 쾌락을 기본으로 하여 게임 콘텐츠와 시스템을 디자인한다면 인간이 보편적으로 느끼는 재미에 대해 보다 접근한 상태로 게임 콘셉트 디자인을 수행할 수 있다. 먼저 본인 스스로 중요시하는 쾌락은 무엇인지 고민해 보고, 다음으로 본인이 중요시하는 쾌락과 별개로 만들고자 하는 게임은 인간이 느끼는 어떤 쾌락을 중심으로 재미를 디자인할 것인가를 생각해 보자. 이 부분은 게임의 소비자인 타겟층을 설정하는 과정에서도 활용하면 큰 도움이 된다.

☑ 잠깐만요 **8가지 게임 쾌락의 분류(Leblanc's taxonomy)**

1. **감각(Sensation)** : 아름다운 그래픽과 사운드, 촉각의 쾌락
2. **상상(Fantasy)** : 장소감, 몰입감, 불신의 중지
3. **서사(Narrative)** : 드라마같이 느껴지는 감각, 긴장감
4. **도전(Challenge)** : 강력한 투쟁
5. **친교(Fellowship)** : 강렬한 경험 공유, 커뮤니티
6. **발견(Discovery)** : 모험, 숨겨진 것을 밝힘, 다양성
7. **표현(Expression)** : 커스터마이징과 자기 표현
8. **복종(Submission)** : 게임 구조에 복종 또는 상호합의 하에 플레이

❶ 감각

인간의 감각은 감각을 수용하는 수용기에 따라 오감(시각, 청각, 촉각, 미각, 후각)으로 분리되어 있다. 특히 인간은 시각적인 정보에 의지하는 경향이 높으며, 시각과 청각이 오감의 대부분을 차지하게 된다. 인간은 오감이라는 감각을 통해서 무엇을 경험하기를 원하는가?

인간은 아름다운 것을 사랑한다. 아무리 기술이 발전하고 기능적인 것이 좋아진다고 할지라도 아름다운 것에 매료되고, 아름다운 것을 가지거나 경험하고 싶다는 욕망을 가진다. 인간의 역사를 통해 증명된 인간의 기본적인 본성이다. 기능적인 면이 비슷하다면 누구나 아름다운 것을 선택하게 된다.

게임이라는 미디어에서 그래픽과 사운드는 아름다움을 표현하는 대표적인 요소다. 다만 게임의 콘텐츠와 시스템을 만들어 내는 메커닉스와 스토리를 구성하는 요소가 아니기 때문에 게임 개발의 관점에서는 보편적으로 우선순위가 낮은 것도 사실이다. 그러나 플레이어의 관점에서 그래픽과 사운드는 게임의 첫인상이자 몰입하기 위한 매우 중요한 요소가 된다.

〈파이널 판타지 7 리메이크(Final Fantasy VII Remake)〉나 〈더 라스트 오브 어스 파트1(The Last of Us Part1)〉과 같이 과거에 성공했던 작품을 리마스터 또는 리메이크하는 현상을 감각이라는 쾌락으로 이해할 수 있다. 과거에 성공한 게임이기에 게임 디자인은 충분히 검증되어 있다. 그렇다면 검증된 게임 디자인을 가진 게임 그래픽과 사운드를 현시대에 맞게 아름답게 만든다면, 게이머들은 기존 작품과 비교해서 보다 아름다운 것을 자연스럽게 선택하게 된다.

이러한 특징은 시리즈 게임에서도 쉽게 찾아볼 수 있다. 시리즈가 지속되면서 게이머들은 후기 작품에서 그래픽과 사운드의 발전을 생각보다 면밀하게 살핀다. 후기 작품으로 갈수록 그래픽과 사운드의 발전이 없다면 마치 차기작에서 발전된 것이 거의 없다고 비판할 정도로 소비자인 게이머에게 있어 중요한 사안이다.

그림 5-1 파이널 판타지 7 리메이크 INTERGRADE

❷ 상상

인간이 느끼는 쾌락에서 상상이란 환상을 다룬 이야기라도 진실과 같은 형태로 구성된다면 인간은 가상이라는 불신을 멈추고 작품에 몰입하게 된다는 불신의 정지(Suspension of Disbelief)를 의미한다. 게임 안의 가상 세계를 마치 플레이어가 현실에 있는 것처럼 느낄 수 있도록 정교하게 디자인한다면 플레이어는 게임 세계를 만들어 낸 것이 아닌 마치 현실인 것처럼 인지한다는 개념이고, 인간은 이러한 경험에 대해 쾌락을 느낀다.

〈어쌔신 크리드〉, 〈엘더스크롤〉, 〈폴아웃〉, 〈위쳐〉, 〈호라이즌〉 등과 같이 매력적인 세계관을 바탕으로 레벨 디자인에 막대한 공을 들인 게임들은 게임의 스토리와 메커닉스에서 오는 재미와 별개로 순전히 세상을 돌아다니는 재미가 있다. 마치 해당 세계에 들어가 해당 장소에 있는 것 같은 현실감이 들면서 가상 세계라는 사실을 잊어버리고 몰입하게 되므로 게임 내의 콘텐츠와 시스템을 접할 때도 몰입한 상태에서 즐기게 되어 보다 강렬하게 재미를 느끼게 된다.

그림 5-2 엘더스크롤 4 : 오블리비언

❸ 서사

인간은 서사가 포함된 작품에서 텍스트 자체보다 극적인 감정에서 쾌락을 느낀다. '발단-전개-결말'의 3막 구조나 '발단-전개-위기-절정-결말'이라는 극적 단계를 통해 스토리를 구성하는 이유는 이렇게 구성했을 때 인간이 해당 서사에 대한 감정 굴곡이 발생하는데, 발생하는 과정에서 인간은 쾌락과 재미를 느낀다.

게임에서도 인간의 감정을 건드리기 위해서는 서사가 매우 중요한 역할을 차지한다. 게임 플레이로 충분한 재미를 줄 수 있으나, 게임 플레이로 인간에게 다양한 감정을 제공하는 것에는 한계가 있기 때문이다. 비교적 최신 작품 중에서 예를 든다면 〈디트로이트 비컴 휴먼〉, 〈라이프 이즈 시트레인지〉, 〈월희〉, 〈13기병방위권〉 등 스토리가 좋다고 평가받는 게임은 텍스트의 품질만이 아니라 극적 단계를 잘 구성하고 있다. 플레이어는 극적 단계로 구성된 서사를 경험하면서 긴장 속에서 숨을 죽이고, 사건이 전개되는 것을 체험하며 절정을 넘어 성취감이나 해방감 등을 느끼게 된다.

그림 5-3 라이프 이즈 스트레인지 리마스터

❹ 도전

도전은 게임의 목표와 연결되는 쾌락이므로 모든 게임에 있어 필수적인 재미라고 볼 수 있다. 게임의 목표를 달성하기 위해 다양한 장애물을 극복해 가는 과정이 게임에 있어 핵심적인 디자인이며 게임이 다른 미디어에 비해 강력한 몰입을 제공하는 이유 중 하나다. 게임은 목표를 달성하게 만들기 위해 다양한 장치를 만들고, 플레이어가 목표를 행해서 헤매지 않도록 비교적으로 여러 가지 시스템을 제공하여 도전을 완료할 수 있도록 보조한다.

게임에서 도전은 다양한 형태로 제공된다. 누구나 쉽게 도전을 달성할 수 있도록 쉬운 난이도로 제작되는 게임도 있으며, 도전적인 난이도를 제공하여 도전하는 과정을 어렵게 만들어 도전을 달성했을 때 성취감과 달성감을 극대화하는 게임도 존재한다. 하나의 게임에서도 여러 난이도를 제공하는 것도 다양한 도전의 재미를 주는 좋은 방법이라 상당히 많은 게임에서 차용하고 있다.

❺ 친교

친교는 타인과 교류를 하는 과정 자체에서 만들어지는 쾌락이자 재미다. 게임에서는 다양한 형태의 멀티 플레이를 제공하고 있으며, 멀티 플레이를 극대화한 형태가 MMORPG라는 장르로 발전했다. MMORPG에서는 게임 내 다양한 커뮤니티 시스템을 제공하여 게임 안에서 여러 플레이어들끼리 소통하고, 의견을 교환하고, 교류를 할 수 있도록 많은 노력을 들였었다.

〈어 웨이 아웃〉과 같이 플레이 화면을 분할하는 형태도 있으며, 〈데몬즈 소울〉에서 시작된 소울 시리즈에서는 메시지를 남기는 기능을 제공하여 간접적인 멀티 플레이를 제공하기도 한다. 〈리그 오브 레전드〉, 〈Apex 레전드〉, 〈데스티니 가디언즈〉와 같이 처음부터 멀티 플레이를 주된 목적으로 협동과 경쟁을 제공하는 게임도 존재한다. 이러한 멀티 플레이 게임들은 게임에서 제공되는 콘텐츠와 시스템도 중요하지만 누군가와 같이 동일한 게임을 즐긴다는 것과 친교를 쌓아가는 과정에서 쾌락과 재미를 느끼게 된다.

그림 5-4 어 웨이 아웃

❻ 발견

인간은 새로운 무언가를 발견하는데 강렬한 쾌락과 재미를 느낀다. 게임은 제3자의 입장에서 바라보는 미디어가 아니라 플레이어가 직접 체험하는 미디어이므로 플레이어 스스로 무엇인가를 발견하는 쾌락과 재미를 제공하기 매우 적합한 미디어라 할 수 있다. 대부분의 게임에서는 다양한 지역, 장소, 던전, 무기, 아이템, 스킬 등을 플레이어 스스로 찾게 유도하여 발견하는 재미를 적극적으로 제공한다.

8가지 쾌락에서 발견은 물질적인 장소나 물건에 대한 발견 이외에도 숨겨져 있는 지식과 정보를 찾는 것도 포함된다. 보물 상자를 메인 동선이 아닌 서브 동선에 숨겨놓거나 레벨 디자인의 환경 스토리텔링을 활용하여 세계관을 더 깊게 이해할 수 있는 정보를 제공하기도 한다. 또한 게임 개발사나 개발자에 대한 정보나 차기작에 대한 힌트 등을 이스터 에그(Easter egg)로 숨겨놓는데, 이는 숨겨진 것을 찾는 재미를 극대화시킨다.

❼ 표현

인간은 혼자서 살 수 없는 존재이며 공동체 생활을 하게 되는데, 이때 타인에게 자신을 매력적으로 보여야 생존하기가 수월해진다. 따라서 대부분의 인간은 자기 자신을 표현하려는 욕구를 가지고 있고, 타인과 다른 자신을 표현하는 것으로 쾌락과 재미를 느끼게 된다.

게임에서도 플레이어는 게임 내의 아바타인 플레이어 캐릭터를 마치 자기 자신인 것처럼 꾸미고 표현하고자 한다. 제작자가 설정한 플레이어 캐릭터라고 할지라도 플레이어마다 자신의 성격과 취향을 플레이어 캐릭터에게 반영하려고 하기 때문에 장비, 의상, 헤어스타일, 액세서리 등을 제공해서 표현의 욕구를 만족시킬 수 있게 제공한다. 이러한 것이 시스템화되어 극대화된 것이 플레이어 캐릭터를 플레이어의 취향에 맞게 꾸밀 수 있게 해 주는 캐릭터 커스터마이징 시스템이다. MMORPG에서는 대부분이 플레이어의 표현 욕구를 극대화하기 위해 캐릭터 커스터마이징 시스템을 채택하는 경우가 많고, 〈몬스터 헌터〉나 〈심즈〉 시리즈와 같이 비디오 게임 중에서도 싱글 플레이 게임과 멀티 플레이어 게임 구분 없이 깊이 있는 스토리보다 게임 플레이에 집중하는 작품들은 캐릭터 커스터마이징 시스템을 채택하는 경우가 많아지고 있다. 캐릭터 커스터마이징 시스템을 채택하면 플레이어의 몰입에 도움이 되는 장점이 있으나, 깊은 스토리텔링을 담기는 상대적으로 힘들어진다는 단점도 있다. 캐릭터 커스터마이징 시스템으로 만들어지는 모든 캐릭터에 대응하기 위한 스토리는 결국 평범해지기 쉽다.

8가지 쾌락에서 표현은 단순히 자기 자신을 시각적으로 표현하는 것만이 아닌 자신의 가치관, 사고방식, 생각을 통해 선택하는 것도 포함된다. 〈더 워킹 데드〉, 〈헤비 레인〉, 〈단간론파〉와 같은 어드벤처 장르에서 다양한 분기를 선택할 수 있게 제공하는 것이나, 〈울티마 언더월드〉, 〈시스템 쇼크〉, 〈디스아너드〉 시리즈와 같이 플레이어의 선택에 따라 다양한 플레이가 가능하게 디자인된 게임도 표현의 재미를 느낄 수 있게 해 주는 범주에 해당된다.

그림 5-5 심즈 4

❽ 복종

복종이 8가지 쾌락에 포함된다고 하면 많은 사람들이 의아해 한다. 하지만 마크 르블랑은 인간은 정해진 규칙과 구조에 적응하고 복종함으로써 쾌락과 재미를 느낀다고 보았다. 게임을 시작하기 위해서는 게임 안에서 제공된 규칙과 절차인 메커닉스를 따르고자 하는 것부터 필요하다. 게임의 규칙과 절차를 이해하고 공략을 시도하는 것도 복종의 재미라 볼 수 있다. 게임 공략이란 게임의 규칙과 절차에 대해 절대적으로 복종하는 것을 가정하여 이뤄지기 때문이다.

물론 게임의 규칙과 절차를 우회하기 위한 버그, 해킹 툴, 트레이너 등을 활용하여 게임을 플레이하는 것에 재미를 느끼는 사람들도 있지만, 이럴 경우 잠깐 동안은 재미를 느끼지만 목표를 달성하는 과정에 의미가 없어지므로 쉽게 지루해지고 질리게 된다. 게임의 승패에 불확실성이 없어지고 아무런 노력 없이 쉽게 이기기 때문에 과정에서 발생하는 재미는 점차 사라지고 결과에서 얻는 즐거움만 남게 된다. 그렇기 때문에 많은 게이머들은 멀티 플레이 게임에서는 공정한 경쟁을 헤치는 버그, 해킹 툴, 트레이너를 사용하는 사람들을 비판하고 게임에서 제공된 규칙과 절차에 맞게 목표에 도달하는 것을 추구하려는 경향이 있다.

02 재미의 유형

앞서 플레이어가 느끼는 쾌락이 게임에서 재미로 연결되는 것을 살펴봤다. 다음으로 플레이어의 관점이 아닌 작품 자체에 내포된 재미는 어떤 유형으로 분류될 수 있는지 알아보자. 게임 디자인에서 플레이어가 느끼는 쾌락이나 재미를 고려하는 것도 중요하나 게임을 어떤 재미를 중심으로 디자인할 것인가가 보다 중요하다고 할 수 있다.

재미는 주관적인 감정이기 때문에 동일한 게임을 플레이한다고 해도 플레이어마다 느끼는 쾌락이나 재미가 달라진다. 따라서 게임 디자이너는 우선 자신이 만들고자 하는 게임 작품에 어떤 재미를 주로 담을 것인지 명확하게 결정할 수 있어야 한다. 아무리 게임 디자이너가 작품에 포함된 재미를 디자인했다고 해도 플레이어마다 느끼는 재미는 조금씩 달라지겠지만 작품이 가지고 있는 고유의 재미에서 크게 벗어나지 않게 된다. 그러므로 게임 디자이너는 플레이어에게 게임에서 느낄 수 있는 재미를 확정할 수 없지만 재미의 범위를 한정할 수는 있다.

게임의 재미요소가 어떤 것이 있는지 구체적으로 살펴보기 전에 먼저 재미의 유형에 어떤 것이 있는지 분류를 알아보자. 니콜 라자로(Nicole Lazzaro)는 플레이어가 게임 안에서 주로 하는 행동을 기준으로 게임의 재미를 그림 5-6과 같이 4가지 유형으로 분류했다.

4가지 유형은 크게 게임 내적인 재미요소와 외적인 재미요소로 구분된다. 쉬운 재미와 어려운 재미는 게임 내적인 재미요소며, 같이하는 재미와 진지한 재미는 게임 외적인 재미요소에 해당된다. 잘 만들어진 게임으로 평가받는 게임들은 대부분 여러 가지 재미의 유형을 동시에 포함하고 있으므로 만들고자 하는 게임에서 재미의 유형을 어떻게 배분할지 구성요소에서 했던 것처럼 수치로 표현해 보자.

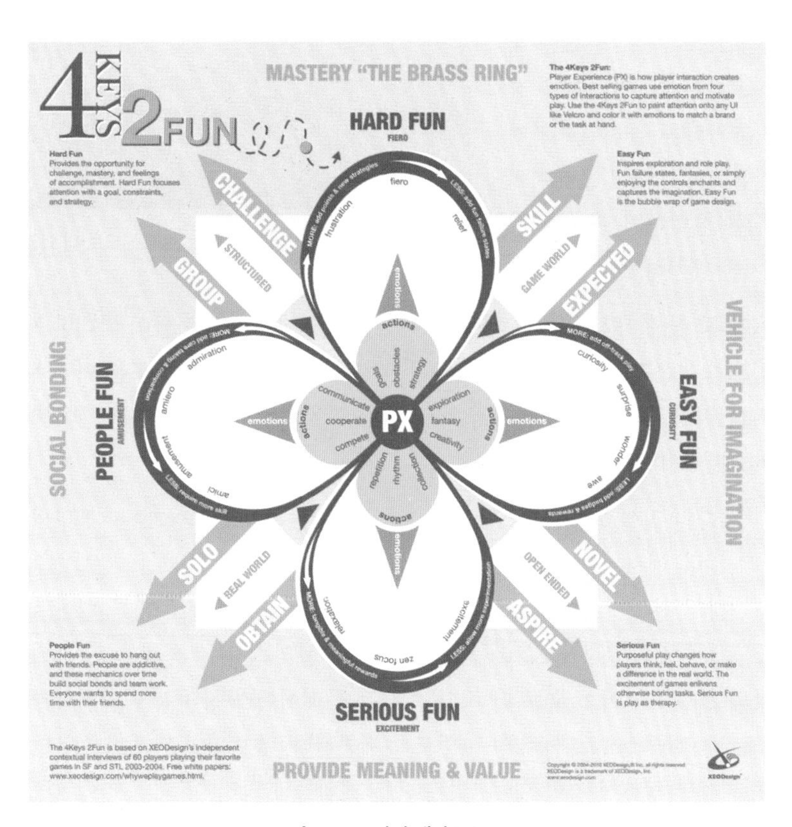

그림 5-6 4가지 재미요소

잠깐만요　4가지 재미요소(4 Keys to Fun)

1. **쉬운 재미(Easy Fun)** : 호기심
2. **어려운 재미(Hard Fun)** : 피에로
3. **같이하는 재미(People Fun)** : 오락
4. **진지한 재미(Serious Fun)** : 이완과 흥분

❶ 쉬운 재미 : 호기심

쉬운 재미의 키워드는 호기심으로, 인간이 느끼는 호기심이라는 감정은 다른 조건 없이 인간을 유혹하기 좋다. 니콜 라지로가 주장하는 쉬운 재미에서 쉽다는 의미는 게임의 난이도가 쉽다는 의미가 아니라 호기심을 통해서 재미를 쉽게 유발할 수 있다는 의미이다.

게임에서는 스토리 연출을 통해 호기심을 유발할 수도 있고, 새로운 조작법이나 독특한 메커닉스로 호기심을 유발하기도 하며, 절묘한 레벨 디자인으로 새로운 지역이나 장소에 대한 호기심을 불러일으키기도 한다. 게임에서는 이미 플레이어에게 호기심을 유발하기 위해 굉장히 많은 장치를 배치하고 있다.

그림 5-7　젤다의 전설 : 브레스 오브 더 와일드

쉬운 재미를 가장 잘 활용하는 게임 개발사는 닌텐도다. 다른 개발사들이 막대한 자본력을 투입하여 완성도가 높은 비슷비슷한 AAA 게임을 만드는 것이 비해, 닌텐도는 아직 누구도 시도하지 않은 실험적인 작품을 꾸준히 출시하고 있다. 이러한 게임들이 가지는 핵심적인 재미의 유형은 바로 쉬운 재미다.

예를 들어, 〈젤다의 전설 : 브레스 오브 더 와일드〉와 후속작으로 공개된 〈젤다의 전설 : 티어스 오브 더 킹덤〉에서는 플레이어에게 끊임없이 호기심을 제공하도록 콘텐츠와 시스템을 마련했다. 〈젤다의 전설 : 브레스 오브 더 와일드〉에서는 나무에서 사과를 떨어트릴 수도 있고, 사과를 불에 구워 구운 사과로 만들 수도 있으며, 불의 연기를 통해 높은 곳으로 오를 수 있다. 〈젤다의 전설 : 티어스 오브 더 킹덤〉에서는 플레이어가 창의력을 발휘하여 무기를 조합할 수 있고, 탈 것을 스스로 설계할 수 있도록 제공한다. 튜토리얼 단계에서는 단지 몇 가지 사례만 보여 주지만 정해진 것만 할 수 있는 다른 게임들과 달리 이 게임 안에서 앞으로 어떠한 것까지 가능할 것인지 플레이어는 강렬한 호기심이 생긴 채 게임에 빠져들게 될 것이다.

❷ 어려운 재미 : 피에로

어려운 재미의 키워드는 피에로(Fiero)로, 피에로는 좌절을 뛰어넘어 도전적인 목표를 달성했을 때 느끼는 성취감이라 할 수 있다. 단순한 성취감과 다른 점은 반드시 먼저 좌절을 겪고 그 좌절을 극복해서 도달한 성취감이라는 점이다. 어려운 재미는 명확하게 게임의 난이도, 레벨 디자인, 밸런스와 관련되어 있다.

쉬운 재미는 게임에서 분명히 강력하다. 그러나 플레이어에게 호기심을 제공하기 위해서는 게임 디자이너도 굉장히 깊은 고민을 해서 정밀하게 디자인해야 한다. 쉬운 재미를 제공할 수 있는 게임 디자이너라고 할지라도 제공할 수 있는 분량이나 아이디어가 한정되어 있다는 점은 변하지 않는다. 그러나 어려운 재미는 플레이어가 캐릭터를 성장해 가는 과정을 통해 끊임없이 제공할 수 있다. 따라서 어려운 재미야말로 재미의 4가지 유형 중에 가장 확실하고 보장된 재미의 유형이라고 할 수 있다.

게임의 역사를 보면 어려운 게임이 유행했던 시기와 난이도가 쉬운 게임이 유행했던 시기가 반복되면서 순환하고 있다. 모바일 게임이 출현하면서 캐주얼 게임이나 하이퍼 캐주얼이라는 게임들이 유행하면서 누구나 쉽게 플레이하는 것으로 게이머층을 넓히는데 집중했지만, 이러한 유행이 끝나고 비디오 게임의 소울 시리즈를 비롯한 어려운 게임이 유행하고 있는 시기가 찾아왔다.

1990년, SRPG의 시초인 〈파이어 엠블렘 암흑룡과 빛의 검〉이 출시되었다. 〈파이어 엠블렘〉 시리즈는 플레이어 캐릭터들이 죽게 되면 특정한 이벤트를 제외하고 게임 내에서 정말 죽게 되어 더 이상 조작할 수 없다는 시스템을 가지고 있었다. 이러한 시스템은 난이도가 쉬운 게임들이 창궐했던 시기에 적합하지 않았다. 이후 난이도를 선택할 수 있게 추가했지만 〈파이어 엠블렘〉 시리즈의 인기는 점차 사그라졌다. 그러나 어려운 게임이 유행하는 시기가 오자 〈파이어 엠블렘〉 시리즈도 다시 부활하기 시작했다. 〈파이어 엠블렘 각성〉을 시작으로 인기를 회복하기 시작하여 〈파이어 엠블렘 풍화설월〉은 세계적으로 큰 인기를 얻게 된다. 이처럼 시대에 따라 게이머들이 원하는 재미가 바뀌기도 하기 때문에 특정한 재미의 유형이 무조건 월등하다고 보기는 어렵다.

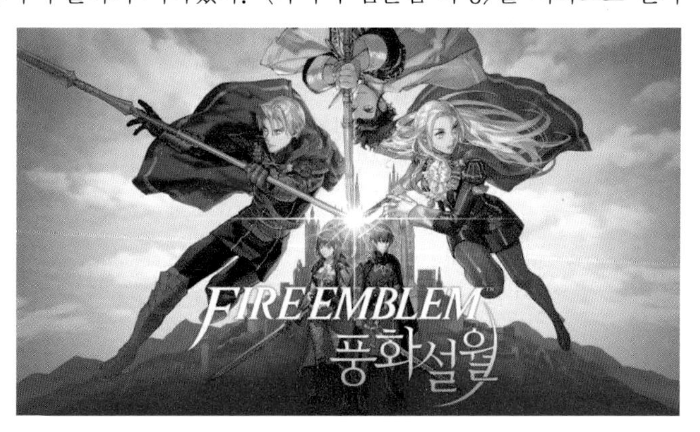

그림 5-8 파이어 엠블렘 풍화설월

❸ 같이하는 재미 : 오락

같이하는 재미의 키워드는 오락으로, 타인과 같이 게임을 즐기는 것 자체로 느끼는 재미다. 동일한 게임이라고 해도 혼자서 플레이하는 것과 친한 친구나 가족과 같이 플레이하는 것은 굉장히 다른 경험을 만들어 낸다. 플레이어는 게임과도 상호작용하지만 다른 플레이어와 상호작용하게 되므로, 상호작용의 통로가 다양해지고 상대방 플레이어가 바뀔 때마다 동일한 게임에서도 다른 재미를 느끼게 된다. 같이하는 재미는 타인과 경험을 공유하면서 유대감을 쌓아가는 것으로 발생하며 이는 오락의 개념이라고 볼 수 있다. 다만 게임이 아닌 오락에서도 같이하는 것으로 긍정적인 감정도 생기지만 부정적인 감정도 생기기 마련이므로 같이하는 재미에 장점만 존재하는 것이 아닌 양날의 검이라는 점은 주의해야 한다.

따라서 같이하는 재미는 기본적으로 멀티 플레이 게임에서 주된 재미로 부각된다. 멀티 플레이 게임은 플레이어와 게임의 상호작용보다 플레이어 간의 상호작용을 중시하기 때문에 커뮤니티 시스템을 부가적인 요소라고 생각해서는 안된다. 〈리그 오브 레전드〉, 〈오버워치〉, 〈Apex 레전드〉 등의 게임에서는 게임 내의 콘텐츠와 시스템도 중요하지만, 플레이어 간의 상호작용을 다양한 측면으로 제공해야 한다. 〈Apex 레전드〉는 획기적인 핑 시스템을 제공하여 배틀로얄 게임들 중에서도 플레이어 간의 상호작용을 편리하게 돕는다는 좋은 평가를 받았다.

애초부터 멀티 플레이를 가정한 서비스 개념의 게임이 아니라고 할지라도 싱글과 멀티 플레이를 동시에 제공하여 얼마든지 같이하는 재미를 제공할 수 있다. 흔히 비디오 게임 중 파티 게임이라고 불리는 게임들 중에서도 〈슈퍼 마리오 파티〉, 〈마리오 카드〉, 〈51 Worldwide Games〉와 같은 게임은 가족과 친구들끼리 즐길 때 비로소 진정한 재미를 느낄 수 있고, 상대방 플레이어가 바뀔 때마다 전혀 다른 경험을 하게 된다.

그림 5-9 51 Worldwide Games

❹ 진지한 재미 : 이완과 흥분

진지한 재미의 키워드는 이완과 흥분으로, 게임을 플레이하는 것으로 게임 내에서 끝나는 것이 아닌 현실 세계에도 긍정적인 영향을 불러일으켜 만족감을 얻는 재미다. 특정 게임을 플레이함으로 인해서 취향이 변하거나 가치관의 변화가 오기도 한다. 이처럼 진지한 재미는 게임을 통해 자신과 세상에 변화를 주기 때문에 게임 디자이너가 제어하기 쉽지 않다.

하지만 게임에서 진지한 재미를 너무 어렵게 생각할 필요는 없다. 반드시 교육적인 효과나 운동 효과를 줄 필요는 없다. 일반적인 비디오 게임에서도 얼마든지 감동적인 스토리나 매력적인 캐릭터를 제공할 수 있다. 플레이어가 게임 안에서 경험한 이완과 흥분을 통해 현실 세계에 작은 영향을 줄 수 있다면 충분히 진지한 재미를 포함한 게임이라고 볼 수 있다.

반면 진지한 재미를 적극적으로 활용하는 게임들도 있다. 〈말랑말랑 두뇌학원〉, 〈초강력! 5분간 집중력 트레이닝〉, 〈듣고 쓰고 친해지는 DS 영어 삼매경〉, 〈차근차근 게임 코딩〉과 같이 교육적인 효과에 초점을 맞춘 게임이나, 〈저스트 댄스〉, 〈Wii Fit〉, 〈링 피트 어드벤처〉 등을 통해 게임도 재미있게 즐길 수 있고 동시에 운동이나 다이어트 효과를 얻게 되어 현실 자체에서 긍정적인 변화를 겪게 하는 게임도 존재한다. 이와 같이 게임을 함으로써 재미도 느끼지만 지식도 얻고, 건강과 자신감을 되찾을 수 있으니 다른 재미의 유형과는 결이 조금 다르다고 볼 수 있다.

그림 5-10 링 피트 어드벤처

03 재미 평가 모델

게임의 재미는 주관적이기 때문에 평가하거나 측정하기 곤란하다. 그럼에도 불구하고 게임학에서는 게임의 재미를 체계화하고 수치화하기 위한 연구가 이뤄지고 있다. 1970~80년대 미국에서 본격적으로 게임이 산업화되고 대중화되면서 게임에 대한 연구도 다양하게 이뤄졌다. 먼저 게임이 아닌 인간이 재미를 느끼는 본질에 대한 고민을 하면서 게임의 재미와 연결하려고 시도했다.

토마스 말론(TW. Malone)은 「Toward a Theory of Intrinsically Motivating Instruction」에서 '재미있는 컴퓨터 게임을 위한 가이드라인'을 제시했다. 〈1장〉의 게임과 게임 디자인이란에서 언급했듯이 컴퓨터 게임이라는 용어는 바로 이 시기에 등장했던 용어라는 것을 알 수 있다. 그는 게임을 재미있게 만들기 위해 도전, 상상, 호기심에 대해 고려할 필요가 있다고 했다. 그의 연구는 〈4장〉의 플레이어가 느끼는 쾌락에서 소개한 마크 르블랑의 8가지 게임 쾌락의 분류 등에 영향을 주게 된다. 다만, 체계적인 방법을 통해 추출한 것도 아니고 연구로 인정받기 위한 연구방법론을 사용하지 않고 개인의 경험과 통찰에 의거하여 제안한 가이드라인이었기에 한계가 존재한다. 그러나 이후 여러 게임의 재미 연구에 큰 영향을 미친다.

국내에서도 게임의 재미에 대한 연구는 꾸준히 이뤄져왔다. 게임에서 재미는 빠질 수 없는 중요한 요소이기 때문이다. 윤형섭은 「MMORPG의 재미 평가 모델에 관한 연구」에서 MMORPG라는 장르에 한정해서 게임의 재미를 평가하기 위한 모델을 제안했다. 토마스 말론이 제안한 가이드라인, 동기 이론, 몰입 이론, 다른 재미에 대한 선행 연구를 토대로 상위 계층을 분류하고, MMORPG에 부각된 새로운 개념인 사회적 상호작용의 재미를 추가했다.

MMORPG의 재미는 그림 5-11과 같이 크게 감각적 재미, 도전적 재미, 상상적 재미, 사회적 상호작용의 재미 4가지로 분류했으며, 하위 계층은 상위 계층별로 각각 5개씩 정리해서 총 20개의 재미요소를 정리했다. 각 하위 계층에 대한 세부 정의는 표 5-1로 정리했다.

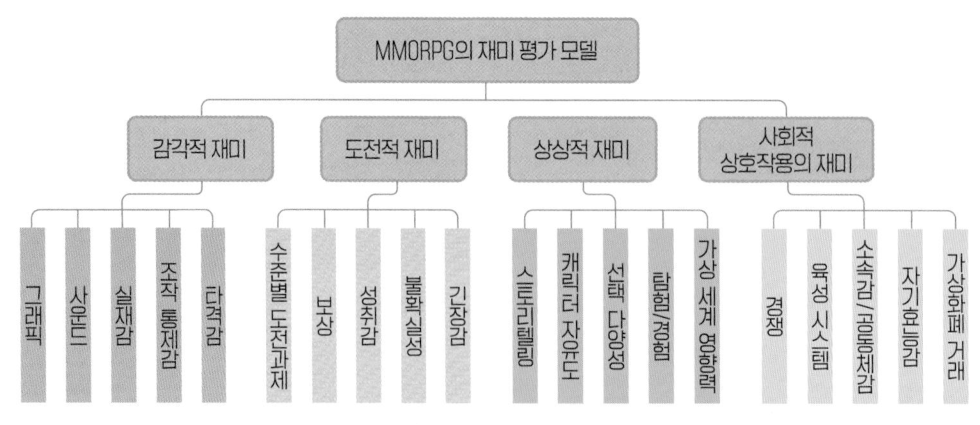

그림 5-11 재미 평가 모델

표 5-1 재미 평가 모델의 재미요소별 의미 정리

핵심 재미요소	하위 재미요소	의미
감각적 재미 (Sensory)	그래픽	그래픽(캐릭터, 배경, 아이템 등) 수준
	사운드	배경음악(BGM)과 효과음(Sound Effect)의 수준
	실재감	플레이어가 마치 게임 속 세계에 있다는 느낌
	조작 통제감	플레이어가 직접 게임을 통제한다는 느낌
	타격감	타격감(그래픽, 사운드, 애니메이션을 통한 손맛)
도전적 재미 (Challenge-based)	수준별 도전과제	플레이어 실력에 맞게 다양한 수준의 도전과제 제공
	보상	도전과제에 성공했을 때, 적당한 보상(피드백, 아이템, 레벨업, 스킬 향상 등)을 제공
	성취감	주어진 목표를 달성했을 때, 충분한 성취감을 제공
	불확실성	도전과제를 수행하는 과정에서 결과를 알 수 없음
	긴장감	도전과제에 임할 때 긴장감을 유발
상상적 재미 (Imaginative)	스토리텔링	스토리텔링으로 호기심과 상상력을 유발
	캐릭터 자유도	캐릭터를 플레이어 마음대로 꾸밀 수 있음
	선택의 다양성	캐릭터와 아이템의 선택의 폭이 넓음
	탐험/경험	다양한 탐험으로 새로운 경험을 제공
	가상 세계의 영향력	플레이어가 게임 속 가상 세계에 영향력을 미치고 있다는 느낌
사회적 상호작용의 재미 (Social Interactive)	경쟁	타인 또는 다른 집단과 경쟁심을 유발
	육성 시스템	캐릭터 육성 시스템을 통해 흥미 유발
	소속감/공동체감	소속감이 생기며 공동체에 속했다는 느낌
	자기효능감	스스로 유능하고 우월한 사람이라는 느낌
	가상화폐/거래	가상화폐를 통한 부의 축적과 상거래에서 오는 흥미를 제공

❶ 감각적 재미

감각적 재미는 인간의 지각 능력과 관련된 재미로, 인간의 오감을 기반으로 한 그래픽, 사운드, 실재감, 조작 통제감, 타격감이 하위 재미요소로 포함된다. 인간의 오감은 본능적인 것이므로 감각적 재미는 다른 재미에 비해 직관적이고 강력하다.

그래픽은 시각을 통해, 사운드는 청각을 통해, 조작 통제감과 타격감은 촉각을 통해, 실재감은 시각과 청각을 통해 플레이어에게 인지된다. 아직 게임에서 후각과 미각은 본격적으로 활용되고 있지 않지만 다양한 연구가 이뤄지고 있다. 게임에 후각을 적용하기 위해 게임을 플레이하는 근처에 센서를 두고 냄새를 뿜거나 기존 냄새를 제거하는 기계가 실험되고 있지만, 기존 냄새를 빠르게 제거하는 것이 힘들기 때문에 아직 실용화되기 위한 연구가 필요하다. 또한, 인간은 건강에 관련된 부분에 굉장히 민감하게 반응하기 때문에 게임에 미각을 적용하기까지는 아직 상당한 시간이 소요될 것으로 보인다. 다이어트에 활용하기 위해 인체에 무해한

큐브를 제작하여 여러 가지 맛을 느낄 수 있게 연구가 진행되고 있으나 음식이 아닌 무엇인가가 입안에 들어가야 하는 문제가 있어 다른 오감에 비해 연구의 진척이 느리다.

❷ 도전적 재미

도전적 재미는 게임이 가지고 있는 기본적인 특징에 기반하는 재미로, 수준별 도전과제, 보상, 성취감, 불확실성, 긴장감이 하위 재미요소로 포함된다. 게임은 목표를 설정하고 플레이어가 목표를 달성하기 위한 길에 장애물을 배치함으로써 긴장감과 감정의 기복을 만들어 재미를 만들어 내기 때문이다. 따라서 수준별로 도전과제를 제공하고 도전과제나 목표에 도달하면 그에 맞게 보상을 제공함으로써 성취감을 들게 한다. 게임에서 제공하는 도전은 가능한 한 불확실하게 제공되어야 한다. 뻔한 결과에 도전해 봐야 아무런 재미가 없기 때문이다. 즉, 게임에서는 다양한 요소에 불확실성을 부여하여 여러 번 도전할 수 있게 디자인한다.

❸ 상상적 재미

상상적 재미는 게임 플레이를 함에 있어 호기심과 상상력을 불러일으키는 재미로, 스토리텔링, 캐릭터 자유도, 선택의 다양성, 탐험 및 경험, 가상 세계의 영향력이 하위 재미요소로 포함된다. 현실과 다르게 게임에서 제공하는 가상 세계는 구현된 범위 안에서 행동이 제약된다. 그러나 플레이어들이 호기심을 가지고 상상력을 발휘할 수 있는 곳에 집중해서 다양한 선택이 가능하게 시스템을 제공하는 것이 좋다. 현실과 동일하게 구현할 수는 없지만 플레이어들이 마치 현실처럼 상상력을 발휘할 수 있을 때 플레이어는 게임에 깊게 몰입하게 된다.

캐릭터 커스터마이징을 통해 자신만의 플레이어 캐릭터를 만들고, 어떠한 전개가 될지 예측하기 어렵게 스토리텔링을 연출하며, 다양한 탐험을 제공한다면 플레이어는 상상적 재미를 느끼게 된다.

❹ 사회적 상호작용의 재미

사회적 상호작용의 재미는 해당 연구에서 새롭게 제안한 재미의 분류로, 다른 게임 장르와 다르게 MMORPG가 가진 특성을 잘 드러낸 재미라 할 수 있다. 하위 재미요소로 경쟁, 육성 시스템, 소속감 및 공동체감, 자기효능감, 가상화폐 및 거래가 포함된다.

기존 게임에서 이미 제공하고 있었던 경쟁, 육성 시스템, 자기 효능감과 함께 MMORPG에서 새롭게 대두된 소속감 및 공동체감, 가상화폐 및 거리를 재미요소로 제안했다. 길드 등의 커뮤니티 시스템을 통해 MMORPG 안에서 다양한 플레이어들이 공동체를 만들고 의사소통을 하는 점은 기존의 게임들과 다른 점이다. 또한 MMORPG에서는 자신이 획득한 아이템이나 무기 등을 다른 플레이어와 거래함으로써 발생하는 가상의 경제가 존재한다.

04 게임의 재미요소 모형

● 게임의 재미요소 모형

게임의 재미요소에 대해 많은 연구가 이뤄지고 있으나 다양한 게임에 보편적으로 적용할 수 있는 모델이 아직 마련되지 않았다. 기존 선행연구에서는 특수한 장르에만 적용할 수 있는 모델을 제안했기에 게임 전반적으로 활용하기에 한계가 있다. 또한 토마스 말론이 주장한 감각적, 도전적, 상상적 재미를 계승하여 상위 계층에 사용한 연구가 대부분인데 학술적 도출 방법에 따라 만들어진 것도 아니고, 게임 업계에서 사용하는 것도 아니며, 분류로 사용하기에 상호독립적인 것이 아닌 애매모호한 기준이기에 상위 계층부터 재미요소를 명확히 분류하기 어려웠다. 분명 유의미한 연구임은 틀림없지만 분류법에서 활용하기는 적합하지 않다.

필자는 「싱글과 멀티 플레이 게임의 재미요소에 대한 우선순위 비교 연구」에서 상위 계층을 게임 업계에서 사용할 수도 있고 상호독립적인 기준을 통해 모델을 마련하려고 했다. 다른 연구에서 도출한 8가지 게임의 구성요소를 바탕으로 재미와 직접적으로 관련이 없는 기술과 자발적 참여를 제외하고 스토리, 메커닉스, 피드백 시스템, 다이내믹스, 미적 정서, 목표를 6가지 상위 재미요소로 선정했다. 이후 선행 연구에서 선택 다양성, 사운드, 긴장감과 같이 여러 상위 재미요소에 포함될 수 있는 항목들을 세분화하여 그림 5-12와 같이 22가지의 하위 재미요소를 도출하여 게임의 재미요소 모형을 제안했다.

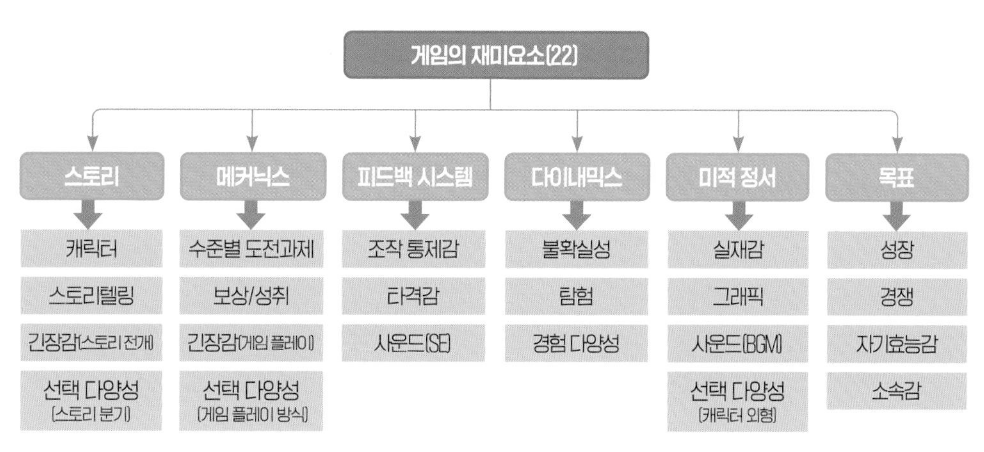

그림 5-12 게임의 22가지 재미요소 모형

그림 5-12의 모델을 통해 게임 디자이너는 구체적으로 게임의 재미요소를 어디부터 어디까지 디자인하면 될지 감을 잡을 수 있을 것이다. 만들고자 하는 게임은 어떤 상위 및 하위 재미요소를 중시할 것인지, 현재 구현되어 있는 게임은 중시하고자 하는 재미요소를 충분히 만족시키고 있는지, 어떤 재미요소를 보강 및 추가하는 것이 좋을지 기준을 마련할 수 있다.

재미라는 주관적인 개념을 아무런 기준 없이 전체적으로 이해하는 것은 매우 어려운 일이나 본 연구와 같이 재미요소를 체계적으로 분류하면, 재미요소 하나하나를 분리해서 디자인해 가면 자연스럽게 게임의 전체적인 재미를 디자인할 수 있다. 하위의 재미요소에 대한 세부 설명은 표 5-2에 정리했다.

표 5-2 22가지 게임의 재미요소에 대한 세부 설명

상위 재미요소	하위 재미요소	세부 설명
스토리(S)	캐릭터	플레이어 캐릭터에 몰입
	스토리텔링	스토리텔링을 통해 호기심과 상상력을 불러일으킴
	긴장감(스토리 전개)	스토리 전개를 통해 느껴지는 긴장감
	선택 다양성(스토리 분기)	플레이어가 선택가능한 다양한 스토리 분기
메커닉스(M)	수준별 도전과제	플레이어 수준에 맞는 도전
	보상 및 성취	도전을 달성했을 때 주어지는 보상
	긴장감(게임 플레이)	게임 플레이를 통해 느껴지는 긴장감
	선택 다양성(게임 플레이 방식)	플레이어가 다양한 게임 플레이 방식을 선택 가능
피드백 시스템(F)	조작 통제감	플레이어가 게임을 제어하고 있다는 느낌
	타격감	그래픽, 사운드, 진동 등을 통한 임팩트감
	사운드(SE)	음향 효과에 의한 몰입
다이내믹스(D)	불확실성	도전을 수행하는 과정에서 결과를 예측할 수 없음
	탐험	다양한 모험을 통한 새로운 경험 제공
	경험 다양성	플레이어에게 제공되는 다양한 경험
미적 정서(A)	실재감	플레이어가 게임의 세계에 존재하고 있다는 느낌
	그래픽	그래픽에 의한 몰입
	사운드(BGM)	배경음악에 의한 몰입
	선택 다양성(캐릭터 외형)	캐릭터의 외모를 다양하게 커스터마이징할 수 있게 제공
목표(G)	성장	캐릭터의 점진적인 성장에 대한 만족감
	경쟁	타인과 경쟁하는 과정과 결과에 대한 느낌
	자기효능감	플레이어 스스로 잘할 수 있다는 믿음
	소속감	공동체에 소속된 느낌

「싱글과 멀티 플레이 게임의 재미요소에 대한 우선순위 비교 연구」에서 게임의 22가지 재미요소 모형을 제안한 후, 실제 모형이 어떻게 게임 디자인에 활용되는지 설명하기 위해 싱글 플레이 게임과 멀티 플레이 게임 간의 재미요소 우선순위가 어떻게 다른지 정량적인 연구 방법론을 통해 표 5-3과 같이 도출했다. 셀을 병합한 부분은 동일한 수치가 나왔기 때문에 같은 우선순위로 묶었다.

표 5-3 게임 재미요소의 우선순위 비교 – 싱글 플레이 게임, 멀티 플레이 게임

<table>
<tr><th></th><th>싱글 플레이 게임</th><th>멀티 플레이 게임</th></tr>
<tr><td>1</td><td>성장</td><td>경험 다양성</td></tr>
<tr><td>2</td><td>스토리텔링</td><td>보상 및 성취</td></tr>
<tr><td>3</td><td>긴장감(스토리 전개)</td><td>경쟁</td></tr>
<tr><td>4</td><td>그래픽</td><td>소속감</td></tr>
<tr><td>5</td><td>조작 통제감</td><td>선택 다양성(게임 플레이)</td></tr>
<tr><td>6</td><td rowspan="2">긴장감(게임 플레이)
자기효능감</td><td rowspan="2">긴장감(게임 플레이)
조작 통제감</td></tr>
<tr><td>7</td></tr>
<tr><td>8</td><td>경험 다양성</td><td rowspan="2">타격감
자기효능감</td></tr>
<tr><td>9</td><td rowspan="2">보상 및 성취
타격감</td></tr>
<tr><td>10</td><td>선택 다양성(캐릭터 외형)</td></tr>
<tr><td>11</td><td rowspan="4">캐릭터
선택 다양성(게임 플레이)
실재감
사운드(BGM)</td><td>그래픽</td></tr>
<tr><td>12</td><td rowspan="2">불확실성
성장</td></tr>
<tr><td>13</td></tr>
<tr><td>14</td><td>사운드(SE)</td></tr>
<tr><td>15</td><td>선택 다양성(스토리 분기)</td><td>탐험</td></tr>
<tr><td>16</td><td>탐험</td><td>캐릭터</td></tr>
<tr><td>17</td><td>선택 다양성(캐릭터 외형)</td><td rowspan="2">수준별 도전과제
실재감</td></tr>
<tr><td>18</td><td>사운드(SE)</td></tr>
<tr><td>19</td><td>수준별 도전과제</td><td>사운드(BGM)</td></tr>
<tr><td>20</td><td>불확실성</td><td>긴장감(스토리 전개)</td></tr>
<tr><td>21</td><td>소속감</td><td>스토리텔링</td></tr>
<tr><td>22</td><td>경쟁</td><td>선택 다양성(스토리 분기)</td></tr>
</table>

상위 계층을 비교하면, 싱글 플레이 게임에서는 스토리와 미적 정서가 우선순위가 높게 나타났고, 멀티 플레이 게임에서는 메커닉스와 목표와 다이내믹스가 우선순위가 높게 나타났다. 싱글 플레이 게임을 제작할 때는 깊이 있는 스토리와 플레이어의 마음을 움직일 수 있는 미적 정서를 우선시하는 것이 유리하며, 멀티 플레이 게임을 제작할 때는 플레이어에게 명확한 목표를 제시하고, 다이내믹스 요소가 풍부한 게임 디자인을 제공하며, 충분한 보상이 주어지는 메커닉스를 우선시하는 것이 유리하다는 점을 알 수 있다.

하위 계층을 비교하면, 싱글 플레이 게임에서는 성장, 스토리텔링, 긴장감(스토리), 그래픽, 조작 통제감, 긴장감(게임 플레이)과 자기효능감 순으로 중요한 재미요소로 평가됐으며, 멀티 플레이 게임에서는 경험 다양성, 보상, 경쟁, 소속감, 선택 다양성(게임 플레이 방식), 긴장감(게임 플레이)과 조작 통제감 순으로 중요한 재미요소로 평가됐다.

게임마다 재미요소의 우선순위는 다르므로 모든 싱글과 멀티 플레이 게임의 재미요소를 본 연구의 우선순위에 맞게 디자인해야 할 필요는 없다. 본 연구에서는 보편적으로 싱글 플레이 게임과 멀티 플레이 게임에서 어떤 재미요소를 중시하고 있는지 수치화를 통해서 도출한 우선순위이기에 자신이 만들고자 하는 게임의 재미요소를 디자인할 때 참고하면 된다.

장르별 게임 재미요소의 우선순위 – 액션, 어드벤처, 롤플레잉 게임

필자는 싱글 플레이 게임과 멀티 플레이 게임의 재미요소를 비교한 연구에 이어 「A Study on the Priority for Fun Factors by Genres : Focusing Action, Adventure, Role-Playing Games」에서 게임의 장르별로 게임의 재미요소의 우선순위가 어떻게 달라지는지 추가 연구를 진행했다.

처음 계획으로는 「장르별 게임 디자인 구성요소의 우선순위에 대한 연구」에서 제안한 6가지 게임의 대분류 장르를 모두 비교하고자 했으나, 3가지 장르를 비교하기 위해 필요한 문항이 135개이므로 6가지 장르의 우선순위를 모두 도출하기에는 한 명당 집중할 수 있는 설문 문항의 현실적인 한계가 있어 대상을 3가지 장르로 한정할 수밖에 없었다.

선정한 3가지 장르는 액션, 어드벤처, 롤플레잉 게임으로, 이 3가지 장르는 복합장르로 빈번히 서로 엮이기 때문에 게임 제작 시에 어떤 재미요소를 중시할지 판단하기 어렵다는 의견이 많다. 따라서 필자는 정량적인 연구방법론을 통해 게임 개발사에서도 활용할 수 있도록 수치적으로 3가지 장르의 게임 재미요소 우선순위를 표 5-4와 같이 도출했다.

표 5-4 장르별 게임 재미요소의 우선순위 비교 – 액션, 어드벤처, 롤플레잉 게임

<table>
<tr><th></th><th>액션 게임</th><th>어드벤처 게임</th><th>롤플레잉 게임</th></tr>
<tr><td>1</td><td>조작 통제감</td><td>스토리텔링</td><td>성장</td></tr>
<tr><td>2</td><td>타격감</td><td>긴장감(스토리 전개)</td><td>캐릭터</td></tr>
<tr><td>3</td><td>탐험</td><td>탐험</td><td>스토리텔링</td></tr>
<tr><td>4</td><td>불확실성</td><td>자기효능감</td><td>선택 다양성(게임 플레이)</td></tr>
<tr><td>5</td><td rowspan="2">긴장감(게임 플레이)
경험 다양성</td><td>선택 다양성(스토리 분기)</td><td>보상 및 성취</td></tr>
<tr><td>6</td><td>성장</td><td>조작 통제감</td></tr>
<tr><td>7</td><td>경쟁</td><td>그래픽</td><td>자기효능감</td></tr>
<tr><td>8</td><td>성장</td><td>조작통제감</td><td rowspan="2">긴장감(스토리 전개)
소속감</td></tr>
<tr><td>9</td><td>보상 및 성취</td><td rowspan="2">캐릭터
사운드(SE)</td></tr>
<tr><td>10</td><td>자기효능감</td><td>선택 다양성(캐릭터 외형)</td></tr>
<tr><td>11</td><td>사운드(SE)</td><td>선택 다양성(게임 플레이)</td><td>경험 다양성</td></tr>
<tr><td>12</td><td>선택 다양성(게임 플레이)</td><td>긴장감(게임 플레이)</td><td>탐험</td></tr>
</table>

<table>
<tr><td>13</td><td>수준별 도전과제</td><td>실재감</td><td>수준별 도전과제</td></tr>
<tr><td>14</td><td>캐릭터</td><td>사운드(BGM)</td><td rowspan="2">타격감
경쟁</td></tr>
<tr><td>15</td><td>실재감</td><td rowspan="2">경험 다양성
소속감</td></tr>
<tr><td>16</td><td>소속감</td><td>그래픽</td></tr>
<tr><td>17</td><td rowspan="2">긴장감(스토리 전개)
그래픽</td><td rowspan="2">불확실성
경쟁</td><td>선택 다양성(스토리 분기)</td></tr>
<tr><td>18</td><td>긴장감(게임 플레이)</td></tr>
<tr><td>19</td><td>선택 다양성(스토리 분기)</td><td>타격감</td><td rowspan="2">사운드(SE)
불확실성</td></tr>
<tr><td>20</td><td rowspan="2">스토리텔링
사운드(BGM)</td><td>보상 및 성취</td></tr>
<tr><td>21</td><td>선택 다양성(캐릭터 외형)</td><td>실재감</td></tr>
<tr><td>22</td><td>선택 다양성(캐릭터 외형)</td><td>수준별 도전과제</td><td>사운드(BGM)</td></tr>
</table>

상위계층에서 특정 수치이상의 중요도가 나온 재미요소를 비교해 보면, 액션 게임은 피드백 시스템, 다이내믹스, 메커닉스가 높게 나타났고 어드벤처 게임은 스토리가 높게 나타났으며, 롤플레잉 게임은 목표와 스토리가 높게 나타났다.

액션 게임을 제작할 때는 플레이어가 게임 내의 변화를 빠르게 인지할 수 있도록 즉각적인 피드백 시스템에 신경써야 하며, 플레이마다 다른 경험을 할 수 있도록 충분한 다이내믹스를 디자인할 필요가 있다. 어드벤처 게임을 제작할 때는 완성도 높은 스토리를 통해 플레이어가 탐험에 몰입할 수 있게 디자인할 필요가 있다. 롤플레잉 게임을 제작할 때는 플레이어가 역할 놀이를 즐길 수 있도록 명확한 목표를 제시하고, 다양한 역할 놀이를 할 수 있게 독특하고 깊이 있게 설정된 캐릭터를 제공하여 해당 캐릭터마다 즐길 수 있는 풍부한 스토리를 디자인할 필요가 있다.

하위계층에서 장르별 가장 우선순위 높은 3가지를 비교해 보면, 액션 게임은 조작 통제감, 타격감, 탐험이 높게 나타났고 어드벤처 게임은 스토리텔링, 긴장감(스토리 전개), 탐험이 높게 나타났으며, 롤플레잉 게임은 성장, 캐릭터, 스토리텔링이 높게 나타났다.

액션 게임은 플레이어가 게임 내에서 행하는 액션이 스스로 상상하는 것처럼 되는 것과 그 행동에 따른 결과를 빠르게 피드백해 주는 것이 재미의 핵심이고 어드벤처 게임은 플레이어의 모험을 집중하여 표현하는 장르인 만큼 스토리 전개의 긴장감과 완성도 높은 스토리텔링이 재미의 핵심이며, 롤플레잉 게임은 역할 놀이를 하기 위한 캐릭터의 깊이 있는 설정을 통해 발현되는 스토리텔링과 성장이 재미의 핵심으로 나타났다.

5.2

게임 예시

● **액션 게임 – 데벨 메이 크라이 시리즈**

〈데빌 메이 크라이〉 시리즈는 캡콤이 개발한 스타일러시 액션의 시초로 불리는 액션 게임이다. 3D 액션 게임에 2D 액션 게임의 장점이었던 화려함과 멋을 최대한 살리기 위한 목표로 개발됐다. 〈바이오 하저드〉 시리즈의 예상 외 대성공을 기반으로 다양한 시도 중 방향 전환으로, 액션을 강화한 프로젝트가 〈귀무자〉와 〈데빌 메이 크라이〉 시리즈였는데, 일본풍인 〈귀무자〉에 비해 악마를 소재로 한 〈데빌 메이 크라이〉는 세계적인 인기를 얻어 지금까지도 시리즈가 발매되고 있다.

그림 5-13 데빌 메이 크라이 5

마검사와 인간의 아들인 단테라는 매력적인 주인공과 캐릭터 설정에 걸맞은 호쾌한 액션이 〈데빌 메이 크라이〉를 글로벌 시장에서도 큰 인기를 끄는 스타일러시 액션의 시초로 자리잡게 한 원동력이 됐다. 공포를 극대화한다는 명분으로 조작감을 불편하게 했던 액션 어드벤처인 〈바이오 하자드〉 초기 작품과 달리 〈데빌 메이 크라이〉는 액션 게임으로 가장 중요한 조작 통제감과 타격감을 강화했다. 다양한 무기가 존재하며, 무기에 따라 게임 플레이와 전략이 180도 바뀌는 것과 함께 무기마다 조작 방법이 실제 무기를 다루는 것처럼 다르게 설정되어 있으며, 화려한 이펙트와 SE가 다양한 무기를 바꿔가면서 사용하는 재미를 살려준다.

전반적으로 무기별 특성과 조작이 능숙해지지 않으면 어려운 난이도지만, 반대로 말하면 액션을 연구하면 할수록 깊이가 있고, 자신만의 콤보를 연구할 수 있다. 다양한 무기와 어려운 난이도의 조합으로 게임 플레이의 경험 다양성과 긴장감도 갖추고 있고, 플레이 할 때마다 동일한 결과가 나오지 않으므로 불확실성을 가지고 있어 여러 번 플레이해도 색다른 경험을 할 수 있다.

● 어드벤처 게임 – 더 워킹 데드 : 시즌 1

〈더 워킹 데드 : 시즌 1〉은 텔테일 게임즈가 개발한 동명의 만화를 원작으로 했으나 게임만의 별도 스토리를 그린 좀비를 소재로 한 어드벤처 게임이다. 게임 시장이 2D에서 3D로 넘어가면서 스토리를 중시하던 2D 텍스트 어드벤처는 급격히 쇄락하고 액션성을 강화한 3D 액션 어드벤처가 어드벤처 시장을 이끌어 가게 됐다. 이러한 흐름 속에 스토리에 방점을 둔 텍스트 어드벤처 게임이 부활하게 된 계기 중 하나가 된 게임이 〈더 워킹 데드 : 시즌 1〉이다.

그림 5–14 더 워킹 데드 : 시즌 1

원작인 만화의 느낌을 살리기 위해 만화 같은 그래픽을 사용했으며, 좀비를 소재로 한 게임이기에 잔인한 장면이 자주 등장하는데 실사 그래픽이 아니었기에 잔인한 표현의 강도가 조금은 완화됐다. 〈더 워킹 데드〉 시리즈는 미드 형식처럼 에피소드로 구분되는데 에피소드 별로 스토리 전개에 긴장감을 부여하고, 감동적인 스토리텔링으로 스토리 중심의 어드벤처 부활에 기여했다. 좀비 소재 작품의 특징인 수많은 막장 캐릭터들 간의 갈등과 돌발 행동으로 끊임없는 긴장감을 이끌어냈다.

선택지에 따라 다양한 스토리가 분기되도록 했으나 엔딩에 크게 반영되지는 않는 점이 단점으로 평가받는다. 선택지 선택에서 결과에 영향을 미치는 경우 'OO은 이것을 기억할 것입니다.'라는 피드백을 제공했는데 게이머들에게 큰 인기를 끌면서 인터넷 밈(Meme)으로도 활용된다.

● 롤플레잉 게임 – 스카이림 vs 더 위쳐 3

〈엘더스크롤 5 : 스카이림〉은 베데스다 게임 스튜디오가 개발했고, 〈더 위쳐 3 : 와일드 헌트〉는 CD 프로젝트 레드가 개발한 오픈월드 롤플레잉 게임이다. 롤플레잉 게임에서 오픈월드를 의미있게 구현한 대표적인 게임들로 평가받고 세계적으로 인기를 얻은 명작으로 구분되나 두 게임의 재미는 전혀 다르다. 〈스카이림〉과 〈더 위쳐 3〉을 비교해 보면 동일한 장르라고 할지라도 전혀 다른 재미에 주목해서 색다른 경험을 만들어낼 수 있다는 것을 알 수 있다.

〈스카이림〉은 우주의 창세부터 만들어진 방대한 세계관을 기반으로 무한에 가까운 캐릭터 커스터마이징 시스템을 통해 역할놀이를 할 수 있는 매력적인 공간을 제공한다. 스킬에 해당하는 퍽(Perk)은 무엇이 있는지 전부 확인하는 것이 힘들 정도로 다양하며 본인이 하고자 하는 역할놀이에 맞게 캐릭터를 색다르게 성장시킬 수 있으며, 모험을 하다 보면 예측하기 어려운 랜덤 인카운터가 발생해서 하나의 퀘스트를 왕복해서 클리어하는 것이 아닌 스토리를 진행하다가 다른 스토리가 발생하고, 또 다른 이벤트가 발생해서 스스로 무슨 퀘스트를 진행하고 있었는지조차 기억하지 못할 정도로 세계가 살아있는 것처럼 느껴진다. 다만 게임 플레이에 강점을 가지는 대신 스토리텔링과 스토리 전개의 긴장감은 상대적으로 단점으로 평가받는다.

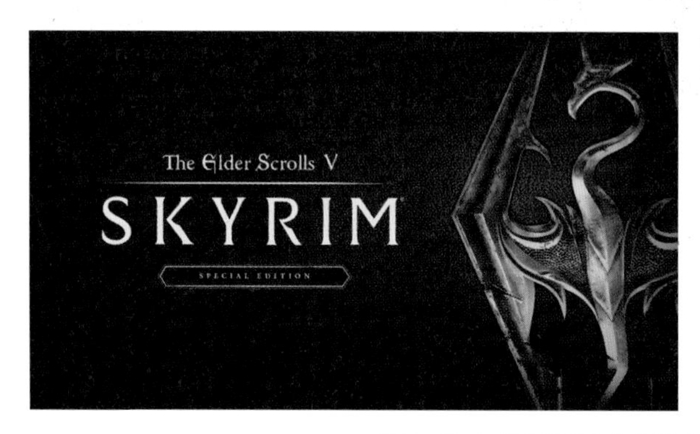

그림 5-15 스카이림(왼쪽) / 더 위쳐 3(오른쪽)

〈더 위쳐 3〉는 소설을 원작으로 한 게임인 만큼 정교한 세계관, 품질 높은 스토리텔링, 매력적인 캐릭터들을 최고의 강점으로 삼는다. 괴물과 싸우기 위해 인간에 의해 만들어진 '위쳐'는 푼돈을 받아가며 인간을 도와주기 위한 일을 함에도 불구하고, 인간과 비교할 수 없는 강함을 질투한 인간들에게 온갖 핍박을 받는 이율배반적인 입장에 놓여있다. 이러한 이율배반적인 입장에 처한 위쳐의 이야기는 현대 인간의 다양한 부정적인 모습을 거울에 비친 듯 풍자하고 비판하고 있다. 뛰어난 캐릭터, 세계관, 스토리텔링을 기반으로 메인 퀘스트만이 아니라 세계관을 이해할 수 있게 해 주는 서브 퀘스트의 품질이 최고라고 평가를 받는다. 다만 캐릭터의 성장 다양성이 적고, 전투 시스템의 깊이가 깊지 않고 조작 통제감도 좋은 편은 아니라 전반적으로 게임 플레이는 단점으로 평가받는다.

5.3 실습 가이드

5주차 실습

① **목표** : 중요시할 쾌락과 재미요소(게임의 재미요소 모형) 결정

② **추천 분량** : PPT 2장

③ **페이지 구성**

Page 1) 중요시할 쾌락 2~3개를 정리한 문장(쾌락별 참고 그림 1장 첨부)

Page 2) 중요시할 재미요소 3~5개를 정리한 문장(재미요소별 참고 그림 1장 첨부)

④ **페이지 내용**

Page 1) 게임을 통해 소비자에게 제공하고자 하는 주요 쾌락을 자유롭게 작성

Page 2) 게임을 통해 소비자에게 제공하고자 하는 주요 재미요소를 자유롭게 작성

● 주의점

플레이어가 느끼는 쾌락은 8가지이므로, 이 중 2~3개를 선택하는 것은 어렵지 않다. 그러나 게임의 재미요소 모형의 22가지 재미요소는 수도 많고, 얼핏 모두 중요해 보이기 때문에 중요시할 재미요소를 3~5개 선택하는 것이 생각 외로 까다롭다.

22가지 하위 재미요소만으로 결정이 어렵다면, 먼저 상위 계층인 스토리, 메커닉스, 피드백 시스템, 다이내믹스, 미적 정서, 목표을 기준으로 우선순위를 잡아보고, 그에 따라 가중치를 둬서 하위 계층의 재미요소를 선택하는 것도 방법이다. 재미와 관련되는 것이므로 〈4장〉의 게임 디자인 구성요소와는 조금 다르다는 점에 유의하자.

그리고 게임의 재미요소 모형에서 제시한 22가지 재미요소에 속하지 않는 자신만이 생각하는 다른 재미요소가 있다면 얼마든지 추가할 수 있다. 다만 다른 재미요소와 같은 층위에서 비교할 수 있는 것을 추가해야 다른 재미요소와 비교할 수 있다.

6 장

플레이어

학 습 목 표

놀이 인격, 다중 지능 이론, 플레이어 유형을 학습하여 집중 공략할 플레이어 범위를 정한다.

GAME CONCEPT

6.1

필수 이론과 개념

● 플레이어

게임 콘셉트 디자인은 '게임'과 '플레이어' 크게 2가지를 결정하는 과정이라고 했다. 앞서 재미를 확인하면서 어떤 게임을 만들 것인지까지 대략적인 구상이 끝났다. 다음으로 해당 게임을 플레이하는 주된 대상을 어떤 플레이어로 할 것인가를 결정할 차례다. 게임이 제품이나 서비스라면, 플레이어는 해당 제품이나 서비스에 대한 소비자가 된다. 다시 말해서 어떤 소비자를 대상으로 한 게임을 만들 것인가를 정하기 전에 먼저 게임의 소비자에 대해서 이해할 필요가 있다.

다른 미디어에 대한 소비자는 흔히 독자, 관객, 시청자 등으로 출판 미디어는 출판 미디어 공통으로, 공연 미디어는 공연 미디어 공통으로, 영상 미디어는 영상 미디어 공통으로 표현하고 있다. 그런데 게임은 다른 미디어들과 다르게 게임의 소비자를 전혀 다른 용어로 부르고 있다. 이런 점부터 우리는 게임이 기존의 '보는' 영상 미디어에서 파생된 것이 아닌 놀이를 기반으로 새롭게 만들어진 '하는' 미디어라는 점을 유추할 수 있다.

게임 산업에서 소비자는 일반적으로 게이머, 유저, 플레이어라고 부른다. 유저(User)라는 표현은 서버와 클라이언트 간의 개념에서 나온 용어로, 게임 산업에서는 온라인 게임이 인기를 얻었을 때 게임 산업의 소비자를 칭하고자 사용됐다. 그러나 게임 유저라는 단어는 의미상 모든 게임 플랫폼의 소비자를 대표하기 어렵기 때문에 필자는 학술적인 관점에서는 게이머와 플레이어가 게임의 소비자로 적합한 표현이라고 본다.

게이머와 플레이어라는 용어는 비슷하면서도 다른 의미를 가지고 있다. 게임 디자이너는 게이머와 플레이어가 가진 의미의 차이를 이해하고 정확하게 구분해서 사용할 수 있어야 한다. 게이머는 게임을 과거에 했던 사람을 모두 포함하는 넓은 의미로, 전통적인 전쟁 게임이나 롤플레잉 게임을 즐기는 일부의 사람들을 의미했지만, 게임이 대중화되면서 모든 디지털 게임을 즐기거나 즐겼던 사람들 모두를 의미하는 용어로 자리잡았다. 플레이어는 현재 게임을 플레이하고 있는 사람을 한정하는 좁은 의미로, 과거에 놀이, 경기, 스포츠에 출전하는 선수를 의미했으나 소비자가 게임과 직접 상호작용하는 게임이라는 미디어의 소비자를 의미하는 용어로 이어져 사용되고 있다.

게임의 소비자인 플레이어가 다른 미디어의 소비자보다 강한 몰입을 하는 이유는 생각보다 간단하다. 게임은 지금까지 단지 독자, 관객, 시청자에 불과했던 소비자를 독자, 관객, 시청자이면서 동시에 '배우'로 만들어 주는 미디어다. 직접 배우가 되어서 작품에 참여해서 몰입하는 것과 제3자의 관점에서 작품을 바라보기만 하는 것은 애초부터 다른 환경이다.

배우들이 영화나 드라마가 끝난 이후에도 오랜 기간 연기를 한 배역에서 빠져나오지 못하는 것은 흔한 일이다. 그만큼 직접 해당 시대, 해당 장소에서 배역을 수행하면서 현실의 자신이 아닌 배역에 자신을 대입한 것이므로 우리는 그 배우를 뛰어난 연기력을 가진 배우라고 높게 평가한다. 그런데 한국 사회에서는 게임의 소비자인 플레이어는 관객이나 시청자가 아닌 배우로 게임을 플레이해서 깊게 몰입을 했음에도 불구하고 뛰어난 연기력을 가졌다고 하지 않고 게임 중독자이기에 치료가 필요하다고 한다. 배우가 배역에 깊게 몰입한 것이 중독이고 치료가 필요하다면 앞으로 모든 영상 미디어는 어설픈 연기만 하는 배우만 남게 될 것이다. 이는 게임의 소비자를 아직도 다른 '보는' 미디어의 기준으로 평가하고 있는 것이며, 게임의 소비자에 대한 근본적인 이해가 부족한 것에서 나오는 현상이라고 볼 수 있다.

이번 장에서는 게이머와 플레이어를 어떻게 분류할 수 있는지 3가지 이론을 살펴볼 것이다. 놀이에서부터 파생된 게임이기에 플레이어 또한 놀이 인격을 가지고 있다. 어떤 놀이 인격을 가지고 있는 플레이어를 주된 소비자로 선택할 것인가? 다음으로 인간이 가지고 있는 여러 가지 지능 중에 플레이어마다 선호하는 다중 지능이 존재한다. 어떤 다중 지능을 중요시하는 플레이어를 주된 소비자로 선택할 것인가? 마지막으로 플레이어의 유형을 알아보는 것으로 어떤 플레이어를 대상으로 게임을 제작할지 결정해 보자.

01 놀이 인격

모든 인간은 놀이를 하며 성장한다. 성인이 됐다고 해도 놀이를 통해 인간은 휴식을 취하고, 자신의 장점을 발견하며, 일에서 얻기 어려운 만족감을 얻고자 한다. 따라서 모든 인간은 놀이 인격을 가지고 있다고 볼 수 있다. 놀이 인격(Play Personality)이란 앞서 놀이의 특징을 연구했던 스튜어트 브라운과 크리스토퍼 본이 주장한 개념으로, 인간은 개개인마다 다른 지배적인 놀이를 가지고 있지만 보편적으로 인간은 8가지의 놀이 유형 중에 자신만의 선호하는 놀이 인격이 있다고 주장했다.

사람마다 이후 설명할 8가지 놀이 인격 중에 하나에 해당하는 것이 아니라 여러 가지의 놀이 인격을 가지고 있다고 보는 것이 좋다. 모든 게이머 또는 플레이어는 놀이 인격을 가지고 있으며, 선호하는 놀이 인격에 따라 게임 내에 좋아하는 콘텐츠와 시스템이 바뀔 것이다. 게임 디자이너는 먼저 자신은 어떤 놀이 인격을 가지고 있는지 고민해 보고, 자신이 만들고자 하는 게임의 플레이어는 어떤 놀이 인격을 가진 사람들을 대상으로 할 것인지 결정하는 것으로, 게임에 구현될 콘텐츠와 시스템을 넣을 것인지 제외할 건인지에 대한 기준이 될 수 있다. 이 장에서 설명할 다중 지능 이론과 플레이어 유형도 동일한 방식으로 체크한다면 주된 소비자의 범주가 상당히 좁혀지면서 타겟층을 설정하기 위한 틀이 마련된다.

놀이 인격은 나이가 들어감에 따라서도 바뀌며, 상황에 따라서도 변할 수 있다고 보는 편이 이해하기 쉽다. 놀이와 게임은 업무와 다르게 철저하게 현재 자신이 잘하는 것을 선택하게 된다. 현실에서 벗어나 가상 현실에 들어온 플레이어는 자신이 잘하는 게임을 플레이하여 즐거운 경험을 하고, 자신감을 회복하며, 정신적인 회복을 취하길 원한다. 인간은 나이가 들면서 요구되는 사회적인 역할과 능력이 달라지기 때문에 자연스럽게 다른 분야에 흥미가 생기고 역할에 맞게 능력이 변한다. 즉, 현재 놀이 인격은 그 사람이 가장 자신있고 흥미를 가지는 분야가 무엇인지 알 수 있는 방법이기도 하다.

잠깐만요 **8가지 놀이 인격**

1. 익살꾼(Joker)
2. 활동가(Kinesthete)
3. 경쟁자(Competitor)
4. 탐험가(Explorer)
5. 수집가(Collector)
6. 스토리텔러(Storyteller)
7. 예술가 혹은 창조자(Artist/Creator)
8. 감독(Director)

❶ 익살꾼

익살꾼은 놀이를 즐기는 인간들 중에 가장 1차원적인 놀이 인격으로, 바보 또는 개구장이 유형이라고 볼 수 있다. 썰렁한 농담이나 허튼 짓을 하는 사람들이 대표적인 익살꾼에 해당된다. 특히 모든 부모는 어린 아이를 보고 웃기는 표정을 짓거나 이상한 소리를 내게 되는데 이때가 바로 익살꾼이 되어서 아이와 놀이를 즐기는 것이다.

게임에서도 익살꾼들을 위한 콘텐츠와 시스템을 제공하는 게임들이 상당히 많다. 게임에 등장하는 여러 캐릭터 중에 썰렁한 농담을 즐겨하는 캐릭터를 배치해 놓음으로써 놀이 인격 중 익살꾼의 성향을 가진 플레이어에게 재미를 제공하려 한다. 평소에 진지한 스토리를 다루는 게임이라고 할지라도 중간중간에 주위를 환기시키고 긴장을 완화시키기 위해 1차원적인 코메디를 연출하기도 한다. 아예 게임의 콘셉트 자체를 익살꾼에 맞춰 개발되는 게임도 더러 존재

한다. 일본에서는 바카게(バカゲー)라고 별도로 구분하고 있으며, 〈반숙영웅〉, 〈괴혼〉, 〈휴먼: 폴 플랫〉, 〈모기〉, 〈사우스 파크〉, 〈메이드 인 와리오〉 시리즈 등이 이를 대표하는 작품이라고 볼 수 있다.

게임 디자이너는 익살꾼을 가장 수준이 낮은 놀이 인격으로 봐서는 안된다. 놀이 인격 중에 가장 인간의 본성에 가까운 놀이 인격이며 아무리 진지한 사람이라고 할지라도 정도의 차이는 존재하겠지만 상황에 따라 익살꾼이 되기도 한다는 점을 잊어서는 안된다.

그림 6-1 휴먼 : 폴 플랫

❷ 활동가

활동가는 생각하기 위해 먼저 몸을 움직이는 것을 선호하는 놀이 인격으로, 현실에서도 운동, 스포츠, 춤, 산책, 요가 등을 즐기며 게임을 통해서도 이러한 활동을 즐기는 것을 선호한다. 활동가는 놀이에 참여한다고 할지라도 자신이 좋아하는 활동 자체가 목적이 되므로 경쟁의 결과는 주된 관심사가 아니며 좋아하는 활동을 하기 위해 경쟁에 참여할 뿐이다.

일반적인 게임에서 직접적으로 몸을 움직이게 되면 장시간 플레이가 어려워지므로 대부분의 플레이어는 몸의 움직임을 강요하는 게임을 선호하지는 않는다. 그러나 놀이 인격 중 활동가들을 위해 게임 개발사들도 체감형 게임이나 VR 게임 등을 선보인다. 게임을 통해 운동을 즐기고 싶은 게이머들을 위해서 〈Wii Fit〉, 〈링 피트 어드벤처〉나 북두의 권 캐릭터를 통해 본격적인 운동을 제공하는 〈Fitness Boxing Fist of the North Star〉 등도 출시되고 있으며, 〈DDR〉, 〈저스트 댄스〉 시리즈와 같이 댄스형 리듬 게임도 꾸준히 출시되고 있다.

처음부터 운동이나 춤이 목적이 아닌 몸을 직접 움직이는 조작으로 게임 자체의 새로운 재미를 선사하기 위해 제작된 〈젤다의 전설 : 스카이워드 소드〉 등도 존재하며, VR 게임 중에서 게임성이 뛰어난 것에 더해 부가적으로 운동효과까지 뛰어나 높게 평가를 받은 〈비트 세이버〉가 대표적으로 활동가를 위해 적합한 게임이라고 볼 수 있다.

그림 6-2 비트 세이버

❸ 경쟁자

경쟁자는 구체적인 규칙이 있는 경쟁을 즐기면서 행복을 만끽하고 창의력을 얻는 놀이 인격으로, 보편적으로 결과를 중시하기에 이기기 좋아하고, 게임이 시작되면 반드시 끝을 봐야 하며, 지배욕이 강한 특성이 있다. 경쟁자 성향이 강한 사람들은 누군가와 경쟁을 해서 이기는 것으로 자신감을 가지고 자신의 능력을 키우기 때문에 혼자가 아닌 집단이나 단체에 속하려는 경향이 강하며, 그 집단이나 단체 안에서 자신의 능력을 키워서 자신을 알리고 최고가 되는 것에 재미를 느낀다.

게임은 목표를 설정하여 플레이어에게 도전욕을 불러일으키는 것이 일반적이며, 특히 멀티플레이 게임에서는 플레이어 간의 협동이나 경쟁하는 것이 주된 콘텐츠와 시스템이 될 정도로 놀이 인격이 경쟁자인 플레이어에게 많은 것이 제공되는 미디어다. 상당히 많은 싱글 플레이 게임에서도 플레이어와 게임 간의 경쟁을 토대로 게임 디자인이 이뤄지며, 싱글 플레이 게임이라고 할지라도 리더보드와 같은 시스템을 활용해서 간접적으로 다른 플레이어와 경쟁을 유도한다.

놀이 인격 중 경쟁자들에게 특화된 게임들도 상당수 존재한다. 〈철권〉, 〈버추어 파이터〉, 〈스트리트 파이터〉, 〈킹 오브 파이터즈〉, 〈소울 칼리버〉, 〈스매시 브라더스〉, 〈데드 오어 얼라이브〉, 〈모탈 컴뱃〉과 같은 대전 액션 게임 또는 대전 격투 게임으로 불리는 시리즈는 플레이어 간에 1:1로 결투를 하는 방식으로 경쟁자 성향이 강한 플레이어에게 아주 적합한 게임 장르 중 하나다. 또한 〈포트 나이트〉, 〈Apex 레전드〉, 〈PUBG〉, 〈H1Z1〉과 같은 배틀 로얄에서도 수많은 플레이어 중 최종 생존자가 됨으로써 자신의 능력을 과시할 수 있도록 시스템을 제공하는 장르도 존재한다.

그림 6-3 철권 8

❹ 탐험가

탐험가는 놀이의 세계에 들어가 적극적으로 새로운 것을 찾기 위해 모험을 하는 놀이 인격으로, 나이와 무관하게 탐험에 대한 열정이 식지 않고 항상 새로운 장소와 지식을 발견하고 이 과정에서 재미와 행복을 느낀다. 탐험가에게 있어 탐험이란 현실에서 얻기 힘든 상상력을 얻고 자신의 창의력을 키울 수 있는 수단으로 탐험이 물리적인 장소나 사물만이 아닌 정신적인 것도 포함된다는 특징이 있다.

게임에서 탐험은 굉장히 중요한 재미요소 중 하나다. 특히 싱글 플레이 게임에서 재미의 중요한 축을 차지하기도 하며, 플레이어의 행동 중에 탐험을 주된 시스템으로 선정한 어드벤처 장르가 존재할 정도다. 〈원숭이 섬의 비밀〉, 〈인디아나 존스〉, 〈킹스 퀘스트〉, 〈가브리엘 나이츠〉와 같은 포인트 앤 클릭 어드벤처 게임을 시작으로, 〈언차티드〉, 〈툼레이더〉, 〈앨런 웨이크〉와 같은 액션 어드벤처 게임이 크게 인기를 얻고 있으며, 대중적인 성공을 거두는 작품은 비교적 적지만 특정 게이머에게 꾸준히 인기를 얻고 있는 연애 어드벤처, 호러 어드벤처, 추리 어드벤처, 비주얼 노벨 등이 존재한다.

어드벤처 장르만 아니라 액션 게임이나 롤플레잉 게임에서도 탐험은 게임 볼륨에서 상당한 분량을 차지한다. 특히 최근 스토리의 분기 방식 중 하나인 오픈월드 게임이 크게 인기를 얻으면서 탐험요소를 중시하는 플레이어가 많아지고 있다. 〈울티마 6〉에서부터 틀이 잡힌 오픈월드 게임은 〈엘더스크롤〉, 〈폴아웃〉, 〈고딕〉, 〈Grand Theft Auto〉, 〈위쳐〉, 〈사이버펑크〉, 〈레드 데드 리뎀션〉, 〈어쌔신 크리드〉, 〈젤다의 전설 : 브레스 오브 더 와일드〉, 〈포르자 호라이즌〉, 〈엘든 링〉과 같이 최근 AAA 게임의 트렌드라고 볼 수 있을 정도로 인기를 구가하고 있다. 그러나 스토리의 분기 방식이라는 제대로 된 오픈월드의 개념을 이해한 게임은 소수이며, 오픈월드를 단순히 메커닉스의 관점에서 바라보고 콘텐츠를 넓은 장소에 퍼트려 놓은 것으로 오픈월드가 된다고 오해한 게임들은 평가가 좋지 않은 것도 사실이다.

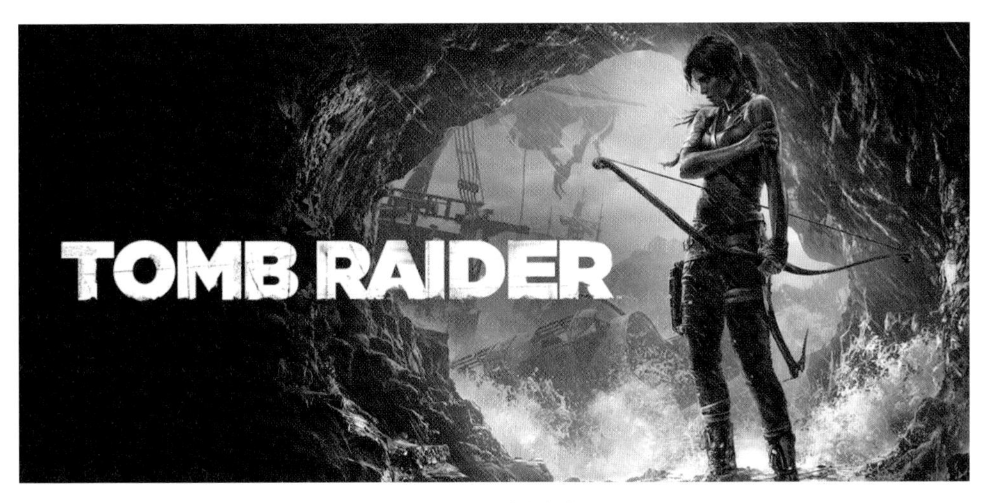

그림 6-4 툼 레이더 리부트

❺ 수집가

수집가는 흥미로운 물건이나 경험 등을 수집하는 것으로 재미와 행복을 느끼는 놀이 인격으로, 장난감, 자동차, 넥타이, 시계, 가방, 신발, 피규어 등의 물질적인 것을 모으는 것부터 시작하여 동영상, 음악, 아트웍 등의 미디어를 모으는 것도 해당된다. 또한 물질적인 것만이 아닌 전세계의 수도를 돌아다니며 사진을 찍거나 맛집이나 예쁜 카페를 돌아다니는 것으로 재미를 느끼는 것도 수집가에 해당된다.

게임을 진행하다 보면 필요한 무기, 아이템 등을 수집하는 플레이어도 존재하기에 도전과제 등과 같은 시스템을 통해 수집가 성향이 강한 플레이어에게 시각적으로 수집을 하고 있다는 정보를 제공해서 만족감을 준다. 스토리를 다시 보기 위해 스토리 관련 화면, 연출, 동영상, 정보를 추후에 볼 수 있는 갤러리 시스템을 제공하는 게임도 흔하다.

수집을 하는 것을 게임 시스템의 근간으로 잡은 게임들도 상당히 존재한다. 〈포켓몬스터〉가 대표적인 게임으로 게임의 엔딩을 보는 것이 게임의 목표이지만 〈포켓몬스터〉를 즐기는 플레이어들은 엔딩부터 정식적인 게임의 시작으로 생각하며, 수많은 몬스터를 수집하고 성장시키는 과정 자체

그림 6-5 포켓몬스터 스칼렛

를 즐기고 사랑한다. 〈매직 더 개더링〉, 〈유희왕〉, 〈포켓몬 카드〉와 같은 트레이딩 카드 게임(Trading Card Game: TCG)의 경우에도 지속적으로 추가되는 수많은 카드를 여러 등급으로 나눠 수집적인 요소를 극단적으로 높인 게임 장르다.

수집가 성향이 강한 게이머가 늘어가면서 모바일 플랫폼에서는 수집형 RPG라는 캐릭터 수집에 특화된 게임들도 지속적인 인기를 끌고 있다.

❻ 스토리텔러

스토리텔러는 상상 속에 존재하는 가상 세계에 들어가 가상 세계의 모든 것을 체험하고 즐기고자 하는 놀이 인격으로 스토리를 만들어 내는 것만이 아닌 스토리를 즐기고 스토리 안에서의 캐릭터가 느끼는 감정이나 생각까지 체험하는 것을 즐기는 사람을 모두 포함하는 넓은 의미다. 일반적으로 소설가, 극작가, 만화가, 시나리오 작가 등만 스토리텔러라고 생각할 수 있는데 춤, 연기, 미술, 강연 등을 통해 스토리텔링하는 사람들도 스토리텔러에 해당된다.

게임에서 스토리는 메커닉스와 함께 게임의 내용을 양분하는 2가지 축 중에 하나다. 그렇기 때문에 게임에서 스토리는 필수적인 구성요소는 아니지만 수많은 게임에서 스토리를 오히려 중시하는 경향이 강하게 나타난다.

국내 게임은 특정 몇 가지 장르에 과도하게 치우쳐져 있고, 온라인 게임과 모바일 게임으로 빠르게 전환되면서 싱글 플레이 게임에서 게임 시나리오를 작성할 수 있는 인력 자체가 거의 불필요하게 됐다. 이에 따라 지금은 깊이 있는 게임 스토리텔링을 작업할 수 있는 인력 자체 게임 업계 전체적으로 거의 남아 있지 않다고 할 수 있을 정도로 소수에 불과하게 됐다. 따라서 싱글 플레이 게임의 스토리가 중요시되는 비디오 게임이 상당한 비율을 차지하고 있는 글로벌 게임 시장과 전혀 다른 이질적인 시장이 되어버렸고, 이제는 스토리 좋은 게임을 만들고 싶어도 그럴 수 있는 환경이 아니게 됐다.

스토리가 좋은 게임으로 평가받는 게임들은 대부분 게임 역사상 명작으로 불리는 게임들이며, 어드벤처와 롤플레잉 게임 장르가 탄생된 1970~80년대에는 게임 내 스토리 표현이 부족했으나 1990년대부터 시작하여 완성도 높은 스토리가 포함된 게임이 대거 등장했고, 지금까지도 변함없이 스토리가 좋은 게임이 시장에서 꾸준히 좋은 평가를 받아오고 있다.

〈플레인스케이프 : 토먼트〉, 〈젤다의 전설 : 시간의 오카리나〉, 〈스타워즈 : 구 공화국의 기사단〉, 〈발키리 프로파일〉, 〈바이오 쇼크〉, 〈하프 라이프 2〉, 〈파이널 판타지 X〉, 〈테일즈 오브 심포니아〉, 〈매스 이펙트〉, 〈페르소나〉, 〈위쳐 3 : 와일드 헌트〉, 〈역전재판〉, 〈단간론파〉, 〈용과 같이 제로〉, 〈디트로이트 비컴 휴먼〉, 〈라이프 이즈 스트레인지〉, 〈디스코 엘리시움〉, 〈13기병방위권〉, 〈월희〉 등 헤아릴 수 없을 정도로 수많은 게임들이 스토리가 좋은 게임을 평가받고 있으며 비디오 게임 시장의 핵심으로 자리매김하고 있다.

그림 6-6 플레인스케이프 토먼트

❼ 예술가 혹은 창조자

예술가 혹은 창조자는 무엇인가를 만드는 행위 자체에 재미와 행복을 느끼는 놀이 인격으로, 그림, 판화, 목공, 도예, 조각과 같은 예술은 물론이고 바느질, 뜨개질, 정원 가꾸기, 꽃꽂이 등 생활 속에서 이뤄지는 것도 포함된다. 예술가나 창조자라라고 해서 반드시 무엇인가를 새롭게 만들어야 하는 것은 아니며 기존의 것을 개선하거나 변화시키는 행위도 놀이 인격 중 예술가 혹은 창조자에 해당된다.

게임 내에서도 플레이어가 직접 게임의 일부를 만들거나 꾸밀 수 있도록 제공하는 것은 아주 일반적이다. 대표적으로 플레이어의 분신이 되는 플레이어 캐릭터를 자신이 원하는 대로 꾸밀 수 있도록 캐릭터 커스터마이징 시스템을 채택하는 게임도 상당히 많다. 캐릭터 커스터마이징 시스템을 채택하지 않고, 제작자가 제공하는 만들어진 캐릭터를 제공하는 게임들도 플레이어의 예술적인 면을 반영할 수 있도록 꾸미기 위한 아이템 등을 적극적으로 제공한다.

〈마인크래프트〉와 같은 샌드박스 게임들은 처음부터 게임 내에 무엇을 만들 수 있는 수단을 제공하고 플레이어의 예술가 혹은 창조자로서 역할이 게임의 목표가 된다. 게임 내에서 시스템을 통해 제공하는 게임도 있으나 게이머들 스스로 모드를 개발하여 게임에 적용할 수 있도록 툴을 별도로 제공하는 게임들도 존재한다. 다른 게임들에 비해서 많은 수는 아니지만 게임 내에서 실제 그림을 그릴 수 있는 시스템을 포함하는 〈파스포투트 : 굶주린 예술가〉와 같은 게임들도 있다.

그림 6-7 파스포투트 : 굶주린 예술가

❽ 감독

감독은 계획을 수립하는 것을 즐기고 자신이 바라는 그럴듯한 장면을 연출하거나 이벤트를 주최하는 것을 즐기는 놀이 인격으로 좋은 방향으로 작용하면 뛰어난 리더로 볼 수 있으나 나쁜 방향으로는 사람들을 조종하는 성향을 가지기도 한다.

상당수의 시뮬레이션 게임에서 플레이어는 일반적으로 절대적인 능력을 가진 역할을 수행하게 된다. 〈삼국지〉, 〈심시티〉, 〈시티즈 : 스카이라인〉, 〈문명〉, 〈트로피코〉, 〈크루세이더 킹즈〉, 〈유로파 유니버스〉, 〈빅토리아〉 등의 시뮬레이션 게임들은 플레이어가 수립한 계획에 따라 국가, 도시 등의 상황이 변화하며 이를 관리하고 감독하는 것으로 주된 재미를 느끼게 된다. 궁극의 인생 시뮬레이션 게임이라고 광고하는 〈심즈〉의 경우에는 마치 새로운 인생을 살아볼 수 있도록 수많은 콘텐츠와 시스템을 제공하여 해당 하위 장르에서 경쟁작이 없다고 할 정도로 압도적인 인기를 꾸준히 얻고 있다.

그림 6-8 시드 마이어의 문명 6

02 다중 지능 이론

흔히 인간의 지능은 특정 상황에 처했을 때 현재 상황을 이해하고 적응하기 위해 발휘되는 지적 능력이라고 정의한다. 그렇기 때문에 보통 언어적, 논리적, 수학적인 것에 한정하는 경향이 있는데, 하워드 가드너(Howard Gardner)는 인간의 지능은 보다 다양한 형태가 존재한다고 주장하면서 8가지의 다중 지능이 통합되어 있다고 했다. 다시 말해서 학생들의 지능을 향상시키기 위해 언어나 수학만이 아니라 훨씬 다양한 분야를 가르치는 것이 지능을 향상시키는데 도움이 된다고 본 것이다. 그의 주장은 교육학 등에서 넓게 받아들여져 다양한 분야를 교육과정에 포함하는 형태로 교육 시스템이 변화했다.

모든 사람은 8가지 다중 지능을 가지고 있지만, 사람마다 정도의 차이가 존재하기 때문에 뛰어난 지능이 있고, 그렇지 않은 지능이 있다. 이러한 차이로 인해 사람마다 다른 개성과 특성을 보유하게 된다. 부족한 지능이라고 할지라도 반복적인 연습, 훈련, 교육, 환경의 변화가 이뤄지면 어느 정도의 범위에서 수준이 높아질 수 있기 때문에 부족한 지능도 꾸준히 교육이 필요하다. 특히 8가지 다중 지능은 각각 별개로 존재하는 것이 아닌 상호연결되어 있기 때문에 다수의 지능이 연관되면서 시너지가 발생할 수 있어 하나의 지능을 극단적으로 높이기 보다 다른 지능도 어느 정도의 수준까지 골고루 올리는 것이 전체적인 지능을 향상시키기 위한 길이다.

게임은 현재 인간이 향유하는 거의 모든 미디어가 융합된 특수한 미디어라고 볼 수 있다. 현재는 융합되어 있지 않은 미디어라고 할지라도 게임 디자이너의 능력에 따라 앞으로 얼마든지 새로운 융합 방법을 찾을 수 있다. 그렇기 때문에 다중 지능을 향상시키기 위한 요소를 게임의 콘텐츠와 시스템에 모두 적용할 수 있고, 이러한 콘텐츠와 시스템을 통해 8가지 다중 지능을 적절하게 향상시키기 위한 최적의 미디어라고 할 수 있다.

실제 게임은 다른 미디어와 비교하기 어려울 정도로 수많은 장르로 세분화되고 있으며, 각각의 장르마다 집중적으로 제공하는 다중 지능이 존재한다. 이러한 특징으로 인해 더욱 다중 지능을 향상시키기 위한 요소를 넣기 수월하다. 또한 점차 게임 시장이 거대화됨에 따라 하나의 게임이 가진 볼륨이 급증하고 있고 그만큼 다양한 요소가 포함되는 형태로 발전하고 있다.

플레이어는 보편적으로 자신이 가진 뛰어난 지능을 뽐내기 쉬운 게임 장르를 선택하게 된다. 이는 현실에서 벗어난 가상 세계에서의 자신은 그 누구보다 뛰어나며 세상을 구하는 영웅이 될 수 있기 때문이다. 또한 자신이 부족한 지능을 게임을 플레이하면서 즐겁게 향상시킬 수 있기 때문에 현실과 다르게 다양한 분야에 도전하기 쉽고, 그만큼 다양한 다중 지능을 향상시키기 좋다.

예를 들어, 악기도 비싸고 레슨비도 들어가야 하기 때문에 평소에 악기 연주는 엄두를 못 냈지만, 게임에서는 게임 소프트 하나를 구입하고 가볍게 시도해 보는 것으로 악기의 기본적인 사용법을 쉽게 익힐 수 있다. 그러므로 다양한 게임을 잘하는 플레이어는 다양한 지능이 뛰어난 것을 쉽게 확인할 수 있을 정도다. 게임을 잘하기 위해서는 다양한 지능이 필요하며, 게임을 통해서 다양한 지능을 동시에 향상시키는 선순환을 만들기 수월하다.

물론 지능 향상에 도움이 되는 게임에 한정되며, 지능 향상에 전혀 도움이 되지 않는 게임이 많은 것도 사실이다. 그래서 자신에게 도움이 될 게임을 찾는 것이 중요하며, 부모가 게임에 대해서 잘 알아야 할 필요가 있는 것이다. 북미와 일본의 부모들 중 상당수는 게이머였고, 게임에 대해 어느 정도 알고 있기 때문에 아이가 어떤 게임을 하면 좋을지 어릴 때부터 아이 스스로가 판단할 수 있는 힘을 길러줄 수 있다.

따라서 어떤 플레이어를 주된 대상으로 할지를 결정할 때 해당 플레이어가 어떤 다중 지능을 선호하는가를 고민해 보는 것은 큰 도움이 된다. 또한 만들고자 하는 게임의 콘텐츠와 시스템을 정리한 후에 각각이 어떤 다중 지능과 연결되는지 분석해 봄으로써 게임 내에 어떤 다중 지능이 결여되어 있으며, 어떤 다중 지능 관련 콘텐츠와 시스템을 추가하거나 개선할지 방향을 잡을 수 있게 된다.

잠깐만요 **8가지 다중 지능 이론**

1. 언어적 지능(Verbal-linguistic Intelligence)
2. 신체-운동 지능(Bodily-kinesthetic Intelligence)
3. 논리-수학적 지능(Logical-mathematical Intelligence)
4. 시각-공간적 지능(Visual-spatial Intelligence)
5. 음악적 지능(Musical-rhythmic Intelligence)
6. 자연관찰 지능(Naturalistic Intelligence)
7. 자기이해 지능(Intrapersonal Intelligence)
8. 대인관계 지능(Interpersonal Intelligence)

❶ 언어적 지능

언어적 지능에는 말하기, 듣기, 쓰기, 읽기가 모두 포함되므로 말과 글이라는 상징적 기호에 따라 단어를 기억하고 이를 언어로써 이해하고 활용할 수 있는 지능을 의미한다. 언어는 듣기와 말하기도 포함되기 때문에 텍스트에 대한 것만 아닌 소리와 리듬에 민감한 정도 또한 언어적 지능에 포함된다.

일반적인 게임에서는 읽기와 듣기에 대한 언어적 지능을 향상시키기 매우 좋은 환경을 가지고 있다. 아무리 공부를 열심히 하는 학생이라고 해도 교재에 나오는 문장을 읽고 듣는 것에는 집중력에 한계가 존재하기에 학습할 수 있는 분량이 제한적일 것이다.

그러나 게임에서 나오는 텍스트와 캐릭터들의 음성은 공부를 하기 위한 것이 아니라 게임을 플레이하기 위한 것이기 때문에 플레이어는 공부라고 생각하기 보다 스토리를 파악하기 위해서 보다 쉽게 접근하게 된다. 틀려도 상관없고 자신의 페이스대로 진행할 수 있기 때문에 언어에 대한 부담이 적은 상태로 장시간 언어에 노출된다. 모든 언어는 많이 노출된 만큼 향상되기 때문에 게임을 통해 외국어를 배우는 사람이 많은 것은 아주 당연한 현상이다.

또한 어드벤처나 롤플레잉 게임에서는 플레이어에게 선택하기 어려운 선택지가 주어지는데, 문장에 대한 정확한 이해와 미묘한 뉘앙스까지 파악해야 게임이 유리하게 진행하기 때문에 플레이어는 평소보다 집중해서 언어적 지능을 활용하게 된다. 게다가 상당수의 게임에서는 선택지를 선택할 때 제한 시간을 두는 경우가 많기 때문에 빠른 시간에 문장과 선택지를 동시에 파악하는 훈련이 되므로 굉장히 훌륭한 외국어 교재가 된다.

❷ 신체-운동 지능

신체-운동 지능은 몸의 일부나 전체를 활용하여 신체적인 문제 해결 및 표현을 하는 지능을 의미한다. 신체의 운동 능력은 물론 시각, 청각, 촉각, 미각, 후각과 같은 오감을 활용하는 능력이나 손재주나 신체 밸런스가 좋은 것도 신체-운동 지능에 해당된다.

제3자의 관점에서 바라보는 기존의 미디어는 신체-운동 지능과 전혀 무관했다. 그러나 게임에서는 실제 게임을 재미있게 즐기면서 운동 효과를 볼 수 있도록 디자인된 게임이 꾸준히 출시되고 있다. 특히 마우스, 키보드, 전통적인 컨트롤러가 아닌 별도의 운동에 적합한 컨트롤러를 연결함으로써 신체-운동 지능을 향상시킬 수 있는 환경을 갖추고 있다. 피트니스를 소재로 한 게임이 아니더라도 일반적인 체감형 게임이나 VR 게임 등에서는 신체의 움직임을 통해 게임이 진행되므로 자연스럽게 신체-운동 지능이 향상된다.

〈Wii Fit〉부터 본격적으로 게임의 재미와 운동 효과를 결합한 게임이 출시되기 시작했고, 그동안 게임으로서 재미가 부족하다는 지적을 점차 극복하여 출시된 〈링 피트 어드벤처〉에서는 RPG 요소를 다량 추가하여 운동 효과를 제외하더라도 완성도 높은 게임으로 평가받았다. 일시적으로 게임을 구매하기 어려울 정도로 큰 인기를 얻었으며, 질리지 않고 단계별로 운동 효과를 보면서 장시간 플레이 가능한 게임으로 평가받았기에 운동 효과를 주는 게임의 새로운 장을 열었다고 볼 수 있다. 게임에서 신체-운동 지능을 어떻게 향상시킬 수 있는지 가이드라인을 제시한 게임이라고 평가할 수 있다.

❸ 논리–수학적 지능

논리–수학적 지능은 논리적인 명제나 숫자에 대한 문제 해결을 수행하기 위한 지능을 의미한다. 사물이나 현상의 구조와 흐름을 파악하고, 구성요소 간의 인과 관계를 이해함으로써 패턴을 발견하는 것이 해당된다.

거의 모든 디지털 게임은 자동화되어 동작하기 때문에 필요한 정보만을 플레이어에게 제공한다. 따라서 게임 안의 거의 모든 것이 논리적 또는 수학적인 정보로 구성된다. 플레이어는 자연스럽게 게임 내에서 제공되는 정보를 빠르게 파악해서 목표에 효율적으로 도전하려고 하기 때문에 끊임없이 논리적이거나 수학적인 새로운 과제가 플레이어에게 제공되며, 플레이어가 선택한 것에 대해 즉각적으로 피드백을 해 준다.

그렇기 때문에 플레이어는 다른 학습과 비교하기 어려울 정도로 많은 양의 논리적 또는 수학적인 판단을 하게 된다. 게다가 잘못된 선택에 대한 즉각적인 피드백에 따라 목표를 달성하기 위한 새로운 대안을 찾게 되고 게임 시스템의 구조, 흐름, 인과 관계를 순식간에 파악하는 훈련을 반복한다.

거의 모든 게임이 논리–수학적 지능을 향상시키는 요소를 가지고 있으나 소재 자체를 추리로 선택하여 상당한 수준의 논리적인 능력을 요구하거나, 경영이나 전략을 소재로 활용함으로써 뛰어난 수학적인 능력을 요구하는 장르도 존재한다. 이런 장르의 게임을 지속적으로 플레이하는 것으로 플레이어는 현실의 학습에서는 체험할 수 없을 정도로 복잡하고 통합된 문제를 해결하는 연습을 할 수 있다.

❹ 시각–공간적 지능

시각–공간적 지능은 시각을 활용하여 2차원 또는 3차원으로 된 공간을 정확하게 인식하고 해당 공간을 활용하는 지능을 의미한다. 마치 사진을 찍은 것처럼 공간을 이해하고 공간을 어떻게 활용할지 또는 공간을 어떻게 재창조할지를 판단하게 된다.

게임이라는 미디어만큼 시각–공간적 지능에 대해 효과적인 학습을 제공하는 미디어는 없다고 생각한다. 플레이어가 직접 게임 안의 2D 또는 3D 공간 안에 들어가 움직이기 때문에 쉴 새 없이 플레이어 캐릭터와 공간의 관계를 파악해야만 한다. 맵이 존재하는 상당수의 게임에서는 미니맵이라는 시스템을 제공하여, 플레이어가 맵에서 현재 어느 위치에 있고 주변에 어떤 오브젝트가 존재하는지 정보를 제공한다. 플레이어는 플레이어 캐릭터가 존재하는 게임 월드와 미니맵을 쉴 새 없이 비교하면서 플레이어 캐릭터만이 아닌 게임 월드의 다양한 것의 위치를 파악하게 된다.

현실에서 길 찾기를 학습하는 경우는 드물다. 자동차의 내비게이션이나 지도 애플리케이션으로 목적지를 찾아가라고 해도 생각 외로 공간 지각력이 낮아 길을 헤매는 사람이 의외로 많다.

그러나 초 단위로 플레이어 캐릭터가 현재 어느 공간에 있고, 공간을 어떻게 활용해야 게임을 클리어할 수 있을지 반복적으로 학습한 게이머들은 보편적으로 시각-공간적 지능이 뛰어나게 변한다.

❺ 음악적 지능

음악적 지능은 리듬, 멜로디, 소리, 음색, 음질 등 음악과 관련된 요소에 민감하게 반응하여 분석하고 이를 음악적으로 표현하고 창조할 수 있는 지능을 의미한다. 노래를 부르고 악기를 연주하는 것만이 아닌 작곡이나 편곡도 포함되며 처음 들어본 음악을 연주하거나 모창하는 능력 등도 포함된다.

게임 개발에서 사운드는 필수 구성요소라고 볼 수는 없지만, 훌륭한 사운드가 추가되는 것으로 인해 게임의 완성도가 상당히 올라가며 플레이어가 게임에 몰입하는데 중요한 역할을 한다. 많은 게임에서 배경음과 효과음을 활용해서 플레이어와 상호작용한다. 플레이어는 청각을 활용해서 게임에서 제공하는 사운드를 분석하여 상황에 맞게 대처한다. 특히 공포를 소재로 하는 게임에서 사운드는 굉장히 중요한 요소다. 공포를 제공하기 위해 어둡게 하거나 시야를 제한하는 등 대부분 시각적인 정보에 제한을 두기 때문이다. 사운드에 따라 플레이어에게 힌트를 제공하며 플레이어는 청각적인 힌트를 분석하고 대응 방법을 찾아야 한다.

소재를 음악이나 리듬으로 선택해서 음악적 지능에 초점을 맞춘 게임도 있다. 대표적인 게임 장르로써 리듬 액션 게임이 존재한다. 〈파라파 더 래퍼〉부터 시작하여 정립된 게임 장르로 〈댄스 댄스 레볼루션〉과 같은 신체-운동 지능과 음악적 지능을 결합한 체험형 게임도 존재하며, 〈비트매니아〉와 같이 리듬과 동체시력을 상상을 초월한 수준까지 음악적 지능을 향상시킬 수 있는 게임들도 존재한다.

❻ 자연관찰 지능

자연관찰 지능은 자연의 섭리를 이해하고 자연에 속한 것들의 유형을 분석해서 자연에 순응하고 적응하기 위한 지능을 의미한다. 변화하는 환경에 맞게 생존하기 위한 수단이 무엇인지 판단하고, 실제 생존하기 위한 행동을 수행할 수 있는 능력이 포함된다.

자연관찰 지능은 얼핏 게임과 전혀 관련이 없을 것 같은 지능이지만 게임에서는 상상하기 어려울 정도의 최악의 다양한 환경을 가상으로 만들어 플레이어가 생존하는 것에 목표를 둔 생존 게임이 존재한다. 현실에서 경험할 수 없을 정도로 극한의 상황을 다양하게 연출하여 플레이어에게 생존을 위한 끊임없는 도전을 제공한다. 자연에 대한 현실에 존재하는 모든 정보를 게임에서 구현해서 제공하기 어렵지만 많은 게임들이 현실성을 부여하기 위해 해당 자연의 특징을 살려서 자연을 활용하고 적응할 수 있게 도와준다.

현대인은 놀이터에서 흙을 만져보는 것조차 잊어버릴 정도로 자연과 동떨어진 생활을 하고 있다. 또한 시간을 내서 여행을 떠난다고 해도 안전을 고려해서 정해진 범위에서 경험을 제한하고 있다. 그러나 게임에서는 만일에 대비하여 태풍, 지진, 화산, 호우, 해일, 한파, 대설, 가뭄, 행성 충돌 등을 비롯한 자연재해나 현실에서 발생하기 어려운 다양한 환경까지 제공하여 플레이어에게 해당 상황에 맞게 자연을 활용할 수 있게 체험을 제공한다.

❼ 자기이해 지능

자기이해 지능은 자기 자신을 깊이 있게 이해하는 것으로 자아성찰을 이룰 수 있도록 해 주는 지능을 의미한다. 자기이해 지능이 높은 인간은 자신의 감정을 정확히 이해하고 주변 환경과 비교해 자아정체성을 가질 수 있도록 한다. 자아정체성을 가짐으로써 자신의 감정을 능숙하게 조절하고 장단점을 파악하여 상황에 맞게 활용할 수 있게 할 수 있다.

다른 미디어에 비해 게임은 아직 테마를 선정하고 활용하는 능력이 전반적으로 부족하지만, 게임의 역사에서 다른 미디어의 명작에 뒤지지 않을 정도로 뛰어난 테마를 가진 게임이 상당히 많다. 게임에서는 스스로 플레이어 캐릭터가 되어서 체험하게 되므로 다양한 캐릭터를 연기하면서 해당 캐릭터의 감정을 이해하고 공감하면서 플레이어 자신의 감정과 융합하여 자기이해를 반복적으로 연습하게 된다.

특히 스토리가 뛰어나다고 평가받는 게임들을 클리어한 후에는 가치관이 변할 정도로 감동을 받아 자신을 되돌아보는 시간을 가지게 되는 게임도 많다. 롤플레잉 게임에서는 수십~수백 시간 플레이어 캐릭터라는 배우로써 연기하면서 해당 배역에 몰입한 상태이기 때문에 엔딩 후에 찾아오는 여운이 다른 미디어와 비교하기 어려울 정도로 훨씬 오래가고 강하게 남는 특징이 있다.

❽ 대인관계 지능

대인관계 지능은 타인과 교류하면서 타인의 동기, 의도, 욕구 등을 빠르게 파악하고 이에 공감하는 지능을 의미한다. 대인관계 지능이 뛰어난 사람은 타인을 잘 이해하기 때문에 상대방에 맞게 배려할 수 있다. 따라서 대인관계 지능이 뛰어난 사람들은 성향이 다른 타인과 상대적으로 자연스럽게 교류하며 상대방의 감정에 공감함으로써 공동 업무에서 성과를 발휘할 가능성이 높아진다.

싱글 플레이 게임과 달리 멀티 플레이 게임에서는 대인관계가 매우 중요하다. 멀티 플레이 게임은 다수의 플레이어가 같이 즐기는 것을 전제로 한다는 놀이의 특징을 강하게 계승하고 있다. 플레이어 간의 협동 또는 경쟁을 하기 위해서 해당 게임의 규칙과 절차를 인정하고 다른 플레이어를 빠르게 이해해야 게임의 목표를 달성할 수 있기 때문이다. 멀티 플레이 게임에서는 다른 플레이어 또한 게임의 일부이기 때문에 타인을 이해하는 능력이 기본적으로 요구된다.

다만 비대면 대인관계와 대면 대인관계와는 명확한 차이가 존재하기 때문에 디지털 게임에서 학습할 수 있는 대인관계 지능은 명확한 한계가 존재하는 것도 사실이다. 그러나 대면으로 이뤄지는 보드게임의 경우 대인관계 지능을 향상시키기 위해 최적의 환경을 제공한다.

03 플레이어의 유형

● 4가지 플레이어 유형

지금까지 놀이 인격과 다중 지능 이론을 살펴보면서 인간은 각각 자신이 선호하는 것이 다르다는 점을 알 수 있었다. 이와 같이 인간은 게임을 즐김에 있어서도 자신의 취향을 반영하게 된다. 그렇기 때문에 폭넓은 소비자를 대상으로 하는 게임은 여간해서 만들기 어렵다는 것이다. 보편적으로 높게 평가받는 게임은 있을 수 있어도, 모든 사람의 취향에 맞는 게임이란 세상에 존재할 수 없다.

게이머들은 흔히 게임은 취향이라고 하지만, 게임학의 관점에서 보면 그 취향이라는 것의 패턴을 어떻게 분류할 것인가는 매우 중요한 문제가 된다. 플레이어를 유의미하게 분류할 수 있다면 해당 플레이어의 분류에 맞게 게임을 개발하고 연구할 수 있게 되므로 게임에 대해 한 단계 깊이 있게 접근할 수 있다.

많은 게임 연구자들이 이러한 고민을 많이 했는데, 그중에서도 리차드 바틀(Richard A. Bartle)은 「HEARTS, CLUBS, DIAMONDS, SPADES: PLAYERS WHO SUIT MUDS」에서 MUD 게임을 기준으로, 플레이어는 크게 4가지 유형으로 분류될 수 있다고 주장했다. 그는 그림 6-9와 같이 '플레이어-게임 월드'와 '행동-상호작용'이라는 2가지 축을 기준으로 플레이어의 유형을 성취형, 모험형, 사교형, 킬러형으로 분류했다. 플레이어 자체에 대한 유형 분류를 한 대표적인 연구이며 이후 많은 플레이어의 유형 분류 연구에 영향을 미쳤다. 다만 MUD라는 특정 장르를 대상으로 한 연구라는 점이 약점으로 지적받고 있으나 MUD 이외의 멀티 플레이 게임에도 충분히 적용 가능하다.

라차드 바틀은 첫 연구에서 플레이어는 하나의 유형에 해당된다고 봤으나 이후 연구에서 플레이어의 유형은 8가지로 세분화할 수 있으며, 유형이 변하는 순서가 있다고 주장했다. 다시 말해서 플레이어는 하나의 게임을 플레이한다고 할지라도 다양한 플레이어의 유형으로 변할 수 있으며, 플레이하는 게임마다 다른 유형에 해당될 수 있다고 해석할 수 있다.

플레이어의 유형을 조금 더 넓게 해석하여 게임 디자인에 활용할 수 있다고 본다. 물론 게임과 무관하게 하나의 유형에 강하게 해당되는 플레이어도 존재하겠지만, 플레이어는 동시에 여러 가지 유형을 가지고 있을 수 있다. 상황에 따라 4가지 유형의 비중이 변하므로 플레이어마다 4가지 유형을 대략적인 수치로 표현해서 플레이어를 4가지 유형이 아닌 훨씬 다양하게 분류할 수 있다. 예를 들어, 플레이어 A는 성취형 50, 모험형 40, 사교형 10으로 표현할 수 있고, 플레이어 B는 킬러형 40, 성취형 40, 모험형 15, 사교형 5로 표현할 수 있다. 이러한 방식으로 플레이어를 표현한다면 어떤 플레이어를 대상으로 콘텐츠와 시스템을 만들어야 할지 보다 구체적인 전략을 세울 수 있을 것이다.

잠깐만요 **플레이어 유형의 기준이 된 2가지 축**

- **players–world** : 플레이어가 타플레이어와의 관계를 지향하는가, 게임 세계와의 관계를 지향하는가로 나뉜다.
- **active–interactive** : 플레이어가 행동을 중시하는가, 상호작용을 중시하는가로 나뉜다.

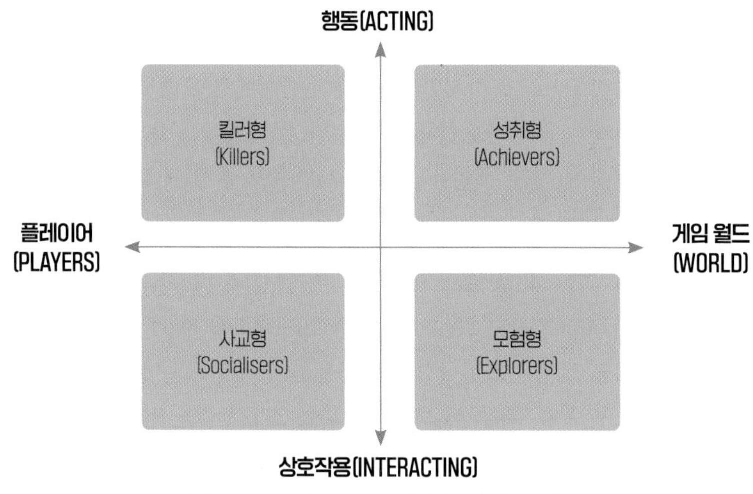

〈2-Dimension : Player/World, Active/Interactive〉

그림 6-9 4가지 플레이어의 유형

잠깐만요 **플레이어의 4가지 유형**

1. **성취형(The Achiever)** : ACTING과 WORLD의 범주
2. **모험형(The Explorer)** : INTERACTING과 WORLD의 범주
3. **킬러형(The Killer)** : ACTING과 PLAYERS의 범주
4. **사교형(The Socialiser)** : INTERACTING과 PLAYERS의 범주

❶ 성취형

성취형은 가장 많은 수의 플레이어가 해당되며, 특히 해당 게임의 초보자는 대부분 성취형부터 시작한다고 봐도 무방할 정도다. 성취형은 게임의 메커닉스, 세계관, 캐릭터 간의 관계 등을 배워가면서 자신이 조종하는 플레이어 캐릭터를 성장시키는 것에 관심을 가지는 유형이다. 플레이어 캐릭터가 성장함에 따라 선택할 수 있는 것이 많아지기 때문에 대부분의 플레이어는 처음에 플레이어 캐릭터를 성장하는데 집중하게 된다.

성취형 성향을 강하게 가진 게이머를 대상으로 게임 내의 캐릭터 성장을 주요 재미로 삼은 게임들도 존재한다. 〈디스가이아〉 시리즈는 캐릭터의 성장을 극한까지 가능하게 다양한 시스템을 제공하여 게임의 엔딩을 보는 것보다 캐릭터의 성장에 초점을 맞춘 게임이다. 개발사에서도 '사상 최흉의 시뮬레이션 RPG'라는 장르로 홍보하고 있을 정도이며, 전생 시스템, 포획 시스템, 아이템계 등을 통해 캐릭터마다 레벨을 9999까지 성장시킬 수 있다.

이외에도 〈위저드리〉에 큰 영향을 받아 〈드래곤 퀘스트〉와 〈파이널 판타지〉로 계승된 일본 RPG는 상당수가 아직도 파고들기 요소를 중시하며 대부분 캐릭터 성장이 게임의 핵심으로 자리잡고 있다. 〈여신전생〉, 〈페르소나〉, 〈포켓몬〉, 〈파이어 엠블렘〉, 〈영웅전설〉, 〈이스〉 등의 게임들은 시리즈가 발전되면서 점차 성취형이 만족할 만한 콘텐츠와 시스템을 강화하고 있다. 모험형, 사교형, 킬러형 성향이 강한 경우, 많은 시간을 들여 캐릭터를 성장시켜야 하는 일본 RPG에 부담을 가지기도 한다.

그림 6-10 디스가이아 PC

❷ 모험형

모험형은 캐릭터의 성장보다 게임 세계와 상호작용을 중시하는 유형이다. 게임 세계의 곳곳을 탐험하며 새로운 지역, 장소, 요소, 정보를 찾는 것에 재미를 느낀다. 캐릭터의 성장은 더 많은 탐험을 하기 위한 수단에 불과하며, 게임의 스토리와 세계관을 음미하고 다른 유형의 플레이어가 가지 않는 숨겨진 곳을 찾아가기도 하고, 때로는 아무런 목적 없이 게임 내의 풍경을 즐기기도 한다.

모험형 성향을 강하게 가진 게이머에 어필하기 위해 게임 내의 모험을 강조한 게임들도 있다. 대분류 장르 중에 하나인 어드벤처는 캐릭터의 행동에 주목하기 보다 캐릭터의 모험 자체에 주목하는 장르다. 어드벤처는 캐릭터의 모험을 주로 깊이 있는 스토리로 표현하며, 스토리와 함께 다양한 퍼즐을 제공함으로써 정보와 지식을 활용한 쾌감을 제공한다.

2020년대의 게임 시장 트렌드를 대표하는 키워드는 오픈월드일 것이다. '오픈월드'는 스토리 분기 방법 중 하나로 플레이어에게 제공하는 스토리를 분절한 상태로 배치해 플레이어가 자연스럽게 모험하면서 '분절된 비선형적 스토리'를 체험하게 만드는 스토리 분기 시스템이다. 스토리와 무관한 서브 퀘스트를 넓은 맵에 다양하게 배치했다고 오픈월드라고 주장한다면 오픈월드의 개념조차 이해하지 못한 게임이라고 볼 수 있다.

오픈월드는 〈엘더스크롤 4 : 오블리비언〉, 〈폴아웃 3〉의 등장으로 크게 인기를 얻기 시작하여, 오픈월드 붐이 왔다. 하지만 대부분의 게임들은 미완성의 오픈월드를 보여 주고 있으며 〈엘더스크롤 5 : 스카이림〉, 〈젤다의 전설 : 브레스 오브 더 와일드〉, 〈위쳐 3〉, 〈엘든 링〉 등이 오픈월드의 개념을 명확하게 보여 주는 게임이라 할 수 있다.

그림 6-11 엘든 링

❸ 킬러형

킬러형은 유형의 이름으로 인해 PK(Player Kill)만 해당된다고 오해하는 경우가 많은데, 다른 플레이어에게 긍정적 또는 부정적 영향을 주는 것을 중요시하는 유형이다. PK처럼 다른 플레이어에게 해를 입히는 것도 다른 플레이어에게 영향을 주려는 하나의 행동이며, HP가 적은 플레이어를 회복해 주거나, 죽어 있는 플레이어를 부활해 주는 것처럼 다른 플레이어에게 영향을 주는 것 자체에 만족감을 느끼는 것도 킬러형에 포함된다.

다른 플레이어에게 긍정적 영향을 주는 것보다 부정적 영향을 주는 것이 압도적으로 강렬한 경험이기 때문에 킬러형이라는 단어를 들었을 때 부정적인 이미지가 강하지만, 게이머들 중에서도 다른 플레이어를 도와주려고 하는 긍정적인 킬러형도 굉장히 많다. 킬러형에게 캐릭터의 성장이나 게임 세계를 모험하는 것은 다른 플레이어를 만나고 더 많은 영향을 주기 위해서다.

그림 6-12 Grand Theft Auto Online

PK(Player Kill)를 허용하는 MMORPG나 〈Grand Theft Auto Online〉 등의 멀티 플레이 게임이 대표적으로 킬러형에게 어필하기 위한 시스템을 게임의 핵심으로 차용한 게임들이다. 〈몬스터헌터 월드〉의 구조 신호는 다른 플레이어에게 긍정적인 영향을 주기를 원하는 킬러형을 위한 시스템이며, 〈다크 소울〉 시리즈처럼 침입 시스템을 통해 청령, 암령, 서약령 등으로 다른 플레이어의 세계에 개입할 수 있게 제공하여 상황에 따라 다른 플레이어에게 긍정적, 부정적 영향을 미칠 수 있도록 멀티 플레이를 제공하기도 한다.

❹ 사교형

사교형은 다른 플레이어와 상호작용하고 소통하는 것을 즐기는 유형이다. 소통을 위한 전용 프로그램이나 애플리케이션에는 굉장히 다양한 사람들이 각자 다른 목적을 가지고 가입하기 때문에 자연스럽게 말이 통하는 상대를 찾는 것은 매우 어렵다. 그러나 사교형에게 어필하는 게임에는 대부분 해당 게임에 대해 매력을 느끼고 게임을 플레이하는 게이머가 모여 있기 때문에 비교적 취미나 취향이 비슷한 경우가 많다. 또한 단순히 소통하는 것이 아니라 게임에서 제공하는 콘텐츠를 같이 체험하면서 추억을 쌓을 수 있기 때문에 친해지기 쉽다. 공감하기 수월한 환경에서 소통과 상호작용이 이뤄지기 때문에 게임은 단순히 소통 프로그래밍이 아닌 하나의 가상 세계를 구축할 수 있는 독특한 미디어이다.

〈월드 오브 워크래프트〉와 같이 길드의 활동을 중시하는 MMORPG의 경우 가상 현실의 또 다른 사회를 구축할 수 있도록 플레이어 간 소통할 수 있는 다양한 시스템을 제공한다. 소통 자체가 목적이 아닌 가상 현실의 사회를 제공했다는 매력이 있기 때문에 MMORPG를 같이 플레이한 게이머 중에서는 현실에서 결혼까지 하게 되는 사례가 꽤 존재했다.

목적 자체가 소통인 〈VR Chat〉의 경우, 같이 즐길 수 있는 콘텐츠가 게임에 비해 제한적이기 때문에 처음에 소통에 집중할 수 있는 것처럼 보이나 다른 플레이어와 상호작용할 수 있는 콘텐츠가 적기 때문에 플레이어 유형에서 사교형 성향이 강하다고 할지라도 재미를 느끼기 어려울 수 있다.

그림 6-13 VR Chat

GAME CONCEPT

6.2 게임 예시

신체-운동 지능 - 링 피트 어드벤처

〈링 피트 어드벤처〉는 2019년 닌텐도에서 개발한 피트니스와 어드벤처를 결합한 어드벤처 게임이다. 닌텐도는 2007년 운동 보조 소프트웨어인 〈Wii Fit〉를 시작으로 게임이 현실에도 긍정적인 영향을 줄 수 있는 게임 개발을 착수했다. 다만 일시적인 인기를 끌기는 했지만 게임으로 재미와 즐길 수 있는 콘텐츠가 부족하다는 단점을 극복하지 못하고, '3일 게임기'라는 별명을 얻으며 수많은 컨트롤러가 창고나 구석으로 밀려나는 운명을 맞이했다. 신체-운동 지능에 관심을 가진 소비자층에게 어필하기는 했지만, 게임으로 완성도가 부족하여 일반 게이머에게 인정받지 못했다.

그림 6-14 링 피트 어드벤처

그러나 〈링 피트 어드벤처〉는 닌텐도 공식 유튜브 채널의 '「링 피트 어드벤처」 소개 영상'에서 볼 수 있듯이, 〈Wii Fit〉의 단순히 운동을 보조한다는 목적이 재미보다 우선되어 게임으로 보기 어렵다는 실패를 거울삼아, 어드벤처 게임으로 재미를 중시하면서도 피트니스에 보조적으로 도움이 될 수 있는 콘텐츠와 시스템을 게임에 어울리게 디자인했다.

〈링 피트 어드벤처〉도 처음에는 일반적인 게임을 즐기는 게이머가 아닌 신체-운동 지능에 관심을 가지는 층에게 강력한 어필을 했고, 게임 자체로의 완성도와 재미와 함께 즐겁게 충분한 운동효과를 누릴 수 있어 신체-운동 지능에 관심을 가진 층만이 아닌 일반적인 게이머층까지 인기가 확대됐다. 다중 지능 이론만 아니라 다양한 이론을 활용해서, 좁지만 명확한 플레이어를 주된 대상으로 삼고, 게임의 완성도를 높이면 다른 소비자층으로 확대된다는 게임이 인기를 얻는 과정의 정석을 보여 준 게임이라 할 수 있다.

● 논리-수학적 지능 - 레이튼 교수와 이상한 마을

〈레이튼 교수와 이상한 마을〉은 레벨파이브가 개발한 〈레이튼 교수〉 시리즈의 첫 작품이며, 다양한 수수께끼에 스토리텔링을 접목한 어드벤처 게임이다. 별개로 나눠져 있는 수수께끼를 푸는 것보다 매력적인 캐릭터와 스토리를 통해 스토리에 몰입하면서 중간중간 다양한 수수께끼를 풀 수 있다는 차별점으로 큰 인기를 얻게 되고 지금까지도 시리즈가 지속적으로 출시되고 있다.

그림 6-15 레이튼 교수와 이상한 마을

〈레이튼 교수와 이상한 마을〉은 Wi-Fi로 추가 수수께끼를 다운로드할 수 있었지만 스토리를 진행하면서 기본적으로 게임 내에 135개의 수수께끼를 경험할 수 있다. 수수께끼는 어드벤처 게임에서 종종 퍼즐로 활용되긴 하지만, 게임 플레이를 중시하는 게임이 많기 때문에 수수께끼는 가능한 누구나 쉽게 풀 수 있는 것으로 배치하는 경우가 많다. 수수께끼로 모험의 흐름을 깨고 싶지 않기 때문이다.

그러나 〈레이튼 교수와 이상한 마을〉은 일반적인 게임에서 보조적으로 사용됐던 수수께끼에 집중해 오히려 주된 콘텐츠로 삼고, 논리-수학적 지능에 관심을 가지는 층에게 어필했다. 그 결과 다른 게임은 잘하지 않았던 새로운 층이 게이머로 유입되었으며, 고정적인 팬을 형성하게 됐다.

● **자연관찰 지능 - 천수의 사쿠나 히메**

〈천수의 사쿠나 히메〉는 일본의 동인 서클 에델바이스에서 개발한 농사를 소재로 한 롤플레잉 게임이다. '쌀은 힘이다!'라는 캐치프레이즈를 가지고 있을 정도로 개발자들이 농사를 짓기 위해 무엇이 필요한지 상당히 깊게 연구를 한 후 실제 농사를 짓는 체험을 할 수 있도록 게임 시스템에 반영하여 주목을 받았다.

그림 6-16 천수의 사쿠나 히메

〈천수의 사쿠나 히메〉는 기본적으로 농사를 짓는 롤플레잉 파트와 재료 등을 얻기 위해 던전에 들어가 플레이하는 액션 파트로 구성된다. 액션 파트는 횡스크롤 액션으로 날개 옷을 활용한 다양한 액션이 가능하며 호쾌한 콤보가 가능해 높게 평가받았다. 액션 파트도 높은 평가를 받았으나 농사를 짓는 파트에서는 기비, 논갈기, 볍씨 선별, 육모, 모내기, 묘대기, 분얼기, 출수기, 등숙기, 수확, 볏단 걸기, 탈곡, 도정 등의 상세한 농사 과정을 게임 시스템으로 재미 있게 구현하여 마치 농사 시뮬레이션을 체험하는 것 같은 느낌을 준다.

현대인은 마음 편히 파란 하늘을 바라보는 것조차 흔치 않을 정도로 자연과 동떨어진 생활을 하고 있다. 인간은 여유가 생긴다면 누구나 자연을 느끼고 정신적인 피로를 풀고 싶어 한다. 현실에서는 자연을 체험하기 위해 비용과 시간이 들어가는 경우가 대부분이므로 게임에서 자연관찰 지능에 관심을 가지는 게이머에게 어필하는 게임이 많아지고 있다. 평소에 체험하기 어려운 태풍, 지진, 화재, 조난 등 자연의 무서움을 게임 안에서 안전한 상태로 체험하게 해주는 것도 게임이 가진 역할이라고 할 수 있다.

6.3 GAME CONCEPT

실습 가이드

6주차 실습

① **목표** : 대상이 될 플레이어의 놀이 인격, 관심 있을 다중 지능, 플레이어의 유형 결정

② **추천 분량** : PPT 3장

③ **페이지 구성**

Page 1) 중요시할 놀이 인격 2~3개를 정리한 문장(놀이 인격별 참고 그림 1장 첨부)

Page 2) 중요시할 다중 지능 2~3개를 정리한 문장(다중 지능별 참고 그림 1장 첨부)

Page 3) 대상이 될 플레이어의 유형을 비율(%)로 조합한 표 1개

④ **페이지 내용**

Page 1) 게임을 통해 소비자에게 제공하고자 하는 주요 놀이 인격을 자유롭게 작성

Page 2) 게임을 통해 소비자에게 제공하고자 하는 주요 다중 지능을 자유롭게 작성

Page 3) 성취형, 모험형, 킬러형, 사교형별 비율(%)을 입력하고 부연 설명 추가

● 주의점

먼저 자신이 어떤 놀이 인격인지, 어떤 다중 지능에 관심을 가지는지, 어떤 플레이어 유형인지 정리해 보는 것은 큰 도움이 된다. 그러나 만들고자 하는 게임의 주된 플레이어와 본인은 다르다는 점은 확실히 인지해야 한다.

의도적으로 자신과 비슷한 유형의 사람을 주된 플레이어로 선정할 수도 있겠지만, 보통 게임은 특정 소비자를 위해서 만드는 것이지 자기 자신만 하려고 만드는 것은 아니다. 자기 자신을 분석해 봄으로 다른 사람의 놀이 인격, 다중 지능, 플레이어 유형을 선정할 때 이해를 높이기 위한 과정이다.

중요시할 놀이 인격, 다중 지능을 선택하고 플레이어 유형을 수치화했다면, 3가지를 전체적으로 보면서 방향성이 일치하는지, 어울리는지 확인하는 과정을 거치는 것이 좋다.

7 장

타겟층과 장르 선정

학 습 목 표

나이와 성별을 통해 타겟층을 선정하고, 게임의 분류(플랫폼, 장르, 소재)를 학습하여 장르를 정한다.

7.1

필수 이론과 개념

타겟층과 장르 선정

지금까지 '게임'과 '플레이어' 크게 2가지를 결정하는 과정을 거쳤다. 이제 지금까지 결정한 것들을 토대로 타겟층과 장르를 선정하는 과정이 남아있다. 타겟층과 장르를 결정하는 것으로 소비자의 규모와 성격이 결정되어 매출과 직접 연결되므로 이 과정은 특히 신중히 이뤄져야 한다. 이 과정에서 크게 2가지를 주의해서 결정해야 한다.

첫째, 타겟층은 좁으면서도 충분히 매출을 올릴 수 있을 정도로 매력적이어야 한다. 보통 나이와 성별을 통해 범위를 좁힐 수 있다. 흔히 게임의 타겟층을 정하라고 하면 꽤 많은 학생들과 신입 개발자들 중에 상당수는 '10~40대 남녀'가 타겟층이라고 한다. 10~40대 남녀는 게이머의 거의 대부분을 차지하는 층으로 결국 모든 게이머를 만족시킬 수 있는 게임을 만들겠다고 선언한 셈이다. 이런 타겟층을 보고 신뢰할 경영진이나 투자자는 단 한 명도 없을 것이다. 아무리 인기 있는 제품이나 서비스라고 할지라도 처음 인기를 끄는 층은 반드시 존재하고, 사회적인 이슈로 번져서 다른 층에게도 인기가 전염되는 것이지 처음부터 모든 계층에게 인기를 끄는 제품이나 서비스는 거의 존재하지 않는다고 볼 수 있다.

만들고자 하는 게임의 타겟층을 선정할 때 핵심은 최대한 범위를 작게 잡았음에도 불구하고 충분한 수익 창출이 가능한 매력적인 시장을 겨냥하는 것이다. 아무리 범위를 넓게 잡아도 아무도 구매하지 않는다면 타겟층 선정에 실패한 것이다. 적은 수이지만 확실한 팬층을 만들고 그들 스스로가 제품이나 서비스에 만족해서 홍보를 해 주는 바이럴 마케팅이야말로 모든 제품과 서비스 판매의 기본이자 왕도라고 할 수 있다. 따라서 게임 콘셉트 디자인은 좁으면서 명확한 타겟층을 선정하는 과정이라고도 볼 수 있다.

게임 디자인에 익숙한 게임 디자이너라고 할지라도 게임 개발의 시작부터 끝까지 여러 번 경험한 사람은 굉장히 드물기 때문에 타겟층 선정에 익숙하지 않은 경우가 의외로 많다. 따라서 필자는 타겟층 선정에 어려움을 겪는 개발사에 팁을 주곤 한다.

타겟층을 핵심 타겟층과 확장 타겟층으로 나눠서 표현하는 것이다. 핵심 타겟층은 나이와 성별은 물론 취미, 행동 패턴, 관심사, 직업 등 다양한 요소를 같이 고려해서 가능한 한 좁게 선정하는 것이 좋다. 타겟층이 원하는 콘텐츠와 시스템을 충분히 제공하고 있는지, 타겟층이 재미를 느낄 수 있는 요소가 충분한지 확신이 될 정도로 많은 고민을 하고 게임을 수정하는 과정을 거치는 것이 좋다. 다음으로 확장 타겟층은 조금 넓게 선정할 수 있다. 핵심 타겟층을 공략한 다음 어떤 방향성으로 사업을 확장할 것인지 한눈에 볼 수 있게 정리되기 때문에 경영자와 투자자들도 쉽게 이해할 수 있다. 타겟층을 별다른 고민 없이 대충 한 줄로 정리한 것과 핵심과 확장 타겟층으로 나누고 타겟층에 대해 충분히 분석해 세부적으로 선정했을 때의 설득력은 비교할 수 없을 만큼 달라지게 된다.

둘째, 독창적인 게임을 만들고 싶다면 처음부터 장르를 정하고 만드는 것이 아니라 만들고자 하는 게임이 정해지고 나서 자연스럽게 장르가 정해지는 것이다. 장르를 처음부터 선정하고 게임 콘셉트 디자인을 시작한다면 그 순간부터 이미 해당 장르를 대표하는 몇 가지 게임의 카피캣이 될 운명을 맞이할 가능성이 높다. 이미 수많은 비슷한 게임들이 만들어지면서 구축된 틀이 존재하기 때문에 엄청난 능력을 가진 게임 디자이너가 아닌 이상, 아주 조금만 시스템을 변경하려고 해도 틀을 유지할 수 없을 정도로 많은 요소를 변경해야 하므로 이 과정을 끝까지 완수할 수 없을 것이다. 새롭게 만드는 것이 오히려 쉬울 것이다. 결국 사소한 변경 시도마저 두 손들고 포기하게 되면서 이미 완성형인 대표적인 게임을 완벽히 따라하는 것으로 목표가 변경되어 스토리, 캐릭터, 세계관 등만 변경한 스킨을 바꾼 게임이 탄생될 가능성이 높아진다.

게임 콘셉트 디자인에서 테마, 차별점, 구성요소, 재미요소, 플레이어를 거쳐 타겟층과 장르를 마지막에 선정하는 이유는 바로 백지에서부터 게임 디자인을 하는 연습을 제공하기 위함이다. 자신이 만들고 싶은 게임을 명확하게 한다면 기존에 없는 장르라고 할지라도 상관없으며 오히려 새로운 장르 탄생에 도전하게 되는 것이므로 게임 디자인의 지향점과도 일치한다. 다만 기존의 완성된 설계도가 없기 때문에 사소한 것 하나부터 열까지 모두 게임 디자이너가 고민해서 새롭게 디자인해야 하므로 결코 쉬운 길은 아니다.

게임 디자인 과정에서는 가능한 한 자유롭게 독창적으로 게임을 디자인해 보고 게임 디자인이 어느 정도 완성되었을 때 구현 가능성을 논의해서 팀 구성원의 기술력에 따라 게임 디자인을 조정하면 된다. 게다가 게임 제작 기술은 빠르게 발전하고 있기 때문에 현재 시점에 구현 가능성이 없어 개발을 못한다고 할지라도 머지않아 기회가 올 수도 있으니 때를 기다리며 비축해 두면 된다. 게임의 역사상 시대를 이끄는 게임은 기존 게임의 카피캣이 아니라 항상 새로운 장르를 만들어 내는 게임들이다.

이번 장에서는 타겟층 선정을 위해 나이와 성별 결정에 도움이 되는 대표적인 이론을 살펴보고, 게임 플랫폼, 장르, 소재를 구분함으로써 게임학 관점에서 게임의 체계적인 분류를 알아본다. 나이와 성별 결정에 도움이 되는 이론은 이 책에서 소개하는 것 외에도 굉장히 많다. 하나의 예에 불과하니 다양한 이론을 찾아보자. 학술적인 게임의 분류를 이해한다면 고정관념에서 벗어나 독창적인 게임 디자인을 할 수 있는 출발점에 서게 될 것이다.

01 타겟층 설정의 핵심, 나이와 성별

● 나이 선택, 심리사회적 발달이론

인간은 나이가 변함에 따라 가치관, 성격, 사고방식, 행동방식, 관심사, 취미 등 수많은 것이 변한다. 인간에게 있어 나이마다 사회에서 요구되는 역할이 달라지는 시기를 의미하므로 나이대라는 것은 소비자를 파악하는데 있어 굉장히 중요하다. 나이대에 따라 보편적으로 특성이 달라지는 것은 사회적인 발달 시기가 다르기 때문이다.

에릭 홈부르거 에릭슨(Erik Homburger Erikson)는 발달심리학자이자 정신분석학자로, 그는 지그문트 프로이트(Sigmund Freud)가 주장한 발달심리학은 매우 어린 나이의 성적인 발달에만 초점을 맞추고 있기 때문에 한계가 있으며, 인간은 어린 나이에만 발달하는 것이 아닌 죽음을 맞이하는 순간까지도 자아정체성이 발달한다고 주장했다. 따라서 그는 1~5단계는 프라이드의 단계를 비슷하게 가져오면서도 청소년까지가 아닌 청년기, 장년기, 노년기 단계를 추가해서 그림 7-1과 같이 8가지 심리사회적 발달 단계가 있다고 했다.

에릭 홈부르거 에릭슨의 주장은 현재 이뤄지고 있는 수많은 평생교육의 근간이 되는 이론이다. 그의 이론이 등장하기 전까지 인간은 대부분 청소년까지 발달이 완료되고, 청소년에 발달된 자아정체성을 가지고 인생을 살아가야 하기 때문에 성인이 되서는 자아정체성을 바꾸기 어렵다는 인식이 강했다. 하지만 인간은 나이와 무관하게 나이가 들어 감에 따라 지속적으로 발달하며 해당 발달 단계에 따라 다른 특성을 보인다는 이론은 인간은 나이가 들어도 발전할 수 있으며 나이대에 맞게 다른 지식을 학습하는 것이 좋다는 점을 일깨워 줬다.

심리사회적 8가지 발달이론은 게임의 소비자를 결정하는데 있어서도 매우 중요한 가이드라인을 제시하고 있다. 나이대마다 다른 발달이 이뤄지고 있기 때문에 해당 나이대의 소비자에게 어떤 콘텐츠를 제공하면 될 것인지 명확하게 알 수 있다. 발달 단계에 따른 특성을 게임의 콘텐츠와 시스템으로 어떻게 활용할 수 있을지 고민해 보자. 나이대에 맞게 주로 형성되는 점을 착안하여 게임의 차별점을 디자인한다면 해당 나이대에 큰 반향을 불어 일으킬 게임을 만들 수도 있을 것이다.

그림 7-1 심리사회적 8가지 발달 단계

잠깐만요 **심리사회적 발달 단계**

1. **신뢰감 vs. 불신감(Trust vs. Mistrust)** : 영아기 1세 이하(Infant)
2. **자율성 vs. 수치심 & 의심(Autonomy vs. Shame & Doubt)** : 유아기 2~3세(Toddler)
3. **주도성 vs. 죄책감(Initiative vs. Guilt)** : 유치기 3~6세(Pre-schooler)
4. **근면성 vs. 열등감(Industry vs. Inferiority)** : 아동기 6~11세(Grade-schooler)
5. **정체성 vs. 역할 혼란(Identify vs. Role confusion)** : 청소년기 11~18세(Teenager)
6. **친밀감 vs. 고립감(Intimacy vs. Isolation)** : 청년기 18~40세(Young Adult)
7. **생산성 vs. 침체성(Generativity vs. Stagnation)** : 장년기 40~65세(Middle-age Adult)
8. **통합성 vs. 절망감(Ego integrity vs. Despair)** : 노년기 65세 이상(Older Adult)

❶ 신뢰감 vs. 불신감

영아기는 부모와의 신뢰감이 형성되는 시기로, 특히 어머니와 관계에 따라 신뢰감이 형성되거나 불신감이 만들어지기도 한다. 부모가 아이를 대함에 있어 일관성이 없거나 주의를 기울이지 않는 경우가 늘어날수록 아이는 세상을 신뢰하지 못하고 불신하게 된다. 영아기 아이에 있어 부모는 세상 전체를 의미하기 때문에 이 시기에 신뢰감을 형성하지 못한 경우 성인이 되서도 타인을 잘 믿지 못하는 경향이 생길 수 있다. 다만, 부모가 무조건 신뢰를 형성하는 것보다 적당한 수준의 불신감을 경험하게 해 주는 것이 좋다.

❷ 자율성 vs. 수치심 & 의심

유아기는 부모의 영향에서 벗어나서 스스로 자율성을 추구하려고 하는 시기로, 흔히 놀이를 즐길 때 부모가 해 주는 것을 거부하고 자기 스스로 움직이려고 하는 시기다. 이러한 과정을 거치면서 유아기 아이는 자신은 부모의 의지에 따라 행동하는 것이 아닌 자신의 의지라는 자율성을 형성하게 된다. 이 시기에 부모가 과잉보호하여 아이에게 스스로 판단하고 행동할 기회를 주지 않거나 과도한 처벌로 인해 자율성을 가진 것이 위험하다고 느낀다면 수치심을 느끼며, 성인이 되서도 자기 자신의 능력에 대해서 의심하는 경향이 생길 수 있다.

❸ 주도성 vs. 죄책감

유치기는 자신과 자신 주변을 비교하면서 주도성이 형성되는 시기로, 놀이를 통해서 다른 사람들과 교류하면서 주도성을 체험하게 된다. 이 시기에 부모나 주변에서 지지를 얻는다면 아이는 자신감을 가지고 자신만의 독립적인 목표를 가지면서 그룹에서 주도성을 보여 주려고 한다. 반면 부모의 지나친 훈육이나 규제가 많은 환경에 장시간 노출되면 자신이 그룹에서 주도성을 가지지 못하고, 리더가 되어야 하는 상황에서도 죄책감을 형성되어 주도적인 역할을 맡는 것에 대한 부담을 가지게 된다. 이 시기에 주도성이 형성되지 않은 경우 성인이 되서도 그룹 내에서 주도성을 가지지 못하고 다른 사람의 의견을 따라는 경향이 생길 수 있다.

❹ 근면성 vs. 열등감

아동기는 가족이라는 좁은 사회에서 벗어나 본격적인 학교 교육에 노출되는 시기로, 이전까지 보모나 형제와 같은 혈연관계에서 벗어나 전혀 다른 성향을 가진 비슷한 또래와 어울리면서 사회적 관계를 형성하게 된다. 사회적 관계를 형성하는 과정에서 상대방에게 신뢰를 얻기 위해 사회에서 필요로 하는 능력을 기르고, 주어진 역할을 근면하게 수행하는 과정을 거치면서 근면성이 형성된다. 사회구성원의 한 명으로서 사회적 관계를 제대로 형성하지 못할 경우 자신이 사회에 어울리지 않거나 다른 아이들에 비해 열등하다고 느끼게 된다. 이 시기에 근면성이 형성되지 않은 경우 성인이 되서도 자신의 능력과 무관하게 열등감을 가지는 경향이 생길 수 있다.

❺ 정체성 vs. 역할혼란

청소년기는 아동기에 자아 성장이 결정된 이후 자아정체성을 확립하는 시기로, 사회구성원으로서 무슨 역할을 수행해야 하며, 무엇을 잘할 수 있는지 고민하게 되므로 자기 자신에 대해서 깊게 통찰하며 자아정체성을 확립하기 위해 다양한 것을 시도하게 된다. 청소년기에는 다양한 신체적 변화도 동반되므로 심리적인 고민이 깊어진다. 이 시기에 다양한 활동을 통해 스스로 자아정체성을 찾거나 주변에 조언을 해 주는 사람으로 인해 자아정체성이 확립되면 자신의 역할을 찾게 되지만, 그렇지 못할 경우 사회에서 무슨 역할을 맡아야 하는지 혼란이 오게 되면서 목표를 상실하거나 가치관 또는 성 역할 혼란을 겪기도 한다.

❻ 친밀감 vs. 고립감

청년기에는 청소년기에 확립된 자아정체성을 바탕으로 본격적인 사회인으로서 직업을 선택하고 가정을 꾸리기 위한 시기로, 직업과 연애 및 결혼에 대해 고민하게 된다. 직업, 연애, 결혼 모두 공동체에 속함으로써 스스로 안정감을 얻기 위한 것이다. 이를 위해 타인과 친민감을 유지하는 것이 중요하며 어떻게 친밀감을 형성해야 하는지 배우게 된다. 청소년기에 자아정체성이 확립된 경우 자신감을 가지고 타인과 친밀감을 형성하기 위해 다양한 시도를 하게 되지만, 자아정체성이 확립되지 못한 경우 성인이 되서도 타인과 친밀감을 가지는 것에 부담을 느끼고 자신만의 세계에 고립되는 성향이 생길 수 있다.

❼ 생산성 vs. 침체성

장년기는 자기 자신의 생산성이 떨어지는 것을 인지하고 사회적 생산성에 관심을 가지는 시기로, 자신이 속한 공동체의 존속과 유지를 중요시하며, 이를 위해 자신이 어느 정도 희생한다고 할지라도 다음 세대를 키우고 많은 것을 계승하려고 한다.

청소년기에 있어 생산성은 자기 자신에 한정되지만, 장년기에게 있어 생산성은 자신보다 공동체 전체의 관점에서 이뤄지므로 사고방식이 많이 다를 수밖에 없으며 서로를 이해하는 것이 쉽지는 않다. 이 시기에 후학을 양성하고 공동체의 생산성 향상에 도움이 되는 경험을 한다면 만족감을 얻게 되지만, 그렇지 못할 경우 자신이 나이대에 따른 역할을 수행하지 못한다고 느껴 침체성을 보여 주게 된다. 침체성을 보여 주는 장년기 중에서는 자기 자신에 대한 불만이 다른 곳으로 전이되어 매사에 불평불만을 가지고 폭력적인 성향이 생길 수 있다.

❽ 통합성 vs. 절망감

노년기는 인생을 되돌아보는 시기로, 자신이 살아온 인생과 삶에 대해서 비교적 만족한다면 공동체에 속한 구성원으로서 통합성을 느끼지만, 그렇지 않다면 절망감을 느끼게 된다. 노년기에는 점차 지금까지의 사회적 역할을 잃어가는 시기이므로 앞선 7가지 발달 단계의 영향이 복합적으로 나타나며, 최종적으로 죽음을 맞이하는 자세로 연결된다.

● 성별 선택, 남녀의 진화심리학

존 그레이(John Gray)는 1988년 「남자는 화성인, 여자는 금성인(Men are from Mars, women are from Venus)」이라는 책을 출간하며 남성과 여성은 근본적인 성격의 차이가 있으며 이를 서로 이해하는 것인 인생을 살아가는 중요한 지식이 된다고 했다. 인간은 나이대에 따라서 많은 차이가 생기지만 성별에 따라서도 큰 차이를 가지고 있다. 심리학에서는 세부 학술 분야에 따라 성별에 따라 다양한 관점에서 연구가 이뤄지고 있다.

그중 가장 기초적인 관점이 진화심리학에서 바라보는 남녀의 차이일 것이다. 물론 진화심리학은 고대 부족 사회에서 성 역할에 대한 차이가 성별에 영향을 주었다는 관점이므로 현대 사회의 역할 변화까지 반영할 수 없다는 한계를 가지고 있지만 남녀의 근본적인 차이를 설명해 주고 있다는 점도 사실이다. 이락디지털문화연구소 이장주 소장의 게임 심

그림 7-2 진화심리학에서 본 남녀의 차이

리학 강의 자료 중 진화심리학을 재정리해서 필자가 Inven Game Conference(IGC) 2017에서 발표한 내용은 그림 7-2와 같다.

❶ 진화심리학의 핵심 키워드는 생존

진화심리학에서 바라보는 인간의 목표는 생존과 번식이다. 번식이 공동체의 장기적인 생존을 위한 것이라고 한다면 결국 인간의 목표는 생존이라고 할 수 있다. 인간은 생존을 위해 행동하고 사고하며 생존하기 위해서 진화한다는 관점이다.

❷ 역할 : 사냥꾼과 파수꾼

진화심리학에서는 선사시대부터 생존을 위해 남녀 역할에 차이가 발생했다고 보고 있다. 남성은 부족의 생존을 위해 먼 곳에 이동하여 음식을 구하는 사냥꾼의 역할을 수행했다. 그렇기에 남성은 근육을 발달시켜야 했고, 사냥에 성공하기 위해 빠르게 움직이는 물체를 보는 동체시력과 하나의 목표를 놓치지 않게 초인적인 집중력이 요구됐으며, 사냥물을 따라 낯선 땅으로 이동한 후 부족으로 정확히 돌아올 수 있는 공간 지각 능력과 길 찾기 능력이 요구됐다.

반면 여성은 부족의 생존을 위해 거주지에 남아서 아이를 기르고, 음식이 될만한 것들을 채집하고, 주거지에 동물이나 다른 부족의 침입 여부를 확인하고 알리는 파수꾼의 역할을 수행했다. 그렇기 때문에 여성은 공감 능력을 발달시켰으며, 부족 내 친숙한 것들의 미묘한 변화를 파악하는 능력이 뛰어나야 하며, 동시에 여러 가지에 관심을 가질 수 있는 능력이 요구됐다.

진화심리학에서는 이러한 역할 차이가 오랜 기간 지속되면서 보다 역할을 잘 수행할 수 있도록 호르몬에도 영향을 줬다고 보고 있다. 남성의 행복함을 관장하는 호르몬은 테스토스테론으로 성취, 공격, 성관계에 관여하는 호르몬이다. 여성의 행복함을 관장하는 호르몬은 옥시토신으로 인간 관계에 관여하는 호르몬이다.

❸ 공동체 생활

부족 사회에서 권력과 힘은 사냥의 성과에 따라 이뤄졌다. 사냥의 성과에 따라 부족이 생존할 수 있는지 아닌지 결정됐기 때문이다. 따라서 대부분의 권력은 남성이 쥐고 있었고, 이를 위해서 남성은 죽음을 무릅쓰고라도 큰 사냥물을 사냥해서 인정받아야 했다. 큰 사냥물을 사냥할 수 있는 강한 남성이 부족을 이끌었으며 부족의 장기적 생존을 위해 여성은 강한 남성을 선택했다. 강한 유전자를 남기는 것이 부족의 생존과 연결됐기 때문이다. 부족의 힘은 노동력과 전투력을 의미하므로 부족 구성원 수에 지대한 영향을 받았고, 이에 따라 여성은 임신이 가능한 시기에 가능한 한 임신을 할 필요가 있었다.

이러한 환경에 놓여있었기 때문에 남성은 부족 내 중간 위치에 도달해도 여성들에게 선택받지 못했다. 따라서 남성은 선택받지 못하는 두려움을 가지고 있었기에 죽음을 무릅쓰고라도 경쟁을 해서 이기지 않으면 안됐다. 반면 여성은 중간만 가도 안정적으로 생존할 수 있었다. 그래서 여성들은 부족 내에서 배제되는 두려움을 느끼고 있었기에 주변 관계를 중시하지 않으면 안됐다. 특히 여성들 사이에서 불필요한 경쟁을 통해 그룹 내에서 배제되는 경우, 그들의 생존에 큰 위협이 있었기 때문이다.

남녀의 차이를 설명해 주는 이론은 진화심리학 외에도 매우 많다. 진화심리학 외에도 많은 이론과 자료를 찾아본다면 타겟층에서 남녀를 선택할 때 큰 도움이 될 것이다. 그러나 게임의 소비자인 게이머 중에서도 남성은 경쟁 및 전투에 관련된 콘텐츠와 시스템을 선호하고, 여성은 미묘한 감정 변화를 탐구하고 무엇인가를 기르는 콘텐츠와 시스템을 선호한다는 가장 근본적인 차이는 진화심리학을 통해서 충분히 설명할 수 있다. 진화심리학이 현대의 모든 것을 설명하지는 않더라도 남녀의 차이를 이해하는 데 충분한 출발점이 될 수 있다.

남녀는 여러 이론에서 설명하듯이 굉장히 다른 특성을 가지고 있기 때문에 게임 개발에서 타겟층을 선정하는 과정에서도 남녀 모두를 만족할 만한 게임을 만들겠다는 것은 굉장히 위험한 발상이다. 제시셀은 「The Art of Game Design: A Book of Lens」에서 남녀별로 좋아하는 게임 요소를 소개했는데 남성은 숙달, 경쟁, 파괴, 공간 퍼즐을 선호하며 시행착오를 통한 학습을 하는 반면 여성은 감정, 현실 세계, 양육, 대화와 언어 퍼즐을 선호하며 예시를 통한 학습을 한다고 했다. 튜토리얼부터 시작하여 게임의 콘텐츠와 시스템의 방향성이 대부분이 달라야 하는데 이는 2가지의 다른 게임을 하나의 게임에 전부 포함하겠다는 것으로 개발이 어려워질 수밖에 없다. 또한, 개발이 가능하다고 해도 일관성을 가진 게임으로 만들어지기 어렵다.

02 게임의 분류 : 플랫폼

● 분류의 기준 : 객체와 속성

지금까지 게임 산업에서는 게임의 분류를 플랫폼과 장르로만 분류해 왔다. 다만 다른 미디어에 비해 게임은 역사가 길지 않은 신생 미디어이기 때문에 발전이 아직도 활발히 진행되고 있어 다양한 플랫폼과 장르가 새롭게 탄생하고 있다. 게임학에서 게임의 플랫폼과 장르에 대한 연구가 꾸준히 이뤄지고 있으나 시장에서 새롭게 등장하는 용어를 분류에 맞는지 고려하지 않고 장르로 새롭게 편입하는 형태로 이뤄졌을 뿐 미래에 다양한 장르가 추가될 것이라는 전제를 바탕으로 체계적인 형태로 이뤄지지 못했기 때문에 단순히 플랫폼과 장르를 나열해서 설명했다.

게임 산업계에서는 정해진 플랫폼과 장르 분류 없이 분류하는 곳마다 전혀 다른 분류법을 가지고 있었고, 가져다 붙이는 모든 것이 게임의 플랫폼과 장르가 될 수 있어 혼란스러운 상황이 지금도 이어지고 있다. 게임학에서도 게임의 장르에 대한 학술적인 연구는 더 이상 필요하지 않다는 의견조차 나오고 있으나, 필자는 게임의 플랫폼과 장르가 더 세분화되기 전에 지금 이야말로 오히려 게임의 분류를 체계화할 필요가 있다고 본다.

객체지향 프로그래밍의 주된 설계 개념인 객체와 속성 관계를 활용하여 필자는 「게임 디자인을 위한 기초 이론」과 「장르별 게임 디자인 구성요소의 우선순위에 대한 연구」에서 게임의 플랫폼과 장르를 체계적으로 분류하여 앞으로 기존의 플랫폼과 장르는 물론 앞으로 새롭게 만들어질 플랫폼과 장르를 분류할 수 있도록 분류법을 제안했다.

필자는 학부의 「고급게임디자인」 수업이나 게임 업계인들을 대상으로 하는 대학원에서 사용하는 수업자료에서 그림 7-3과 같이 게임의 플랫폼과 장르를 분류하기 전에 먼저 프로그래밍의 개념인 객체와 속성을 설명한다. 게임을 하나의 객체로 본다면 액션 게임도 하나의 객체이며, 롤플레잉 게임도 하나의 객체다. 시점, 진행 방향, 차원 등은 액션 게임, 롤플레잉 게임은 물론 모든 게임에 존재한다. 여러 객체에 동시에 존재할 수 있는 것이 바로 속성이다. 그리고 시점이라는 속성에 1인칭, 3인칭은 속성값이 된다.

특정 장르에서 중요한 속성으로 부각되고 있지만 다른 장르나 게임에서 해당 속성이 없는 것이 아니라는 점에 주의할 필요가 있다. 아직 명확한 활용 방법을 찾지 못했기 때문에 숨어있는 것이며 속성을 살리는 것도 새로운 속성값을 추가하는 것도 게임 디자이너의 역할 중 하나가 된다. 게임에서 사용되는 소재 또한 속성 중 하나에 포함되나 게임의 분류를 체계적으로 하기 위해 일반적인 속성과 소재를 분리해서 표현하는 것이 좋기 때문에 소재는 추후에 다시 설명한다.

그림 7-3 객체와 속성으로 본 게임의 구조

● 게임 플랫폼 분류

플랫폼(Platform)은 승객이 열차를 타고 내리기 쉽게 만들어진 기차 승강장으로, IT 분야에서는 많은 사람들이 사용하기 쉽게 만들어진 기술 또는 프로세스를 의미한다. 다만 IT 분야에서는 의미가 모호하기 때문에 많은 사람들이 모인 기술이 아니라 모이는 것을 기대하고 자칭 플랫폼이라고 붙이는 사례도 많을 정도다.

게임에서도 플랫폼이라고 불리는 다양한 용어가 존재한다. 하드웨어 플랫폼, 소프트웨어 플랫폼, 서비스 플랫폼, 소셜 플랫폼 등 다양한 플랫폼이 존재하나 객체와 속성의 개념으로 봤을 때 가장 근간이 되는 것은 '하드웨어 플랫폼'일 것이다. 하드웨어가 정해져야 소프트웨어가 존재할 수 있으며, 소프트웨어를 통해 서비스를 제공할 수 있다. 하드웨어가 달라진다고 할지라도 동일한 소프트웨어나 서비스 제공이 가능하다고 본다면 하드웨어 플랫폼이 객체가 되고, 소프트웨어 플랫폼, 서비스 플랫폼 등은 속성이 된다. 이러한 개념을 통해 그림 7-4와 같이 게임 플랫폼 분류를 체계화하고자 한다.

그림 7-4 하드웨어 플랫폼을 기준으로 한 게임 플랫폼 분류

❶ 4가지 대분류 게임 플랫폼

하드웨어 플랫폼을 기준으로 했을 때 대분류 게임 플랫폼은 아케이드 게임, PC 게임, 콘솔 게임, 모바일 게임 4가지로 구분된다. 학술적인 분류에서 분류된 항목들이 상호독립적이며 합집합이 1에 가까울수록 좋은 분류가 됐다고 본다. 4가지 대분류 게임 플랫폼은 각각 독립적인 하드웨어를 가지고 있고, 서로 겹치는 영역이 거의 없으며, 4가지 대분류를 합했을 때 게임 산업의 거의 대부분의 게임 플랫폼을 설명할 수 있다.

4가지 대분류 게임 플랫폼에는 각각 현재 기준으로 눈에 띄는 속성들이 존재한다. 콘솔 게임은 장소에 따라 거치용, 휴대용, 하이브리드가 나누어지며, 모바일 게임에는 유료 결제, 인 앱 결제 등이 존재한다. 이전에도 언급했으나 체계적인 분류를 해 놓으면 현재 잘 보이지 않는 것들이 쉽게 보인다. 특정 게임 플랫폼의 속성이 다른 게임 플랫폼의 속성이 되지 않는다는 규칙은 존재하지 않다. 구현 방법을 현재까지 명확하게 찾아내지 못했을 뿐, 이러한 속성은 모든 객체에 일관되게 적용할 수 있는 특성이다.

대표적으로 스팀덱(Steam Deck)은 굉장히 흥미롭고 도전적인 하드웨어다. 기존 PC 게임에서 PC는 당연히 거치용이라고 생각했던 고정관념에서 벗어나 콘솔 게임의 휴대용이라는 개념을 가져와 PC 게임에서도 장소의 속성을 살려 거치용과 휴대용이라는 분류를 실현했다. 물론 스팀덱은 Valve Corporation의 도전 정신과 통찰력에서 만들어진 것이나 그림 7-4와 같이 분류를 학술적으로 체계화해 놓으면 보다 많은 사람들이 체계를 보고 새로운 플랫폼을 구상하기 수월해진다.

❷ 비디오 게임

그림 7-4에서 비디오 게임은 대분류 게임 플랫폼이 아님에도 불구하고 별도로 표기되어 있다. 비디오 게임이라는 용어는 PC 게임과 콘솔 게임이라는 대분류 게임 플랫폼의 합집합으로, 게임을 구동하기 위한 하드웨어가 아닌 영상표시를 위한 하드웨어이기에 필자의 게임 플랫폼 분류에는 포함하지 않았다.

대분류 게임 플랫폼 분류에 포함되지 않지만, 게임 산업을 이해하기 위해 중요한 용어이기에 별도로 설명하고자 한다. 1970~80년대 게임 시장이 대중화되고 본격적인 산업으로 발전하면서 게임 시장을 리드하던 미국과 일본에서 비디오 게임이라는 용어가 등장했고 지금까지 꾸준히 사용되고 있다. 특히 북미권에서 '게임'이라고 하면 이 책에서 논의하고 있는 게임이 아닌, 스포츠, 도박, 정치 등 굉장히 넓은 범위의 것이 포함되기에 비디오 게임과 같은 용어로 의사소통하는 것이 좋다.

또한 최근 PC 게임과 콘솔 게임에 동시 출시되는 이른바 멀티 플랫폼 출시 게임이 늘어나면서 PC 게임과 콘솔 게임은 점차 하나의 시장으로 인식되고 있다. 비디오 게임은 게임이 본격적으로 산업화된 순간부터 지금까지 변함없이 미국과 일본에서 시장을 리드하는 핵심적인 시장이었고, 세계 게임 시장 전체를 봐도 게임이라는 미디어를 대표하는 시장이다. 따라서 명확히 게임 플랫폼을 분류해야 할 때는 하드웨어 플랫폼을 기준으로 한 게임 플랫폼으로 분류하는 것이 좋지만, 게임 시장을 설명하는 일반적인 상황에서 비디오 게임이라는 용어를 활용하는 것도 좋다.

❸ 온라인 게임

하드웨어 플랫폼을 기준으로 하면 온라인 게임은 게임 플랫폼 분류에 포함되지 않는다. 온라인이라는 것은 아케이드 게임, PC 게임, 콘솔 게임, 모바일 게임 모두에 존재할 수 있으므로 객체가 아닌 속성이 되기 때문이다.

온라인 게임을 하나의 게임 플랫폼이라고 본다면 굉장히 애매한 상황이 발생한다. 한국에서 사용하는 온라인 게임이라는 용어는 플랫폼이 PC 게임이며 장르가 MMORPG인 경우가 대부분이다. 그렇다면 콘솔 게임으로 서비스하는 MMORPG는 온라인 게임인가? 콘솔 게임인가? 명확하게 설명하는 방법은 역시 객체와 속성으로 구분하는 것이다. 오프라인 아케이드 게임, 오프라인 PC 게임, 오프라인 콘솔 게임, 오프라인 모바일 게임, 온라인 아케이드 게임, 온라인 PC 게임, 온라인 콘솔 게임, 온라인 모바일 게임으로 구분한다면 분류가 명확해진다.

온라인 게임이라는 용어는 매우 애매하게 만들어졌기에 정의부터 하기 어렵다. 온라인 게임이라는 용어가 시장에서 인정받고 넓게 사용되려면 용어 자체에서 오는 의미 그대로 온라인을 활용하는 모든 게임을 포함하는 의미여야 했다. 그러나 용어와 의미가 달랐기 때문에 점차 사용하지 않게 됐다. 실제 미국에서는 온라인 게임이라는 용어는 거의 사용되지 않고 명확하게 MMORPG라는 장르로 표기한다. 일본에서는 온라인 게임이라는 용어가 일부 사용되고 있지만 모바일 게임 등장 이후 거의 사용되지 않는다. 이는 대부분의 모바일 게임이 온라인으로 서비스되고 있는데 온라인 게임이라는 용어를 별도로 구분하는 의미가 없어졌기 때문이다.

온라인이라는 개념은 객체가 아닌 속성이며, 그림 7-5와 같이 세부 분류할 수 있다. 게임의 플랫폼에도 붙일 수 있으며 이후에 소개할 장르에도 붙일 수 있다. MMO는 온라인이라는 개념에서도 굉장히 세분화된 것으로 MMO라는 개념과 특정 장르인 RPG가 붙은 MMORPG를 하나의 게임 플랫폼으로 구분하기는 무리가 따른다.

그림 7-5 플랫폼과 장르의 속성인 온라인 여부 정리

03 게임의 분류 : 장르

● 게임 장르 분류

장르(Genre)는 거의 모든 미디어에서 작품을 분류하기 위해 사용하는 대표적인 분류법이다. 장르는 미디어의 특성에 따라 분류의 기준이 달라진다. 예를 들어, 영화는 스토리와 연출이 중요한 미디어이기에 범죄 영화, 슈퍼 히어로 영화, 괴수 영화 등 소재별로 구분하거나 액션 영화, 멜로드라마, 슬래셔 영화와 같이 스타일별로 분류하기도 한다.

게임의 장르에 대한 연구는 게임이 산업화되는 초기부터 시작해서 꾸준히 이어져오고 있으나 아쉽게도 새롭게 인기를 끄는 작품이 나오면 새로운 용어를 만들어 기존 장르에 붙여서 나열하는 형태로 진행되어 왔다. 장르 간의 관계를 고려한 체계가 잡혀 있지 않았기 때문에 지금에 와서 단순히 장르를 나열하기엔 도저히 정리가 되지 않을 정도다.

게임 장르에 대한 초기 연구를 살펴보면 게임은 다른 미디어와 달리 플레이어의 행동에 의해 게임에서 제공하는 것이 달라진다는 것을 지적했음에도 불구하고, 이후 연구에서는 플레이어의 행동과 무관한 것들까지 분별없이 게임의 장르로 편입되어 더 혼란스러운 상황에 처하게 됐다.

따라서 객체와 속성의 관점에서 게임의 장르를 그림 7-6과 같이 체계화하려고 했다. 그림이 책에 실려야 하기 때문에 핵심적인 일부만 추렸으나, 이 그림의 체계화만 이해해도 현재 게임의 장르로 불리는 거의 대부분의 것을 기준에 맞게 배치할 수 있다.

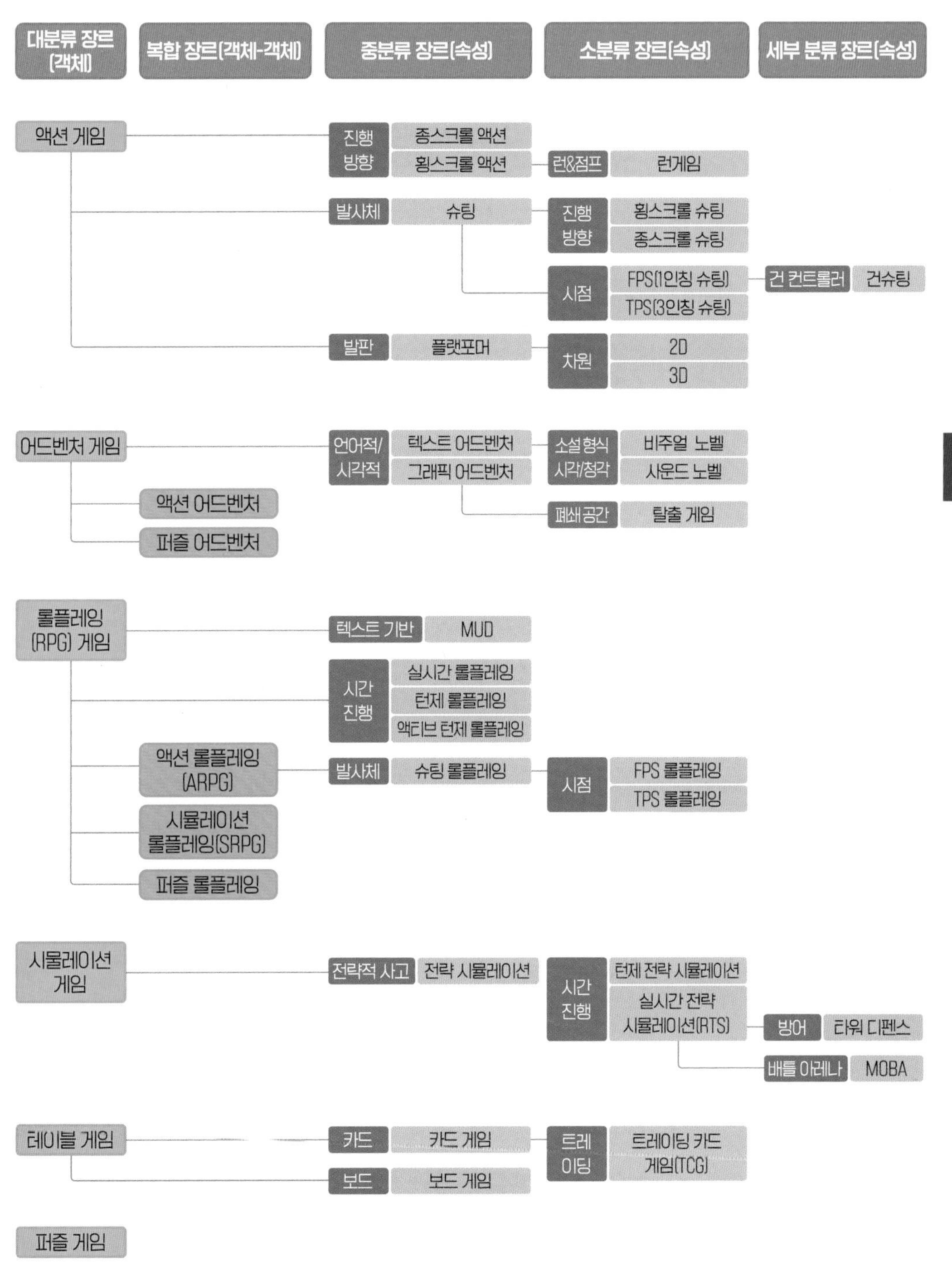

그림 7-6 플레이어 행동을 중심으로 한 게임 장르 분류

❶ 6가지 대분류 게임 장르

플레이어의 행동을 기준으로 하면 게임의 대분류 장르는 액션 게임, 어드벤처 게임, 롤플레잉 게임, 시뮬레이션 게임, 테이블 게임, 퍼즐 게임 6가지로 분류된다. 6가지 대분류 장르를 '객체 – 객체'로 결합한 것을 복합 장르라고 칭했으며 복합 장르는 뒤의 장르가 핵심 장르가 되어 해당 장르의 하위 장르로 속하게 된다.

예를 들어, 액션 롤플레잉은 기존 롤플레잉을 기반으로 제작됐으나 액션을 가미하여 롤플레잉을 강화하고 새로운 재미를 제공하기 위한 복합 장르이기 때문에 롤플레잉 게임의 하위 장르로 구분된다. FPS나 TPS와 같이 '속성 – 객체'의 조합으로 새로운 인기 장르가 탄생하기도 한다. FPS와 TPS의 근간을 이루는 플레이어의 행동은 결국 액션 게임에서 온 것이므로 액션 게임의 하위 장르로 구분된다.

기존의 고정관념 내에서는 존재하지 않았으나 새로운 복합 장르를 만들어 낸 것으로 게임 시장을 선도한 게임들이 있다. 〈포탈〉은 기존 어드벤처의 한계에서 벗어나 퍼즐을 결합해서 퍼즐 어드벤처라는 복합 장르를 만들어 냈고, 〈퍼즐 앤 드래곤〉은 롤플레잉에 퍼즐의 메커닉스를 적용해서 퍼즐 롤플레잉이라는 장르를 창조해 냈다. 이 두 게임이 나오기 전까지 대부분의 개발자와 게이머들은 퍼즐 어드벤처와 퍼즐 롤플레잉은 세상에 존재하지 않는다고 믿었을 것이다. 뛰어난 게임 디자이너들은 특정 장르에 대한 이해도가 높은 것이 아닌 결국 다른 사람들이 생각하지 못한 새로운 장르를 만들어 낼 수 있는 사람들이다.

게임의 역사를 살펴보면 독창적인 게임 대부분은 결과적으로 그림 7-6에서 새로운 조합식을 찾은 것에 해당된다는 점을 알 수 있다. 이제 장르의 체계적 분류가 얼마나 게임학에서 중요한 것인지 실감하게 될 것이다. 세상에 없는 게임을 처음부터 창조해 내는 것은 거의 불가능하다. 독창적인 게임은 결국 새로운 조합식을 찾는 것이다. 게임의 역사는 게임 디자인을 배우기 위한 전공 필수와 같은 기초 과정이다. 분량이 어마어마해서 상당한 시간이 걸리겠지만 시간이 걸리는 만큼 집필을 위한 사전 작업을 시작하고 있다.

게임 장르의 체계화로 2가지를 기대하고 있다.

첫째, 이후 진행될 게임학 연구나 게임 산업에서 체계화된 장르를 사용하는 것으로 의사소통 비용을 줄이고, 장르가 어떤 속성을 기준으로 만들어졌는지 이해함으로써 장르의 특성을 보다 깊게 이해할 수 있을 것이다.

둘째, 현재는 특정 장르에 특정 속성이 잘 어울리기에 붙어있지만 얼마든지 다른 곳에 붙일 수 있기 때문에 게임의 진화는 끝나지 않았다는 점을 강조하고자 한다. 아직 명확한 규칙과 절차를 발견하지 못했을 뿐 객체와 속성, 속성과 속성의 새로운 조합법은 셀 수 없을 정도로 많이 남아있다. 독창적인 게임을 만드는 여러 방법 중 게임 디자인을 배우는 단계에서 비교적 쉽게 시도해 볼 수 있는 것이 다른 장르의 속성을 가져와 해당 장르에 맞게 규칙과 절차를 만들어 보는 것이다.

❷ 게임의 장르로 보기 어려운 용어들

기존 게임 장르 연구에서 꽤 많이 등장하지만 필자의 기준에서 장르로 구분하기 어려운 용어들이 꽤 있다. 실제 기존 게임 연구에서 캐주얼 게임, 하이퍼 캐주얼 게임, 기능성 게임, 교육용 게임 등을 게임의 장르로 보는 사례도 있다. 분명 해당 시대에 주목을 받은 게임들임은 맞지만 게임의 분류를 기준으로 본다면 그림 7-7과 같이 6가지 대분류 게임 장르로 모두 제작할 수 있다. 액션으로도 캐주얼 게임을 만들 수 있고, 퍼즐로도 캐주얼 게임을 만들 수 있다.

캐주얼 게임은 무엇을 의미하는가? 아마 세상 그 누구도 명확하게 답할 수 없을 것이다. 흔히 누구나 쉽게 즐기는 게임을 캐주얼 게임이라고 주장하는데 동일한 게임이라고 해도 누구에게는 쉽고 누구에게는 어렵다. 그리고 하나의 게임에 여러 난이도가 존재하기도 하기도 하고, 대부분의 게임은 후반부로 갈수록 게임의 난이도가 증가하는데 이럴 경우 무슨 게임이라고 불러야 하는가? 캐주얼 게임의 반대 개념이 명확해야 캐주얼 게임과의 구분이 되는데 반대 개념도 명확하지 않다는 것은 캐주얼 게임은 애초부터 정의를 내릴 수 없는, 분류에 적합하지 않은 마케팅 용어에 가깝다는 것을 알 수 있다. 시장에서 마케팅 용어를 사용하는 건 큰 문제가 없지만, 이러한 용어를 학술적인 연구에 가져와 아무런 고민 없이 장르로 사용하는 건 문제가 된다.

그림 7-7과 같이 횡이 아닌 종으로 묶여 있는 집합은 경계선이 명확하지 않기 때문에 하나의 장르로 보기 어렵다. 장르가 아닌 플랫폼에서도 패키지 게임이나 온라인 게임과도 비슷한 상황이다. 정의도 애매하고 명확히 분류하기도 어려우니 주목을 받은 시기가 지나가면 소비자들에게도 쉽게 잊혀진다.

모든 연구의 시작은 정의와 분류다. 정의와 분류가 애매한 개념은 후속 연구가 진행되기 어렵기에 학술적으로도 발전하지 않는다. 게임이 학술적으로 발전해서 진정한 학문으로 인정받기 위해서는 업계인만이 아닌 게이머도 용어 하나하나를 신중히 쓰는 것이 좋다. 그러기 위해서는 게임학이라는 학술적인 지식을 습득한 게임 개발자들이 작성한 책이 많이 나올 필요가 있다.

그림 7-7 객체와 속성 기준에서 장르로 구분하기 어려운 게임 용어

04 게임의 분류 : 소재

소재는 객체와 속성의 개념에서 속성 중 하나지만, 필자는 게임의 분류에서 플랫폼과 장르와 함께 소재를 별도로 분류해서 표기한다. 호러 어드벤처 게임, 리듬 액션 게임과 같이 게임에서 사용되는 소재를 장르에 포함한다면 그 순간부터 정해진 틀 안에 갇히기 쉽기 때문이다. 왜 호러라는 소재로 어드벤처만 만들고, 리듬이라는 소재로는 액션만 만들어야 하는가? 게임이라는 미디어에서 그런 법은 존재하지 않는다. 해외에서는 〈OMORI〉 등의 호러 RPG도 출시되고, 〈BPM : BULLETS PER MINUTE〉 등의 리듬 FPS도 출시된다. 국내는 너무 일부의 특정 장르에 갇혀 있어 게임 디자인 관점에서 점차 퇴보하고 있는 상태다.

그림 7-8 오모리

그림 7-9 BPM : BULLETS PER MINUTE

지금까지는 특정 소재가 특정 장르에 잘 어울리기 때문에, 자리잡은 규칙과 절차를 통해 비슷한 게임들이 만들어지고 있을 뿐이지 다른 장르에도 얼마든지 해당 소재를 적용해 볼 수 있다. 게임에서 자주 사용되는 소재를 다음과 같이 정리했다. 해당 소재를 그림 7-6의 여러 대분류 장르, 복합 장르, 하위 장르에 고정관념 없이 대입해 보자. 충분히 독창적인 게임을 만들어 볼 수 있는 영역이 무궁무진함에도 불구하고 게임 장르의 체계화가 되어 있지 않았기 때문에 우리는 깨닫지 못했을 뿐이다. 앞으로는 게임의 분류를 플랫폼, 장르, 소재로 명확하게 나눠서 분석해 보는 연습을 한다면 게임을 바라보는 눈이 한 단계 좋아질 것이다.

☑ 잠깐만요 게임의 대표적 소재 정리

SF, 건설, 격투, 경영, 고어, 공포(호러), 군사, 대전 격투, 드라이빙, 레이싱, 리듬, 무역, 미스터리, 밀리터리, 범죄, 비행, 사이버 펑크, 생존(서바이벌), 스릴러, 스팀펑크, 스포츠, 신(God), 아이돌, 역사, 연애, 우주, 육성, 인생, 잠입(스텔스), 좀비, 진화, 취미, 코메디, 파쿠르, 헌팅 등

7.2 게임 예시

퍼즐 어드벤처 – 포탈

〈포탈〉은 밸브 코퍼레이션에서 개발한 1인칭 퍼즐 어드벤처 게임이다. 〈하프 라이프〉 세계관을 기반으로 인공지능 글라도스의 명령에 따라 포털건을 실험하는 스토리를 가진 어드벤처 장르에 정해진 정답이 있는 퍼즐을 조합하여 퍼즐 어드벤처라는 새로운 장르를 탄생시켰다.

어드벤처에 새로운 특징을 첨부하기 위해서 포털건을 활용한 퍼즐 메커닉스를 추가했는데, 공간을 연결해 주는 포털건으로 공간 이동의 시작점과 종료점을 지정하고 순간 이동하는 것으로 플레이어 캐릭터에게 주어진 난제를 해결하는 게임이다. 정답이 있는 기존 퍼즐과 달리 어드벤처에 퍼즐을 접목한 것으로 플레이어마다 다양한 답을 창조적으로 찾아낼 수 있다는 특징이 있다. 게임에서 보조적으로 정해진 틀 안에서 활용되던 퍼즐을 어드벤처와 접목시키면서 새로운 방향성을 제시했다.

〈포탈〉이 출시되기 전까지 게임 시장에 퍼즐 어드벤처라는 장르는 존재하지 않았다. 심지어 지금 기준으로도 〈포탈〉과 견줄 수 있는 퍼즐 어드벤처는 없다고 할 정도로 퍼즐 어드벤처의 기틀을 잡았으며 독보적인 퍼즐 어드벤처로 평가받고 있다.

그림 7-10 포탈

● FPS RPG – 보더랜드

〈보더랜드〉는 기어박스 소프트웨어에서 개발한 한 FPS RPG이다. RPG를 기반으로 한 성장, 퀘스트, 이동 시스템에 FPS의 전투 시스템을 차용해서 FPS RPG라는 새로운 복잡 장르의 기틀을 마련했다. 기존 FPS나 TPS는 현실성을 중시하는 경향이 높았기에 한두 번 피격당하는 것으로 플레이어 캐릭터가 죽고, 게임을 로드하거나 새로 부활되는 빠른 순환을 장르의 대표적인 특징으로 가지고 있었다. 그러나 FPS RPG에서는 전투에서 FPS의 재미를 그대로 둔 채 RPG의 세계에서 역할놀이와 성장을 오랜 시간 경험할 수 있게 했다. 과거 〈헬게이트 런던〉이 비슷한 방향성을 제시했으나 시장에서 실패했기 때문에 실질적인 FPS RPG를 선보인 건 〈보더랜드〉라고 할 수 있다.

〈보더랜드〉는 매드 맥스에서 영향을 받은 정신나간 세계관에 카툰 렌더링을 선택했다는 특징도 존재하지만, 〈디아블로〉 시리즈의 무기 파밍 시스템을 한 단계 진화시켜 약 50만 종류의 기존 게임들과 비교하기 어려운 다양한 무기를 강점으로 내세웠다. 단순히 수치만 다른 비슷한 무기를 50만 종류로 제공한 것이 아니라 특성 자체가 다른 무기를 대거 추가하여 무기별로 게임 플레이와 전략이 완전히 달라진다.

〈보더랜드〉는 압도적인 무기의 수, 무기 등급 시스템, 심도 깊은 파밍 시스템, 스킬 분기 시스템 등이 FPS RPG의 핵심적인 특징으로 자리잡게 만든 계기가 된 게임이다. 이후 〈디비전〉, 〈데스티니〉와 같이 파밍을 중심으로 한 FPS RPG가 등장하지만, 아직까지 FPS RPG의 대표적인 작품으로 〈보더랜드〉를 꼽고 있다.

그림 7-11 보더랜드 GOTY

● 퍼즐 RPG – 퍼즐 앤 드래곤

〈퍼즐 앤 드래곤〉은 겅호 온라인 엔터테인먼트에서 개발한 모바일 플랫폼의 퍼즐 RPG다. 기존에도 피처폰을 기반으로 한 모바일 게임 시장이 존재했으나 스마트폰의 등장으로 모바일 게임 시장이 급격하게 성장한다. PC와는 다른 스마트폰의 조작 방법인 터치를 활용한 게임이 초기 시장에서 주목받았는데, 그 중 대표적인 것이 매치-3 퍼즐 게임이다. 국내에서도 〈애니팡〉을 시작으로 PC 게임에 존재했던 수많은 매치-3 퍼즐이 모바일 시장에 맞게 변환되어 들어왔는데 매치-3 퍼즐 게임을 전투 시스템으로 활용한 〈퍼즐 앤 드래곤〉을 선보이면서 퍼즐 RPG가 모바일 게임 시장의 주류로 변했던 시기가 존재한다.

PC 게임에서 매치-3 퍼즐은 이미 존재했으나 마우스로 조작하기엔 부족한 점이 있었다. 화면의 터치로 움직이기 원하는 오브젝트를 직관적으로 이동시킬 수 있었기에 모바일 게임에 적합한 장르였는데, 이러한 매치-3 퍼즐을 던전을 탐험하는 RPG의 전투 시스템으로 접목하는 것으로 모바일 플랫폼에 특화된 퍼즐 RPG라는 새로운 복합 장르의 기틀을 만든다.

이후 수많은 모바일 게임이 〈퍼즐 앤 드래곤〉을 카피해서 출시하지만 퍼즐 RPG의 개념을 정립한 〈퍼즐 앤 드래곤〉을 뛰어넘은 퍼즐 RPG는 아직까지 등장하지 않고 있다. 새로운 플랫폼이 등장하고, 새로운 조작 방법이 생기면 기존에 다른 플랫폼에 존재했던 것과 현재 플랫폼에서 유행하는 게임을 조합하는 것으로 새로운 장르가 탄생할 수 있다는 사실을 보여 준 대표적인 사례이다.

그림 7-12 퍼즐 앤 드래곤

7.3 GAME CONCEPT

실습 가이드

6주차 실습

① **목표** : 게임의 타겟층과 플랫폼, 장르, 주요 소재 결정

② **추천 분량** : PPT 2장

③ **페이지 구성**

Page 1) 핵심 타겟층과 확장 타겟층을 좌우로 나눠 비교

Page 2) 플랫폼, 장르, 주요 소재를 정리한 표 1개

④ **페이지 내용**

Page 1) 핵심 타겟층과 확장 타겟층을 나이, 성별 포함 취미, 관심 분야 등으로 가능한 한 상세히 작성하고 타겟층을 선정한 이유 작성

Page 2) 출시할 예정인 플랫폼들, 해당되는 장르를 대분류부터 하위 분류까지 '롤플레잉 〉 액션 롤플레잉'이나 '액션 〉 슈팅 〉 FPS'와 같이 작성, 주요 소재를 보기 쉽게 정리

● 주의점

❶ 핵심 타겟층은 좁으면서도 매력적이어야 한다

핵심 타겟층을 선정하는 건 경력이 많은 게임 디자이너조차 어려운 일이다. 핵심 타겟층을 좁히지 않으면 게임의 방향성이 분산되어 이것도 저것도 아닌 게임이 만들어지지만, 반대로 핵심 타겟층을 너무 좁히면 매출이 발생할 가능성이 낮아져 프로젝트가 승인될 가능성이 낮아지기 때문이다. 그렇기 때문에 핵심 타겟층은 명확한 소비자층으로 한정하면서도 경영진과 투자자들에게 어필해서 충분히 매출이 나올 수 있는 시장을 찾는 것부터 시작된다.

그렇기 때문에 단순히 나이와 성별만으로는 핵심 타겟층을 표현하기 어렵다. 어떤 취미를 가진 소비자인지, 어떤 생활 패턴을 가진 소비자인지, 어떤 지역에 살고 있는지, 특정 소재에 대해 어떤 관점을 가지고 있는지 등 수많은 질문을 하면서 좁으면서도 매력적인 시장을 찾아 공략하는 것이 게임만이 아닌 모든 비즈니스의 정석이다. 게임 디자이너는 마케팅에 대한 기초적인 지식도 있어야 하는데 그 이유 중 핵심이 타겟층을 선정해야 하기 때문이다.

❷ 장르에 고정관념을 가지지 말자

필자는 콘셉트 디자인을 시작하는 단계에서 장르를 정하지 말고, 고민의 결과로 장르를 도출하는 것이라고 했다. 장르에 고정관념을 가진다면 현재 존재하는 게임들을 그대로 카피할 뿐이다. 아무리 테마를 새롭게 결정하고 차별점을 도출했다고 할지라도 해당 장르에 억지로 맞추려고 해도 맞지 않기 때문에 결국 어렵게 잡은 테마와 차별점을 버려야 하는 순간이 온다.

장르를 먼저 선택하는 것도 게임을 개발하기 위한 방법 중 하나임은 분명하나, 스스로 장르를 제한한 만큼 독창적인 게임이 만들어질 기대는 하지 않는 것이 좋다. 183p의 그림 7-6을 보면서 현재 기틀을 잡은 장르가 아니라고 할지라도 숨어있는 장르의 기틀을 디자인했다면 새로운 장르를 만든 것이다. 게임에서 새로운 장르를 만든다는 건 하늘에서 뚝 떨어지는 것이 아니라 아직 명확하게 정립하지 못한 숨어있는 조합식을 발견해서 자신의 스타일로 디자인을 정립한 것이다.

7.4 GAME CONCEPT

중간 발표 가이드

중간 발표 PPT 추천 목차

① 표지
② 주요 목차
③ 테마
④ 게임의 유형
⑤ 차별점
⑥ 중요시할 게임의 디자인 구성요소
⑦ 중요시할 플레이어가 느끼는 쾌락
⑧ 중요시할 재미요소
⑨ 중요시할 놀이 인격
⑩ 중요시할 다중 지능
⑪ 대상이 될 플레이어의 유형
⑫ 타겟층
⑬ 플랫폼, 장르, 소재
⑭ 결론

* 추천 분량 : 표지, 목차, 결론을 포함한 PPT 14~16장
* 추천 발표 시간 : 10분

● 주의점

필자가 정립한 콘셉트 디자인 방식은 기존 방식과 확연히 다르다. 정확히 표현하면 다르기보다 사고의 순서가 반대이고, 감에만 의지하기 보다 게임학을 기반으로 체계화를 했다는 차이가 있다. 기존 방식은 장르와 참고할 게임을 먼저 결정해 놓고, 비슷하게 구성해 본 다음 변형 가능한 곳이 있는지 조금씩 변경해 보는 방식이다. 이러한 방식은 스스로를 특정 장르라는 틀에 가두고 게임 디자인을 시작하는 셈이므로 독창적인 게임이 만들어지기 어렵다는 치명적인 단점이 있다.

현재 글로벌 게임 산업에서 비슷한 게임이 넘치는 가장 대표적인 이유는 바로 이런 치명적인 단점을 가진 게임 디자인 방식이 교육과 개발의 주류가 되어 있기 때문이다. 독창적인 게임을 만들고자 한다면 게임 시장 전체의 교육과 개발에 대한 패러다임을 바꿀 각오가 필요하다.

따라서 이 책에서는 처음부터 특정 장르를 만들겠다는 고정관념에 묶이지 않고, 완전한 백지에서 하나부터 열까지 천천히 15주에 걸쳐 구상하는 것을 전제로 한다. 중간 발표 이전에는 자신이 만들고자 하는 게임의 아이디어를 구체화해 가는 과정을 따라왔다. 게임 디자인의 시작인 테마부터 시작하여, 차별점을 더해 명확한 기준으로 정립하고, 게임의 방향성을 잡기 위해 필요한 항목들을 논리적인 흐름에 따라 순차적으로 구상하여, 게임의 명확한 방향성을 확립하고 이에 따른 '장르를 도출'하는 것이 목표였다. 도출한 결과가 기존에 존재했던 장르였어도 좋고, 아직 밝혀지지 않은 새로운 조합식의 장르여도 전혀 상관없다.

장르는 아이디어의 집합이 모여 도출된 결과일 뿐이다. 이미 도출된 다른 결과를 따라 해 보아야 이전 작품을 결코 뛰어넘을 수는 없다. 콘셉트 디자인에서 진정으로 중요한 것은 만들고자 하는 게임이 무엇이고, 누구를 주된 플레이어로 할 것인가라는 2가지뿐이다.

중간 발표용 문서는 본격적인 콘셉트 디자인 문서가 아니라는 점에 유의할 필요가 있다. 콘셉트 디자인을 하기 위한 명확한 방향성과 장르를 스스로 도출해 보는 과정에 불과하다. 기말에서 발표할 최종적인 콘셉트 디자인 문서는 콘셉트 디자인의 '설득'이라는 목적에 맞게 목차의 순서와 비중을 변경해야 한다.

중간 발표용 문서는 '아이디어 도출'이 목적이므로, 사고의 흐름에 기반한 순서로 위와 같은 목차를 추천한다. 반드시 추천 목차대로 작성할 필요는 없으며, 스스로 변경이 필요하다고 판단되면 추가 및 수정해도 된다. 게임 디자인에서는 끊임없이 새로운 것을 시도해 보려는 자세가 무엇보다 중요하다.

● 발표 연습

❶ 제한된 발표 시간 내에 끝내는 연습을 하라

게임 디자인은 자신의 생각을 게임으로 만들어 다른 사람들을 설득하는 과정이다. 그러므로 게임 디자이너가 발표에 익숙하지 않다는 건 말이 되지 않는다. 게임 디자이너에게 있어 문서화와 함께 발표 능력은 가장 기초적이고 필수적 스킬이다. 아이디어를 내는 능력과 의사소통 능력, 통찰력, 친화력 등은 그 뒤의 문제다. 특히 두서없이 말해서는 안되며 발표에 리듬과 체계를 가지고 있어야 청중이 신뢰감을 느낀다.

추천하는 중간 발표의 추천 시간은 10분이다. 제한된 시간에 무엇에 집중하고, 무엇을 빠르게 넘어갈지 몸으로 익히기 위해서 반드시 여러 번 예행 연습을 해야 한다. 게임 디자이너에게 필수 스킬인 발표 연습을 위해 제한 시간 내에 반드시 발표를 마무리할 수 있게 스톱워치를 준비해서 연습한다. 실제 발표에도 스톱워치와 청중의 반응을 보면서 발표의 흐름을 조정할 수 있게 연습해 보자. 추가로 예행 연습을 할 때 녹음을 하고 자신의 발표를 다시 들어보면 문제점이 쉽게 드러날 것이다. 이를 개선하는 것을 반복하면 발표하는 요령을 빠르게 깨우칠 수 있을 것이다.

❷ 실전에서는 대본 없이 발표하라

예행 연습 과정에서는 미리 대본을 만들어 연습을 한다고 해도 실전에서 절대 대본을 보고 읽으면 안된다. 대본을 보고 읽는 게임 디자이너를 신뢰할 사람은 아무도 없기 때문이다. 대본을 보고 읽는다는 것은 본인이 만들고자 하는 게임에 대한 이해도도 낮고 준비도 충분하지 않다는 것을 발표 시작하는 시점부터 공개하는 것이므로 매우 치명적이다.

게임 디자이너는 설득을 해야 하는 당사자이므로, 절대 대본을 봐서는 안되며, 발표를 듣는 청중의 표정과 반응을 자연스럽게 보면서 발표의 템포, 순서 등을 조절해야 한다. 이미 정해진 원고를 읽느라 프로젝트 승인을 결정할 주요 인물의 표정을 읽으려 하지 않는다면 게임 콘셉트 디자인의 목적인 '설득'을 스스로 포기한 셈이 된다.

8 장

캐릭터 설정

학 습 목 표

게임 캐릭터의 분류, 설정 항목, 역할, 보편적 감정을 학습하여 주요 캐릭터 설정을 한다.

필수 이론과 개념

● 게임 캐릭터 설정

〈1장〉의 그림 1-7에서 설명했듯이 게임 디자인 단계에서 작성되는 '게임 콘셉트 디자인 문서'는 콘셉트 디자인에서 요구되는 항목과 상세 디자인에서 진행 예정인 항목 중 핵심만을 추린 내용으로 구성된다. 게임 콘셉트 디자인 문서는 경영진이나 투자자에게 프로젝트를 승인받거나 투자받기 위해 게임을 소개하는 문서로, 게임의 매력, 방향성, 성공 가능성, 현실 가능성 등을 예측할 수 있도록 콘셉트 디자인 항목을 설명하고, 추가로 이후 구체적으로 이뤄질 상세 디자인의 대략적인 맛보기를 선보이는 문서다.

〈2장〉에서 〈7장〉까지 콘셉트 디자인에 필요한 항목을 학습하고 정리해서 중간 발표를 했다. 〈8장〉부터는 상세 디자인 맛보기에 해당하는 항목을 작성하기 위해 필요한 이론을 학습한다. 〈1장〉의 그림 1-10에서 설명한 스토리 관련 라인부터 정리해 본다. 게임 콘셉트 디자인 문서에 포함되는 상세 디자인 항목은 문서의 특성상 구체적인 내용을 포함하는 것은 오히려 독이 되며, 게임의 매력과 재미를 어필할 수 있는 부분만 전략적으로 요약해서 노출하는 것이 좋다. 게임 콘셉트 디자인 문서를 통해 15~20분 정도에 게임을 소개해야 하는 것이 목적이기 때문에 게임 제작에 필요한 구체적인 내용은 개발자에게만 공유하면 되지 굳이 콘셉트 디자인 문서에 포함하지 않는 것이 좋다.

게임 상세 디자인에 해당되는 항목은 무엇부터 시작하면 좋을까? 결론부터 말하자면 게임이나 장르마다 다르다. 세계관부터 만드는 것이 유리한 게임이 있고, 메커닉스부터 구상하는 것이 유리한 게임도 있고, 게임의 시각적인 분위기를 나타내는 그래픽부터 정하는 것이 유리한 게임이 있다. 서양 오픈월드 RPG에서는 세계관을 중시하고 있고, 일본 RPG에서는 정교한 캐릭터 설정을 통해 스토리에 초점을 맞춘다. 다시 말해서 해당 게임에서 어떤 구성요소와 재미를 중시할 것인가, 어떤 구성요소를 중심으로 콘텐츠와 시스템이 만들어질 것인가에 따라 달라질 것이다.

그러나 필자는 게임 디자인에 익숙하지 않은 학생들이나 신입 개발자들에게는 대부분 캐릭터 설정부터 시작하는 편이 유리하다고 설명한다. 스토리나 세계관이 없는 게임은 얼마든지 존재할 수 있어도 캐릭터가 없는 게임은 거의 존재하지 않기 때문이다. 게다가 캐릭터는 게임의 매력을 대표하는 아주 중요한 요소이기 때문에 경영진과 투자자에게 시각적으로 어필하기에 가장 유리한 요소다.

게임 디자인 관점에서도 캐릭터는 특별한 존재다. 캐릭터는 게임 디자이너가 소비자에게 전달하려고 하는 테마를 게임 디자이너를 대신해서 소비자에게 전달하는 분신인 셈이다. 그렇기 때문에 스토리 중심의 게임에서 테마를 전달하기 위해 캐릭터 설정을 철저히 하는 것이 중요하다. 정교하게 설정된 캐릭터여야 게임 디자이너가 원하는 테마를 소비자에게 정확하게 전달할 수 있기 때문이다. 게임 분야에 한정하지 않고 대부분의 미디어에서 작가는 설정이 잘 된 캐릭터들 간의 이야기를 기록하는 역할이라고 믿는 작가들이 많을 정도로 매력적인 캐릭터를 창조해 내면 자연스럽게 스토리에 추진력이 생긴다.

게임 콘셉트 디자인 문서에서 필요한 게임 캐릭터 설정은 주요 캐릭터의 핵심적인 설정만 간략하게 잡아보고 캐릭터 간의 관계도를 정리하는 것으로 충분하다. 게임 캐릭터의 분류와 역할을 결정하고 게임 캐릭터 설정 항목을 채워 캐릭터 간의 관계도를 시각적으로 정리한다. 상세 디자인 단계가 아니기 때문에 이 책에서 소개하는 캐릭터 설정 항목표를 모두 작성할 필요는 없다. 그리고 게임에 등장할 모든 캐릭터의 설정 항목을 작성할 필요도 없이 주요 캐릭터 몇 개만 대표적으로 작성하면 된다.

주요 캐릭터 설정 항목이 정리되면, 원화가에게 전달하여 주요 캐릭터의 원화가 작업될 수 있도록 요청한다. 콘셉트 디자인을 위한 원화가 완성되면 콘셉트 디자인 문서에 포함한다. 다만 캐릭터는 감정이나 표정을 통해 캐릭터성이 명확히 드러나므로 단순히 캐릭터 원화 몇 장만 문서에 포함하기 보다 캐릭터의 감정을 보여 줄 수 대표적인 표정까지 원화가에게 요청해서 문서에 포함하면 게임의 캐릭터가 확실히 부각된다. 이 단계에서는 경영진과 투자자에게 캐릭터의 전반적인 느낌을 전달하기 위한 목적을 가지므로 원화가에게 완벽한 캐릭터 원화를 요구할 필요는 없다. 상세 디자인에서 캐릭터 설정을 제대로 잡고 나서 풍부한 레퍼런스를 제공해 최종적인 원화를 작업할 충분히 시간을 확보해 주어야 한다.

01 게임 캐릭터의 분류

● 캐릭터의 정의

게임 캐릭터를 설정하기에 앞서 먼저 캐릭터의 정의를 명확히 이해할 필요가 있다. 캐릭터라는 용어가 사용되기 시작한 것은 1953년 월트 디즈니(Walt Disney)에 의해서다. 월트 디즈니는 애니메이션 캐릭터를 Fanciful Character로 부르기 시작하면서 상상력에 의해 만들어진 작품 속의 인물을 캐릭터라고 칭하게 됐다. 캐릭터의 사전적 정의를 알아보기 위해 캠프리지 사전(Cambridge Dictionary)과 표준 국어 대사전에서 캐릭터를 검색해 보면 다음과 같이 결과가 나온다.

미디어에서 사용되는 캐릭터의 정의를 정리하면 다음과 같다. 캐릭터는 가공의 인물이나 의인화된 동물의 특징적인 모습을 강조함으로써 작품 안에서 살아가는 인격체이며, 현실의 인물보다 뚜렷한 성격과 개성을 지닐 수 있도록 인위적으로 설정되어야 한다. 현실 인물의 성격과 개성을 그대로 캐릭터로 전환한다면 무난하고 작품 내에서 갈등을 만들 수 없는 경우가 대부분이기 때문에 캐릭터 설정은 극단적인 요소가 포함되어 성격과 개성을 부각되게 강조한다.

☑ 잠깐만요 캐릭터의 사전적 정의

Character(noun) 〈Cambridge Dictionary〉

1. **성격** : the qualities that make one person or thing different from another
2. **주인공, 인물** : a person in a book, movie, etc.

캐릭터(명사) 〈표준 국어 대사전〉

1. **개성** : 소설이나 연극 따위에 등장하는 인물. 또는 작품 내용 속에서 드러나는 인물의 개성과 이미지
2. **생물** : 소설, 만화, 극 따위에 등장하는 독특한 인물이나 동물의 모습을 디자인에 도입한 것

● 플레이어 캐릭터와 주인공 캐릭터

게임 캐릭터는 다른 미디어의 캐릭터와는 다르다. 앞서 게임은 플레이어를 관객이자 배우로 만들어 주는 미디어라고 한 것을 떠올려 보자. 다른 미디어에서 캐릭터는 단지 보기 위한 대상이지만, 게임에서 캐릭터는 플레이어가 직접 제어하는 경우와 그렇지 않은 경우가 나뉜다. 플레이어가 직접 제어하는 캐릭터를 플레이어 캐릭터(Player Character)라고 칭하며, 플레이어가 제어할 수 없는 그 외의 캐릭터들을 NPC(Non-Player Character)로 분류한다.

'보는' 미디어는 스토리를 보여 주는 것을 목적으로 하기 때문에 스토리의 중심이 되는 주인공 캐릭터가 존재한다. 물론 게임에서도 스토리가 중심이 된 작품의 경우 주인공 캐릭터가 존재한다. 그러나 게임은 '하는' 미디어이기 때문에 플레이어 캐릭터라는 전혀 다른 개념이 존재한다. 그럼에도 불구하고 다른 미디어와 게임의 캐릭터에 차이점을 인지하지 못하고 주인공 캐릭터와 플레이어 캐릭터를 구분하지 못하고 자주 혼용되어 사용된다. 게임 디자이너는 이 2가지 캐릭터의 차이를 명확히 알고 사용해야 다른 개발자들이 혼란을 겪지 않게 된다.

필자는 「미국과 일본 게임의 플레이어 캐릭터 나이와 성별 비교 분석」에서 게임이라는 미디어에서는 플레이어 캐릭터와 주인공 캐릭터를 명확히 구분해서 사용할 필요가 있다고 주장하며, 차이점을 다음과 같이 정리했다. 주인공 캐릭터는 사건의 집합으로 구성된 스토리를 이끌어 가는 핵심적인 역할을 하는 캐릭터이며, 플레이어 캐릭터는 플레이어가 직접 제어할 수 있도록 시스템 상에서 제공하는 캐릭터다.

〈젤다의 전설〉 시리즈의 남주인공인 링크와 여주인공인 젤다는 스토리를 이끌어 가는 주인공 캐릭터다. 일부 작품에서 여주인공인 젤다가 플레이어 캐릭터로 등장하지만, 거의 대부분의 작품에서 링크가 플레이어 캐릭터이자 주인공 캐릭터인 반면, 젤다는 플레이어가 직접 조작할 수 없는 스토리상의 주인공 캐릭터일 뿐이다. 이와 같이 게임에서는 플레이어 캐릭터에 반드시 주인공 캐릭터가 포함되지만, 모든 주인공 캐릭터가 플레이어 캐릭터가 되는 것은 아니다. 플레이어 캐릭터는 특정 캐릭터가 아닌 그룹이 될 수도 있으며, 생물체가 아닌 무생물체도 플레이어 캐릭터가 될 수 있을 정도로 다른 미디어와 다르다.

게임이라는 미디어를 즐기는 플레이어는 3인칭 시점에서 주인공 캐릭터를 포함하여 같은 파티 내의 동료 캐릭터를 플레이어 캐릭터로써 조정할 수도 있고, 신의 시점에서 게임 내 대부분을 조정할 수도 있다. 또한 1인칭 시점에서 플레이어 자신이 플레이어 캐릭터가 될 수도 있다. 이처럼 시점에는 큰 차이가 존재하는데 플레이어 캐릭터를 마치 주인공 캐릭터와 동일시한다면 게임 디자인 과정에서 다양한 오해를 불러일으킬 수 있다.

● 5가지 게임 캐릭터의 분류

게임 캐릭터는 다른 미디어의 캐릭터와 근본적인 차이가 있는 만큼 캐릭터의 분류에 대해서도 게임이라는 미디어에 맞게 분류를 재정비하는 것이 필요하다. 게임 외 연구에서 캐릭터에 대한 연구는 굉장히 많이 이뤄지고 있는 것에 비해 게임학 연구에서는 아직 기존 미디어의 캐릭터 분류를 그대로 사용하려는 경향이 강하기 때문에 게임만의 캐릭터 분류에 대한 연구는 많이 이뤄지고 있지 못하다.

다른 미디어에서 캐릭터의 분류는 주로 캐릭터에게 주어지는 역할에 따라서 크게 분류된다. 역할에 따라 캐릭터에 요구되는 특성이 달라지고 역할마다 소비자가 선호하는 특징이 존재하기 때문이다. 린다 시거(Linda Seger)는 소설의 등장인물을 기능적 역할에 따라 5가지로 구분했다. 소설에 등장하는 인물은 크게 메인 캐릭터, 보조 캐릭터, 깊이를 더하는 캐릭터, 테마를 제시하는 캐릭터, 권력을 과시하는 캐릭터로 구분할 수 있다. 소설은 정형화된 틀이 굳어진 미디어이므로 단순히 메인 캐릭터와 보조 캐릭터 같이 두리뭉실한 역할이 아닌 깊이를 더하는 게릭터, 테마를 제시하는 캐릭터, 권력을 과시하는 캐릭터와 같이 구체화된 기능적 역할을 수행하는 캐릭터로 분류하고 있다.

게임 캐릭터도 소설, 영화 등과 같이 구체적인 기능적 역할을 통해 세부적으로 분류할 수 있다. 역할에 따른 캐릭터의 세부적인 분류는 다음 항목에서 살펴보기로 하고, 먼저 게임 플레이 관점에서 게임 캐릭터의 분류를 해 보자.

필자는 「게임 디자인을 위한 기초 이론」에서 게임 플레이를 기준으로 하여 캐릭터를 다음의 5가지로 분류했다. 게임 캐릭터 분류는 플레이어 캐릭터와 NPC의 개념이 포함되어야 하므로, 사용되는 분류명은 같더라도 기존 미디어에서 사용하던 정의와는 조금 달라질 필요가 있다. 예를 들어, 영화의 메인 캐릭터와 게임의 메인 캐릭터는 정의가 조금 달라야 한다. 영화의 메인 캐릭터는 스토리상의 주인공 캐릭터와 동일한 의미지만, 게임에서 메인 캐릭터는 주인공 캐릭터 외에도 플레이어 캐릭터 개념이 포함되어야 하기에 메인 캐릭터라는 분류에 대한 정의가 다른 미디어와 달라진다.

잠깐만요 **5가지 게임 캐릭터의 분류**

1. 메인 캐릭터(Main Character)
2. 동료&연인 캐릭터(Companion & Lover Character)
3. 보조 캐릭터(Supporting Character)
4. 적대 캐릭터(Enemy Character)
5. 몬스터(Monster)

❶ 메인 캐릭터

게임에서 메인 캐릭터는 스토리상 주인공 캐릭터이면서 플레이 가능한 플레이어 캐릭터이다. 따라서 스토리상 주인공 캐릭터에 속하지만 플레이어 캐릭터가 아닌 경우 또는, 플레이어 캐릭터지만 스토리상 주인공이 아닌 경우에는 메인 캐릭터에 포함되지 않는다. 메인 캐릭터는 해당 게임의 스토리와 플레이 측면을 동시에 이끌어 가는 역할로 게임 디자이너가 소비자에게 전달하려고 하는 테마를 표현하기 위해 대표적인 창구가 된다.

게임 개발자가 제공하는 스토리가 없는 퍼즐이나, 신의 시점에서 플레이하는 시뮬레이션 게임에서 플레이어 캐릭터는 플레이어 자신이 되며, 게임 개발자가 제공하는 스토리가 없다고 할지라도 플레이어의 경험에 따라 자신만의 스토리가 만들어지므로 플레이어가 주인공 캐릭터가 될 수 있다. 따라서 플레이어 스스로 메인 캐릭터가 되는 게임도 존재한다.

〈위쳐 3 : 와일드 헌트〉에서 게롤트와 시릴라(시리)가 메인 캐릭터에 해당된다. 대표적인 플레이어 캐릭터는 게롤트지만 일부 시릴라로 플레이 가능한 파트가 존재하며, 게롤트와 시릴라는 캐릭터의 특성에 맞게 조금 다른 플레이 경험을 제공한다. 〈위쳐 3 : 와일드 헌트〉의 스토리는 게롤트가 시릴라를 찾기 위한 여정이 핵심 내용으로 두 메인 캐릭터 간의 시점에서 스토리가 진행되며 후반부에 두 메인 캐릭터의 만남을 통해 스토리를 절정으로 이끈다.

그림 8-1 더 위쳐 3 : 와일드 헌트의 게롤트와 시릴라

❷ 동료 & 연인 캐릭터

게임에서 동료&연인 캐릭터는 메인 캐릭터와 함께 게임 내에서 모험과 전투에 직간접적으로 참여하는 캐릭터로, 다른 미디어에 등장하는 조연을 의미하는 보조 캐릭터와 별도로 구분할 필요가 있다. 게임에서는 메인 캐릭터가 아니라고 할지라도 플레이어 캐릭터에 해당되거나, AI를 통해 자동으로 움직이는 등 메인 캐릭터와 함께 파티를 구성하여 게임 플레이의 핵심이 되는 동료 캐릭터가 존재하며, 플레이어 캐릭터는 아니지만 스토리상 중심이 되는 연인 캐릭터가 등장하기도 한다.

다른 미디어를 기준으로 보면 동료 캐릭터는 단순히 보조 캐릭터에 해당되며, 연인 캐릭터는 주인공 캐릭터에 해당될 것이다. 그러나 게임에서 동료&연인 캐릭터는 메인 캐릭터와 함께 굉장히 긴 시간 동안 모험을 떠나므로 다른 미디어의 주연과 동일한 수준에서 비교하기 어려울 정도로 플레이어가 애착을 가지게 되는 경우가 많으며, 이를 위해 많은 게임에서는 동료&연인 캐릭터 설정을 굉장히 공들인다. 일부 시리즈 게임에서는 차기작이나 DLC에서 동료&연인 캐릭터를 메인 캐릭터로 등장시키기도 하기에 단순한 조연이라고 생각해서는 안된다.

게임에서 연인 캐릭터의 비중은 다른 미디어와 다르게 천차만별이다. 메인 캐릭터와 함께 게임 시작부터 등장하여 엔딩까지 같이 모험에 참가하는 경우도 존재하며, 스토리상 주인공 캐릭터에 해당된다고 할지라도 초기 〈마리오〉나 〈젤다의 전설〉 작품들처럼 게임 시작에 납치되거나 납치되어 있는 상태로 게임 엔딩에서 구출되는 등 극히 일부 장면에만 등장하는 경우도 존재하기 때문이다.

〈더 위쳐 3 : 와일드 헌트〉에서 트리스 메리골드와 벤거버그의 예니퍼는 동료 캐릭터이자 연인 캐릭터에 해당되며, 베스미어는 동료 캐릭터에 해당된다. 3명의 캐릭터는 플레이어가 직접 조정할 수는 없지만 일부 파트에서 메인 캐릭터와 함께 모험과 전투에 참가하며, 트리스와 예니퍼의 경우 연애가 가능한 캐릭터이기도 하다. 기존 '보는' 미디어에서 연인 캐릭터는 대부분 1명으로 고정되는 경우가 있지만, 게임에서는 분기 시스템이라는 메커닉스를 제공할 수 있기 때문에 플레이어의 선택에 따라 다수의 연인 캐릭터를 하나의 작품에 넣을 수 있어 반복 플레이를 유도하기도 한다.

그림 8-2 더 위쳐 3 : 와일드 헌트의 트리스, 예니퍼, 베스미어

❸ 보조 캐릭터

게임에서 보조 캐릭터는 전투에 직간접적을 참여하지 않지만 스토리상 메인 캐릭터와 깊게 연결되는 캐릭터를 포함하여, 별다른 설정이 없는 마을 NPC와 상점 NPC 등도 포함된다. 게임에서 보조 캐릭터은 다양한 세부 분류가 될 정도로 다양한 역할을 맡고 있다.

게임은 롤플레잉 게임과 같이 수십~수백 시간 플레이를 하며 방대한 스토리와 게임 플레이를 경험하기도 하기 때문에 다른 미디어와 비교하기 어려울 정도로 다양한 장소와 수많은 보조 캐릭터가 필요한 경우가 있다. 드라마와 영화와 같이 소수의 캐릭터로 게임을 만드는 경우도 있지만 보조 캐릭터만 수백 명에 달하는 게임이 존재하기도 한다. 게임에서는 일부 보조 캐릭터에 세부적인 설정을 둬서 스토리에 영향을 주거나 동료나 연인 캐릭터로 발전시키는 경우도 존재하기 때문에 게임 디자이너의 창의력 여부에 따라 메인 캐릭터 못지 않은 매력적인 인기 캐릭터가 탄생하기도 한다.

〈더 위쳐 3 : 와일드 헌트〉에서 단델라이언, 피의 남작, 프리실라 등이 보조 캐릭터 중 스토리에 큰 영향을 주는 대표적인 사례라 볼 수 있다. 반면 수많은 도시나 마을에 배치되어 있는 퀘스트 NPC, 마을 NPC, 상점 NPC 등도 메인 캐릭터가 게임을 플레이하기 위해 도움을 주는 보조 캐릭터에 해당된다.

그림 8-3 더 위쳐 3 : 와일드 헌트의 단델라이언, 피의 남작, 프리실라

❹ 적대 캐릭터

게임에서 적대 캐릭터는 스토리상 메인 캐릭터와 대립과 갈등관계를 유지하며 메인 캐릭터의 목표를 방해함으로써 스토리의 굴곡을 만들어 주는 메인 캐릭터 못지 않게 중요한 역할이다. 메인 캐릭터는 적대 캐릭터와의 갈등을 통해 매력이 부각되는 만큼 적대 캐릭터 설정이 메인 캐릭터의 인기를 결정하는 중요한 축이라고 볼 수 있다. 과거에는 권선징악 형태의 전형적인 악당이 적대 캐릭터로 등장했으나 최근에는 자신만의 신념이 있고 미워할 수 없지만 메인 캐릭터와는 같은 길을 갈 수 없는 매력적인 적대 캐릭터를 소비자들이 선호하기에 적대 캐릭터 설정에 공을 들일 필요가 있다.

게임에서는 볼륨과 플레이 타임을 확보하기 위해 적대 캐릭터를 단체, 국가, 세력 등으로 확장해서 적대 캐릭터의 계층을 만들어 다수로 만드는 경향이 있다. 대표적인 적대 캐릭터는 대부분 최종 보스가 되는 경우가 많으며, 중간 보스라는 개념을 충분히 활용하여 게임 플레이 측면만 아니라 스토리상 흥미 곡선 측면에서도 플레이어의 흥미를 이끌어 내는데 활용된다.

〈더 위쳐 3 : 와일드 헌트〉에서 적대 캐릭터는 와일드 헌트의 에레딘, 임레리스, 카란티어가 해당된다. 〈더 위쳐 3 : 와일드 헌트〉는 매력적인 메인 캐릭터, 동료 캐릭터, 연인 캐릭터, 보조 캐릭터가 다수 등장하며 메인 퀘스트와 서브 퀘스트를 절묘하게 조합하여 뛰어난 스토리텔링을 보여 주었다고 평가받는다. 다만 와일드 헌트로 등장하는 적대 캐릭터들이 다른 명작들의 인기 있는 적대 캐릭터들에 비해서 매력이 부족하다는 점이 단점으로 지적된다.

그림 8-4 더 위쳐 3 : 와일드 헌트의 와일드 헌트들

❺ 몬스터

게임에서 몬스터는 적대 캐릭터와 함께 메인 캐릭터의 목표를 방해하는 시련이자 장해물로 몬스터의 수는 게임의 볼륨과 직접적인 관련을 가질 정도로 다양성이 요구된다. 몬스터를 해치우는 것으로 플레이어는 경험치, 아이템, 돈을 얻을 수 있기 때문에 메인 캐릭터와 동료 캐릭터를 성장시킬 수 있는 수단으로도 활용된다.

기존의 '보는' 미디어에서 몬스터는 중대 사항이 아니다. 정해진 시간 내에 주인공 캐릭터를 비롯한 주요 캐릭터를 부각시키는데 집중해야 하기에 몬스터의 수가 많을 필요가 없고, 그만큼 몬스터별 세부 설정에 크게 노력을 쏟을 필요가 없다. 어차피 아주 짧은 시간만 등장하기 때문이다.

그러나 게임은 플레이어가 직접 플레이를 할 뿐만 아니라 장시간 게임 플레이를 할 수 있도록 콘텐츠를 제공해야 하므로 연출로 잠깐 등장하는 것이 아닌 플레이어가 직접 대치해서 시련을 극복해야 하는 구체적으로 설정된 몬스터가 대량으로 요구된다. 따라서 게임의 복잡도가 점차 늘어나면서 몬스터 분류가 점차 세분화되고 있다.

〈더 위쳐 3 : 와일드 헌트〉에서는 다양한 몬스터가 등장한다. 게임 내에서 명칭은 몬스터가 아닌 괴물로, 괴물의 상세한 정보를 제공하여 세계관을 깊이 있게 탐구할 수 있도록 괴물 도감을 제공한다. 실제 플레이에서 새로운 괴물에 대한 정보를 도감을 통해서 얻은 힌트를 분석하여 괴물과의 전투를 대비할 수 있다. 지역에 맞게 등장하는 상당한 수의 괴물을 제공하고 있기 때문에 게임 내에서도 괴물을 곤충류, 네크로파지, 드라코니드, 뱀파이어, 악령, 정령, 오그로이드, 잔존 생물, 저주받은 존재 등으로 세분화하고 게임 플레이 측면에서도 분류에 따라 대처를 다르게 할 수 있도록 포션과 탕약 시스템을 연결했다.

그림 8-5 더 위쳐 3 : 와일드 헌트의 몬스터들

02 게임 캐릭터의 역할

역사가 긴 만큼 신화, 소설, 영화에서는 성공하기 위한 캐릭터와 스토리가 어떤 것인지 다양한 연구를 통해서 틀이 만들어졌다. 등장 인물의 행동영역이나 캐릭터의 원형이라는 연구 등을 통해 각 미디어별 스토리에 맞게 캐릭터의 역할을 나누고 스토리 안에서 역할에 맞게 정형화된 캐릭터를 만들어 낸다. 이러한 캐릭터의 역할은 캐릭터 설정에 중요한 항목 중 하나로 보편적으로 체계화되고 성공할 수 있는 스토리가 만들어지는 근간이 된다.

게임에서도 캐릭터의 역할은 캐릭터 설정 중에서 중대한 항목 중 하나다. 등장하는 캐릭터의 역할을 어떻게 배분하고 캐릭터 간의 관계를 어떻게 맺을 것인가에 대한 기준이 되기 때문이다. 다만 게임에서는 소설이나 영화에 비해 캐릭터에 대한 연구가 상대적으로 깊게 이뤄지고 있지 못하다. 아직도 기존 미디어의 캐릭터 역할을 게임에 그대로 적용하려고 할 뿐 게임이라는 미디어에 적합한 캐릭터의 역할을 제시하는 연구는 많지 않다.

게임 캐릭터에 대한 자료와 연구는 일본에서 많이 찾아볼 수 있다. 배우가 존재하는 영화가 기반 미디어인 미국은 캐릭터 자체를 창조하기보다 배역과 배우의 관점에서 현실이라는 존재에 강하게 제약을 받아온 반면, 상상 속에서 만들어진 캐릭터로 제작되는 애니메이션이 기반 미디어인 일본은 현실이라는 틀에서 벗어나 독특하고 매력적인 캐릭터를 창조하는 노하우가 오랜 기간 쌓였다.

이러한 점은 일본 전역의 다양한 산업에서 쉽게 발견된다. 어느 도시에 가든 다양한 캐릭터가 존재하고, 중고등학교 학생들도 학교 축제에서 자신들만의 굿즈를 만들어 내는 것이 자연스럽게 이뤄지고 있으며, 심지어 완성도 또한 실제 상품으로 판매 가능한 수준이다. 아이돌의 프로필을 보면 수백 가지에 세부적인 설정이 흔할 정도로 일본은 문화 저변에 캐릭터 설정에 필요한 항목을 나누고 세밀하게 설정하는 방법을 당연하게 여기고 있다.

이러한 문화적 배경은 게임 산업에도 영향을 준다. 일본의 게임 캐릭터는 미국과 유럽의 게임 캐릭터에 비해 상상을 초월할 정도로 세부적으로 설정된다. 물론 작품에 따라 캐릭터 설정을 세밀하게 해야 유리할 때가 있고, 오히려 대략적인 설정만 하는 것이 유리할 때가 있지만 기본적으로 상세한 캐릭터 설정이 스토리를 이끌어 가거나 시리즈로 발전시키기에 압도적으로 유리하다.

사사키 토모히로(Tomohiro Sasaki)는 「기초부터 배우는 게임 시나리오」에서 일본 게임 캐릭터를 크게 5가지 역할로 분류하고 다시 세분화했다. 게임 캐릭터의 역할은 다양한 캐릭터가 다수 등장하는 만큼 기존 미디어에 비해 세분화되어 있다는 특징이 있으며, 기존 미디어에서 볼 수 없는 게임만의 특징을 드러내는 역할도 여러 가지가 존재한다.

잠깐만요 **캐릭터의 5가지 역할(Major Character Archetypes)**

1. 게임 시스템에 직결되는 역할(주인공, 공략 대상, 시스템 캐릭터)
2. 주인공과 대립하는 역할(적 캐릭터, 관문 캐릭터, 라이벌 캐릭터)
3. 주인공을 도와주는 역할(파트너 캐릭터, 동료 캐릭터, 가족 캐릭터)
4. 스토리에 변화를 주는 역할(계기 캐릭터, 도우미 캐릭터, 배신자 캐릭터, 현자 캐릭터)
5. 스토리를 보강하는 역할(한숨 돌림 캐릭터, 간섭 캐릭터, 동물 캐릭터, 기타 캐릭터)

❶ 게임 시스템에 직결되는 역할

게임은 메커닉스를 통해 게임 플레이가 발현되므로 게임 시스템에 직결되는 주인공, 공략 대상, 시스템 캐릭터 등이 필요하다. 게임이 플레이어와 상호작용하기 위해 필요한 최소한의 캐릭터들로 시스템 캐릭터는 게임이 '하는' 미디어라는 특징을 잘 보여 준다.

- **주인공 :** 주인공 캐릭터는 게임과 플레이어를 최대한 가깝게 이어주는 분신이며 스토리상 주인공 역할을 수행한다. 주인공 캐릭터가 주인공스럽지 못한 행동이나 감정을 표출한다면 소비자에게 외면받기 쉬우므로 주의 깊게 설정해야 한다.
- **공략 대상 :** 공략 대상 캐릭터는 주인공 캐릭터가 최종적으로 도달해야 하는 대상으로 공략 대상 자체가 게임의 목적과 연결된다. 액션 게임에서의 보스, 탐정 게임의 범인, 연애 시뮬레이션 게임에서 연애 대상 캐릭터가 공략 대상 캐릭터에 해당된다.
- **시스템 캐릭터 :** 시스템 캐릭터는 플레이어와 게임 시스템 간의 상호작용을 연결하는 중간자 역할을 수행한다. 게임 플레이가 수월하게 진행되게 마을에 배치된 상점 NPC, 퀘스트 NPC 등이나 게임 시스템을 알려주거나 힌트를 주는 튜터가 포함된다.

❷ 주인공과 대립하는 역할

주인공 캐릭터와 대립함으로써 스토리의 갈등을 만들어 내고 갈등의 굴곡으로 인해 흥미가 발생한다. 주인공과 대립하는 역할은 주인공 캐릭터와 함께 스토리를 만들어 내는 축으로 매력적인 스토리를 만들려고 한다면 주인공 캐릭터 못지 않게 신경 써야 한다.

- **적 캐릭터 :** 적 캐릭터는 주인공 캐릭터가 목적을 이루지 못하게 방해하는 역할이다. 적 캐릭터가 강할수록 주인공 캐릭터는 다양한 장애물을 겪고 크게 성장해야 하기 때문에 주인공 캐릭터의 성장을 부각시키고 목적 달성 의지를 강하게 만드는 역할을 수행한다. 절대적인 악으로 무자비한 모습을 보여 주는 악역 캐릭터도 있으나 주인공과 가치관이나 사상이 달라 적대하게 되는 적대 캐릭터로 구분할 수 있다.
- **관문 캐릭터 :** 관문 캐릭터는 적 캐릭터에 도달하기 위한 중간중간에 주인공을 시험하기 위해 앞길을 막아서는 역할이다. 소설이나 영화에서 관문의 수호자는 힘이 아닌 재치나 지식을 통해 극복하지만 게임에서 관문 캐릭터는 게임 플레이와 연결되어 주로 중간 보스 형태로 힘과 실력으로 극복해야 한다.
- **라이벌 캐릭터 :** 라이벌 캐릭터는 주인공 캐릭터와 동일한 목적을 가지고 있으면서 성격이나 가치관이 달라 대립 관계가 만들어지는 역할이다. 동일한 목적을 가지고 대립하기 때문에 주인공 캐릭터는 라이벌 캐릭터와 경쟁하는 과정에서 성장하게 된다. 주인공 캐릭터의 성장을 돋보이게 하기 위해 전체적인 능력은 비슷하지만 라이벌 캐릭터의 능력을 조금 더 좋게 설정한다. 다만, 라이벌 캐릭터는 성격이나 가치관에 약점을 주거나 극단적으로 만들어 플레이어는 감정적으로 주인공 캐릭터를 응원하게 설정한다.

❸ 주인공을 도와주는 역할

주인공에게 큰 시련을 주기 위해 게임에서는 주인공 캐릭터와 대립하는 다양한 캐릭터를 등장시키게 되는데 주인공 혼자만으로는 극복하기 어려운 상황을 해결하기 위해 주인공 캐릭터를 도와 같이 모험하고 전투에 참여하는 캐릭터가 필요하다.

- **파트너 캐릭터 :** 파트너 캐릭터는 공략 대상을 제외한 동료 캐릭터 중에서 연애 대상이 될 가능성이 존재하는 이성 캐릭터가 해당된다. 게임에 따라 주인공 캐릭터, 공략 대상, 라이벌 캐릭디, 파트너 캐릭터 간의 다각관계를 만들어 주인공 캐릭터에게 심리적인 갈등을 유발시킨다. 파트너 캐릭터는 주로 고대의 자손이나 천애고아 같은 특수한 설정으로 주인공 캐릭터가 신경 쓰이게 설정하는 경우가 많다.
- **동료 캐릭터 :** 동료 캐릭터는 주인공이 지니지 않은 능력을 가지고 주인공을 도와주거나, 주인공의 감정이 자연스럽게 표출되도록 유도해 주거나, 주인공과 반대되는 성격을 가지고 있어 주인공이 단점을 극복할 수 있도록 해 준다.

- **가족 캐릭터 :** 가족 캐릭터는 주인공과 혈연 또는 가족 관계를 형성하는 캐릭터로 현실에서 가족의 중요함을 보여 주기 위한 장치로 활용된다. 가족 캐릭터 설정을 잘한다면 주인공 캐릭터의 동기를 강하게 만들어 주기도 하지만, 자칫 역할이 확실하지 않아 존재감이 없어지는 단점도 존재한다.

❹ 스토리에 변화를 주는 역할

게임 스토리는 다른 미디어의 스토리보다 방대하게 구성된다. 따라서 스토리에 변화를 주기 위해 스토리를 입체적으로 만들어 주는 다양한 캐릭터가 필요하며, 게임 시나리오 작가는 이러한 캐릭터를 스토리 사이사이에 적절하게 배치해야 한다.

- **계기 캐릭터 :** 계기 캐릭터는 주인공에게 모험의 계기를 제공하여 스토리의 흐름을 빠르게 만들고 고조시키기 위한 역할을 수행한다. 일반적으로 다른 중요한 역할을 맡고 있는 캐릭터가 계기 캐릭터의 역할을 겸하기도 하지만, 비중이 없는 캐릭터, 사물, 목소리 등으로 주인공 캐릭터에게 계기를 만들어 주기도 한다.
- **도우미 캐릭터 :** 도우미 캐릭터는 주인공 캐릭터가 위기에 처했거나 목적 달성 과정에 진도가 나가지 않을 경우 도움을 주는 것으로 답답한 상황을 타개하게 기회를 제공하는 역할이다.
- **배신자 캐릭터 :** 배신자 캐릭터는 처음에는 절대 배신하지 않을 것 같이 신뢰성 있게 설정되어 주인공 캐릭터가 비밀을 공유하게 되지만, 배신자 캐릭터가 가진 설정상의 이유로 스토리상 중요한 시점에 주인공 캐릭터를 배신함으로써 큰 반전을 만들어 낸다.
- **현자 캐릭터 :** 현자 캐릭터는 스토리와 세계관에 무게와 설득력을 주기 위한 역할로, 독특한 스토리와 세계관을 가진 실험적인 작품을 만들 경우 시련을 통해 주인공 캐릭터에 지식과 힘을 부여하는 현자 캐릭터를 등장시켜 스토리 전개를 촉진시킨다.

❺ 스토리를 보강하는 역할

게임의 스토리는 하나의 스토리만 보여 주는 것이 아닌 점차 분기를 통해 여러 스토리를 제공하는 형태로 발전해 왔기 때문에 메인 스토리만이 아닌 서브 스토리를 고려해서 스토리 전반을 보강하는 다양한 형태의 캐릭터가 요구된다.

- **한숨 돌림 캐릭터 :** 한숨 돌림 캐릭터는 무게감이 있는 메인 스토리에 장시간 몰입하기 어렵기 때문에 중간에 개그 캐릭터로 등장해 지나치게 비극적 상황에서 일시적으로 플레이어에게 웃음을 주고 피로감을 해소해 주기 위한 역할을 수행한다.
- **간섭 캐릭터 :** 간섭 캐릭터는 일본에서는 츳코미(ツッコミ) 캐릭터로 표현하며, 캐릭터 간의 대화에서 중간에 끼어들어 간섭하거나 트집을 잡는 것으로 캐릭터 간의 대화에 플레이어가 직접 끼어들고 싶은 순간에 대신 대화를 끊어주거나 변명해 주는 역할이다.

- **동물 캐릭터 :** 동물 캐릭터는 야생과 애완의 경계에 있는 캐릭터로 귀여우면서도 두려움을 동시에 가지고 있는 캐릭터로 야생의 감을 활용해 주인공 일행이 알아차리지 못하는 선과 악을 감별하는 역할을 수행한다. 여동생 캐릭터는 동물 캐릭터에서 야생을 제거한 보호 본능만을 불러일으키는 동물 캐릭터의 하위 분류에 속한다.
- **기타 캐릭터 :** 게임에는 수많은 캐릭터가 등장하게 되므로 특정 역할이 부여되지 않은 캐릭터들도 많다. 플레이어가 도시에 들어갔을 때 도시가 활기차 보이고 현실과 같이 보이게 하기 위해 수많은 NPC를 제작하기도 하며, 대규모 전투 장면을 선보이기 위해 아주 잠깐 등장하는 캐릭터들을 제작하기도 한다. 스토리와 게임 플레이와 무관하게 엑스트라 역할을 하는 모든 캐릭터를 기타 캐릭터로 분류했다.

03 게임 캐릭터 설정 항목

● 게임 캐릭터 설정 항목표

캐릭터는 테마를 플레이어에게 전달하는 촉매이자 세밀한 캐릭터 설정을 통해 자연스럽게 스토리가 만들어지는 역할을 한다. 상세 디자인 단계에서는 캐릭터별 중요도에 따라 어디까지 세부적인 항목까지 설정하는가를 결정하고, 작품에서 중요한 캐릭터들의 경우 상당히 공들여 설정하는 과정이 필요하다.

그러나 콘셉트 디자인 단계에서는 어떤 캐릭터를 통해 테마를 전달하려고 하는지, 캐릭터의 설정 항목을 통해 게임의 차별점을 잘 드러내는지, 게임의 방향성은 어떤지 정도를 보여 줄 수 있다면 충분하다. 다만, 콘셉트 디자인에서 많은 시간을 투자해서 캐릭터 설정을 하지 않았기 때문에 상세 디자인 단계에 돌입했을 때 콘셉트 디자인 단계에서 수행한 캐릭터 설정이 얼마든지 변경될 수 있다는 점을 충분히 고려해야 한다.

앞서 게임 캐릭터의 분류와 역할을 살펴봤다. 분류와 역할은 캐릭터 설정 항목 중 일부에 불과하나 게임에 등장할 주요 캐릭터들의 전체적인 느낌과 관계를 결정하는데 핵심적인 항목이다. 필자는 상세 디자인 단계에서 캐릭터 설정에 필요한 항목을 표 8-1과 같이 크게 3가지 항목으로 구분해서 정리했다. 생물학적 항목, 개인적 항목, 사회&문화적 항목으로 구분하여 캐릭터 설정에서 자주 활용되는 세부 항목을 배치했다.

메인 캐릭터라고 할지라도 콘셉트 디자인에서 표 8-1의 모든 항목을 모두 설정하려고 할 필요는 없다. 하지만 가능한 한 다양한 항목에 대한 설정을 꼼꼼히 구상한다면 캐릭터성이 살아나서 매력적이고 다면적인 캐릭터를 창조해낼 수 있다. 콘셉트 디자인에서는 대표적인 캐릭터 몇 개를 선정하고, 캐릭터별로 표 8-1을 보면서 중요하다고 판단되는 항목들을 최대한 설정해 보면 캐릭터 설정의 기초를 잡은 것이다.

표 8-1 게임 캐릭터 설정 항목표

캐릭터 분류		
» 플레이어 캐릭터 or NPC » 메인 캐릭터 or 동료 & 연인 캐릭터 or 보조 캐릭터 or 적대 캐릭터 or 몬스터		
1) 생물학적 항목	**2) 개인적 항목**	**3) 사회&문화적 항목**
» 나이, 생년월일, 별자리 » 성별 » 신장 » 몸무게 » 혈액형 » 인종 » 종족 » 피부 색상 » 눈 색상 » 머리 색상 » 용모, 생김새 » 체형 » 목소리	» 역할(행동영역, 원형) » 성격 » 가치관 » 습관 » 버릇 » 지적 능력 » 건강 정도 » 장점, 단점 » 강점, 약점 » 특기 » 취미 » 머리 모양 » 자주 입는 복장, 스타일 » 좋아하는 것, 싫어하는 것(사람, 음식, 언어 표현, 음악, 색 등)	» 이름, 별명, 애칭 » 국적 » 출신지 » 거주지, 주소 » 사용 가능 언어 » 사회적 지위 » 직업 » 학력 » 주된 욕구 » 갈등 » 목표, 꿈 » 가족 관계(친밀도) » 친구 관계(친밀도) » 연인 관계(애정도) » 협력, 동조 관계 » 적대 관계

● 플레이어 캐릭터의 나이와 성별

표 8-1의 항목 중 상당수는 보편적인 상식이 아닌 다양한 분야의 이론을 활용할 수 있다. 게임 디자인의 깊이를 더하기 위해 여러 이론을 활용한다면 게임 디자인에 대한 설득력이 높아지고 이는 결국 완성도 높은 게임으로 연결된다.

게임 캐릭터 설정 항목 중 가장 기초적인 항목이기에 깊게 생각하지 않고 가볍게 넘어가는 경우가 대부분인 생물학적 항목의 나이와 성별을 살펴보자. 흔히 캐릭터의 나이와 성별을 정하라고 하면 나이와 성별에 대한 별다른 기준 없이 대충 작성하고 넘어간다. 그러나 게임 캐릭터의 나이와 성별을 정할 때도 가능한 한 체계적인 기준 아래에서 작성하는 것이 좋다.

「미국과 일본 게임의 플레이어 캐릭터 나이와 성별 비교 분석」에서 그림 8-6, 그림 8-7과 같이 플레이어 캐릭터의 나이와 성별의 분류를 체계화했다. 미국과 일본 게임의 플레이어 캐릭터를 비교하기 위해 정리했으나 플레이어 캐릭터만이 아닌 게임 캐릭터 설정에 보편적으로 활용할 수 있다.

게임 캐릭터의 나이와 성별은 크게 제작자가 미리 설정한 형태와 플레이어가 직접 선택할 수 있게 하는 커스터마이즈 형태로 구분된다. 제작자가 미리 설정한 경우에도 나이를 명확하게 명시하는 경우가 있고, 나이를 알 수 없게 설정한 경우로 나뉜다. 게임 캐릭터의 나이와 성별 설정을 할 때 현실에서의 프로필 작성하듯 뻔하게 작성하기 보다 체계적으로 분류된 연구를 참고하여 플레이어에게 상상력을 발휘할 수 있도록 의도적으로 대략적인 범위만 알려주거나 명확히 알 수 없게 설정하는 것도 하나의 안으로 고려해야 한다.

* 수명이 긴 엘프 등 인간이 아닌 종족 또는 기계와 같이 인간이 아닌 캐릭터가 해당

그림 8-6 게임 캐릭터의 나이 분류

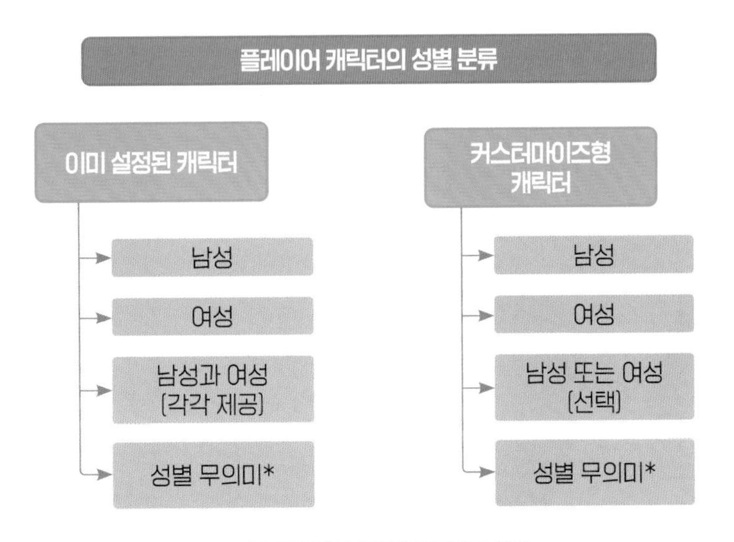

* 무성애자나 비인간 캐릭터가 해당

그림 8-7 게임 캐릭터의 성별 분류

04 인간의 보편적 감정

게임 캐릭터 설정 항목표를 통해 주요 캐릭터에 대한 항목을 작성했다면 텍스트로 되어 있는 항목표를 시각화하기 위해 이를 원화가에 전달하여 콘셉트 디자인 문서에 포함할 원화 작업을 요청하게 된다. 게임 캐릭터의 방향성을 알기 위한 초기 원화 작업이므로 상세 디자인 단계에서 의견 교환을 통해 점차 완성도 높게 수정되어야 하지만 게임 디자이너가 캐릭터 설정 항목표를 충분히 고민해서 작성했다면 어느 정도 방향성이 잡힌 원화가 나올 것이다.

기본이 되는 원화가 어느 정도 완성되면 캐릭터의 다양한 면을 알 수 있도록 대표적인 감정을 드러내는 표정을 요청하는 것이 좋다. 원화 1장만으로 캐릭터의 평면적인 측면 밖에 볼 수 없기 때문에 캐릭터 설정 항목표에 작성한 내용을 기반으로 인간의 보편적 7가지 감정을 표정으로 그려내면 어떤 게임 캐릭터인지 명확하게 부각된다. 이력서의 프로필 사진만으로 그 사람을 판단하기 어렵고 실제 면접에서 다양한 표정을 봐야 그 사람의 다양한 면을 알 수 있는 것과 같은 이치다. 캐릭터를 살아 숨쉬는 인간 같이 느끼게 하려면 충분히 고민해서 캐릭터 설정 항목표를 꼼꼼히 작성하는 것과 더불어 캐릭터의 원화와 표정에 많은 공을 들여야 한다.

인간의 감정 변화는 본능에 의한 것이므로 무의식적으로 일어나지만 아주 짧은 시간에 이뤄지므로 감정 변화를 알아차리기 쉽지 않다. 그러나 감정 변화가 표정으로 드러나면 표정은 감정 변화에 비해 오래 남아 있기 때문에 인간은 서로의 표정을 보고 감정을 추측하게 된다.

무의식적으로 일어나는 감정은 조절할 수 없으나 감정에 의해 발생하는 표정은 얼마든지 숨기거나 거짓 표정을 만들 수 있다. 다만 얼굴에 드러나는 표정은 그림 8-8과 같이 마음 속에서 드러나는 진짜 미소와 만들어 낸 가짜 미소가 다르다.

정신 분석가이자 범죄 심리학자인 폴 에크만(Paul Ekman)은 인간의 의지대로 움직일 수 없는 자율신경계에 속한 불수의 근(Involuntary Muscle)이 있으며 이 근육은 거짓으로는 움직일 수 없으므로 마음에서 우러나올 때의 표정과 거짓으로 만들어낸 표정은 근육의 움직임이 다르다고 했다. 인간은 마음 속에서 우러날 때 불수의 근이 움직이기 되며, 전세계 공통적으로 인간이 드러내는 기쁨, 슬픔, 놀라움, 두려움, 분노, 혐오, 경멸이라는 7가지 감정에 대한 표정에는 공통된 특징이 있다고 주장했다. 인간의 7가지 보편적 감정은 게임 디자이너는 물론 아티스트까지 반드시 알고 있어야 하는 이론인 만큼 캐릭터의 표정을 원화로 그릴 때 참고하면서 논의하는 것이 좋다.

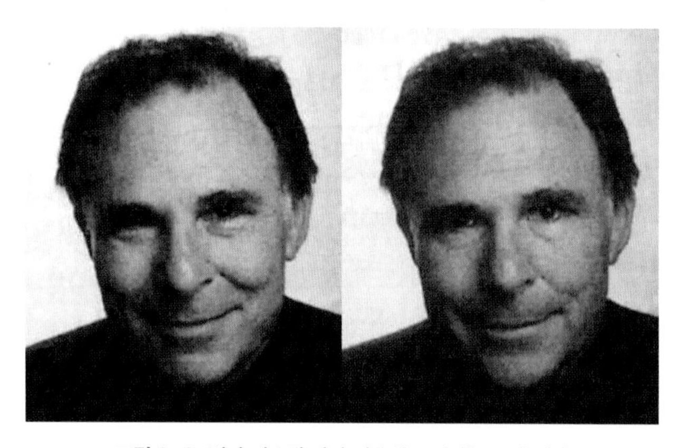

그림 8-8 진짜 미소와 가짜 미소에 드러나는 표정 차이

잠깐만요　인간의 7가지 보편적 감정

1. 기쁨(Happiness)
2. 슬픔(Sadness)
3. 놀라움(Surprise)
4. 두려움(Fear)
5. 분노(Anger)
6. 혐오(Disgust)
7. 경멸(Contempt)

❶ 기쁨

인간의 기쁨이라는 감정은 다음과 같은 표정으로 드러난다. 눈을 얇게 뜨고, 눈가와 눈 밑에 주름이 생기며, 눈썹 바깥 쪽 끝이 내려간다. 입 가장자리가 위로 올라가면서 입술이 살짝 벌어져 윗니가 보이기도 하며, 두 뺨이 살짝 올라간다.

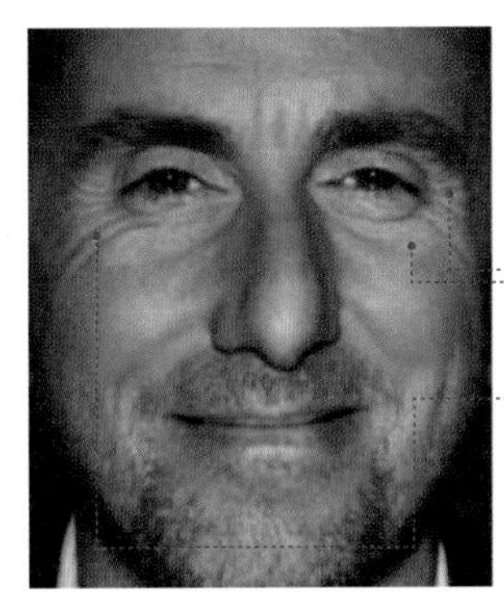

그림 8-9 기쁨 표정의 특징

❷ 슬픔

인간의 슬픔이라는 감정은 다음과 같은 표정으로 드러난다. 눈의 초점이 흐릿해지면서 눈꺼풀이 밑으로 쳐진다. 입 주변의 끝이 살짝 안으로 당겨지면서 이마에 수평으로 주름이 생기기도 한다.

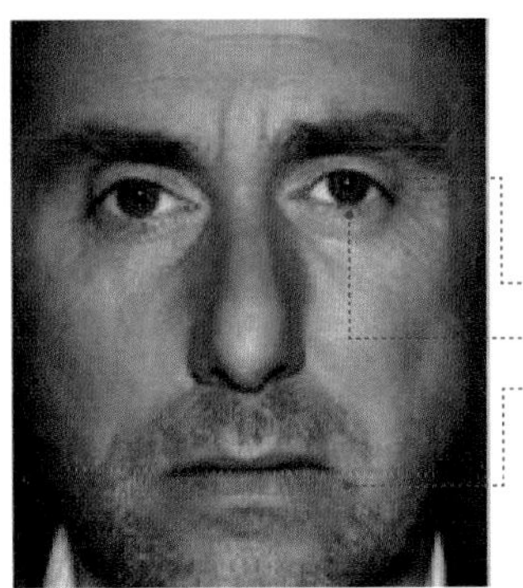

그림 8-10 슬픔 표정의 특징

❸ 놀라움

인간의 놀라움이라는 감정은 다음과 같은 표정으로 드러난다. 눈을 크게 뜨면서 흰자가 보이며 양쪽 눈썹이 구부러지면서 올라간다. 눈꺼풀 위는 올라가고 눈꺼풀 아래는 동그란 상태를 유지한다. 턱이 내려가면서 입이 벌어지는 특징이 있다.

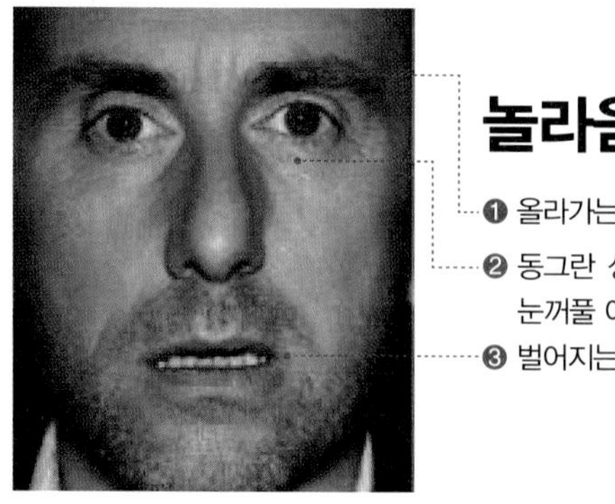

그림 8-11 놀라움 표정의 특징

❹ 두려움

인간의 두려움이라는 감정은 다음과 같은 표정으로 드러난다. 눈썹이 찡그려지면서 올라가며, 눈꺼풀 위는 올라가고, 눈꺼풀 아래는 뻣뻣하게 굳어 긴장하게 된다. 입술이 귀 쪽 방향으로 당겨지며 입술은 벌어지거나 아래로 내려가게 된다.

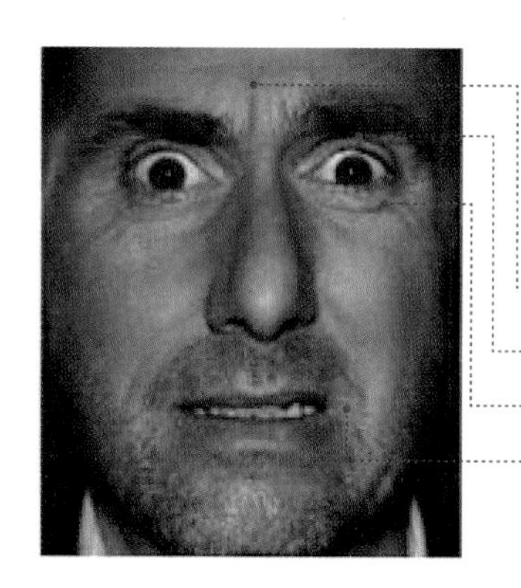

그림 8-12 두려움 표정의 특징

❺ 분노

인간의 분노라는 감정은 다음과 같은 표정으로 드러난다. 노려보는 눈빛으로 대상을 강력하게 주시하면서 눈썹이 크게 내려가며, 눈썹 사이에 주름이 생긴다. 입술이 얇아지며 경직되면서 입이 네모 모양으로 벌어지기도 한다. 또한 콧구멍을 벌렁거리며 가쁜 숨을 쉰다.

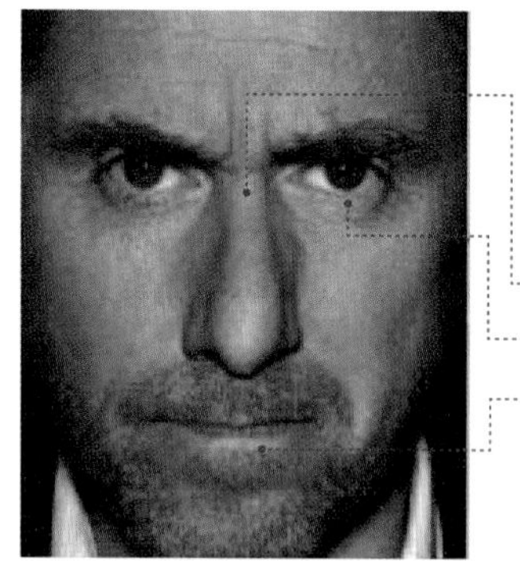

그림 8-13 분노 표정의 특징

❻ 혐오

인간의 혐오라는 감정은 다음과 같은 표정으로 드러난다. 눈썹이 내려가며 눈꺼풀 아래가 경직된다. 입을 살짝 벌리고 입술 위가 올라가면서 입을 오므리게 된다. 찡그리면서 코에는 주름이 생긴다.

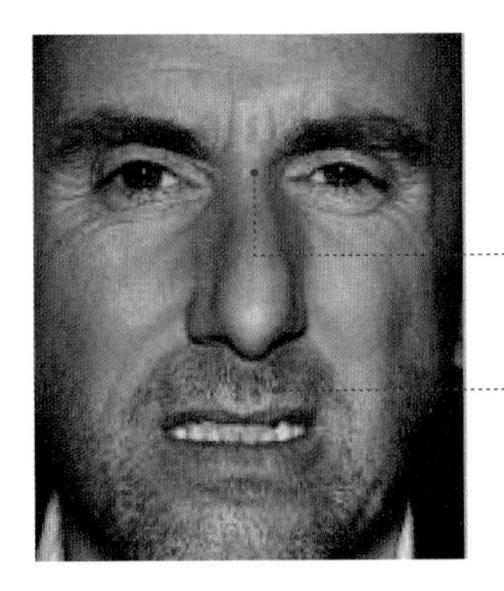

그림 8-14 혐오 표정의 특징

❼ 경멸

인간의 경멸이라는 감정은 다음과 같은 표정으로 드러난다. 한쪽 입술 끝이 당겨지며 위로 올라가며 입을 굳게 다무는 특징이 있다.

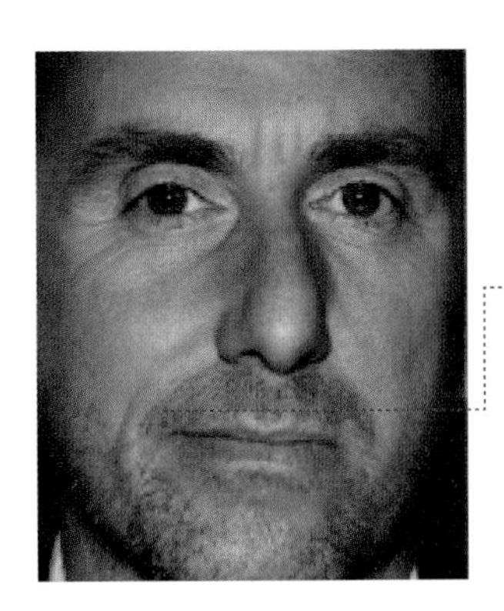

그림 8-15 경멸 표정의 특징

05 캐릭터 관계도

콘셉트 디자인에서 주요 캐릭터 설정 항목표를 작성하고, 7가지 보편적 감정을 나타내는 표정에 대한 원화가 만들어지면 마지막으로 캐릭터 간의 관계도를 작성한다. 지금까지는 캐릭터별로 세부 설정을 하는데 집중했으나 캐릭터의 관계를 구축해 보면서 전체적인 흐름을 볼 수 있다. 캐릭터 하나하나를 설정할 때는 큰 문제가 없어 보였다고 해도, 실제 캐릭터 관계도를 그리다 보면 캐릭터 설정 항목표에서 수정해야 할 것이 꽤 많이 나올 것이다.

특히 스토리를 작성함에 있어 캐릭터의 역할이 겹치면 스토리에 혼선이 오기 때문에 캐릭터의 역할이 겹치지 않게 적절하게 배분하는 것이 중요하다. 캐릭터가 겹친다면 해당 캐릭터들은 주목도가 떨어지고 반복적인 느낌이 들어 작품 전체의 평가에도 영향을 미치기 때문이다. 역할을 적절히 배분하기 위해서 캐릭터 관계도만큼 시각적으로 명확해지는 것은 없다. 게임만이 아니라 드라마나 애니메이션 산업에서는 이미 오래전부터 캐릭터 관계도를 통해 캐릭터 간의 역할을 배분하고, 캐릭터 간의 가족 관계, 친구 관계, 연인 관계, 협력 관계, 적대 관계 등을 시각화해서 표현해 왔다. 드라마 홈페이지를 검색해 보면 대부분 인물 관계도가 나와있다.

예를 들어, 〈드래곤볼 Z 카카로트〉에서는 그림 8-16, 그림 8-17과 같이 게임 내 스토리가 진행됨에 따라서 시스템으로 캐릭터 관계도를 제공한다. 메인 캐릭터를 중심으로 먼저 주변에 가족 관계, 협력 관계, 연인 관계를 배치하고 적대 관계와 명확하게 구분해서 대립하고 있다는 느낌을 준다. 적대 캐릭터에도 동료나 부하 등이 존재하기 때문에 적대 캐릭터도 메인 캐릭터와 동일하게 주변에 캐릭터 관계를 표시해 준다. 제3~4의 세력이 존재한다면 동일하게 그룹화해서 표현하고, 세부적으로 각 캐릭터마다 관계를 다양한 선의 형태, 색깔, 두께 등으로 표현한다.

캐릭터 관계도를 그리는데 정해진 규칙은 존재하지 않는다. 관계도를 어떻게 표현하는지에 따라 스토리의 다양한 면을 보여 줄 수 있기 때문에 다양한 관점으로 그려보는 것이 좋다.

그림 8-16 사이어인 습격편의 캐릭터 관계도

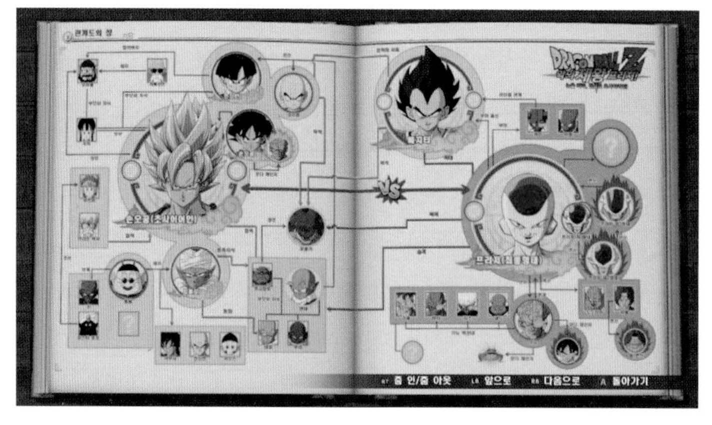

그림 8-17 악의 제왕 프리저편의 캐릭터 관계도

GAME CONCEPT

8.2 게임 예시

콘셉트 디자인에서 캐릭터 설정은 반드시 세부적으로 진행될 필요는 없다. 상세 디자인 단계에서는 가능한 한 캐릭터 설정에 공을 들여야 하지만, 콘셉트 디자인에서는 주요 캐릭터들의 방향을 이런저런 방향으로 바꿔 잡아보면서 더 좋은 방향성을 찾는 과정이 중요하다. 또한 스토리를 중심으로 한 게임일 때 정교한 캐릭터 설정이 필요하지만, 모든 게임이 스토리를 중시하는 것은 아니기에 게임에 따라 오히려 심플한 캐릭터 설정을 잡는 것이 유리한 게임도 존재한다.

실제 게임 내에서는 굉장히 상세한 캐릭터 설정을 가지고 있으나 대중에 공개되는 홈페이지에 캐릭터 설정을 간략하게 정리해 놓은 게임들을 꽤 찾아볼 수 있다. 이러한 자료는 콘셉트 디자인에서 게임 캐릭터 설정을 어떻게 해야 할지 감이 오지 않는 사람들에게 좋은 참고 자료가 될 것이다. 다만 대중에 공개되는 캐릭터 소개이므로 보기 쉽게 캐릭터의 간략한 서술만 되어 있는데, 콘셉트 디자인을 수행할 때는 최소한의 캐릭터 설정 항목표로 작성하는 것이 좋다.

● 페르소나 4 캐릭터 설정

그림 8-18 페르소나 4 캐릭터 설정

〈페르소나 4〉는 아틀라스가 개발한 롤플레잉 게임이다. 〈페르소나 4〉의 공식 홈페이지인 https://asia.sega.com/persona-remaster/p4g/kr/에 접속해 보면, 게임의 스토리, 캐릭터 소개, 대표적인 게임 시스템을 소개하고 있다. 캐릭터 소개에서는 주인공, 하나무라 요스케, 사토나카 치에, 아마기 유키코, 곰, 타츠미 칸지, 쿠지카와 리세, 시로가네 나오토에 대한 간략한 캐릭터 설정을 정리해 두었다. 주인공과 동료 캐릭터만 정리한 점은 아쉽지만 캐릭터 소개에 캐릭터의 성격, 배경, 특징 등을 나타내는 중요 키워드가 몇 개씩 포함되어 있다는 것을 알 수 있다. 주인공의 키워드는 도시, 시골 마을로 오게 되는 것으로 정리할 수 있으며, 사토나카 치에는 동급생, 활발, 수다를 좋아함, 붙임성, 의외로 약한 모습 등으로 정리할 수 있다.

콘셉트 디자인에서 캐릭터를 설정할 때, 먼저 문장으로 완성하려 하기 보다 먼저 캐릭터 설정 항목표를 작성하고, 작성된 표를 종합적으로 요약한 문장으로 작성해서 캐릭터 소개 문장을 만드는 것이 좋다. 캐릭터 소개는 캐릭터성을 보여 줄 수 있는 내용이 함축적으로 들어가야 하므로 최종적으로 작성해야 하는 길이보다 최소한 2~3배 작성한 후, 캐릭터성을 확실히 보여 줄 수 있는 핵심 문장만 남기면서 반복적으로 문장을 다듬어 최종적으로 작성해야 할 길이로 줄이는 과정을 거치면 된다.

● 단간론파 캐릭터 설정

그림 8-19 단간론파-희망의 학원과 절망의 고교생-캐릭터 설정

〈단간론파〉는 스파이크 춘소프트가 개발한 추리 어드벤처 게임이다. 〈단간론파〉 일본 공식 홈페이지인 https://www.danganronpa.com/reload/character/dangan01.html에 접속해 보면, 1편과 2편의 간단한 캐릭터 소개를 확인할 수 있다. 1편의 캐릭터 소개에서는 주인공인 나에기 마코토, 마이조노 사야카, 코와타 레온, 키리기리 쿄코, 토가미 뱌쿠야, 야마다 히후미, 오오와다 몬도, 후카와 토코, 셀레스티아 루덴베르크, 아사히나 아오이, 이시마루 키요타카, 오오가미 사쿠라, 하가쿠레 야스히로, 에노시마 준코, 하지사키 치히로, 마지막으로 적 캐릭터인 모노쿠마 순으로 정리되어 있다.

주인공인 나에기 마코토는 '초고교급 행운'으로 특별한 재능이 있어야만 입학할 수 있는 사립 키보가미네 학원에 특별한 재능이 없는데도 불구하고 평범한 학생 중 추첨을 통해 입학할 기회를 얻게 된다. 다른 사람들보다 낙천적인 것이 유일한 장점으로 묘사된다.

키리기리 쿄코는 '초고교급 ???'로 자신의 재능을 밝히지 않는 신비한 매력을 가진 미소녀 캐릭터로, 유일하게 재능이 밝혀지지 않으므로 게임 전체의 호기심을 불러일으키는 중요한 역할을 맡고 있다. 감정을 거의 들어내지 않지만 주인공 캐릭터에게 추리의 힌트를 주는 조언자 역할을 수행한다. 게임 디자이너가 다른 캐릭터에는 모두 '초고교급 OOOO'이라는 설정을 포함했음에도 키리기리 쿄코라는 캐릭터는 의도적으로 '초고교급 OOOO' 항목을 불완전 정보에서 시작해 게임이 진행됨에 따라 완전 정보로 밝혀지게 했다. 캐릭터 설정표의 모든 항목 중 의도적으로 작성하지 않거나 처음에는 불완전 정보를 제공하고 이후 특별한 계기로 완전 정보가 되었을 때 매력적인 캐릭터가 탄생할 수 있다는 아주 바람직한 예시다.

〈단간론파〉에서는 캐릭터별로 '초고교급 OOOO'이라는 설정을 캐릭터의 주된 설정으로 두고 있는데 감금된 장소에서 살인 사건을 수사하는 세계관 특성상 의도적으로 극단적인 개성을 가진 캐릭터들이 필요했다. 캐릭터별로 '초고교급 OOOO'이라는 주된 설정을 기반으로 세부적인 설정도 상당히 독특하게 되어 있다. 캐릭터별로 약점도 존재하며 해당 약점과 추리가 교묘하게 연결되면서 스토리 전개의 갈등을 만들어 낸다. 게임 캐릭터의 캐릭터성을 어떻게 강화하고, 독특한 캐릭터 설정을 어떻게 하면 되는지를 교과서처럼 잘 보여 주는 작품이다.

● 파이널 판타지 7 캐릭터 관계도

캐릭터 설정에서 가장 중요한 것 중 하나는 정교한 캐릭터 관계도를 구상하는 것이다. 캐릭터별로 아무리 매력적이고 상세한 설정을 잡는다고 해도 결국 게임 내 스토리는 캐릭터 간의 관계에서 만들어지기 때문이다. 그러므로 콘셉트 디자인에서 캐릭터 설정을 할 때, 캐릭터마다 별도로 생각하기 보다 먼저 캐릭터 관계도를 그리면서 각각의 캐릭터를 세부적으로 설정하는 것이 올바른 캐릭터 설정 방법이다. 캐릭터 간의 관계를 고려하면서 각각의 캐릭터의 설정을 구체화해야 겹치는 캐릭터도 없어지고, 캐릭터 간의 관계를 고려한 세부 설정을 잡아내기 수월하다.

그림 8-20은 〈파이널 판타지 7〉의 캐릭터 관계도를 표현한 것이다. 캐릭터 관계도를 그리는 것에 정답은 존재하지 않으므로 얼마든지 다른 형태로 그릴 수 있으나 주인공 캐릭터를 기준으로 동료 캐릭터와 적 캐릭터의 대립 관계를 중점적으로 잘 표현했다. 주인공 캐릭터와 동료가 되는 캐릭터는 파란색 배경으로 표현했으며, 반대로 적 캐릭터는 붉은색 배경으로 표현하고 있다. 캐릭터별 이미지 크기에 따라 스토리에서 비중을 표현하고 있으며, 선의 종류를 구분하여 다른 캐릭터에 어떤 영향을 주는지도 표현하고 있다.

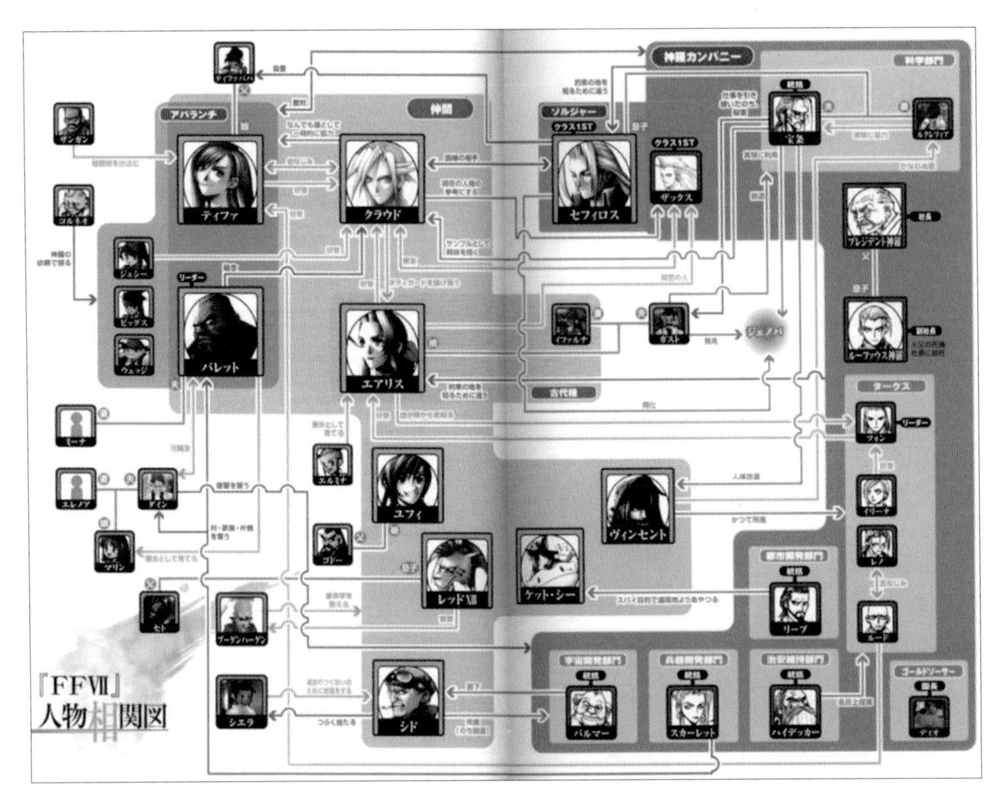

그림 8-20 파이널 판타지 7 캐릭터 관계도

〈파이널 판타지 7〉은 캐릭터, 세계관, 스토리, 메커닉스, 게임 플레이 등 모든 면에서 높은 평가를 받고 있는 작품이다. 특히 1997년 출시된 작품임에도 불구하고 아직까지도 글로벌 게임 시장에서 캐릭터 인기 순위에 많은 캐릭터가 포함될 정도로 〈파이널 판타지 7〉의 캐릭터는 매력적으로 설정되어 있다. 캐릭터의 매력은 캐릭터 자체적인 설정에도 중요하지만, 다른 캐릭터와의 관계에서 비롯된다는 점을 〈파이널 판타지 7〉에서 여실히 보여 주고 있다. 캐릭터 간 관계를 어떻게 구축하는 것이 좋을지 고민이 된다면 〈파이널 판타지 7〉의 캐릭터 관계도를 비롯한 명작이라고 불리는 게임의 캐릭터 관계를 깊게 분석해 보면 큰 도움이 될 것이다.

8.3 실습 가이드

9주차 실습

① **목표** : 게임의 주요 캐릭터 설정

② **추천 분량** : PPT 2장 이상

③ **페이지 구성**

Page 1) 캐릭터 관계도 1장

Page 2~O) 원화 1장, 캐릭터 설정표 1개(캐릭터별 별도 페이지)

④ **페이지 내용**

Page 1) 주요 캐릭터를 중심으로 캐릭터 관계도 작성

Page 2~O) 캐릭터별 페이지를 구성하여, 작업된 원화가 있다면 원화를 추가하거나 없다면 참고할 그림 몇 장으로 대체, 캐릭터 분류와 역할을 포함하여 가능한 범위에서 캐릭터 설정표 작성

주의점

❶ 캐릭터는 테마를 표현해 주는 창구

〈2장〉에서 명확한 테마가 잡혔고, 〈7장〉까지 도달하면서 장르를 도출했다면, 다음으로 주요 캐릭터 설정을 할 차례다. 전달하고자 하는 테마가 명확하면 명확할수록 캐릭터를 먼저 설정하는 것이 여러 면에서 유리하다는 점을 알 수 있다. 캐릭터는 게임 디자이너가 세운 테마를 게임 내에서 대신 플레이어에게 전달하는 역할을 수행하기 때문이다. 테마라는 하나의 명확한 기준이 존재하니, 캐릭터들의 성격, 직업, 종족, 좋아하는 것, 싫어하는 것 등을 상대적으로 수월하게 작성할 수 있고 캐릭터 관계도의 시작점을 만들 수 있다.

다만, 반드시 메인 캐릭터가 테마를 표현하는 창구가 될 필요는 없다. 작품 전체에서 테마를 전달하면 되기 때문에, 테마에 따라서는 오히려 동료 캐릭터, 연인 캐릭터, 적 캐릭터가 테마를 제시해 주는 역할을 수행하는 편이 너 부드러운 경우도 있다.

❷ **캐릭터의 중요도에 따라 캐릭터 설정표를 다르게 작성**

캐릭터 설정표의 모든 항목을 빠짐없이 작성했다고 해서 반드시 매력적인 캐릭터가 탄생하지는 않는다는 점을 잊어서는 안된다. 어떤 캐릭터는 비밀에 쌓여 있어 플레이어로 하여금 궁금하게 만들 수도 있다. 캐릭터 설정이 상세할수록 캐릭터 간의 관계를 이끌어 내기 쉽고 개성을 살리기 수월하지만, 의도적으로 일부 항목을 작성하지 않는 것도 캐릭터 설정에서 사용되는 고급 스킬이다.

또한 캐릭터가 많이 등장하는 게임에서는 게임 디자이너가 캐릭터의 중요도를 구분하여 캐릭터 설정을 어느 수준까지 깊게 할 것인지 기준을 마련할 필요가 있다. 실제 게임에서 거의 등장하지도 않거나 단순한 역할만 수행함에도 불구하고, 캐릭터 설정을 하기 위해 많은 시간을 들일 필요는 없기 때문이다. 주요 캐릭터는 캐릭터 설정표를 가능한 한 세밀하게 작성하되 다른 캐릭터 설정은 무리해서 구체화할 필요는 없다.

9 장

세계관 설정과 스토리

학 습 목 표

게임에서 활용되는 주요 세계관, 세계관 구축, 스토리 관련 용어, 플롯을 학습하여 세계관 설정과 스토리를 작성한다.

9.1

GAME CONCEPT

필수 이론과 개념

● 게임의 세계관 설정과 스토리

게임 캐릭터 설정이 끝났다면 다음은 세계관 설정과 스토리를 작성할 차례다. 물론 캐릭터 설정을 완전히 끝내고 나서 순차적으로 세계관 설정과 스토리를 작성하는 것이 아닌 캐릭터 설정, 세계관 설정, 시나리오 작성은 끊임없이 번갈아가면서 모든 부분의 완성도를 서서히 높여야 하는 과정이라는 점은 확실히 이해하고 넘어가자.

게임 캐릭터 설정은 게임 디자이너도 충분히 시도해 볼 수 있는 영역이나 세계관 설정과 시나리오 작성은 전혀 다른 영역이다. 세계관 설정은 다양한 신화와 역사를 오랜 기간 연구하고 하나의 세계를 구축하기 위한 능력이 요구되며, 시나리오 작성은 스토리를 기반으로 대사, 묘사, 감정 표현 등을 포함한 실질적인 대본까지 작성해야 하므로 실제 글을 쓸 수 있는 능력이 요구된다. 더 큰 문제는 세계관 설정을 할 수 있는 사람이라고 해서 시나리오를 잘 쓸 수 있는 것이 아니며, 시나리오를 잘 쓰는 사람이라고 할지라도 세계관 설정을 잘할 수 있다는 의미가 아니다.

게임에 따라 캐릭터 설정보다 세계관을 먼저 잡는 것이 유리한 경우도 있지만, 방대한 세계관을 구축한다는 건 새로운 역사를 만든다는 것이므로 다양한 역사에 조예가 깊은 고급 인력을 확보하는 것 자체가 여간 어려운 것이 아니라는 현실적인 벽이 있다. 세계관이 방대한 게임의 경우 보통 세계관을 잡는 사람과 해당 세계관을 바탕으로 스토리를 쓰는 작가를 별도로 둘 정도이다. 작가는 세계관 내에서 자신이 전달하고자 하는 테마를 전해서 캐릭터를 설정하고 캐릭터 간의 관계를 통해 스토리를 작성하게 된다. 뛰어난 작가를 고용하는 것도 정말 어렵지만 매력적인 세계관을 구상할 수 있는 작가를 고용하는 것과는 도저히 비교할 수 없다.

따라서 게임 디자이너로 게임 전반에 대한 디자인을 충분히 경험한 디자이너라고 할지라도 세계관 설정과 시나리오 작성은 전혀 별개의 작업이다. 실제 게임이 아닌 다른 미디어에서도 세계관을 구축하는 일을 해 보지 않았다면 제대로 된 세계관을 만들기는 불가능에 가깝고, 실제 책을 몇 권 정도 집필해서 출판한 경험이 없다면 본격적인 시나리오 작성은 현실적이지 않다.

따라서 규모가 있는 상업적 게임에서 상세 디자인 단계에 돌입하면 세계관 설정과 시나리오 작성은 해당 업무에 대해 경험이 풍부한 인력을 별도로 고용하는 경우가 많다. 게임 업계에는 본격적으로 글을 쓸 수 있는 사람이 흔하지 않기 때문에 전통적인 미디어에서 충분히 글을 써 온 시나리오 작가 중에 게임에 대한 이해도가 높은 인력을 프로젝트에 참여시켜 게임 디자이너와 협업을 진행한다. 만약 세계관 설정과 시나리오 작성에 대한 경험이 없음에도 내부에서 담당자를 두고 해결하겠다고 한다면, 세계관 설정과 시나리오를 포기하겠다는 것과 동의어라고 할 정도로 세계관 설정과 시나리오 작성은 일반적인 게임 디자인과 전혀 다른 능력이 요구되는 영역이다.

게임 콘셉트 디자인에서 세계관 설정은 깊게 들어갈 필요는 없다. 시대와 장소를 계획하고 구체적인 사건이나 명칭 등을 포함하여 간략하게 작성하는 것으로 충분하다. 또한 콘셉트 디자인에서는 시나리오 작성 단계까지 진행할 필요가 없다. 캐릭터와 세계관 설정을 바탕으로 줄거리 정도에 해당되는 스토리를 1~2페이지 정도 작성하면 충분하다.

다만 게임에서 스토리를 표현하는 방식이 다양하다는 점을 이해하고, 퀘스트 시스템을 선택할 것인지, 에피소드 시스템을 선택할 것인지, 〈드래곤 퀘스트〉 초기 작품들처럼 퀘스트나 에피소드 구분 없이 스토리를 즐기게 할 것인지 결정하는 것은 게임 디자이너의 역할이다.

주의해야 할 점은 최근 게임들이 아무리 퀘스트 시스템을 대부분 차용한다고 해도 스토리를 반드시 퀘스트로 작성해야 한다는 고정관념을 가져서는 안된다. 게임에서는 스토리를 표현하는 방식이 다양하고, 퀘스트는 그것 중 단지 하나에 불과하다는 것을 결코 잊어서는 안된다. 본인이 들려주고 싶은 스토리에 적합한 방식을 고민해서 선택하는 것이 올바른 게임 디자이너의 자세다.

01 게임에서 주로 활용되는 세계관

게임을 비롯해 미디어별로 주로 활용되는 세계관이 존재하지만, 반드시 기존의 세계관 중에 하나를 선택해야 하는 것은 아니다. 자신만의 새로운 세계관을 만들어 보는 것도 큰 경험이 될 것이다. 세계관 설정을 처음부터 해 본다는 것이 얼마나 어려운지 알게 되는 것도 게임 디자이너에게는 반드시 필요한 과정이다. 다만, 인간은 자신이 경험해 본 것 안에서 창작을 하는 것이지 경험해 보지 않은 것을 만들어 내지 못한다는 점은 기억해 두자. 다시 말해서 완전히 새로운 것이 아닌 어디선가 본 것을 재구축 및 재조합하는 것이니 완전히 새로운 세계관을 만들었다고 자만심이 든다면 그건 그만큼 다양한 작품을 잘 모른다는 것을 의미한다.

규모가 큰 게임의 세계관 설정은 우주의 탄생이나 창세 단계부터 모순되지 않게 설계되어야 하므로 신화와 역사에 대해 상당한 지식과 경험을 가지지 않으면 현실에 있을 법한 하나의 세계를 구축하는 것은 불가능에 가깝다. 그러나 게임은 규모가 크지 않은 게임도 많고 세계관 설정을 반드시 복잡하게 하지 않아도 충분히 재미있는 게임을 만들 수 있기 때문에 콘셉트 디자인 단계에서는 기존의 세계관을 살짝 변경하는 것도 좋고, 새로운 세계관에 도전해 보는 것도 좋다. 상세 디자인 단계에서 세계관 설정과 시나리오 작성은 차원이 다른 전문적인 영역이지만 콘셉트 디자인 단계에서는 게임 디자이너가 창의력을 발휘해서 도전해 볼 수 있다.

콘셉트 디자인 문서에 포함할 간략한 세계관 설정을 작성한다고 해도 처음 시도한다면 막막할 것이다. 자신만의 세계관 설정을 하기 전에 먼저 게임에서 주로 활용되는 세계관에는 무엇이 있으며, 각각 어떤 특징을 가지고 있는지 안다면 크게 도움이 될 것이다. 이 책에서 소개하는 세계관은 게임에서 자주 활용되는 대표적인 세계관이며, 게임에서는 여러 가지 세계관이 결합하기도 한다. 이외에도 독특한 세계관을 가진 매력적인 게임은 과거 명작에서 얼마든지 찾아볼 수 있으니 다양한 게임을 플레이하면서 게임별로 세계관을 비교 분석해 보자.

☑ 잠깐만요　게임에서 주로 활용되는 세계관

1. 판타지
2. SF(Science Fiction)
3. 사이버펑크
4. 스팀펑크
5. 포스트 아포칼립스
6. 과거-대체 역사
7. 현대
8. 근미래
9. 기타 : 무협, 서부극, 크로스오버 등

❶ 판타지

판타지는 게임에서 가장 많이 활용되는 대표적인 세계관이다. 현실의 배경과 배우를 기반으로 한 영화나 드라마는 현대를 세계관으로 많이 활용하지만 애니메이션이나 게임은 모든 것을 창조하는 미디어인 만큼 틀에 얽매이지 않고 상상하는 것이 모두 이뤄질 수 있는 판타지 세계관과 찰떡궁합이기 때문이다.

게임에서 판타지는 1970년대 출시된 TRPG(Tabletop Roll Playing Game)인 〈던전 앤 드래곤(Dungeons & Dragons)〉에 의해 큰 영향을 받는다. 특히 검과 마법의 세계를 표현하기에 적합했기 때문에 게임의 대분류 장르인 RPG에 지대한 영향을 미친다. 1981년 RPG의 기틀을 다진 〈울티마〉와 〈위저드리〉가 던전 앤 드래곤에 막대한 영향을 받아 만들어지면서 이후 일본에서 만들어지는 〈드래곤 퀘스트〉, 〈파이널 판타지〉에도 계승된다. 이 시기부터 RPG라고 하면 판타지가 대표적인 세계관으로 자리잡는다. 벨트스크롤 액션으로 만든 〈던전 앤 드래곤〉과 같이 던전 앤 드래곤 세계관 그대로를 게임으로 옮긴 작품도 꾸준히 출시된다.

〈던전 앤 드래곤〉는 일본에서도 유행했으나 일본 문화와 정서와 잘 맞지 않은 부분이 있어 〈던전 앤 드래곤〉 세계관을 재해석하여 일본식 판타지가 만들어지기 시작했다. 1988년부터 출판된 〈로도스도 전기(ロードス島戦記)〉에서 일본식 판타지를 정립하면서 1990년 애니메이션으로도 제작된다. 아름다운 엘프 여성 캐릭터의 전형은 바로 〈로도스도 전기〉의 디드리트부터 시작됐다고 해도 과언이 아니다. 〈로도스도 전기〉에서 정립한 일본식 판타지를 기반으로 이후 〈파이어 엠블렘〉, 〈랑그릿사〉 등 일본 판타지 세계관을 차용한 게임들에 절대적인 영향을 미친다.

〈던전 앤 드래곤〉 세계관에서는 스토리상의 세계만 아니라 종족, 클래스, 가치관, 능력치, 기술 등 게임 플레이에서도 바로 활용할 수 있는 세부적인 부분의 설정이 잘 되어 있기 때문에 지금도 많은 게임이 〈던전 앤 드래곤〉에서 파생된 게임들을 다시 변형, 수정, 축소, 간략화하면서 판타지 세계관을 재구축하고 있다.

그림 9-1 Dungeons & Dragons : Chronicles of Mystara

❷ SF

사이언스 픽션(Science Fiction: SF)은 과학적 이론을 바탕으로 우주 탐험, 외계 생명체, 시간 여행, 평행 우주 등 미래를 시대로 한 상상력을 발휘하기 적합한 세계관이다. 근미래가 아닌 시대가 동떨어진 먼 미래를 다룬 작품은 다양한 종족을 표현하기도 쉽고 작품의 공간적 규모를 늘리기 위해 자주 활용된다. SF 세계관에서 여러 하위 세계관이 존재하며, 이후 설명할 사이버펑크, 스팀펑크, 포스트 아포칼립스도 SF의 하위 분류에 속한다.

1926년 휴고 건즈백이 사이언티픽션(Scientifiction)이라는 용어를 내세웠고, 1940년대부터 사이언스 픽션이라는 용어로 굳어지게 됐다. 1960년대에 이르러 미국과 소련이 치열하게 우주선 개발 경쟁을 펼치는 시기부터 SF 세계관이 크게 주목을 받아 다양한 미디어에서 활용되기 시작했으며 게임에서도 〈스페이스워〉를 시작으로 많은 게임이 SF 세계관을 차용했다.

미국에서 1966년에 방영된 〈스타트렉〉과 1977년에 개봉된 〈스타워즈〉는 SF 세계관을 매력을 전세계에 선보인다. 우주를 배경으로 고대 신화, 반지의 제왕, 사무라이 영화에 영향을 받은 〈스타워즈〉는 대표적인 SF 세계관 작품으로 거론된다. 일본에서는 1979년 〈건담〉 애니메이션이 방영되면서 지금까지도 꾸준히 시리즈 작품이 나오고 있을 정도로 일본 전체에 큰 영향을 주고 있으며 SF 세계관이 게임 내에서도 주요 세계관 중 하나로 자리잡았다.

게임에서도 SF 세계관을 가진 게임은 판타지 세계관 게임처럼 다수를 차지하지는 않지만 꾸준히 출시되고 있다. 〈라그랑주 포인트〉, 〈록맨〉, 〈스타오션〉, 〈메트로이드〉, 〈제노〉, 〈헤일로〉, 〈매스 이펙트〉, 〈데드 스페이스〉 시리즈 등이 대표적으로 SF 세계관을 차용한 게임이다.

그림 9-2 Halo : The Master Chief Collection

❸ 사이버펑크

사이버펑크는 SF의 하위 분류 중 하나로, 일본의 무서운 경제 성장에 대한 당시 미국의 두려움을 기반으로 만들어진 근미래 세계관으로, 일본 기업이 미래를 지배할 것이라는 공포와 함께 물질주의와 쾌락주의가 만연한 암울한 디스토피아를 무대로 한다.

1982년 영화 〈블레이드 러너〉가 일본 기업이 지배하는 도시의 모습을 선보였고, 1984년 윌리엄 깁슨의 〈뉴로맨서〉에서 사이버펑크 세계관의 대부분이 정립됐다. 신체를 대체하는 기계인 사이버웨어, 사이버웨어 수술을 극단적으로 받게 되면 이성을 잃게 되어 폭주하게 된다는 사이버 사이코, 절대적인 위치의 기업에 대항하기 위한 해킹, 넷러닝, 사이버스페이스 등에 대한 개념이 모두 만들어졌다. 일본에서 1995년 애니메이션 〈공각기동대〉가 방영됐고, 네트워크와 사이보그가 공존하는 세계에서 인간의 정체성이라는 철학적 테마를 선보이면서 이후 사이버펑크 세계관을 차용한 작품은 철학적인 내용이 포함된 작품이 많아진다.

게임에서 사이버펑크 세계관은 판타지와 SF에 비해 주류라고 보기는 어려웠다. 〈뉴로맨서〉에서 사이버펑크 세계관이 거의 완벽히 정립됐기 때문에 반대로 이후 창작자들이 자신만의 새로운 무언가를 추가하기 어렵기 때문이었다. 판타지와 SF는 생각하는 거의 모든 것을 게임에 넣어볼 수 있었지만 사이버펑크는 완벽한 세계관이 오히려 제약이 됐다.

〈섀도우런〉 3부작, 〈스내처〉, 〈메탈 기어 솔리드〉, 〈데이어스 엑스〉, 〈디트로이트 비컴 휴먼〉, 〈VA-11 HALL-A : Cyberpunk Bartender Action〉 등이 대표적으로 사이버펑크를 차용한 게임이다. 오류 투성이라는 출시 결과는 논외로 하고 〈사이버펑크 2077〉이 출시 전부터 전세계적으로 크게 주목받으면서 게임에서도 사이버펑크라는 세계관이 널리 알려진다. 이후 인디 게임을 중심으로 사이버펑크 세계관을 차용한 게임이 많이 출시되고 있다.

그림 9-3 SHADOWRUN TRILOGY

❹ 스팀펑크

스팀펑크는 SF의 하위 분류 중 하나로, 18~19세기 증기기관과 기계장치를 상장하는 산업혁명 시대를 배경으로, 산업혁명 시대의 기술과 SF 또는 판타지적 상상력을 혼합하여 만든 대체 역사 세계관이다. 산업혁명의 시작점인 영국의 빅토리아 시대가 특히 많이 그려진다. 배경은 현실을 기반으로 한 18~19세기 과거지만 SF의 하위 분류인 만큼 미래에서나 등장할 비행선이나 로봇이 등장해 독특한 분위기를 풍긴다.

1980년대 사이버펑크와 같이 디스피토아적인 내용에 시점이 미래가 아닌 산업혁명 시대를 배경으로 한 소설들이 나오면서 스딤펑크라는 용어를 사용하기 시작했고, 일본에서는 미야자키 하야오 감독의 〈천공의 성 라퓨타〉, 〈하울의 움직이는 성〉과 〈신비한 바다의 나디아〉를 시작으로 영화만이 아닌 게임에서도 활용되기 시작했다.

그림 9-4 바이오쇼크 인피니트

판타지와 SF에 비해서 비주류에 해당되지만 사이버펑크에 비하면 게임에서도 비교적 자주 차용되어 왔던 세계관으로, 〈파이널판타지 6〉, 〈아케이넘〉, 〈그란디아〉, 〈디스아너드〉, 〈바이오쇼크 인피니트〉, 〈레이튼 교수〉 등이 대표적으로 스팀펑크 세계관을 차용한 게임이다.

❺ 포스트 아포칼립스

포스트 아포칼립스는 SF의 하위 분류 중 하나로, 핵전쟁, 외계인 침공, 기계의 반란, 자연재해, 좀비 창궐 등으로 인한 인류 문명이 종말을 맞이한 이후를 그린 어둡고 암울한 세계관이다. 인류가 종말을 맞이한 암울한 세계에서 인간이 어떠한 모습을 보이는지 선보이기도 수월하고, 극한의 환경에서 목표를 달성하기 위해 노력하는 메인 캐릭터의 성장을 부각시키기 유리하다. 판타지 세계관에서 벗어나고자 하는 게임에서 적극적으로 차용하고 있으며 핵이라는 소재를 단순히 스토리만이 아닌 방사선, 피폭 등의 개념을 메커닉스에도 적용하기 좋아서 인기를 많이 얻는 세계관으로 부상했다.

19세기 메리 셸리의 〈최후의 인간〉이라는 사이언스 픽션에서 포스트 아포칼립스의 원형을 보여 준 후, 영화 〈매드 맥스〉, 〈새벽의 저주〉, 〈400 데이즈〉, 〈인터스텔라〉 등에서 포스트 아포칼립스 세계관이 보여 주는 모습을 그렸다.

판타지에 이어 최근 급부상한 세계관으로, 〈웨이스트랜드〉, 〈여신전생〉, 〈폴아웃〉, 〈둠〉, 〈절대절명도시〉, 〈메트로〉, 〈더 라스트 오브 어스〉, 〈니어 : 오토마타〉, 〈데스 스트랜딩〉 등이 대표적으로 포스트 아포칼립스 세계관을 차용한 게임이다.

그림 9-5 폴아웃 : 뉴 베가스

❻ 과거 : 대체 역사

시대를 기준으로 세계관이 나뉘기도 하는데, 상대적으로 많이 차용되는 것이 과거 역사를 기반으로 새로운 대체 역사를 창조하는 것이다. 고대, 중세, 근세, 근대의 역사적 사건은 실제 존재했지만 기록으로 남겨져 있는 것이기에 다양한 관점에서 해석이 가능하다. 그렇기 때문에 다른 인물이나 다른 관점을 통해 해당 역사적 사건을 재조명하는 것으로 소비자의 관심과 흥미를 상대적으로 쉽게 끌 수 있다.

이미 존재했던 과거를 기반으로 세계관을 구축하기 때문에, 역사에 대한 엄청난 공부가 필요하지만 새롭게 만들어야 하는 부분은 다른 세계관에 비해 적다는 장점이 있다. 다만 해당 역사를 소재로 사용한 만큼 충분한 고증이 이뤄지지 않으면 소비자들의 큰 질타가 있을 수 있다는 단점이 있다.

그리스&로마 신화와 같이 신화를 바탕으로 한 게임이나 중세 시대, 식민지 시대, 세계 대전, 산업 혁명 등 인류의 대표적인 역사는 물론 크게 조명되지 않았던 역사적 사건들까지 다양하게 게임에서 차용되어 게임이라는 미디어에 적합한 재미를 준다.

시대 구분의 세계관에서는 가장 많이 활용되며 다른 세계관과 자주 혼합된다. 〈울펜슈타인〉, 〈삼국지〉, 〈대항해시대〉, 〈문명〉, 〈에이지 오브 엠파이어〉, 〈귀무자〉, 〈사쿠라대전〉, 〈진삼국무쌍〉, 〈갓오브워〉, 〈크루세이더 킹즈〉, 〈어쌔신 크리드〉, 〈플래그 테일〉, 〈킹덤 컴 : 딜리버런스〉 등이 대표적으로 '과거 : 대체 역사 세계관'을 차용한 게임이다.

그림 9-6 플래그 테일 : 이노센스

❼ 현대

시대를 기준으로 한 세계관에서 현대는 상대적으로 많지 않은 편이다. 설득력 있게 현대를 변형해서 독창적인 세계관을 만들기에는 현대를 살아가는 현대인들이 현재를 너무 많이 알고 있어 흥미를 끌만한 소재를 찾는 것조차 쉽지 않다. 사람들이 어렴풋이 알고 있어 관심을 가지기 쉽지만 구체적으로는 모르는 과거가 여러 면에서 세계관을 만들기 가장 수월하고 효과적이다. 하지만 우리에게 익숙한 환경에서 스토리가 전개되기 때문에 그럴 듯하고 매력적인 세계관을 구축할 수 있다면 다른 세계관에 비해 친밀감이 강하게 들고 마치 내 주변에서 이뤄지는 세계라는 상상을 하게 되어 몰입감이 증폭될 수 있다는 장점이 있다.

〈여신전생〉, 〈페르소나〉, 〈GTA〉, 〈절체절명도시〉, 〈그란투리스모〉, 〈진구지사부로〉, 〈하야리가미〉, 〈역전재판〉, 〈단간론파〉, 〈캐서린〉, 〈디 이블 위딘〉, 〈고스트와이어 도쿄〉 등이 대표적으로 현대를 세계관으로 차용한 게임이다.

그림 9-7 페르소나 4 골든

❽ 근미래

근미래는 현대의 모습을 반영하면서 현대에 존재하지 않는 것을 자유롭게 그릴 수 있어 친밀하면서도 독창적인 세계를 만들기 매우 수월하다. 먼 미래는 작품마다 너무 다르게 전개되기 때문에 별도의 세계관으로 묶어서 설명할 수 없으나 근미래는 수십~수백 년 뒤의 미래를 현재의 관점으로 창조해 낼 수 있어 대부분의 미디어에서 폭넓게 활용되고 있다.

따라서 근미래는 현대의 사회적인 문제점을 새로운 관점에서 조명하기에 아주 좋다. 현재 새롭게 주목을 받는 기술이나 개념이 발전했다면 세상이 어떻게 변해 있을지 사람마다 생각하는 것이 다를 것이다. 그렇기 때문에 자신이 가지고 있는 관점을 게임이라는 작품을 통해서 표현할 수 있기에 근미래는 테마를 표현하기 굉장히 적합한 세계관이라 할 수 있다.

〈시스템 쇼크〉, 〈아머드 코어〉, 〈메탈슬러그〉, 〈크라이시스〉, 〈X-COM〉, 〈데이어스 엑스〉, 〈오버워치〉, 〈더 라스트 오브 어스〉, 〈메트로〉, 〈디트로이트 비컴 휴먼〉 등이 대표적으로 근미래를 세계관으로 차용한 게임이다.

그림 9-8 매트로 2033 리덕스

❾ 기타 : 서부극, 무협, 크로스오버 등

앞에서 소개한 세계관에 비해 주류로 볼 수는 없지만 게임에는 다양한 세계관을 차용하고 있다.

미국의 서부 개척시대를 배경으로 한 서부극은 개척 정신과 총격전이라는 역사상 독특한 배경을 가지고 있다. 〈건그레이브〉, 〈와일드 암즈〉, 〈콜 오브 후아레즈〉, 〈폴아웃 : 뉴 베가스〉, 〈레드 데드 리뎀션〉 등이 대표적인 작품이다.

무술과 협의를 소재로 만든 세계관을 축약해서 무협이라고 부르며, 판타지 세계관보다 먼저 탄생했으나 제한된 국가에서 활용되기 때문에 동양풍 판타지라는 하위 장르로 구분된다. 〈모탈 컴뱃〉, 〈블레이드 앤 소울〉, 〈천애명월도〉, 〈열혈강호 M〉, 〈Sifu〉, 〈귀곡팔황〉 등이 대표적인 게임이다.

기존에 작품으로 존재한 2가지 이상의 세계관을 하나의 새로운 세계에 접목한 크로스오버도 게임에서 꾸준히 등장하는 세계관이다. 플레이 제한 시간이 상대적으로 거의 없는 게임에서는 다양한 작품을 융합하기 쉽다는 장점이 있다. 다만 다양한 매력을 보여 줄 수 있으나 응집력 있게 제작하기 어렵기 때문에 기존의 성공한 인기 게임들을 활용한 단발적인 작품이라는 인상이 강하다. 다른 세계관별 밸런스를 잡기도 어렵고 설정이 어긋나는 경우도 많기 때문에 대다수의 작품이 완성도가 높기보다는 가볍게 즐길 수 있는 작품으로 평가받고 있다. 〈슈퍼로봇대전〉, 〈패미컴 점프〉, 〈브레이브 사가〉, 〈SNK vs 캡콤〉, 〈마블 VS 캡콤〉, 〈스매시 브라더스〉, 〈킹덤 하츠〉, 〈점프 포스〉, 〈페르소나 Q〉, 〈마리오 + 래비드〉 등이 대표적인 게임이다.

02 스토리 관련 용어

콘셉트 디자인에서 대략적인 세계관이 작성됐다면 다음은 스토리를 작성할 차례다. 하지만 스토리나 시나리오를 작성한다고 했을 때 콘셉트 디자인에서 과연 어느 수준까지 작성해야 하는지 감을 잡지 못한다. 게임의 전체적인 콘셉트 디자인이 잡히지도 않은 상황에서 구체적인 시나리오를 작성해 봐야 아무런 의미가 없다. 콘셉트 디자인에서는 반복적인 검토와 피드백을 통해 수없이 전체 방향이 바뀔 가능성이 높기 때문이다. 단적으로 콘셉트 디자인에서 스토리는 세계관에서도 언급했듯이 핵심적인 내용이 포함되어 있다면 간략하게 작성해도 무방하다. 실제 시나리오 작성은 게임의 방향성이 명확해진 후 상세 디자인 단계에서 시나리오 작성이 가능한 인원에게 맡기면 된다.

콘셉트 디자인에서 스토리를 작성한다는 것이 어려운 이유 중 하나는 게임 디자인을 배우고자 하는 사람들이 스토리 관련 용어를 명확하게 인지하고 있지 못하기 때문이다. 문학과 같이 오랜 기간 연구된 분야에서는 스토리 관련 용어를 명확하게 구분하고 체계화하고 있는 반면 게임에서는 아직도 용어를 구분하지 않고 심지어 잘못 사용하는 경우도 다반사다. 게임의 스토리를 작성하기 전에 먼저 스토리 관련 용어부터 명확하게 이해할 필요가 있다.

지금까지 언급한 스토리라는 용어는 대중적으로 사용되는 스토리 관련 용어를 모두 포괄하는 넓은 의미의 스토리다. 이후 설명할 스토리 관련 용어를 모두 포괄하는 것으로 대중은 학술적인 스토리 관련 용어를 굳이 구분할 필요성을 느끼지 못한다. 그러나 학술적인 영역에서 스토리 관련 용어의 구분은 매우 중요하다. 인간이 만들어 내는 이야기 형태가 어떻게 발전됐는지 알 수 있으며, 시나리오 작가는 실제 이 과정을 거쳐서 이야기를 창조하기 때문이다.

이 책의 다른 챕터에서 사용되는 스토리는 넓은 의미의 스토리로 별도의 구분이 필요하지 않다. 그러나 이 항목에서만 제한적으로 넓은 의미의 스토리와 좁은 의미의 스토리를 확실히 구분하기 위해 넓은 의미를 스토리(大)로 표기하며, 좁은 의미를 스토리(小)로 표기한다. 콘셉트 디자인에서 작성해야 하는 스토리(大)는 서사나 스토리텔링이 아닌 스토리(小)로 충분하다는 점을 기억하자.

잠깐만요 **스토리(大) 관련 용어**

1. **이야기** : 구술
2. **담화(Discourse)** : 구술
3. **스토리(小)(Story)** : 문자
4. **서사(Narrative)** : 문자
5. **스토리텔링(Storytelling)** : 구술 + 문자

❶ 이야기

이야기를 영어로 찾아보면 Story, Tale, Folk라고 나오지만, 학술적인 의미에서 이야기는 일상생활에서 구술(말)로 이뤄지는 단편적인 사건 서술에 대한 모든 언어 형식을 포괄한다. 따라서 스토리(大) 관련 용어에서 이야기는 가공된 형태가 아닌 특별한 목적성도 없고 시간적인 순서를 가지지 않은 일상생활 속에서 이뤄지는 잡담이라고 생각하면 편하다.

친구들과 잡담을 할 때를 떠올려 보면 다양한 주제가 시간 순서와 상관없이 마구잡이로 등장한다. A 주제로 이야기를 하다가 갑자기 B 주제의 이야기를 하고 어느 순간 다시 A 주제로 돌아와 있다. 특별한 목적을 가지고 무엇을 전달하고자 하는 것이 아니라 이야기 자체가 목적이 된다. 스토리 관련 용어에서 이야기는 인간이 단체에서 생존하고 즐겁게 지내기 위해 타인과 친밀해지기 위한 사교적이고 유희적인 행위다. 인간이 만들어낸 스토리(大)는 사람에서 사람으로 구술로 전달되는 이야기부터 시작되었다.

❷ 담화

이야기는 목적성도 없고 시간 순서도 따지지 않아 사교적이고 유희적인 역할을 수행하지만 단체를 이끌어 가기 위해서는 목적성을 가진 언어 표현이 필요하게 된다. 담화는 이야기에서 발전된 언어 형태로, 생각을 표현하는 구체적인 문장을 구성하여 특정한 대상을 상대로 미리 정해진 목적을 구술로 전달하는 형태이다. 정보를 제공하거나 청중의 감정에 호소하는 등 뚜렷한 목적성을 가지기 때문에 구체적인 사례가 포함되고, 발신자와 수신자를 명확히하며, 하나의 주제에 집중한다. 이야기와 담화는 구술로 사람에서 사람에게 전달되는 스토리(大) 형태이다.

현대에서 담화는 공적인 자리에 있는 사람이 특정 문제에 대한 견해나 의견을 공식적으로 밝히는 것으로 주로 활용되는데 스토리(大) 관련 용어에서 담화는 공식적인 자리에서의 담화를 포함하며, 일상생활에서 이뤄지는 목적성을 가진 모든 이야기가 해당된다.

❸ 스토리(小)

스토리(小)는 이야기와 담화와 다르게 문자로 전달되는 첫 번째 언어 형태로, 담화보다 명확한 목적성을 가진다. 연속적으로 일어난 허구의 사건들을 시간적 순서에 따라 배열함으로 설득력을 갖춰 독자에게 전달된다. 복수의 사건이 연속적으로 이어지기 때문에 시간성이 발생하게 되고, 이러한 시간성을 표현하기 위한 공간이 탄생한다. 따라서 특정한 시간과 공간 안에서 허구의 사건을 설득력 있게 문자로 표현하는 것이 스토리(小)다.

스토리(小)의 대표적인 형태는 바로 게임의 줄거리다. 게임의 줄거리는 게임의 시작부터 끝의 내용 중 독자가 흥미를 느낄 수 있는 핵심적인 내용만을 문자로 축약한 언어 형태다. 몇 문단 정도의 줄거리를 작성하는 것이 쉽게 보이지만 줄거리를 기반으로 하여 서사로 확장되기 때문에 줄거리 작성을 우습게 봐서는 안된다.

줄거리에 포함될 주요 사건의 연도, 지역, 국가 등은 가능한 한 충분히 고민해서 확실히 결정한 후 구체적인 표현으로 명시해야 한다. 핵심적인 내용을 파악해서 적은 분량에 필요한 모든 것을 압축해야 하므로 줄거리를 잘 쓴다는 것은 글을 굉장히 잘 쓴다는 의미가 된다.

길게 글을 쓰는 것보다 짧은 분량의 줄거리를 잘 쓰는 것이 훨씬 어렵다. 따라서 스토리(小)를 작성할 때 몇 문단만 작성하면 끝났다고 생각해서는 안된다. 최소한 몇 페이지 분량을 구체적으로 작성한 후 핵심만 남기고 줄이고 줄여서 어렵게 탄생하는 것이 스토리(小)라는 점을 잊어서는 안된다.

❹ 서사

서사는 허구적인 사건을 설명하거나 기술하는 행위가 모두 포함되는 언어 형태로 인간의 입에서 나온 모든 것을 문자로 재현(Representation)하는 것이다. Representation은 문학에서 사용되는 학술적인 용어로, 시간적 순서에 따라 배열된 줄거리, 등장인물 간 대화, 인물과 배경에 대한 묘사 등을 활용하며 마치 해당 사건을 옆에서 보고 있는 것처럼 한 장의 이미지를 떠올릴 수 있듯이 표현하는 언어 형태다. 서사의 대표적인 형태가 바로 소설이다.

서사는 스토리(내용)와 담화(표현)을 합친 것으로 볼 수 있다. 인물 간의 대화(담화)와 줄거리와 묘사(스토리)를 독자가 흥미를 느낄 수 있게 작성한 것이다. 스토리(大) 관련 연구에서 대부분 서사와 내러티브를 동일한 의미로 사용하나, 일부 연구에서는 서사와 내러티브는 차이가 있기에 다른 개념이라고 보는 경우도 있다. 이 책에서는 서사와 내러티브를 동일한 의미로 보는 연구를 따르며 표현을 서사로 통일해서 표기한다.

❺ 스토리텔링

스토리텔링은 문자로 만들어진 스토리와 서사를 다시 말로 표현하는 것이다. 예를 들어, 아이들에게 동화를 재미있게 들려주는 유치원 선생님이 대표적인 스토리텔러다. 이미 문자로 표현되어 있는 동화라는 서사를 유치원 선생님마다 다르게 해석해서 말을 포함한 표정, 소리, 연출, 이미지, 영상, 음악 등을 활용해 각색한다. 또한 일방적으로 독자에게 정해진 서사를 전달하는 것이 아니라 독자와 상호작용하면서 현장에서 내용이나 표현이 조금씩 변경된다. 서사를 그대로 읽어주는 것이 아닌 특정한 목적을 가지고 서사를 마치 현장에 있는 것 같이 생생하게 전달하는 행위가 바로 스토리텔링이다. 따라서 스토리텔링은 구술과 문자가 동시에 제공되어야 한다.

게임이라는 미디어에서 스토리(大)라고 하면 최종적으로 서사를 작성하는 것이 아니라 스토리텔링을 연출해야 한다. 게임 안에서는 텍스트만이 아닌 캐릭터의 표정, 애니메이션, 연출 신, BGM, SE, 이펙트 등을 통해 종합적으로 스토리(大)를 전달하기 때문이다.

따라서 게임 시나리오 작성 다음에 필요한 과정이 게임 스토리텔링 과정이다. 스토리(大)를 통해 상호작용을 하고, 문자만이 아닌 다양한 형태로 소비자에게 스토리(大)가 전달되어야 하는 스토리텔링을 하기 가장 적합한 미디어야말로 게임이라고 볼 수 있다.

게임의 서사를 작성하는 시나리오 작성 과정은 전문적인 작가가 아니면 접근하기 어렵지만, 반대로 스토리텔링은 게임 디자인의 영역이다. 영화 감독마다 동일한 영화 시나리오를 보고, 다른 연출을 하듯 게임 디자이너도 동일한 게임 시나리오를 가지고 전혀 다른 스토리텔링을 연출해 낼 수 있다.

게임 디자인에서 스토리(大)를 작성한다는 것은 문자로 스토리(小)를 작성하기 시작하여 대사, 묘사, 사운드, 이펙트 등을 포함한 서사로 발전시킨 후 이를 기반으로 다시 말과 문자 등으로 플레이어와 상호작용을 고려해서 스토리텔링까지 계획하고 수행한다는 의미다. 따라서 시나리오 문서를 전달했다고 끝이 아니며 게임 제작 과정에서 끊임없이 스토리텔링이 제대로 연출되고 있는지 검토하고 수정해야 한다.

03 몸의 플롯과 마음의 플롯

● 플롯이란

스토리(小)를 어떻게 하면 잘 작성할 수 있을까? 스토리(小)를 작성하는 것은 스토리(大)의 방향성과 확장성을 결정하는 중대한 과정이기 때문에 실제 작성해 보면 굉장히 어렵게 느껴진다. 문학을 비롯한 역사가 깊은 미디어에서도 스토리(小) 작성은 굉장히 중요했기 때문에 수많은 연구가 이뤄졌다.

수많은 연구를 통해 인간이 재미있다고 느끼는 스토리(小)를 작성하기 위해 만들어진 하나의 수단이 플롯(Plot)이다. 스토리(小)의 의미를 그대로 따르면 사건들의 집합을 시간순으로 서술하게 되지만 이럴 경우 마치 연대표를 문장으로 풀어놓은 것 같이 딱딱하게 느껴진다. 이러한 문제를 해결하기 위해 플롯은 인과관계를 중심으로 인물, 사건, 배경, 시점 등을 구조화해서 작품의 테마에 맞게 재구성한다.

영국 소설가인 에드워드 포스터(E. M. Forster)는 단순히 시간적 순서로 작성한 스토리(小)와 플롯을 사용한 경우를 다음과 같은 예로 설명한다. '왕이 죽고 나서 왕비도 죽었다.'라는 문장은 2가지 사건을 시간적 순서로 나열한 스토리(小)의 의미 그대로 작성됐다. 이러한 방식으로 여러 사건을 나열한다고 해서 극적인 연출은 발생하지 않는다. 하지만 '왕이 죽자 슬픔에 못 이겨 왕비도 죽었다.'라는 문장은 2가지 사건을 인과관계로 묶어서 재구성해서 캐릭터 간의 관계를 알 수 있고 머릿속에 어떤 상황이었는지 한 장의 이미지로 쉽게 그려진다.

또한 이렇게 묶인 사건이 또 다른 사건에 영향을 줄 수 있어 극적인 연쇄가 시작된다. 인과관계를 구성함에 따라 캐릭터 간의 갈등 관계를 구축할 수 있고, 소비자들은 긴장감을 가지고 몰입하며 기다리게 된다. 따라서 플롯은 스토리(小)에 개연성을 부가하며 작품의 완성도를 높일 수 있는 뛰어난 장치다.

● 몸의 플롯과 마음의 플롯

플롯은 인물, 배경, 사건 등을 인과관계로 연결해 스토리(小) 작성의 나침반이 되는 구조다. 아리스토텔레스는 「시학」 제7장에서 시나리오를 3막 구조로 분류한 것처럼 인간에게 사랑받는 여러 가지 스토리(小)를 플롯은 3막 구조 등으로 정리할 수 있다. 1막은 동기로 인해 사건이 발생하며, 2막은 인과관계에 따른 극적인 전개가 이뤄지며, 3막은 2막에서 발생했던 문제가 해결되며 절정을 거쳐 결말을 맞이한다.

단순하게 보면 3막 구조는 '질서 – 무질서 – 질서'로 정리할 수 있다. 1막의 세계는 질서가 유지되나 적 캐릭터에 의해 무질서로 바뀌며, 무질서로 갈등이 표출되는 2막을 거쳐 3막에서 주인공 캐릭터가 적 캐릭터를 쓰러트리거나 갈등을 해소하는 것을 통해 다시 세계는 질서를 되찾게 된다.

동일한 스토리(小)라고 할지라도 어떤 플롯을 사용했는지에 따라 작품의 방향이 전혀 달라지기 때문에 어떤 플롯을 선택해서 스토리(小)를 작성할지 선별하는 능력이 중요하다. 로널드 B. 토비아스(Ronald B. Tobias)는 「인간의 마음을 사로잡는 스무가지 플롯」에서 20가지 플롯을 예시로 제공하고 있다. 20가지 플롯은 추구, 모험, 추적, 구출, 탈출, 복수, 수수께끼, 라이벌, 약자, 유혹, 변신, 변모, 성숙, 사랑, 금지된 사랑, 희생, 발견, 지독한 행위, 상승, 몰락으로 구성되며, 이를 게임에 적합하게 해설해서 「게임 디자인을 위한 기초 이론」에서 요약하고 3막 구조로 정리했다.

로널드 B. 토비아스는 20가지 플롯을 크게 몸의 플롯과 마음의 플롯으로 분류했다. 몸의 플롯은 인물의 행동 자체를 중시하는 플롯으로, 액션이나 모험이 주가 되는 스토리(小)에 유리하다. 마음의 플롯은 인물의 내면과 본질을 중시하는 플롯으로, 인물 간의 관계와 내면 표현이 주가 되는 스토리(小)에 유리하다. 모든 플롯을 몸의 플롯이냐 마음의 플롯이냐 명확하게 양분하기는 어렵지만 한 쪽의 비중이 높은 플롯이 존재한다고 이해하는 편이 좋다.

이 책에서는 콘셉트 디자인에서 스토리(小)를 작성함에 있어 플롯이라는 개념을 이해하면 충분하고, 책의 목적상 20가지 플롯을 모두 설명하기 위해 방대한 분량을 담을 수 없기 때문에 몸의 플롯과 마음의 플롯의 차이를 알 수 있는 추구 플롯과 모험 플롯만을 소개한다. 추구 플롯과 모험 플롯은 둘 다 주인공의 여행을 소재로 다룬 플롯이지만, 추구 플롯은 마음의 플롯이 강하게 드러나고, 모험 플롯은 몸의 플롯이 강하게 드러난다. 다시 말해서 여행이라는 동일한 소재를 선택했다고 해도 어떤 플롯을 선택했는지에 따라 스토리(小)의 방향성이 크게 달라진다는 점을 이해하면 된다.

❶ 추구 플롯

추구(Quest) 플롯은 주인공 캐릭터가 인생을 걸고 다른 인물, 장소, 사물 등을 찾아다니는 플롯으로, 모험을 하는 과정에서 벌어지는 인물의 내면 변화에 초점을 맞춘다. 예를 들어, 주인공은 강해지기 위해 모험을 떠나지만 결국 지리적으로 한바퀴 돌아 모험을 떠난 지점으로 돌아오며, 물질적인 것은 변하지 않았지만 모험을 하는 과정에서 주인공 캐릭터가 성숙해지고 지혜를 얻고 진리를 탐구하며 내면적으로 강해지게 된다. 이러한 스토리(小)는 소설, 영화, 애니메이션, 게임 등에서 쉽게 찾아볼 수 있을 것이다. 이렇게 모험 자체에 초점을 맞추기보다 모험하는 과정에서의 캐릭터의 내면에 초점을 맞춘 플롯이 추구 플롯이다. 캐릭터 간의 내면을 다루기에 깊은 스토리(大)를 가진 어드벤처 장르에 자주 활용된다.

주인공 캐릭터가 모험을 떠나는 동기가 부여되는 사건이 발생한다. 마음의 플롯이 강하게 드러나는 플롯인 만큼 주인공은 모험을 떠날지 말지에 대한 내적인 고민에 휩싸이게 되며, 이를 동료 캐릭터에 털어놓는 것으로 주인공 캐릭터가 추구하는 것을 얻기 위해 모험을 떠나는 결심을 하게 된다.

주인공 캐릭터는 다양한 장애물을 헤쳐가며 자신이 추구했던 사람, 장소, 사물 등을 찾아다닌다. 모험 자체보다 모험을 하면서 변화하는 캐릭터들 간의 갈등 관계와 협력 관계 등을 중점적으로 다룬다.

주인공 캐릭터가 추구하는 것을 찾는 경우도 있지만, 찾지 못하면서 결말을 맞이하지만 그 과정에서 새로운 발견을 하게 되는 경우도 있다. 주인공 캐릭터가 처음에 추구했던 것과 다른 뜻밖의 것을 깨닫는 경우도 많다. 주인공 캐릭터가 강해지기 위한 무기나 아이템을 찾으러 모험을 떠났으나 어려운 여정을 거쳐 힘들게 찾아낸 것이 현재의 주인공 캐릭터에게는 이미 무의미할 정도로 쓸모없는 것이고 결국 주인공 캐릭터 자체가 성장했다는 스토리(小)가 추구 플롯에 해당된다.

❷ 모험 플롯

모험(Adventure) 플롯은 주인공 캐릭터가 떠나는 모험에서 어떤 사건이 발생했는지에 주목한 플롯으로, 신화, 전설, 동화 등에서 주로 활용된다. 여행하는 캐릭터보다 여행 자체와 여행에서 캐릭터가 수행하는 행동에 초점을 맞추고 있기 때문에 액션 장르에 자주 활용된다.

주인공 캐릭터는 누군가 또는 무엇인가에 의해 모험을 떠나야 하는 동기를 부어받는다. 동기를 부여받은 후 넓은 세상 밖으로 나가 새로운 장소를 모험하게 되며 수많은 장애물을 헤쳐가며 신기하고 사건을 연달아 경험하게 된다. 모험 자체에 주목한 플롯이기 때문에 결말에서 반드시 주인공 캐릭터가 무엇을 얻거나 의미 있는 변화가 도출될 필요는 없다.

캐릭터보다 캐릭터가 하는 모험 자체에 초점을 맞추는 플롯이므로 캐릭터 간의 관계를 상대적으로 간결하게 가져갈 수 있다는 장점이 있다. 다만 다양한 장소에서 신기한 사건에 지속적으로 휘말려야 매력적인 모험 스토리(大)가 되므로, 배경과 장소에 대한 세부 묘사가 매우 중요하다.

04 다변수 서사

게임을 제외한 대부분의 영상 미디어에서는 스토리의 분기를 나누고, 분기마다 스토리를 제공하는 것이 제작 비용면에서 현실적이지 않기 때문에 보편적으로 단방향 서사로 이뤄졌다. 그러나 게임에서는 메커닉스만이 아닌 스토리에서도 상호작용성이 점차 요구되고 있어 분기에 따른 다변수 서사가 다양한 형태로 발전하고 있다. 스토리의 진행을 분기점을 통해 여러 갈래로 나누고 선택한 분기에 따라 다른 서사를 제공하는 것을 다변수 서사(Multivariant Narrative) 또는 멀티 플롯(Multi-Plot)라고 한다.

다변수 서사는 전자 문학의 한 장르인 하이퍼텍스트 문학(Hypertext literature)에서 시작되어 소설과 영화 등에서도 다변수 서사를 시도했으나 미디어의 특성과 맞지 않아 성과를 이뤄내지 못했다. 독자나 관객의 선택에 따라 스토리가 변하는 상호작용이 필요한데, 이는 하나의 작품에 여러 개의 작품 분량을 넣어야 하는 부담이 따르기 때문이다.

게임은 플레이어와 상호작용하기 위한 미디어이므로 다변수 서사를 구현하기에 특화되어 있는 미디어라고도 볼 수 있다. 하지만 아무리 게임이라고 해도 제작 비용을 계산하지 않을 수 없기 때문에 어떻게 다변수 서사를 분기할지 다양한 작품을 통해서 실험됐고 어느 정도 패턴이 만들어졌다.

오니즈카 겐타로(鬼塚健太郎)는 어드벤처 장르의 하위 장르 중 스토리에 집중한 비주얼 노벨에서 시나리오의 유형(ノベルゲームのシナリオ型)을 다음과 같이 7가지로 정리했다. 콘셉트 디자인에서 서사를 작성하는 단계까지 진행하지 않기 때문에 다변수 시나리오를 어떻게 작성하는지 구체적으로 이해할 필요는 없지만, 만들고자 하는 게임에서 다변수 서사를 고려한다면 어떤 유형을 활용할 것인지 정도는 사전에 결정해 두는 것이 좋다.

잠깐만요 **노벨 게임에서 다변수 시나리오의 유형**

1. 단일 시나리오(Single Scenario)
2. 분기 시나리오(Branching Scenario)
3. 부분 분기 시나리오(Locally Branching Scenario)
4. 병행 연쇄 시나리오(Concurrent Chain Scenario)
5. 병행 동기 시나리오(Concurrent Synchronous Scenario)
6. 동기 연쇄 시나리오(Synchronous Chain Scenario)
7. 랜덤 액세스 시나리오(Random Access Scenario)

❶ 단일 시나리오

시나리오에 분기 없이 일직선으로 진행되는 서사를 가진 시나리오 형태다. 플레이어가 선택할 수 있는 분기가 없기에 상호작용성이 약해진다는 단점이 존재하나 깊이 있고 몰입감 넘치는 극적인 서사를 표현하기 용이하기 때문에 게임에서도 자주 활용된다. 〈드래곤 퀘스트〉와 〈파이널 판타지〉 시리즈의 초기 작품들이 대표적인 사례다.

❷ 분기 시나리오

플레이어의 선택에 따라 중반 지점부터 분기되어 서로 다른 서사가 진행되는 시나리오 형태다. 분기점에서 서사가 분기된 후에는 다시 합쳐지지 않고 다른 결말을 맞이하는 특징이 있다. 〈랑그릿사 2〉는 분기 시나리오의 정석을 보여 주는 작품으로 플레이어의 선택에 따라 빛의 후예, 암흑의 전설, 제국의 영광, 패왕의 길이라는 4가지의 분기를 제공하며, 이후 세가 새턴판에서 제국화친편과 고독의 왕편까지 추가되어 총 6가지의 전혀 다른 서사를 제공한다.

상당수의 게임에서 분기 시나리오를 선택한다고 할지라도 상당수의 내용은 거의 동일한 상태로 엔딩 정도만 다르게 제공하는 경우가 많은데 이럴 경우 플레이어의 입장에서는 분기별 다른 서사를 경험했다고 할 수 없기 때문에 진정한 분기 시나리오라고 볼 수 없다.

❸ 부분 분기 시나리오

플레이어의 선택에 따라 분기하나 최종적으로 다시 서사의 메인 줄기로 합류하는 시나리오 형태다. 플레이어의 선택에 따라 결과가 바뀌는 상호작용도 제공할 수 있고, 전혀 다른 엔딩을 여러 개 만들어야 하는 부담에서 벗어나 선택에 따른 결과를 반영한 멀티 엔딩을 제공할 수 있기에 많은 게임에서 차용하는 시나리오 형태다. 일본의 비주얼 노벨이나 연애 어드벤처에서 주로 사용되며, 〈헤비 레인〉, 〈비욘드 투 소울즈〉, 〈언틸던〉 등과 같은 북미의 어드벤처 게임에서도 흔히 사용된다.

❹ 병행 연쇄 시나리오

원칙적으로 단일 시나리오 형태를 유지하나 제작자가 미리 준비한 복수의 시나리오가 존재하며, 플레이어의 탐색에 따라 단편적인 시나리오가 하나씩 열리는 시나리오 형태다. 특정 조건을 만족하면 연애 대상 캐릭터의 고유한 서사가 열리는 연애 시뮬레이션에서 자주 사용된다. 〈센티멘탈 그래피티〉, 〈노키메키 메모리얼〉과 같은 작품들이 대표적인 사례다.

❺ 병행 동기 시나리오

서로 관련된 복수의 시나리오가 동일한 시점에 동시에 진행되는 시나리오 형태다. 하나의 사건을 여러 캐릭터의 시점으로 바꿔가며 다른 서사를 그리는 방식이다. 〈이브 버스트 에러〉, 〈디자이너〉와 같은 작품들이 대표적인 사례다.

❻ 동기 연쇄 시나리오

병행 연쇄 시나리오와 전체적인 구조는 비슷하나 연쇄가 동기화되어 이뤄진다는 차이가 존재한다. 연애 시뮬레이션에서 중요한 지점에서 자주 활용되는 시나리오 형태로, 병행 연쇄 시나리오는 특정 조건을 만족하면 미리 준비된 다양한 분기를 모두 체험할 수 있지만, 동기 연쇄 시나리오에서는 분기별 시간의 흐름을 동기화하여 하나의 분기를 선택하면 다른 분기도 시간이 지나감에 따라 기회를 놓칠 가능성이 발생한다.

❼ 랜덤 액세스 시나리오

서사를 단편적으로 분리한 후 다양한 형태로 게임 내에 분산시켜 플레이어가 자유롭게 찾아가면서 서사 전체를 추측하며 재구성하는 시나리오 형태다. 게임에서도 아직 보편적으로 사용되는 시나리오 형태는 아니다. 복수의 인물이 기록해 놓은 일지나 기록을 플레이어가 자유롭게 발견하며 찾아가는 형태로 〈시리얼 익스페리먼츠 레인〉에서 새롭게 선보인 형태다.

GAME CONCEPT

9.2

게임 예시

방대한 세계관이 설정된 대표적인 게임으로 〈엘더스크롤〉 시리즈, 〈헤일로〉 시리즈, 〈매스 이펙트〉 시리즈, 〈위쳐〉 시리즈, 〈월드 오브 워크래프트〉 등이 주로 언급된다. 게임에서 방대한 세계관을 가진 게임 중에서는 게임 내에 새로운 세계를 처음부터 만든다는 목적으로 우주의 탄생, 신의 탄생, 문명의 탄생부터 다루는 경우가 있을 정도다. 현실에 존재하지 않는 가상의 공간에 새로운 세계를 창조한 일부 게임들은 문학과 소설의 세계관 설정에 못지 않을 정도로 깊이 있게 작업된다. 소설을 기반으로 만들어진 게임도 있지만, 게임의 세계관이 워낙 방대해서 게임 출시 후 소설이 출시하기도 하며, 언어학자를 고용해 게임 내의 새로운 문자를 만들기도 할 정도다.

매력적인 세계관 설정은 게임을 시리즈와 프랜차이즈로 성장시킬 수 있는 원동력이 되므로 가능하다면 방대한 세계관을 잡기 위해 시도해 볼 수 있으나 방대한 세계관을 설정하는 건 실제 작가 중에서도 역사에 조예가 깊은 극소수만의 영역이다. 하물며 본격적인 스토리를 한 번도 작성해 본 적 없는 게임 디자인을 배우는 사람들에게 세계관을 제대로 설정한다는 건 무리가 따른다.

대부분은 게임에서 주로 활용되는 세계관을 확장 및 수정해서 국가 단위 정도의 세계관을 설정하는 것으로 충분하므로 콘셉트 디자인에서는 다른 세계관과의 차별점을 부각할 수 있는 키워드를 중심으로 간략히 작성해 보면 된다.

게임의 세계관을 어떻게 설정해야 할지 고민하는 사람들에게 방대한 세계관을 가진 게임이긴 하나 그림 9-9와 같이 게임 안에서 메뉴로 한눈에 확인할 수 있도록 대부분의 정보가 정리된 〈매스 이펙트〉 시리즈를 추천한다. 세계관이 너무 간단한 게임들은 세계관을 분석하는데 크게 도움이 되지 않는다. 〈엘더스크롤〉 시리즈나 〈위쳐〉 시리즈 등은 세계관을 파악하기 위한 정보가 게임 월드에 너무 잘게 나눠져 있어 게임을 몇 번 플레이한 후에도, 결국 세계관이 정리된 영상이나 자료를 별도로 보지 않는 이상 세계관의 전체 윤곽을 파악하는 것조차 힘들어 게임의 세계관에 어느 정도 익숙해지기 전에 추천하긴 어렵다.

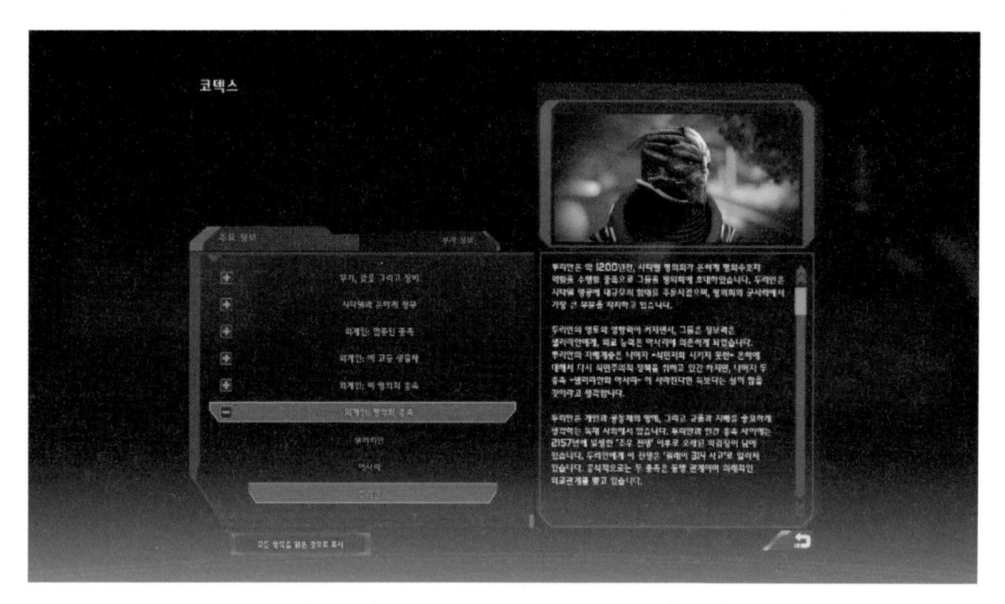

그림 9-9 매스 이펙트 1의 세계관 부연 설명 메뉴(코덱스)

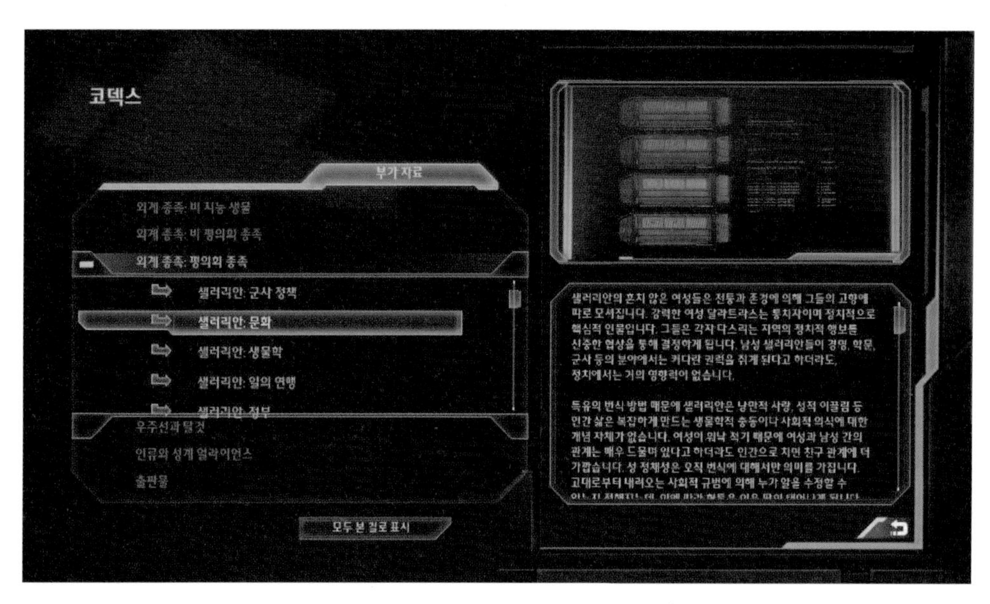

그림 9-10 매스 이펙트 2의 세계관 부연 자료 메뉴(코덱스)

● 매스 이펙트 세계관 설정

〈매스 이펙트〉 시리즈는 바이오웨어에서 개발한 롤플레잉 게임으로, SF 세계관을 바탕으로 독자적인 SF 세계관을 정립했다. 시리즈 작품이 진행되면서 이전 작품에서 알지 못했던 내용이 점차 공개되면서 세계관 설명이 조금씩 확장되긴 하지만, 〈매스 이펙트 1〉만을 기준으로 간략히 설명하면 다음과 같다.

인류는 매스 릴레이 발견과 함께 우주로 진출하여 고대 종족 프로시안이 건설했다고 알려진 시타델을 중심으로 다양한 종족이 연합하게 된다. 매스 릴레이와 시타델에 대해 상세히 알 수는 없지만 고대 문명의 기술을 활용해서 은하의 경제가 성립되고 있다. 무기 생명체 종족 리퍼의 유기 생명체 반복적 학살로 인해 유기 생명체과 무기 생명체의 대립이 발생하는데, 주인공 일행이 정보를 수집한 결과, 과거 프로시안과 리퍼의 대립으로 프로시안이 멸망했으며, 프로시안 이전에도 멸망의 순환이 반복되고 있다는 사실을 알게 된다. 주인공 일행은 리퍼를 신으로 여기는 무기 생명체 종족인 게스의 침입을 저지하기 위한 여정이 시작된다.

세계관을 설정하기 위해서 먼저 게임에 등장하는 종족이나 국가를 정리해 보자. 다음은 〈매스 이펙트 1〉의 코덱스 메뉴에 소개된 종족을 정리했다.

☑ 잠깐만요　매스 이펙트 1 종족 정리

1. 외계인 : 멸종된 종족 – 라크나이, 프로시안
2. 외계인 : 비 고등 생물체 – 배런, 트래셔 모우, 허스크
3. 외계인 : 비 평의회 종족 – 게스, 바타리안, 볼루스, 엘코어, 쿼리안, 코로건, 키퍼, 해나
4. 외계인 : 평의회 종족 – 샐러리안, 아사리, 투리안
5. 인류와 얼라이언스

종족이 정리됐다면 종족마다 국가가 성립하기 위한 설정을 해야 한다. 〈매스 이펙트 2〉의 '코덱스–부가 자료' 메뉴를 보면 그림 9–10과 같이 종족별로 법, 정부, 종교, 경제, 문화, 생태, 군사정책, 주요 역사적 사건, 주요 전쟁 등의 세계관을 설명해 놓은 항목이 있다. 종족마다 모든 항목을 구상할 필요는 없지만, 국가 단위의 세계관을 설정할 때 어떤 항목을 작성해야 할지 명확히 설명해 주고 있는 예시다.

다음으로 해당 세계의 역사를 창조하기 위한 주요 국가의 연대기를 작성해 볼 차례다. 다음은 〈매스 이펙트 1〉의 코덱스 내에 인류의 통합 국가인 얼라이언스의 연대기를 정리한 것이다. 연대기를 작성하기 위해서는 게임에 등장하는 캐릭터 설정을 물론, 등장하는 종족이나 국가에 대한 설정도 어느 정도 윤곽이 잡혀 있어야 가능하다. 연대기는 세계관 설정에서 시간대를

다루는 내용이므로 모순되는 점이 없게 다른 설정과 비교해서 꼼꼼히 설정해야 하는 상당히 까다로운 작업이다.

잠깐만요 **얼라이언스 연대기**

2069 : 인류 최초의 달 기지인 암스트롱 기지가 새클턴 분화구 위에 세워지다. 공식적으로 달 착륙 100주년을 기념하며 세워진다.

2103 : 이오스 차즈마에 있는 로웰 시티가 인류 최초의 화성 정착지가 되다.

2137 : 엘드펠-애쉬랜드 에너지 기업이 토성의 대기에서 헬륨-3을 추출하는데 성공하다.

2142 : 명왕성 궤도에 가가린 정거장의 건설이 시작되다.

2148 : 광산 채굴자들이 화성의 프로메테이 분화구에서 프로시안의 유적을 발견하다.

2149 : 프로시안의 데이터를 해석하여 카론 매스 릴레이를 발견하게 되다. 태양계 밖의 행성들을 조직적으로 탐험하여 식민지화하기 위해 얼라이언스를 설립하다.

2151 : 싱가포르 국제 우주공항에서 선박 사고가 일어나 바람이 부는 위치에 있던 주민들이 먼지 형태의 제로 원소에 노출되다. 얼라이언스가 악튜러스 정거장 건설을 시작하다.

2152 : 싱가포르에서 제로 원소에 노출된 사람들에게서 태어난 아이의 약 30%가 암 종양으로 고통받다. 얼라이언스가 태양계 밖 인류의 첫 번째 정착지를 행성 디미터에 세우다.

2154 : 세퍼드 소령이 태어나다.

2155 : 얼라이언스가 악큐러스 정거장의 일부를 사령부 본부로 사용하다.

2156 : 싱가포르의 일부 아이들이 약간의 초능력을 보이다.

2157 : 투리안과 인류 탐험대가 조우하다. 조우 전쟁 발발. 인류 식민지인 샹시가 점령되었다가 해방되다.

2158 : 인류가 바이오틱의 잠재력을 알게 되다. 제로 원소 노출에 대한 국제적인 노력이 이루어지다. 노출된 아이들의 약 10%가 바이오틱 능력의 징후를 보이다.

2160 : 얼라이언스 의회가 형성되다.

2165 : 인류가 시타델의 대사관을 세우다.

2170 : 바타리언 노예상인들이 얼라이언스의 식민지인 민도르를 공격하다.

2176 : 스킬리안 공세 – 해적과 노예상인들이 스킬리안 경계의 인간 수도인 엘리시움을 공격하다.

2177 : 트레셔 모우가 인류의 식민지인 아쿠즈를 초토화시키다.

2178 : 스킬리안 공세의 보복으로, 얼라이언스가 노예상인들의 근거지인 토르판의 달을 쓸어버리다.

2183 : 현재.

스칼렛 넥서스 스토리

〈스칼렛 넥서스〉는 반다이 남코 엔터테인먼트와 토세가 개발한 액션 RPG다. 국내에서는 〈스칼렛 스트링스〉로 출시됐다. 사이오닉 호르몬의 발견으로 변한 미래를 배경으로 삼고 있다. 현실 세계관에 사이오닉 호르몬이라는 새로운 개념을 추가하여 미래를 그리고 있다. 그러나 기본적인 세계관 설정은 현대 사회를 기반으로 하고 있다.

플레이스테이션 스토어 〈스칼렛 넥서스〉 판매 사이트인 https://www.playstation.com/ko-kr/games/scarlet-nexus/에 접속하면 간략한 스토리가 정리되어 있다. 콘셉트 디자인에서 스토리를 작성할 때 참고하자. 다만 공식 사이트에 공개된 스토리는 스포일러를 피하기 위해 게임의 시작 단계까지 작성되는 경우가 많으므로, 실제 콘셉트 디자인 문서에서는 스토리가 완료되는 시점까지 작성하는 것이 좋다.

그림 9-11 스칼렛 넥서스

잠깐만요 스칼렛 넥서스 스토리

먼 미래, 인간의 뇌에서 사이오닉 호르몬이 발견되어 사람들에게 감각을 부여하고 우리가 알고 있는 세상을 변화시킵니다.
인류가 이 새로운 시대에 접어들었을 때, 이형의 종족으로 알려진 '괴이'들이 인간의 뇌를 노리고 하늘에서 내려오기 시작했습니다. 기존 병기로는 무찌를 수 없는 압도적인 괴이의 위협에 맞서 인류를 지키기 위해 극단의 조치가 필요했습니다.
사이오닉스로 알려진 초감각 능력을 가진 사람들은 하늘에서 쏟아지는 맹공격에 맞서 싸울 최후의 보루였습니다. 지금까지 사이오닉스의 재능을 가진 자들이 발탁되어, 인류의 마지노선인 괴이 토벌군(OSF)에 등용됩니다.
어린 시절 자신을 구해 준 사람처럼 엘리트 사이오닉이 되고자 하는 OSF의 새로운 신입 대원인 유이토 스메라기의 역할을 맡아 싸우세요. 염력으로 무장한 캐릭터는 미래 도시 뉴히무카를 탐험하고 스칼렛 스트링스의 기술과 초능력 사이에 놓인 브레인 펑크 미래의 신비를 밝혀내게 됩니다.

● 드래곤 퀘스트 11 스토리

〈드래곤 퀘스트 11〉은 스퀘어에닉스에서 개발한 일본 게임을 대표하는 롤플레잉 게임이다. 용사가 주인공인 만큼 정통 영웅 서사를 기반으로 하면서도 현대에 맞는 완성도 높은 스토리를 선보인다. 〈드래곤 퀘스트 11〉 일본 공식 홈페이지인 https://www.dq11.jp/s/pf/story/index.html에 들어가 보면 간략한 스토리를 소개하고 있다. 스토리를 번역하면 다음과 같다.

용사가 마왕을 무찌른다는 뻔해 보이는 정통 영웅 서사를 기반으로 해도 얼마든지 현대에 맞게 깊이 있고 매력적인 스토리를 창조해낼 수 있다는 것을 증명한 명작이다. 정통 영웅 서사에 관심이 있다면 반드시 분석해 볼 만한 가치가 있는 스토리다.

그림 9-12 드래곤 퀘스트 11 홈페이지에 소개된 스토리

☑ 잠깐만요 드래곤 퀘스트 11 스토리

주인공은, 평온한 이시 마을에서 살고 있는 청년.
16세가 되어 성년의 의식에 도전한 주인공은 자신이 예로부터 세계를 구한다는 '용사'의 환생이라는 사실을 알게 된다.
용사라는 건 무엇인가, 용사의 사명이란 무엇인가를 알기 위해 그는 고향을 떠나 여행에 나선다.
목적지는 대륙 제일의 대국인 델카다르.
주인공의 어머니 말에 의하면 그곳에 가면 모든 것이 밝혀진다고 한다. 이윽고 델카다르에 도착한 주인공은 왕을 알현하러 간다. 자신이 용사임을 밝히는 주인공에게 델카다르왕은 용사가 무엇인지에 대해 이야기한다.
델카라르왕이 이야기한 내용은 충격적이었다. 용사는 악마의 자식이라는 것이다. 왕의 말에 반응하여 주인공의 앞을 막서서는 병사와 주인공을 향한 검. 도대체 어떻게 된 일인가? 전설의 용사 이야기는 급전개하여 크게 요동친다. 주인공의 운명은…!?

9.3 GAME CONCEPT

실습 가이드

10주차 실습

① **목표** : 게임의 간략한 세계관과 스토리 결정

② **추천 분량** : PPT 2~4장

③ **페이지 구성**

Page 1) 세계관을 정리한 문장(참고 그림 1장 이상 첨부)

Page 2) 종족 또는 국가, 분야별 세부 세계관 작성〈선택 사항〉

Page 3) 주요 연대기〈선택 사항〉

Page 4) 스토리를 정리한 문장(참고 그림 1장 이상 첨부)

④ **페이지 내용**

Page 1) 게임의 간략한 세계관을 한 페이지로 작성, 주요 용어 설명

Page 2) 종족이나 국가별로 작성 가능한 범위에서 법, 정부, 종교, 경제, 문화, 생태, 군사정책, 주요 역사적 사건, 주요 전쟁 등을 서술

Page 3) 해당 세계관의 주요 사건과 주인공 캐릭터에 관련된 주요 연대기 작성

Page 4) 게임의 간략한 스토리를 한 페이지로 작성

● 주의점

상세 디자인에서 본격적인 세계관을 잡는 것과 스토리를 작성하는 것은 게임 디자인 중에서도 별도의 능력이 요구되는 특수 분야라고 했다. 게임 디자인도 알아야 하고 작가로서의 경험과 지식도 있어야 한다. 스토리는 평소에 스토리에 관심이 조금 있었다고 쓸 수 있는 영역이 아니고, 특히 방대한 세계관은 다양한 역사에 대한 깊은 지식이 있으면서도 다양한 세계관을 잡아본 경험이 없다면 시도하는 것조차 어렵다.

콘셉트 디자인에서 작성해야 하는 세계관과 스토리는 본격적인 단계가 아닌 아이디어 차원에서 방향성을 잡아본다는 의미로 받아들이는 것이 좋다. 다만 콘셉트 디자인에서 간략히 세계관과 스토리를 잡아봤다고 실제 세계관과 스토리를 만들어 봤다고 착각해서는 곤란하다. 콘셉트 디자인 단계가 끝나고 프로젝트가 승인된다면 세계관을 잡고, 스토리를 작성할 수 있는 실질적인 능력을 가진 인원에게 해당 역할을 맡기는 것이 현명하다.

10 장

메커닉스와 게임 플레이

학 습 목 표

절차와 규칙, 핵심 게임 플레이 루프, 정보 조작의 중요성을 학습하여 게임 메커닉스를 정한다.

GAME CONCEPT

10.1

필수 이론과 개념

〈8장〉에서 캐릭터, 〈9장〉에서 세계관과 스토리를 콘셉트 디자인에서 요구되는 수준으로 작성했으니 「테마 → 캐릭터(인물) → 세계관(배경) → 스토리(인물, 배경, 사건)」로 이뤄진 스토리 관련 축은 종료됐다. 다음으로 〈1장〉 그림 1-10에서 설명했던 「테마 → 절차, 규칙, 게임 플레이 → 레벨 디자인과 밸런스」로 이뤄진 게임 플레이 관련 축을 살펴볼 차례다. 레벨 디자인과 밸런스는 콘셉트 디자인에서 다룰 내용이 아니기 때문에 콘셉트 디자인에서는 기본적인 게임 플레이를 어떻게 디자인할 것인지 결정하면 된다.

게임 플레이를 디자인한다는 진정한 의미를 이해하기 위해, 먼저 게임 플레이 관련된 용어들의 차이부터 명확히 짚고 갈 필요가 있다. 스토리 관련 용어는 역사가 깊은 미디어에서 충분한 연구를 거쳐 어느 정도 골격을 갖추고 있지만, 게임 플레이 관련 용어는 게임 관련 책이나 논문마다 다르게 사용되고 있어 게임 디자인을 수행함에 있어 혼란을 가중하고 있다. 게임의 절차, 규칙(룰), 메커닉스, 메커니즘, 게임 시스템, 게임 플레이 등 다양한 용어가 명확한 의미 구분 없이 혼용되어 사용되고 있으며, 심지어 자료마다 의미가 상충되고 있다.

따라서 콘셉트 디자인에서 게임 플레이를 디자인하기에 앞서 게임학 관점에서 게임 플레이와 관련된 용어를 정리하고자 한다.

01 게임 플레이 관련 용어

● 메커닉스

〈4장〉의 통합된 8가지 게임 구성요소 모델에서 소개했듯이 메커닉스는 "게임의 규칙과 절차 그리고 규칙 간의 관계를 의미한다."고 설명했다. 메커닉스는 게임의 흐름을 정리한 절차와 게임 안에서 지켜져야 할 질서인 규칙 그리고 각 규칙 간의 관계를 모두 포함한 개념이다.

요리(게임 플레이)와 비교한다면 요리하는 순서(절차)와 레시피(규칙)를 구체적으로 작성하는 단계다. 동일한 레시피라고 할지라도 요리하는 순서가 조금이라도 변경되면 전혀 다른 요리가 나오기도 하고, 레시피에 있는 재료를 단 하나라도 다른 것으로 변경한다면 예상하지 못한 요리가 나올 수도 있다. 다시 말해서 이 상태에서는 최종적으로 어떤 요리가 나올지 알 수는 없다. 즉, 어떤 요리를 만들고 싶은 지 예측해서 구상하는 단계다. 그렇다고 해서 요리 순서와 레시피 작성을 소홀히 한다면 결코 맛있는 요리가 만들어지지 않는다. 요리의 시작은 레시피와 요리 순서를 정하는 것이다.

요리사는 요리 순서와 레시피를 정하고, 어떤 요리가 만들어질지 기대하면서 요리를 한다. 요리 순서와 레시피를 제어할 수 있을 뿐, 결과에 해당하는 요리를 직접적으로 제어하긴 어렵다. 요리 순서와 레시피부터 제대로 정리하지 않는다면 여러 손님에게 동일한 풍미를 전달하는 요리를 일관되게 제공할 수 없게 된다. 요리 순서와 레시피를 무시하고 무작정 요리를 한다면 적은 확률로 운 좋게 맛있는 요리가 만들어질 수 있을 뿐이고 그 맛을 재현할 수도 없다. 정리하면 게임 디자이너가 게임 플레이를 디자인하기 위해 직접 제어할 수 있는 것이 메커닉스고, 메커닉스를 통해 게임 플레이가 발현된다는 점이 필자가 생각하는 핵심이다.

● 게임 시스템

메커닉스가 어느 정도 정리되면 메커닉스 안의 규칙들 중에서도 중요하고 그룹화할 수 있는 것을 묶어 시스템들을 구상해 간다. 다시 말해서 게임 시스템들은 메커닉스의 일부가 모여 구현화된 것이다. 다른 규칙과 절차를 가진 게임이라면, 해당 메커닉스에서 도출된 게임 시스템은 게임마다 당연히 조금씩 달라져야 한다. 다른 게임의 게임 시스템을 동일하게 차용하겠다는 접근 방식은 역으로 해당 게임의 상당한 분량의 규칙과 절차를 그대로 따라하겠다는 의미가 되고, 해당 게임의 절차와 규칙을 모르면서 결과물로 도출된 게임 플레이를 보고 절차와 규칙을 전부 완벽히 추측하겠다는 의미가 된다.

요리에 비교한다면 게임 시스템은 요리의 플레이팅, 먹는 방법, 먹는 도구 등을 도출하는 단계다. 비슷한 요리라고 해도 독특한 플레이팅, 먹는 방법, 먹는 도구를 개성적으로 고안하는 것으로 전혀 다른 느낌을 줄 수 있다.

실제 명작이라고 불리는 게임들은 자신만의 독특한 게임 시스템을 가지고 있고 이러한 게임 시스템이 차별점으로 작용해 오랜 시간이 지나도 많은 게이머들이 잊지 않고 지속적으로 플레이하게 된다. 그렇다면 독특한 게임 시스템을 만들려면 어떻게 해야 하는가? 게임 디자인에 천재적인 재능을 가진 사람이 아닌 이상 처음부터 완성된 독특한 게임 시스템을 구상하는 건 무리다. 요리 순서(절차)와 레시피(규칙)를 수없이 바꿔가며 연구하다 보면 그 중에 독특한 게임 시스템이 간혹 도출되기 때문에 상당한 노력과 고민이 동반되어야 한다.

게임 시스템을 디자인할 때 주의해야 할 점은 전투 시스템, 성장 시스템과 같이 특정 시스템을 반드시 모든 게임에 디자인해야 한다는 고정관념을 가져서는 결코 안된다는 것이다. 콘셉트 디자인은 목차를 정하는 것이 가장 중요한데, 목차에 전투 시스템, 성장 시스템과 같이 특정 조건에 해당되는 것을 포함하는 순간 뻔한 디자인이 도출되기 쉽다. 게임마다 메커닉스가 다르니, 당연히 해당 메커닉스를 대표할 만한 다른 게임 시스템이 도출되어야 한다. 전투 시스템, 성장 시스템은 메커닉스에서 도출되는 수많은 시스템 중 하나의 사례에 불과하다.

게임에 따라 전투 시스템이 없는 게임도 있고, 성장 시스템이 없는 게임도 있는데 콘셉트 디자인에서 특정 장르에서 활용되는 게임 시스템을 반드시 디자인해야 한다는 건 게임 디자이너 스스로 상상력에 족쇄를 채우는 셈이다.

예를 들어, 전투와 성장 시스템이 꼭 별도의 시스템으로 분리되어 있을 필요 없이 다른 시스템과 융합되어 독특한 형태로 만들어질 수도 있는 것이다. 스스로 구상한 메커닉스를 기반으로 어떤 게임 시스템을 도출해야 할지 충분히 고민을 하는 순서를 거쳐야 독특한 시스템이 만들어지고 게임의 차별점으로 연결될 수 있다.

● 게임 플레이

게임 플레이는 제작자인 게임 디자이너가 설계한 메커닉스와 게임 시스템을 소비자인 플레이어가 플레이함으로써 발현되는 것이다. 다시 말해서 게임 플레이는 게임 디자이너가 만들고 싶다고 해서 만들 수 있는 것이 아니다. 게임 디자이너는 자신이 생각하는 게임 플레이를 상상하여 메커닉스와 게임 시스템을 만드는 것이고, 그것을 통해 발현된 게임 플레이를 테스트하고 수정할 수는 있다. 그러나 실제 플레이어가 어떤 게임 플레이를 하게 될지는 완벽하게 예측할 수도 없고 제어할 수도 없다. 게임 플레이는 플레이어가 게임을 플레이하는 순간 비로소 만들어지기 때문이다.

그렇기 때문에 테스트와 수정을 통해서 메커닉스와 게임 시스템을 수정해 가며 자신이 원하는 게임 플레이로 만들어 간다. 요리와 비교한다면 게임 플레이는 완성된 요리를 먹는 행위 자체다. 요리사가 정해진 요리 순서와 레시피를 통해 요리의 플레이팅, 먹는 방법, 먹는 도구를 고안했다고 할지라도 결국 요리는 소비자가 맛있게 먹는 과정에서 완성된다.

따라서 게임 디자이너가 메커닉스 디자인을 건너뛰고 게임 플레이를 직접 디자인하겠다는 발상은 과정을 생략하여 발현된 최종 결과부터 만들겠다는 것이므로 게임 디자인의 관점에서 굉장히 위험한 접근 방식이다. 레시피와 요리 순서도 정하지 않고 재료도 모르면서 조금 먹어 본 요리를 그냥 만들겠다는 의미다.

심각한 문제는 기초가 되는 메커닉스부터 하나씩 만들려 하기보다 게임 플레이를 직접 디자인하겠다고 접근하는 대부분의 경우는 독특한 게임을 만들고자 하기 보다 기존에 있는 게임 중 대표적인 게임 플레이를 가져와서 쉽게 게임을 제작해 보겠다는 얕은 생각에서 기인된다는 점이다. 이는 게임 디자이너 스스로가 자신은 새로운 메커닉스를 디자인할 수 있는 능력이 없다고 인정한 셈이다.

문제는 여기서 끝나지 않는다. 스스로 규칙과 절차를 디자인하지 않았고 디자인할 능력도 없기 때문에 다른 게임의 메커닉스를 가져온 것인데, 게임을 제작하다 보면 당연히 만들고자 하는 게임에 맞게 참고한 게임의 규칙과 절차를 조금이라도 바꿔야 하는 상황에 처하게 된다. 그 결과 메커닉스, 게임 시스템, 게임 플레이 전체가 점차적으로 변하게 되는 것을 결국 감당하지 못하고 참고한 게임의 게임 플레이를 그대로 복제할 수밖에 없게 된다. 게임 개발을 경험해 본 경력자들이라면 이러한 최악의 상황을 질릴 정도로 경험해 보았을 것이다.

정리하면 게임 플레이는 게임 디자이너가 직접 제어할 수 있는 것에 한계가 있으며, 메커닉스와 게임 시스템을 통해 플레이어와 상호작용하여 최종적으로 발현된다는 점을 기억하자. 게임 플레이는 게임 디자이너가 직접 제어하기 어렵고, 메커닉스와 게임 시스템이라는 매개체를 통해 간접적으로 조정해야 하기 때문에 디자인하기 어려운 것이다.

● 게임 플레이 디자인의 핵심

앞서 게임 플레이 디자인의 진정한 의미는 게임 디자이너가 직접적으로 메커닉스를 제어하지만 메커닉스를 통해 발현된 게임 플레이를 간접적으로 디자인하는 것이라고 설명했다. 게임 플레이 디자인의 진정한 의미를 알았다면 다음으로 게임 플레이 디자인의 핵심이자 기준점을 알아볼 차례다.

흔히 게임 플레이의 핵심은 재미라고 한다. 그러나 재미, 감동, 여운 등은 게임 플레이에서 발생한 결과 중 하나라고 생각한다. 게임 디자이너에게 있어 재미있는 게임 플레이를 만드는 것이 목표가 되는 것은 맞지만, 결과인 재미에 초점을 맞추면 어떻게 재미있는 게임 플레이를 만들 것인가 갈피를 잡기 쉽지 않다. 다른 게임이 재미있으니 그 게임의 결과물인 재미를 그대로 구현하겠다는 건 현실적이지 않다.

따라서 게임 플레이 디자인의 핵심은 플레이어를 잘하게 만드는 것이 아니라 '플레이어가 스스로 잘하는 것처럼 느끼게 디자인하는 것'이라는 주장을 제시한다. 실제 플레이어가 해당 게임을 잘하든 잘하지 못하든 말이다. 플레이어가 스스로 잘하는 것처럼 느껴야 재미를 느끼고, 재미를 느끼는 것으로 인해 지속적으로 게임을 하게 되어 결국 잘하게 되는 선순환이 발생하기 때문이다. 게임 디자이너는 신이 아니므로 플레이어의 능력을 직접적으로 제어할 수 있다는 착각을 해서는 안된다.

그러므로 게임 플레이 디자인은 플레이어의 경험을 기준으로 디자인되어야 한다. 게임 디자이너가 만들고 싶은 것을 토대로 메커닉스와 게임 시스템이 만들어지겠지만, 최종적으로 게임 디자이너가 아닌 플레이어의 관점에서 어떤 게임 플레이를 경험할 것인지를 고려해야 한다.

플레이어는 게임 디자이너가 제공한 메커닉스와 게임 시스템을 분석하여 자신만의 게임 플레이를 만들어 낸다. 플레이어마다 다른 게임 플레이를 창조해낼 수 있도록 디자인하는 것이 좋은 게임 플레이 디자인으로, 그러기 위해서 플레이어마다 자신만의 전략을 세울 수 있도록 메커닉스와 게임 시스템을 제공해 주는 것이 좋다. 플레이어가 자신만의 전략을 폭넓게 세우기 위해서는 먼저 게임의 많은 부분이 '의미 있는 선택'일 필요가 있다. 가능한 의미 없는 선택은 게임 디자인에서 배제하려고 노력해야 한다.

예를 들어, 선택할 아이템이 100개가 있다고 해도 플레이어 입장에서 별 차이가 없거나 절대적으로 유리한 하나의 아이템이 존재한다면 나머지 아이템은 아무런 의미가 없는 선택지가 된다. 반면 선택할 아이템이 2개만 있다고 할지라도 아이템별로 전혀 다른 효과를 제공한다면 게임 플레이에 큰 영향을 미치는 의미 있는 선택이 된다. 의미 있는 선택이란 단순히 선택하는 순간의 선택지의 폭이 많은 것이 아닌 선택에 따라 결과가 달라진다는 것이 핵심이라는 점을 기억하자.

게임을 통해 플레이어가 스스로 전략을 세울 수 있고, 세운 전략으로 좋은 결과를 맞이한다면 스스로 잘 한다고 느끼게 된다. 이것이 앞서 말했던 '플레이어가 스스로 잘하는 것처럼 느끼게 디자인하는 것'과 연결된다. 플레이어 스스로 "나 이 게임 잘하는 것 같은데?"라고 느끼는 순간 해당 게임에 대해 큰 호감을 보이게 되고, 자신이 잘하는 것을 발견했으니 보다 잘하기 위해 몰입하여 장시간 플레이함으로써 실제 해당 게임을 통달해 결과적으로 잘하게 된다. 이러한 과정에서 플레이어는 자신의 성장에 재미를 느낀다. 재미라는 결과에 주목하기 보다 재미가 도출되는 과정이 어떨지 고민해서 그 과정을 재현해야 결국 원하는 재미를 도출할 수 있다.

02 절차와 규칙

● 게임의 절차 디자인

게임 플레이를 디자인하기 위해 먼저 게임 메커닉스부터 디자인해야 하며, 메커닉스는 절차와 규칙 그리고 규칙 간의 관계로 이뤄져 있다고 했다. 규칙을 작성하는 것은 상당히 까다롭고 어려우니 우선 게임의 절차부터 살펴보자.

절차는 간단히 말하면 게임의 흐름이라 볼 수 있으며, 게임이 진행되는 순서와 방법이다. 단순히 순서만을 다루는 것이 아닌 다음 순서로 넘어가는 방법까지 명시하는 것이라는 점을 주의해야 한다. 게임이 시작되는 타이틀부터 게임이 종료되는 모든 과정을 플로우 차트(Flow Chart)로 그린다면 상세 디자인에서 요구되는 게임의 절차를 완성하게 된다. 하지만 상세 디자인에서 요구되는 절차를 작성하는 건 생각보다 쉬운 일이 아니다.

그림 10-1 제3차 슈퍼로봇대전 α, 게임의 흐름

콘셉트 디자인에서는 먼저 장면이나 화면 기준으로 게임의 전체적인 절차를 구상하면서 점차적으로 세부적인 절차를 그려가는 편이 좋다. 절차를 구상하다 보면 해당 게임에 필요한 게임 시스템도 자연스럽게 도출되기도 한다. 「제3차 슈퍼로봇대전 α 퍼펙트가이드」에 나온 게임의 흐름을 재구성하면 그림 10-1과 같다. 플로우 차트에서 사용하는 기호를 활용해 작성되지 않은 사례지만 게임의 절차를 어떻게 표현하면 좋을지 충분히 이해할 수 있을 것이다.

SRPG인 슈퍼로봇대전 시리즈는 다양한 작품을 크로스오버한 세계관과 로봇물이라는 소재로 인해 대중적인 시리즈는 아니지만 1991년 패밀리 컴퓨터에서 출시한 〈제2차 슈퍼로봇대전〉에서 시작하여 20년 넘게 거의 매년 작품이 나오고 있을 정도로 장수하고 있는 일본 SPRG를 대표하는 시리즈 중 하나다. 대중적인 작품이 아니지만 수십 개의 작품이 다른 게임에 비해 빠른 주기로 출시됐던 만큼 게이머의 피드백을 받아들여서 게임 시스템을 지속적으로 발전시켜왔다는 특징이 있다. 많은 작품이 출시된 만큼 절차도 굉장히 명확한 시리즈이기에 게임의 절차를 이해하기 적합한 예다.

〈제3차 슈퍼로봇대전 α〉의 절차는 그림 10-2와 같이 인터미션 화면에서 시작하며, 인터미션에서는 소대 편성, 파일럿 육성, 기체 개조, 무기 개조, 데이터(세이브, 로드) 등을 수행할 수 있다. '다음 맵으로'라는 메뉴를 선택하면 전투 전의 시나리오가 진행된다.

그림 10-2 제3차 슈퍼로봇대전 α, 인터미션 화면

시나리오 파트는 그림 10-3과 같이 해당 장에 대한 스토리가 여러 표정을 포함한 캐릭터 일러스트와 함께 대사로 연출된다. 시나리오 파트는 전투 돌입 전 상황을 알려주는 시나리오와 전투를 치른 후의 상황을 알려주는 시나리오로, 전투를 기준으로 두 개로 나뉘어지게 디자인되어 있다. 전투 전 시나리오가 끝나면, 그림 10-4와 같이 전투 맵 화면으로 전환되며 전투 맵 화면에서는 출격 준비 후 초기 배치를 종료하면 본격적인 전투가 진행된다. 전투 맵에는 승리 조건, 패배 조건, 숙련도 조건이 존재하며 패배 조건이 만족되면 게임 오버가 되며 다시 전투 맵 시작으로 돌아간다. 승리 조건을 만족하면 전투 후 시나리오가 진행되며 다음 화의 인터미션으로 연결된다.

그림 10-1은 하나의 장에 대한 절차이며, 게임은 여러 개의 장으로 구성되어 있다. 〈슈퍼로봇대전〉은 특수한 작품 제외하고 약 40~60개의 장으로 구성된다. 전체 시나리오는 장으로 구분되며 플레이어의 선택이나 현재까지의 조건 만족 여부에 따라 시나리오에 여러 개의 분기점을 둬서, 다양한 루트를 제공해 다 회차 플레이를 즐길 수 있도록 제공한다. 챕터(장)나 에피소드 등으로 구성된 게임이라면 전체 시나리오 분기나 다변수 서사의 절차까지 디자인해야 한다.

그림 10-3 제3차 슈퍼로봇대전 α, 시나리오 화면

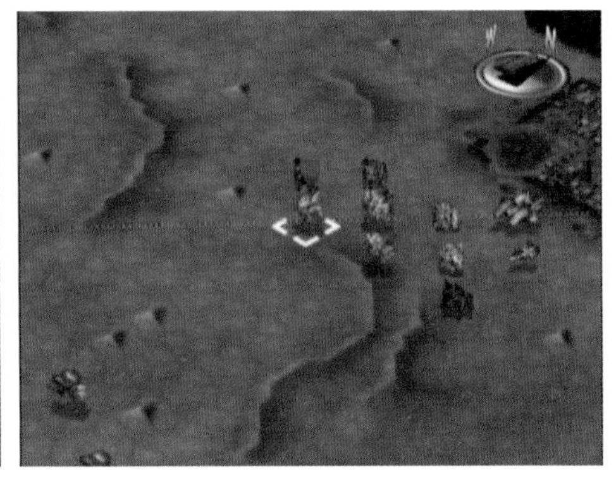

그림 10-4 제3차 슈퍼로봇대전 α, 전투 화면

콘셉트 디자인에서 게임의 절차를 디자인하려면, 위와 같이 절차가 명확한 몇 가지 게임들을 분석해 게임의 절차를 이해할 필요가 있다. 다음으로 만들고자 하는 게임의 절차를 플로우 차트로 그리면서 적합한 진행 순서와 방법을 찾으면 된다. 단순히 기능적인 면만 순서로 정리하려고 해서는 안되며, 플레이어의 관점에서 불편하지 않고 직관적인 절차가 만들어질 수 있도록 끊임없이 순서와 방법을 변경해 보아야 한다.

콘셉트 디자인에서는 1차적으로 게임 전체적인 흐름에 대한 절차를 정리하는 것을 목표로 삼으면 되며, 상세 디자인 단계로 넘어가면서 게임 타이틀을 비롯한 게임 내의 모든 신이나 화면에 대한 세부 절차와 전체 플로우 차트 등을 작성하면 된다.

● 게임의 규칙 디자인

규칙이란 여러 사람이 다 같이 지키기로 작정한 법칙 또는 제정된 질서로, 게임에서 규칙이란 가상 세계인 게임 내에서 정의된 법칙과 질서의 집합이다. 디지털 게임의 게임 디자인은 하나의 별다른 가상 세계를 창조하는 작업이므로, 세밀하게 법칙과 질서를 정의해야 한다. 게임의 규칙은 명확하고, 직관적이며, 특정 상황에 대해 공정하게 이뤄져야 하며, 규칙에 대한 피드백을 즉각적으로 플레이어에게 제공해야 한다.

게임에 따라 간단한 규칙만 존재해도 충분한 작품도 있겠지만, 방대한 세계관과 복잡한 게임플레이를 가진 장르의 규칙은 법전이나 사전 정도의 분량으로 작성해도 불충분할 것이다. 다만 현실적으로 해당 세계의 모든 규칙을 정리할 수는 없으니 게임 디자이너는 중요한 규칙을 중심으로 가능한 한 세밀한 규칙까지 작성하는 것을 목표로 한다.

디지털 게임의 규칙이라고 하면 너무 방대하기 때문에 어디부터 작성하면 좋을지 막막하다. 게임에는 다양한 규칙의 유형이 존재하며, 규칙을 유형별로 나눠서 본다면 규칙을 작성하는 것이 조금은 수월해질 것이다. 「The Art of Game Design 1 2nd Edition: A Book of Lens」에서 데이비드 팔레트(David Parlett)가 주장한 게임 규칙 다이어그램을 그림 10-5와 같이 소개하고 있다.

상세 디자인 단계에서는 방대한 분량의 게임의 규칙을 지속적으로 문서에 업데이트하는 것이 좋지만, 콘셉트 디자인 단계에서는 대표적인 게임 시스템을 도출하고, 대략적인 게임 플레이가 도출될 수 있는 수준으로 작성하는 것을 목표로 한다.

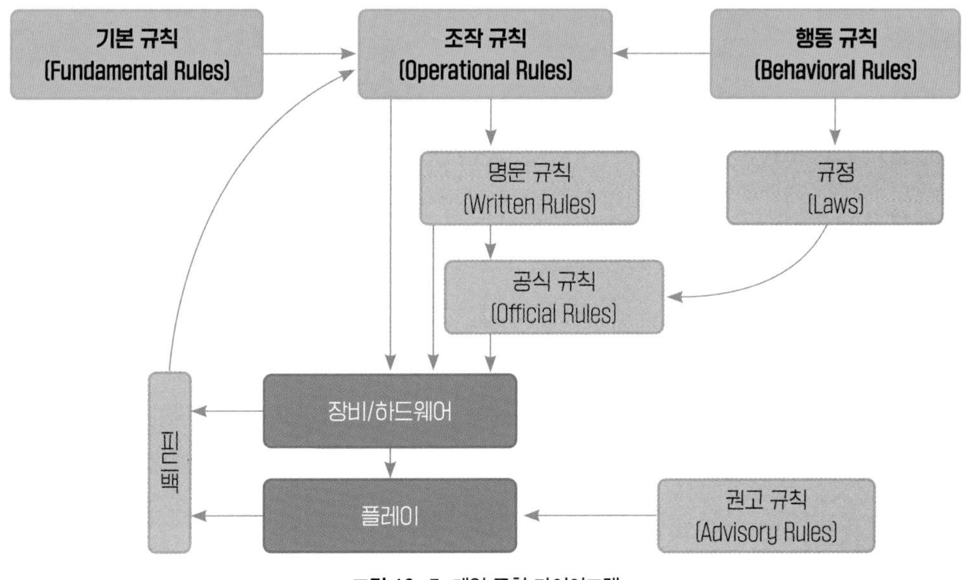

그림 10-5 게임 규칙 다이어그램

❶ 기본 규칙

기본 규칙은 게임의 암묵적인 이론적 기반 구조를 다루는 규칙으로, 게임 상태의 변화 시점, 변화 방법 등을 수치로 표현한 규칙을 의미한다. 플레이어 캐릭터의 이동 속도는 OO이다, 플레이어 캐릭터의 점프 높이는 OO이다, 플레이어 캐릭터의 힘 수치는 5와 25의 사이다 등과 같이 수치를 다루는 규칙이며, 기본 규칙을 기반으로 조작 규칙이 만들어 진다.

❷ 조작 규칙

조작 규칙은 플레이어의 마음 속에 있는 일반적인 규칙으로, 플레이어가 게임을 플레이하기 위한 조작과 관련된 규칙을 의미한다. 왼쪽 스틱으로 상하좌우로 이동할 수 있다, A 버튼을 누르면 점프를 할 수 있다 등의 규칙이 해당되며, 플레이어는 가장 먼저 조작 규칙을 이해해야 게임 플레이가 가능하다.

❸ 행동 규칙

행동 규칙은 행위자의 암묵적 규칙으로, 게임을 플레이함에 있어 플레이어 간의 스포츠맨십을 지킬 것이라는 암묵적으로 동의한 규칙을 의미한다. 행동 규칙은 체스에서 한 수를 두는데 너무 오래 걸려서는 안된다, 상대방이 수를 두는 동안 떠들거나 몸을 건드려 방해해서는 안된다 등이 해당되기 때문에 아날로그 게임에서 명시하지 않는 경향이 있지만, 디지털 게임에서는 자동화되어야 하기 때문에 행동 규칙 또한 명시적으로 작성하는 것이 좋다. 행동 규칙도 조작 규칙에 영향을 준다.

❹ 기타

명문 규칙은 게임에 딸려오는 방대한 규칙으로, 플레이어가 조작과 게임 플레이를 이해하기 위해 필요로 하는 모든 규칙이므로 상당히 복잡하다. 따라서 게임 디자이너는 게임 플레이에 진입하는데 필요한 명문 규칙을 튜토리얼로 제공하는 경우가 많다.

규정은 게임 플레이가 토너먼트와 같이 경쟁적인 환경일 경우, 명시적으로 기록할 필요가 있는 규칙을 의미한다. 대전 액션 게임의 토너먼트 대회를 개최할 경우, 3판 2선승제, 체력 100%, 타이머 60초, 특정 캐릭터 금지 등과 같이 공정한 경쟁이 이뤄질 수 있도록 명시하는 규칙이다.

공식 규칙은 명문 규칙과 규정이 통합될 필요가 있을 때 만들어지는 규칙이며, 권고 규칙은 플레이어가 플레이를 더 잘할 수 있도록 전략을 세우는 것으로 메커닉스 관점에서 진정한 규칙으로 볼 수는 없다.

아무리 규칙을 유형별로 구분해서 작성한다고 해도 디지털 게임의 규칙을 작성하는 건 만만치 않은 작업이다. 콘셉트 디자인에서는 게임 플레이에 관련된 규칙을 작성할 때는 기본 규칙, 조작 규칙, 행동 규칙을 중심으로 조금씩 세부적인 규칙을 작성하면 된다. 다만 그림 10-5는 게임 플레이에 관련된 일부 규칙의 유형만 정의하고 있을 뿐, 캐릭터, 세계관, 스토리 등에 대한 포괄적인 규칙 유형은 나와있지 않기 때문에 게임 디자이너가 게임을 제작하기 위해 필요하다고 판단되는 규칙을 작성할 때 카테고리를 나눠서 작성하면 된다.

만약 게임의 규칙을 어떻게 작성하면 좋을지 감을 못 잡겠다면 심플하면서도 깊이를 가진 메커닉스가 성공의 열쇠가 되는 보드 게임을 분석해 보는 것도 매우 좋은 방법이다. 보드 게임은 디지털 게임보다 메커닉스가 게임 전체에 미치는 영향이 지대하기 때문에 메커닉스를 디자인하는 것이 보드 게임 디자인의 거의 모든 것이라 해도 과언이 아닐 정도다.

보드 게임의 절차와 규칙은 설명서에 기록되어 있다. 보드 게임에서 절차와 규칙이 애매모호하다면 게임에 참여한 플레이어들이 특정 상황에서 어떻게 해야 하는지 몰라 끊임없이 질문하고 서로 논의하게 되므로 게임이 제대로 진행되지 않는다. 디지털로 자동화되어 있지 않기 때문에 사소한 것 하나도 플레이어들이 납득할 수 있어야 한다. 따라서 절차와 규칙이 명확하지 않은 보드 게임은 시장에서 살아남기 어렵다. 이러한 특성 때문에 보드 게임은 절차와 규칙을 디지털 게임보다 명백하고 구체적으로 설명서로 작성하려는 경향이 강하다. 게임의 규칙을 작성하는 방법을 모르겠다면 유명한 보드 게임의 설명서들을 몇 개 분석해 보자. 그러면 대략 감을 잡을 수 있을 것이다.

보드 게임의 대표적인 사례인 체스를 살펴보자. 체스는 가로 세로 8줄씩 총 64칸의 격자로 구성된 체스판에 2명의 플레이어가 동일한 구성의 기물을 움직여 상대방의 킹을 공격하는 것으로 승리가 결정되는 보드 게임이다.

현대의 보드 게임은 디지털 게임에 비할 바는 아니지만 꽤 복잡한 규칙을 가지는 경우가 있다. 반면 과거의 보드 게임은 규칙이 명확하고, 직관적이며, 즉각적으로 피드백을 하는 경향이 강했다. 그런데 상대적으로 간단한 규칙을 가졌다는 체스의 규칙을 구체적으로 나열해 보면 만만치 않은 분량의 규칙이 정리된다. 조금 더 복잡한 보드 게임의 경우, 필요한 규칙이 수 배로 늘어나며, 웬만한 디지털 게임의 규칙은 규칙을 정리하는 것만으로도 상당한 노력이 들어갈 것이다.

체스닷컴(https://www.chess.com/ko/learn-how-to-play-chess)에서는 체스 두는 방법과 규칙을 깔끔하게 정리해 두었다. 이 홈페이지에 정리된 체스의 규칙은 다음과 같이 크게 5단계로 구분된다. 체스를 플레이하기 전에 2명의 플레이어가 모여서 체스판을 설치하는 준비 단계부터, 게임이 종료되는 승리하는 방법까지의 흐름을 큰 카테고리로 구분하여, 각 단계별로 세부적인 규칙이 작성되어 있다. 보드 게임의 규칙을 어떤 형태로 작성하면 좋을지 파악할 수 있는 좋은 자료다.

잠깐만요 **체스의 규칙 카테고리**

1단계 : 체스판을 설치하는 방법

2단계 : 체스 기물이 이동하는 방법

3단계 : 체스의 특별한 규칙

4단계 : 체스에서 누가 첫 수를 두는지 알아보기

5단계 : 체스 게임에서 승리하는 방법

보드 게임이 아닌 디지털 게임의 규칙은 과연 어떻게 작성해야 할까? 〈4장〉의 통합된 8가지 게임 구성요소 모델에서 제시한 구성요소 중 자발적 참여를 제외한 기술, 스토리, 메커닉스, 피드백 시스템, 다이내믹스, 미적 정서, 목표를 기준으로 활용하는 것도 방법 중 하나다. 추가적으로 스토리는 캐릭터, 세계관, 스토리로 세분화할 수 있고, 메커닉스는 절차, 게임 시스템, 레벨 디자인, 밸런스로, 미적 정서를 그래픽, 사운드, 진동 등으로 세분화할 수 있다. 마지막으로 해당 게임에 추가할 대표적인 콘텐츠에 대한 규칙을 별도로 구분하는 것도 좋다.

여기서 제시하는 게임 규칙의 추천 카테고리를 정리하면 다음과 같다. 게임마다 필요한 규칙이 다르니 반드시 모든 카테고리를 작성할 필요는 없으며, 각 카테고리를 세분화해서 게임에 맞게 규칙을 정리하면 된다.

잠깐만요 **게임 규칙의 추천 카테고리**

1. 캐릭터
2. 세계관
3. 스토리
4. 절차
5. 게임 시스템
6. 레벨 디자인
7. 밸런스
8. 피드백 시스템
9. 다이내믹스
10. 그래픽
11. 사운드
12. 진동
13. 목표
14. 기술
15. 콘텐츠

게임 규칙의 추천 카테고리를 기준으로 만들고자 하는 게임의 규칙을 하나씩 떠올리면서 간단하고 명확한 문장으로 작성한다. 〈마이트 앤 매직 6〉을 예로 들어 대표적인 규칙을 몇 가지 소개하면 다음과 같다. 실제 〈마이트 앤 매직 6〉의 중요한 규칙만 작성한다고 가정해도 워드로 최소한 수십 장 분량이 나올 것이다.

처음부터 다양한 요소를 고려해서 게임 플레이나 세계관 등을 디자인하는 것은 무리가 따른다. 자신의 머리속에 있는 하나하나의 규칙을 명시해가면 다른 규칙과 상충되는 것이 없는지, 누락된 것이 없는지 카테고리별로 구체화해 가면 튼튼한 기반을 가진 상태로 상세 게임 디자인을 진행할 수 있게 된다. 규칙을 어느 정도까지 구체화해서 문서화할 수 있는지는 사물을 얼마나 깊게 바라볼 수 있는가를 의미하므로, 게임의 규칙을 정리한 문서를 보면 게임 디자이너의 능력을 알아볼 수 있는 척도가 될 정도다.

- 게임의 배경은 대륙국가인 엔로스(Enroth)이다.
- 게임이 시작되는 마을은 뉴 소르피칼이다.
- 엔로스에는 마법이 존재한다.
- 엔로스에는 기사, 무인, 궁수, 성직자, 드루이드 6개의 직업이 존재한다.

…

- 플레이어는 4명의 캐릭터를 하나의 파티로 구성해서 파티를 조작한다.
- 캐릭터는 6가지의 직업 중 하나를 선택할 수 있다.
- 각 직업은 2번에 걸쳐 승급을 할 수 있다.
- 플레이어는 4명의 파티를 W, A, S, D 키로 이동할 수 있다.
- 플레이어는 Shift를 누르면 달릴 수 있다.
- 플레이어는 Enter를 눌러 게임의 시간을 정지할 수 있다.

…

03 핵심 게임 플레이 루프

메커닉스를 디자인하는 과정에서 해당 게임에 적합한 게임 시스템과 콘텐츠가 도출되고 구조화된다. 다른 게임과 이미 비슷한 게임 시스템이 도출될 수도 있고, 독특한 시스템이 도출될 수도 있을 것이다. 다만 중요한 것은 이미 있는 시스템을 통째로 가져와서 규칙과 절차를 억지로 맞춘 것이 아닌, 자연스럽게 규칙과 절차에서 도출된 시스템이기에 다른 게임과 비슷하다고 할지라도 자신만의 차별점을 가질 가능성이 충분히 존재한다는 점이다.

메커닉스에 충분한 공을 들였다면 메커닉스를 통해 발현된 게임 플레이가 어느 정도 윤곽이 잡혔을 것이다. 이제 게임 플레이 디자인의 핵심인 '핵심 게임 플레이 루프(Core Gameplay Loop)'를 디자인할 차례다. 핵심 게임 플레이 루프는 메커닉스에서 발현된 게임 플레이 관련 액션들의 순서와 중요도를 리듬감을 고려해 재조정하는 과정이다. 핵심 게임 플레이 루프는 플레이어 경험에 지대한 영향을 주고 최종적으로 게임 플레이의 차별점으로 인식되는 만큼, 메커닉스에서 발현되는 것이 아닌 게임 플레이 디자인에서 수행하는 거의 전부라 할 만큼 중요한 작업이다.

핵심 게임 플레이 루프는 게임 디자이너가 플레이어에게 제공할 반복적으로 구성된 메커닉스의 집합으로, 어떤 메커닉스 순서로 핵심 게임 플레이를 리드미컬하게 구성할 것인지를 의미한다. 인간은 반복적인 것에 리듬감을 느끼면서도, 매번 똑같은 것을 반복하기는 싫어하는 상반된 것을 동시에 바라는 굉장히 아이러니한 존재다.

따라서 게임에서는 게임 플레이 경험 자체도 일정 부분 리드미컬하게 액션들의 집합을 반복하는 과정을 제공하면서도 중간중간 상황에 맞게 해당 플레이어의 전략과 판단에 따라 다른 액션을 수행할 수 있게 자유도를 준다. 플레이어에게 무수히 많은 자유도를 준다고 해서 플레이어가 몰입하는 것이 아니다. 과도하게 많은 자유도는 오히려 무엇을 해야 할지 모르게 하기 때문에 몰입에 방해된다. 반복과 자유도의 절묘한 비율이 플레이어에게 있어 자유도가 높고 몰입할 수 있는 게임이라고 느끼게 하는 게임 디자인이다.

핵심 게임 플레이 루프는 메커닉스에서 도출된 액션들의 집합과 순서이므로 각 액션들은 동사(Verb)로 표현할 수 있다. 공격하다, 방어하다, 숨다, 달리다, 사용하다, 던지다, 수영하다 등과 같이 메커닉스에서 도출된 액션들 중에서 게임 플레이를 리드미컬하게 구성하기 위해 필요한 핵심만 추려서 루프를 가질 수 있도록 순서를 디자인한 것이다. 메커닉스를 통해 도출된 액션 중에 핵심적인 액션만 핵심 게임 플레이 루프에 포함시켜야 하며 보조적인 액션의 경우 루프에서 상황에 따라 파생되는 액션으로 디자인하는 것이 좋다. 핵심 게임 플레이 루프는 가능한 한 심플하면서 다양한 보조 액션으로 파생될 수 있도록 디자인되는 것이 좋다. 「게임 디자인 원리」에서는 잘 디자인된 핵심 게임 플레이 루프는 다음과 같은 5가지 특징을 가지고 있어야 한다고 했다.

잠깐만요 **디자인이 잘 된 핵심 게임 플레이 루프의 특징**

1. 이해하기 쉬워야 한다.
2. 수행하기 쉬워야 한다.
3. 반복적으로 이뤄짐에도 즐거워야 한다.
4. 직접적인 피드백을 제공해야 한다.
5. 다양한 상황에 유연하게 적용되어야 한다.
   - 다른 액션과 결합할 수 있어야 한다.
   - 다른 액션을 추가해서 확장할 수 있어야 한다.
   - 다른 플레이 루프를 지원해 포함될 수 있어야 한다.

몇 가지 게임 예시를 통해 핵심 게임 플레이 루프가 게임 플레이 경험에 어느 정도 큰 영향을 주고, 게임의 차별점으로 연결되는지 알아보자. 〈슈퍼 마리오 브라더스〉에서 핵심 게임 플레이 루프가 얼마나 중요한지 소개하며, 동일한 FPS/TPS 장르인 〈콜 오브 듀티〉, 〈기어즈 오브 워〉, 〈스나이퍼 엘리트〉의 핵심 게임 플레이 루프를 비교해 보면서 핵심 게임 플레이 루프가 바뀌는 것에 따라 얼마나 크게 게임 플레이의 변화가 발생하는지 살펴보자.

❶ 슈퍼 마리오 브라더스

- 핵심 게임 플레이 루프 : 「점프 → 공중에서 액션 → 착지 시 액션」

〈슈퍼 마리오 브라더스〉는 1985년도에 출시된 슈퍼 마리오의 첫 시리즈 작품이다. 특히 북미에 패밀리 컴퓨터가 발매될 때 출시된 런칭 게임으로 전 세계적으로 엄청난 성공을 거둔 작품이다. 또한, 〈슈퍼 마리오 브라더스〉는 액션 장르의 하위 장르인 플랫포머의 기틀을 잡은 게임이기도 하다.

누구나 쉽게 시작할 수 있는 핵심 게임 플레이 루프를 가졌으나 아무나 마스터할 수 없는 깊이를 가졌기에 게임 역사상 중대한 의미를 가지는 게임이다. 〈슈퍼 마리오 브라더스〉의 핵심 게임 플레이 루프는 굉장히 단순하지만 그 단순한 루프에서 수많은 선택이 가능하며 선택에 따라 결과가 변하는 게임 플레이를 가지고 있다.

〈슈퍼 마리오 브라더스〉는 발판을 의미하는 플랫포머답게 점프라는 액션이 게임에 핵심을 차지한다. 이동한다, 가속한다 등의 액션도 존재하지만 점프라는 액션을 돋보이게 하는 보조적인 액션이다. 〈슈퍼 마리오 브라더스〉의 핵심 게임 플레이 루프는 3가지 액션으로 구성된다. 먼저 점프를 한 후, 공중에서의 액션이 존재하며, 마지막으로 착지 시 액션이 있다. 공중에서의 액션과 착지 시 액션은 플레이어가 상황에 맞게 대처할 수 있어 다양한 상황이 연출된다.

플레이어는 이 3가지 액션으로 구성된 핵심 게임 플레이 루프를 통해 〈슈퍼 마리오 브라더스〉의 리듬감을 느끼게 되며, 점프로 구성된 3가지 핵심 게임 플레이 루프가 〈슈퍼 마리오 브라더스〉 대부분의 게임 플레이 경험을 만들어 낸다.

그림 10-6 슈퍼 마리오 브라더스

❷ 콜 오브 듀티

- 핵심 게임 플레이 루프 : 「무기 발사 → 수류탄 투척 → 달리기 → 근접 전투 → 전투 종료 → 회복 or 아이템 회수」

〈콜 오브 듀티〉를 대표로 하는 상당수의 전쟁을 소재로 한 FPS/TPS는 비슷한 핵심 게임 플레이 루프를 가지고 있다. 무기를 발사한 후 수류탄을 투척해서 숨어있는 적이나 다수의 적을 해치운 다음 남아있는 적을 향해 달려가서 근접 전투로 마무리를 짓는다. 이처럼 게임 내 작은 규모의 전투가 종료되면 다음 전투를 대비하기 위해 HP를 회복하거나 아이템을 회수하는 등의 준비 과정을 거치는 루프를 가지고 있다. 전투와 준비의 사이클이 반복되면서 긴장과 완화가 순환하여 감정을 점차적으로 고조시킨다.

FPS/TPS는 게임 플레이도 빠르게 진행되고, 플레이어 캐릭터의 죽음과 리스폰의 주기도 짧기 때문에 다른 장르에 비해 게임 플레이 전체의 리듬감이 매우 중요한 장르다. 게임 플레이가 긴 호흡을 가진 것이 아니기 때문에 동일한 부분을 반복적으로 수행하는 빈도가 높은 만큼 핵심 게임 플레이 루프에 불필요한 액션이 존재한다면 답답하고 불편하게 느껴져서 반복적인 게임 플레이를 지속하기 어렵게 된다.

수많은 FPS/TPS에서 실험되어 만들어진 핵심 게임 플레이 루프이기에 위의 루프는 리듬감을 가지는 것은 물론, 루프를 구성하는 액션을 순서대로 수행하는 것 자체에서 재미를 느낄 수 있다. 그만큼 매력적이고 강력한 루프가 만들어졌고 수많은 FPS/TPS에서 이 루프를 그대로 사용하고 있는 것이다. 핵심 게임 플레이 루프에 다른 액션을 하나 추가하거나 순서를 바꾸는 것으로도 게임 플레이 경험이 크게 변하기 때문에, 새로운 핵심 게임 플레이 루프를 만들어 낸다는 것은 게임 디자인 관점에서 굉장히 어렵지만, 그만큼 새로운 핵심 게임 플레이 루프를 만들어 낸다면 해당 게임의 강력한 차별점을 창조해 낸 것이 된다.

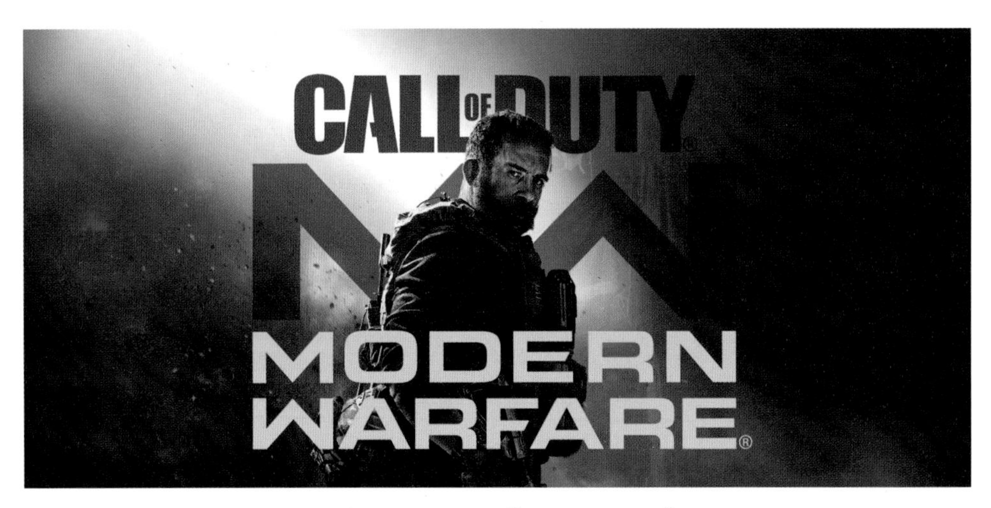

그림 10-7 Call of Duty®: Modern Warfare®

❸ 기어즈 오브 워

- 핵심 게임 플레이 루프 : 「달리기 → 엄폐 → 무기 발사 → 뛰어넘기 → 근접 전투 → 전투 종료 → 회복 or 아이템 회수」

〈기어스 오브 워〉는 에픽 게임즈가 언리얼 엔진 3의 막강한 기술력을 선보이기 위해 제작된 게임으로 XBOX 360에서 첫 작품이 출시된 시리즈 게임이다. 당시 기술력으로 최고의 그래픽 퀄리티를 보여 준 것은 물론 단순히 게임 엔진 홍보용 게임이라고 할 수 없을 정도로 매력적인 캐릭터, 세계관, 완성도를 보여 주어 〈헤일로〉 시리즈와 함께 XBOX 360이 7세대 콘솔 게임기에서 플레이스테이션 3을 압도할 수 있게 해 준 작품이다. 다만 시리즈가 진행되면서 점차 완성도가 낮아져 현재는 예전만큼 크게 주목받는 시리즈는 아니다.

〈기어스 오브 워〉는 주로 기술적인 면에서 좋은 평가를 받았지만, 그렇지 못한 부분도 많다. 게임의 완성도를 떠나 필자는 게임 디자인 관점에서 중대한 의미를 가진 게임이라고 본다. 바로 기존 FPS/TPS의 일반적인 핵심 게임 플레이 루프에서 벗어나 '엄폐'라는 액션을 유의미하게 부각했으며, 엄폐라는 액션이 추가됨에 따라 루프의 순서가 변하면서 독특한 게임 플레이 경험을 선사했기 때문이다.

〈기어스 오브 워〉에서는 엄폐하는 시스템을 제공했으며, 플레이어 캐릭터가 엄폐하지 않는다면 다른 FPS/TPS보다 쉽게 죽기 때문에 먼저 엄폐물을 찾아 달려가는 것부터 루프가 시작된다. 엄폐를 한 후에는 무기를 발사하고, 엄폐 기능이 생긴 만큼 추가된 액션인 뛰어넘기를 통해 근접 전투가 이어진다. 역시 작은 규모의 전투가 종료된 후에는 회복하거나 아이템을 교환하는 등의 준비 과정을 하며 루프가 종료된다. 엄폐라는 하나의 핵심 액션을 추가하고 엄폐에서 이동하기 위한 뛰어넘기라는 액션이 만들어지면서 기존 FPS/TPS에서는 경험하지 못한 독특한 게임 플레이가 디자인되었다. 〈기어스 오브 워〉의 성공은 기술적인 면보다 독창적인 핵심 게임 플레이 루프 디자인에 있다고 해도 과언이 아니다. 그래픽 기술이 뛰어나지만 성공하지 못한 게임은 수없이 많기 때문이다.

그림 10-8 Gears 5

❹ 스나이퍼 엘리트

- 핵심 게임 플레이 루프 : 「은신 → 접근 → 엄폐 → 소음 대기 → 줌 → 숨 참기 → 저격 → 전투 종료 → 회복 or 아이템 회수」

〈기어스 오브 워〉만큼 성공하고 유명한 시리즈는 아니지만 스나이퍼라는 직업의 특성을 잘 살려 독특한 핵심 게임 플레이 루프를 만들어낸 작품이 〈스나이퍼 엘리트〉다. 제2차 세계대전을 배경으로 스나이퍼가 되어 저격 액션을 통해 목적을 달성하는 게임이다. 신체 부위 관통이라는 시스템도 차별점 중 하나로 불리고 있으나, '저격'이라는 핵심 액션을 기반으로 저격에 필요한 은신, 소음 대기, 숨 참기라는 액션이 추가로 만들어지면서 다른 FPS/TPS와 다르게 저격이라는 특수성을 잘 살렸다.

〈스나이퍼 엘리트〉에서는 저격수가 플레이어 캐릭터인 만큼 먼저 적에게 발견되지 않도록 은신을 하고 적의 위치를 파악한다. 다음에 다른 적에게 발견되지 않을 타겟을 찾아 저격하기 수월한 엄폐물에 접근하고 엄폐한 후, 다른 소음이 발생할 때까지 대기한다. 비행기가 지나가는 것 같은 다른 소음이 발생하여 저격을 할 기회가 생기면 화면을 줌하여 적을 조준하고 숨을 참아 명중률을 확보한 후 저격을 수행한다. 저격에 성공하면 회복, 아이템 회수, 저격에 성공한 적을 보이지 않게 하는 등의 다음 저격을 위한 준비 행동으로 이어진다.

〈스나이퍼 엘리트〉는 다른 AAA 게임에 비해 완성도 면에 있어서 많이 부족하다. 그럼에도 불구하고 일부 게이머에게 인지도를 가지고 있는 이유는 바로 독특한 게임 플레이가 존재한다는 것이다. 독특한 게임 플레이는 핵심 게임 플레이 루프에서 탄생한다는 중대한 사실을 이해했다면 게임 플레이 디자인의 기초이자 핵심을 이해하기 시작한 것이다.

그림 10-9 Sniper Elite 5

04 80:20 법칙

핵심 게임 플레이 루프를 결정하는 과정에서 어떤 순서로 루프를 구성할 것인지, 어떤 액션으로 루프를 구성할 것인지 신체의 리듬감을 고려해 디자인했다. 핵심 게임 플레이 루프에서 가장 디자인하기 까다로우면서 루프의 리듬감과 액션의 자유도에 영향을 주는 것은 핵심 액션과 핵심 액션에서 파생되는 보조 액션을 어떻게 배분할 것인가다. 정리하면 핵심 게임 플레이 루프가 게임 전체 플레이에서 어느 정도 비율을 차지하고, 루프에서 파생된 액션이 게임 전체 플레이의 어느 정도 비율을 차지하는가를 결정할 필요가 있다. 이 경우에도 80:20 법칙을 활용할 수 있다고 소개한다.

80:20 법칙은 빌프레도 파레토(Vilfredo Pareto)가 주장한 법칙으로, 이탈리아 국토는 20%의 인구에 의해 80% 영토가 통제됨을 밝혀냈다. 따라서 핵심 기능과 주변 기능 간의 적절한 비율을 80:20으로 제시하여 핵심 기능 개발에 집중하기 위해 제시된 이론이다. 그와 이후 연구자들은 단지 인구와 영토만이 아닌 IT와 경제 분야 등 인간사회에 상당히 많은 영역에서 80:20 법칙이 적용될 수 있음을 밝혀냈다.

핵심 게임 플레이 루프를 디자인하는 과정에서 80:20 법칙을 활용하면, 전체 액션 중 20%의 핵심 액션을 통해 루프를 만들어 게임 플레이의 80%를 창출해 내고, 나머지 80%의 보조 액션으로 게임 플레이의 20%의 자유도를 주면 적당한 비율이 된다.

만약 전체 액션 중 50%의 핵심 액션으로 핵심 게임 플레이 루프를 디자인한다면, 플레이어는 핵심 게임 플레이 루프에 익숙해지지 위해 상대적으로 많은 핵심 액션을 배워야 하며, 핵심 게임 플레이 루프가 복잡해지기 때문에 리듬감을 살리기 어려워진다. 문제는 여기서 끝나지 않는다. 실컷 힘들게 배운 50%의 핵심 액션들로 구성된 루프에서 파생되는 액션들에 제한이 생기면서 자유도가 높게 느껴지지 않고 특정 상황에 특정 액션을 취해야 하는 퍼즐과 같은 디자인으로 고착화되기 쉽다.

또한 전체 액션 중 20%의 핵심 액션으로 핵심 게임 플레이 루프를 디자인했다고 할지라도 루프가 전체 게임 플레이의 95%를 만들도록 디자인한다면, 플레이어는 아무리 리듬감 좋은 핵심 게임 플레이 루프라고 할지라도 변화가 없이 거의 동일한 루프만을 반복하게 된다.

그렇기 때문에 핵심 게임 플레이 루프를 디자인함에 있어 게임 디자이너는 메커닉스에서 도출된 다양한 액션을 무리하게 루프에 포함시키려 해서는 안되며, 루프가 게임 플레이에 너무 많은 비중을 차지하게 해서도 안된다. 게임 디자인은 추가하는 것이 아니라 제외하는 것을 잘해야 중급 이상이라고 할 수 있다. 추가하는 것은 아무나 할 수 있다. 필요한 것만 남기고 나머지를 제외할 수 있을 때 비로소 깊이 있는 게임 디자인의 출발점에 설 수 있다.

핵심 게임 플레이 루프가 잘 디자인된 게임의 대부분은 닌텐도의 명작에서 찾아볼 수 있다. 〈슈퍼 마리오 브라더스〉와 〈젤다의 전설〉로 80:20 법칙을 정확히 지키는 것을 알아보자.

❶ 슈퍼 마리오 브라더스

초대 〈슈퍼 마리오 브라더스〉의 액션은 점프하기, 이동하기, 가속하기(대시), 밟기, 헤딩하기 등으로 구성되지만, 핵심 게임 플레이 루프는 점프라는 하나의 핵심 액션을 통해 디자인되어 있다. 전체 액션 중 20%에 해당하는 점프로 핵심 게임 플레이 루프인 「점프 → 공중에서 액션 → 착지 시 액션」을 디자인했고, 루프는 전체 게임 플레이의 80%를 점유한다. 점프를 중심으로 이동과 가속을 선택하며 점프하는 과정에서 플레이어의 판단에 따라 밟기와 헤딩하기 등의 보조 액션으로 전환된다.

❷ 젤다의 전설

초대 〈젤다의 전설〉의 핵심 액션은 이동과 공격이 전부다. 적이 발사하는 발사체에 대해 아무런 움직임 없이 발사체가 날라오는 방향으로 서있으면 자동으로 방어가 된다. 방어 외에도 부메랑, 폭탄, 화살, 양초, 매지컬 로드, 피리, 나침반 등의 아이템을 통해 보조 액션을 제공한다. 아이템 중에는 액션과 관련된 아이템도 있고 그렇지 않은 아이템도 섞여 있다. 또한 하트(생명의 도구)가 최대치일 경우 공격에 원거리 능력이 추가된다.

전체 액션 중 이동과 공격은 20%를 차지하나 전체 게임 플레이의 80%는 이동과 공격으로 이뤄진다. 이동과 공격을 기반으로 방어와 아이템 교환으로 다양한 보조 액션을 취하는 것으로 플레이어는 상황에 맞게 자신의 판단에 따라 전략을 구사할 수 있다. 심플한 핵심 게임 플레이 루프를 가지지만 다양한 보조 액션으로 전환할 수 있게 만든 뛰어난 핵심 게임 플레이 루프의 대표적인 예라고 할 수 있다.

80:20 법칙은 핵심 게임 플레이 루프에만 아닌 게임 디자인의 여러 곳에서 활용할 수 있는 좋은 이론이다. 80:20 법칙은 핵심 기능 개발에 집중하기 위해 핵심 기능과 주변 기능 간의 비율을 80:20으로 조정하는 것인 만큼, 콘텐츠나 시스템을 디자인할 때 폭넓게 활용할 수 있다.

아이템을 디자인할 때도 주로 사용되는 20%의 아이템이 게임 플레이에 80%로 사용할 수 있게 디자인하면 되며, 이는 스킬, 무기, 방어구 등에도 적용해 볼 수 있다. 싱글 플레이 게임이 아닌 멀티 플레이 게임에서 다음 업데이트 내용을 준비할 때도 적용해 볼 수 있다. 업데이트의 핵심 시스템이 전체의 20%의 비율을 차지하지만, 게임 플레이의 80%에 연관되고 다양한 곳에 영향을 줄 수 있도록 디자인한다면 플레이어는 중요한 몇 가지 핵심 액션을 반복하면서 리듬감을 느끼며, 상황에 따라 언제든 다양한 보조 액션으로 확장 가능한 자유도를 느낄 수 있을 것이다.

GAME CONCEPT

10.2

게임 예시

● 마테리아 시스템–파이널 판타지 7

〈파이널 판타지 7〉은 1997년 스퀘어에서 개발한 롤플레잉 게임이다. 2D 그래픽이 시장의 주류를 형성하고 있던 시기 과감히 3D 롤플레잉 게임에 도전하면서 전투는 풀-폴리곤을 도입하고, 배경은 렌더링하여 사용했다. 덕분에 엄청난 게임 용량으로 인해 카트리지가 아닌 CD로 매체를 선택하게 되고 카트리지 기반의 닌텐도 콘솔이 아닌 CD 기반의 소니 콘솔인 플레이스테이션으로 옮겨가면서 게임 시장의 판도마저 바꾼 게임 역사상 여러 가지 의의를 가진 명작이다.

그림 10–10 파이널 판타지 7

〈파이널 판타지 7〉은 기존 작품들의 세계관인 판타지에서 스팀 펑크로 바꾸면서 이후 시리즈 작품의 방향성마저 바꾼다. 〈파이널 판타지 7〉에서는 고대 종족 세트라의 지혜와 지식이 라이프스트림인 마황 에너지에 의해 결정화한 마테리아라는 존재가 탄생하게 된다. 플레이어는 주인공과 동료 캐릭터들의 무기와 방어구에 마테리아를 장착하게 된다.

〈파이널 판타지 7〉은 캐릭터, 스토리, 세계관은 물론 메커닉스와 게임 플레이에서도 높은 평가를 받고 있는데, 바로 마테리아 시스템이라는 독특한 시스템을 가지고 있기 때문이다.

세계관과 스토리에서 온 마테리아라는 개념을 바탕으로 독특한 게임 시스템으로 만들어 냈으며, 마테리아 시스템은 캐릭터의 일부 성장 시스템과 스킬 시스템을 통합했다는 점에 주목할 필요가 있다. 캐릭터의 무기나 방어구에 슬롯이 존재하며, 슬롯마다 마테리아를 장착하는 것으로 캐릭터의 능력치도 변하며, 전투에서 사용할 수 있는 스킬도 변한다. 캐릭터 레벨이나 필살기인 리미트 브레이크도 별도로 성장시킬 수 있지만, 캐릭터 성장의 핵심은 결국 마테리아를 성장시키는 것이다. 성장시킨 마테리아는 다른 캐릭터의 무기나 방어구 슬롯에 장착할 수 있으므로, 기존의 캐릭터 중심의 성장 시스템과 성장의 개념이 완전히 달라진다.

흔히 게임 디자인 경험이 부족한 게임 디자이너들은 모든 게임에 당연히 전투 시스템, 성장 시스템, 스킬 시스템, 무기 시스템 등이 있어야만 한다고 고정관념을 가지고, 콘셉트 디자인 과정 중에 게임의 방향이 결정되지도 않았는데 먼저 전투, 성장, 스킬, 무기부터 상세하게 디자인하는 좋지 않은 공통점이 있다. 이는 현재 능력으로 파악할 수 있는 것이 그러한 단순한 콘텐츠 밖에 없기 때문이다. 문제는 이러한 고정관념을 가진 상태로 〈파이널 판타지 7〉과 같은 다른 게임에 없는 차별점을 가진 게임은 절대 탄생하지 않는다는 점이다.

지겨울 정도로 게임의 테마, 차별점, 방향성을 먼저 결정하고 그에 적합한 콘텐츠와 시스템을 도출하는 것이 독창적인 게임을 만들어 낼 수 있는 진정한 게임 디자인이라고 반복해서 설명하는 이유를 〈파이널 판타지 7〉과 같은 수많은 과거 명작들이 증명해 준다.

● 신계 전송 시스템 – 발키리 프로파일

〈발키리 프로파일〉은 1999년 트라이에이스에서 개발한 롤플레잉 게임이다. 북유럽 신화를 바탕으로 주인공인 레나스 발키리는 신족의 왕 오딘의 명령으로 곧 있을 신족 간의 전쟁인 라그나로크를 대비하기 위해 전력이 될만한 영웅들의 혼(에인페리어)을 신계에 보내야 하는 역할을 수행하게 된다.

그림 10–11 발키리 프로파일 레나스

〈발키리 프로파일〉은 전투 시스템도 다른 게임과 명확한 차별점을 보여 줄 정도로 매력적이지만, 신계 전송 시스템이야말로 스토리와 세계관과 접목한 유일무이한 〈발키리 프로파일〉만의 고유의 시스템이라고 할 수 있다. 〈발키리 프로파일〉에서는 세계관에 맞게 라그나로크에서 전력이 되어 줄

에인페리어를 보내기 위해 현실에서 슬픈 운명으로 죽음을 맞이하는 이들을 동료로 맞이하게 된다. 현실에서 동료와 아티팩트를 모아 챕터가 끝날 때마다 신계에 전송해야 하는데, 누구를 보낼지, 어떤 아티팩트를 전송할지를 플레이어가 선택하게 된다. 이러한 게임상의 스토리 때문에 실컷 성장시킨 동료 중 누구를 신계로 보내야 하는지 고민할 수밖에 없는 구조를 가지고 있다. 일반적인 롤플레잉 게임에서 동료가 된 캐릭터는 대부분 끝까지 성장시킬 수 있지만, 〈발키리 프로파일〉에서는 신계 전송 시스템으로 인해 기존 게임들과 명확히 동료 캐릭터의 성장 방법을 달리할 필요가 있다.

다른 게임에 있을 법한 뻔한 테마, 캐릭터, 스토리, 세계관을 잡는다면 그만큼 차별점을 만들어내기 어렵고 뻔한 메커닉스가 만들어지며, 뻔한 메커닉스에서 독특한 게임 플레이가 창출될 가능성은 극히 낮다. 독특한 메커닉스와 게임 플레이를 가진 게임 중 거의 대부분은 시리즈 작품이다. 게임 플레이에서 자신만의 차별점을 가지고 있기 때문에 아무리 시간이 지나도 다른 게임으로 대체할 수 없는 명작으로 평가받아 시리즈로 성장할 수 있는 동력을 마련한 것이다.

● 악마 동료 시스템 & 악마 합체 시스템 – 진 여신전생 시리즈

〈진 여신전생 3〉는 아틀라스가 개발한 롤플레잉 게임이다. 〈진 여신전생〉의 전 시리즈인 〈여신전생〉 시리즈는 던전 RPG인 〈위저드리〉에 큰 영향을 받아 '현실은 잔인하다.'라는 극도로 어둡고 암울한 세계관을 계승하고 있다. 다만 판타지 세계관이 아닌 성인에게 어필할 수 있는 RPG를 만들고 싶었기에 일본 현대를 기준으로 악마를 소재로 한 독자적인 세계관을 구축했다. 여러 국가의 신, 천사, 악마, 괴물, 귀신 등을 악마라는 개념으로 포괄하고 있다.

〈여신전생〉 시리즈는 공통적으로 '악마 동료 시스템과 악마 합체 시스템'을 차별점으로 내세우고 있다. 〈여신전생〉 시리즈는 주인공 외에 전투에 참여하는 동료가 악마다. 적으로 등장하는 악마를 대화 등으로 설득하여 동료로 삼는 악마 동료 시스템이 존재하며, 이렇게 동료가 된 악마의 레벨을 올려 성장시킬 수 있다. 또한 악마들을 합체시키는 것으로 새로운 악마 동료를 만들어 내는 악마 합체 시스템이 있다.

파티 관리, 전투, 성장, 스킬 등 게임에 존재하는 거의 대부분의 게임 콘텐츠와 시스템이 악마라는 하나의 줄기를 기반으로 구성되어 있기 때문에 다른 게임과 비교할 수 없이 압도적인 일관성을 느끼게 된다. 게다가 스토리 진행과 무관하게 악마를 동료로 만들고 합체하는 것만으로도 수백 시간은 충분히 즐길 수 있을 정도로 악마 동료 시스템과 악마 합체 시스템의 깊이는 상상을 초월할 정도다. 악마를 동료로 만들고 합체해서 강하게 한다는 플레이어의 행동은 심플하지만, 그 시스템의 깊이는 타의 추종을 불허할 정도로 깊다.

악마 동료 시스템과 악마 합체 시스템도 훌륭한 메커닉스지만, 〈진 여신전생 3〉부터 바뀐 플레스턴 배틀도 주목할 필요가 있다. 이는 턴제 일본 RPG의 단점으로 지목된 느린 템보와 전략성 부재를 극복하여 이후 〈페르소나〉 3, 4, 5편의 성공의 기반이 된 전투 시스템이다. 캐릭터나 악마별 약점 속성이 존재하며, 약점을 공격했을 경우, 정해진 최대 공격 횟수는 존재하지만 추가 공격 기회를 얻을 수 있다. 약점을 파악해 적을 공격할 경우 아무런 피해 없이 적을 해치울 수 있지만, 반대로 적이 아군의 약점을 공격했을 경우 적의 공격 횟수가 증가하여 순식간에 전멸할 수 있어 전투에 긴장감이 상승하고 약점을 노린다는 전략성이 크게 강화됐다. 잘 된 메커닉스와 게임 플레이를 분석해 보고자 한다면 〈여신전생〉과 〈페르소나〉 시리즈를 빼먹어서는 안된다.

그림 10-12 진 여신전생 3 녹턴 HD 리마스터

10.3 실습 가이드

11주차 실습

① **목표** : 게임의 메커닉스와 게임 플레이 결정

② **추천 분량** : PPT 4장

③ **페이지 구성**

Page 1) 게임의 시작부터 끝까지 절차를 정리한 순서도 1장

Page 2) 게임의 대표적 규칙 리스트

Page 3) 핵심 게임 플레이 루프 순서도 1장

Page 4) 게임의 대표적 시스템 1~3개(시스템별 참고 그림 1장 첨부)

④ **페이지 내용**

Page 1) 타이틀 화면에서 게임이 종료될 때까지의 흐름을 한눈에 볼 수 있도록 게임의 주요 절차를 순서도로 작성

Page 2) 카테고리를 구분하여 세계관이 존재하기 위해 필요한 핵심적인 규칙을 리스트화

Page 3) 게임 플레이의 리듬을 결정하는 핵심 게임 플레이 루프와 루프에서 파생되는 액션을 포함하여 순서도로 작성

Page 4) 메커닉스에서 도출된 게임 시스템 중 게임을 대표할 만한 게임 시스템들 소개를 작성

● 주의점

콘셉트 디자인에서 메커닉스와 게임 플레이를 제외하고 대부분의 항목은 머릿속에서 충분히 구상할 수 있다. 그러나 메커닉스와 게임 플레이는 머릿속에서 구상하는 것만으로 부족하다. 메커닉스에서 발현되는 게임 플레이는 플레이어마다 다르게 경험하게 되므로 게임 디자이너의 머릿속에서 완벽히 디자인되기 어렵다.

따라서 메커닉스와 게임 플레이는 되도록 페이퍼 프로토타입을 작성해서 머릿속에서 구상한 것과 현실의 차이를 좁혀야 하는 과정이 필수적이다. 핵심 게임 플레이 루프와 게임 시스템은 종이나 보드 게임 키트 등을 활용해서 실제 플레이를 눈으로 확인해 보고 문제가 되는 점을 확인해서 여러 번 수정 작업을 거쳐야 한다.

문서를 작성할 때도, 메커닉스를 설명할 참고 그림이 없다면 종이에 손으로 그리던 파워포인트나 그림판을 활용하던 자신이 할 수 있는 범위에서 최대한 시각적으로 표현해야 한다.

11 장

UI

학 습 목 표

행동유도성, 작업 기억과 장기 기억, 게슈탈트 법칙을 학습하여 주요 UI를 디자인한다.

11.1 GAME CONCEPT

필수 이론과 개념

● 게임 UI

콘셉트 디자인에서 필요한 스토리 관련 라인과 게임 플레이 관련 라인을 모두 살펴봤으니, 다음으로 플레이어와 게임을 연결해 주고 상호작용을 담당하는 피드백 시스템 중 대표격인 게임 UI를 디자인할 차례다. 게임에는 다양한 피드백 시스템이 존재하기 때문에 상세 디자인에서는 시각, 청각, 촉각에 해당하는 다양한 구성요소를 디자인해야 하지만 콘셉트 디자인에서는 우선적으로 게임 UI에 초점을 맞추자.

콘셉트 디자인에서 게임 UI는 게임 플레이 화면의 HUD를 디자인하면 되며, 여유가 있다면 조금 다양한 화면 UI를 디자인해 보면 좋다. HUD(Head Up Display)는 UI 중 하나로, 게임 플레이 화면 등에 고정되어 플레이어가 게임 플레이에 필요로 하는 정보와 상태를 인지하기 쉽게 그룹화해서 표시한다.

상세 디자인 단계에서는 게임의 절차에 따라 모든 게임 화면에 해당되는 UI를 디자인해야 하므로 그 분량이 상당하지만, 콘셉트 디자인 단계에서는 아직 구상하는 단계이기 때문에 게임 플레이 화면의 HUD와 해당 게임의 핵심이라고 할 수 있는 대표적인 화면 UI를 몇 개 정도 디자인하면 충분한 분량이다.

이 단계에서 게임 UI의 아트 콘셉트를 정할 수도 있는데, 게임의 테마가 있다면 테마와 맞춰 스타일을 조정할 수 있다. 테마가 없을 경우 게임 UI를 어떤 아트 스타일로 할지 방향을 잡기 어렵기 때문에 다른 성공한 게임의 UI 아트 스타일을 그대로 가져오려는 경향이 강해질 수밖에 없다. UI의 기능적인 부분은 따라 할지라도 최소한 아트 스타일은 만들고자 하는 게임에 맞게 새롭게 디자인해야 한다. 테마가 없어서 UI 아트 스타일의 방향성을 잡기 어렵다면 다른 게임을 아무 고민 없이 따라하기보다 해당 게임의 차별점, 캐릭터, 세계관과 어울리게 새롭게 잡는 것을 권장한다. 정 어렵다면 UI의 아트 스타일은 이후 결정할 그래픽에 따라 자연스럽게 맞춰지니 이 장에서는 UI의 상호작용성과 배치에 집중한다.

플레이어와 게임 간의 상호작용을 책임지는 UI는 게임 디자인에 있어서 매우 중요한 영역임에도 불구하고, 게임 제작의 모든 과정에서 UI는 천대받는 분야에 속한다. 게임 디자인, 프로그래밍, 그래픽 디자인 분야 모두에서 UI 전문가를 찾는 건 쉽지 않다. 특히 한국 시장에서는 게임 디자이너, 프로그래머, 그래픽 디자인 등에서 신입이 들어오면 UI를 넘겨주고 경력자는 자신이 하고 싶었던 업무로 전환하기 때문에 게임 UI 전문가가 양성되기 어려운 구조적 결함을 가지고 있다.

프로그래머는 콘텐츠를 제작하는 프로그래머로 게임 제작을 배우며, 대부분 게임 플레이와 관련된 시스템 프로그래머를 장기적으로 목표로 하고 있다. 게임 디자이너도 아이템, 무기, 스킬 등과 같은 콘텐츠를 디자인하는 게임 디자이너로 시작하여, 대부분 게임의 재미를 만들어 내는 시스템 디자이너나 레벨 디자이너 등을 목표로 하고 있다. 그래픽 디자이너도 원화, 캐릭터, 배경, 애니메이션과 같이 게임 안에 들어갈 직접적인 작업물을 만드는 것을 선호한다. 그러나 한 번 UI를 담당하게 되면 업무의 성격이 너무 다르기 때문에 다른 분야로 전환되기 어려운 단점도 있어 기피하는 경향이 있다. 그래서 게임 제작 전반에서 UI를 전문적으로 다루고자 하는 개발자는 찾기 어려운 것이 현실이다.

현실적인 이유로 게임 제작에서 UI가 홀대받고 있지만, 게임 디자인 관점에서 게임 UI는 만들어진 게임을 플레이어에게 전달해 주는 중대한 역할을 한다. 아무리 게임이 잘 만들어졌다고 할지라도 플레이어에게 전달하는 UI가 제대로 구현되어 있지 못하다면, 게임의 재미, 완성도, 미적 정서, 조작감 등을 제대로 전달하지 못하게 되고, 플레이어의 입장에서는 UI를 통해 전달받은 낮은 수준을 기준으로 게임 전체를 평가할 수밖에 없다. 게임 디자이너는 콘셉트 디자인부터 UI의 중요성을 인식하고 UI 관련 부분을 충분히 고민하고 가능한 한 시각화해서 세밀하게 문서로 작성해서 전달하는 것이 좋다.

01 투명성

게임 UI는 게임학에서 상대적으로 연구가 적게 이뤄지고 있은 분야다. 인지과학에서 오랜 기간 UI에 대한 방대하고 깊이 있는 연구가 이뤄지고 있음에도 불구하고, 게임 분야와 접목이 거의 이뤄지고 있지 못하다. 게임 UI를 어떻게 디자인해야 할지 심도 있는 자료를 찾고 싶다면 인지과학을 공부하기를 권한다. 인지과학에는 오랜 기간 누적된 질 높은 UI 관련 연구가 매우 많아 도움이 될 것이다.

유저 인터페이스(User Interface, UI)는 사람과 사물, 시스템, 프로그램 등이 상호작용할 수 있도록 일시적 또는 영구적으로 상호 접근을 목적으로 만들어진 물리적, 가상적 매개체를 의미한다. 흔히 게이머는 UI라고 하면 게임에 한정해서 생각하는 경향이 강하다. 하지만 UI라는 개념은 디지털이 아닌 사물 디자인에서 시작됐다는 점을 이해할 필요가 있다.

수많은 곳에 활용되는 버튼, 문을 여는 손잡이, 의자의 높낮이 손잡이, 전등의 스위치 등 우리가 생활에서 사용하고 있는 거의 모든 사물에 UI의 개념이 들어가 있고, 이를 어떻게 디자인할 것인지에 대해 인지과학에서는 막대한 연구가 이뤄졌으며, 연구에서 그친 것이 아닌 실생활에도 속속들이 반영되어 있다. 그러나 게임 UI에서는 이러한 엄청난 자산이 있는지도 모른 채 게임 UI라는 작은 우물 안에서 발전이 거의 멈춰 있는 상태가 지속되고 있다.

어떤 안경이 가장 좋은 것인가? 안경도 굉장히 많은 사물 디자인의 개념이 녹아 있는 UI라고 할 수 있다. 비싼 안경일수록 명백한 특징을 가지고 있다. 안경이라는 기능을 수행하는 건 당연하기 때문에 기능은 가격에 거의 영향을 미치지 않는다. 마치 안경을 착용하고 있지 않은 것처럼 착각할 정도로 가볍고 시야에 방해되는 것이 없을수록 고급 안경이다.

따라서 게임 UI를 논하기 전 모든 UI에 있어 가장 중요한 특징을 '투명성(Transparency)'이라고 주장한다. UI는 사람과 사물, 시스템, 프로그램 등이 상호작용하기 위한 매개체인 만큼 아무런 설명 없이 보는 순간 직관적으로 어떻게 해야 할지 알 수 있도록 디자인되어야 한다. UI가 어떻게 동작되는지 설명을 위한 추가 디자인이 필요 없기 때문에 사물, 시스템과 절묘하게 융합되어 마치 보이지 않는 것처럼 느껴질 때 좋은 UI라고 할 수 있다. 복잡한 설명서가 필요한 UI는 이미 실패한 UI라고 볼 수 있다.

게임 UI에서도 이러한 UI의 기본적인 특징부터 반영될 필요가 있다. 몰입을 중시하는 비디오 게임에서 UI에 대한 많은 시도와 변화가 조금씩 이뤄지고 있는 반면, 온라인 게임과 모바일 게임에서는 화면을 가득 채운 수많은 BM 관련 메뉴가 기능별로 그룹화되지 않은 채 단순히 화면을 채우고 있어, 플레이어의 시야와 몰입을 방해하고 있는 경우가 대부분이다. 각각의 기능을 나열해서 넣으려고만 하지 말고 비슷한 기능을 묶거나 그룹화해서 플레이어가 인지하기 쉬우면서도 직관적인 게임 UI란 무엇인지에 대한 고민이 필요하다.

투명성을 잘 보여 주는 뛰어난 게임 UI의 예시로 〈데드 스페이스 2〉를 제시한다. FPS나 TPS 시점을 차용한 게임은 보편적으로 화면 외각에 HP 등의 상태 값, 미니 맵, 무기나 잔탄수, 진행 방향이나 퀘스트 마크 등이 표시되어 왔다. 화면의 중앙은 게임 플레이가 진행되므로 가급적 방해되지 않도록 플레이어의 시야 밖인 화면의 외각에 배치한 것이다.

그러나 반대로 이야기하면 이러한 UI 배치는 외각에 있는 정보를 플레이어가 쉽게 파악하기 어렵다는 중대한 결함을 가지고 있다. 게임 플레이에 관련된 중요한 정보를 화면 중앙에 배치하면 몰입에 방해되고, 외각에 배치하면 정보를 빠르게 인지하기 어렵다. 이러한 아이러니를 깊은 고민을 통해 해결한 게임 중 대표적인 사례가 〈데드 스페이스〉 시리즈다. 단순히 화면 어디에 배치할 것인가라는 갇힌 생각이 아니라 캐릭터 모델링 자체에 정말 필요한 정보만을 포함시키는 방법으로 멋지게 해결법을 제시했다.

그림 11-1 데드 스페이스 2 인게임 UI

업계에서 보편적으로 사용되는 UI를 큰 고민 없이 그대로 사용할 수 있겠지만, 〈데드 스페이스〉 시리즈에서는 공포라는 소재를 극대화시키기 위해 그림 11-1과 같이 투명성을 가진 UI 디자인을 고민한 흔적을 여러 곳에서 쉽게 찾아볼 수 있다. 마치 없는 것 같이 느껴지지만 모든 기능을 수행하고 있는 투명성 높은 좋은 UI다.

플레이어 캐릭터의 HP나 적을 느리게 만드는 보조 장비인 스테이시스 모듈(Stasis Module)은 캐릭터 등의 모델링에 포함해서 표현하고 무기의 변경 UI는 일순간만 등장하고 사라지도록 디자인했으며, 현재 무기의 잔탄수를 무기 자체에 표현했다. HUD 한 쪽 구석에 항상 자리잡고 있어야 할 미니맵을 없애는 대신 내비게이션 시스템을 도입하여 플레이어가 진행해야 할 방향을 심플하게 알려줬다. 물론 현재의 위치를 정확히 파악하고자 한다면 상세 메뉴에서 맵을 확인할 수 있다. 게임 플레이 몰입에 필요한 목표로 향한다는 개념과 안전한 곳에서 천천히 자신의 위치를 파악한다는 개념을 기능적으로 잘 분리했다.

아무리 게임 플레이의 몰입을 위해 UI를 최소화했다고 하나 〈데드 스페이스〉 시리즈는 복잡한 시스템을 가진 게임이기에 그림 11-2와 같이 상세 정보를 볼 수 있는 별도의 상세 메뉴를 제공한다. 전투에 돌입한 상태에서는 가능한 게임과 전투에 몰입할 수 있도록 HUD를 없애고 UI를 최소화했지만, 안전한 장소에서는 현재 상태를 정확히 파악할 수 있도록 인벤토리, 맵, 상세 정보 등을 상세히 제공하고 있다. 전투에 필요한 UI와 상세 정보를 제공해야 할 UI를 명확히 분리해서 각각의 목적에 맞게 특징을 잘 살린 뛰어난 UI라 할 수 있다.

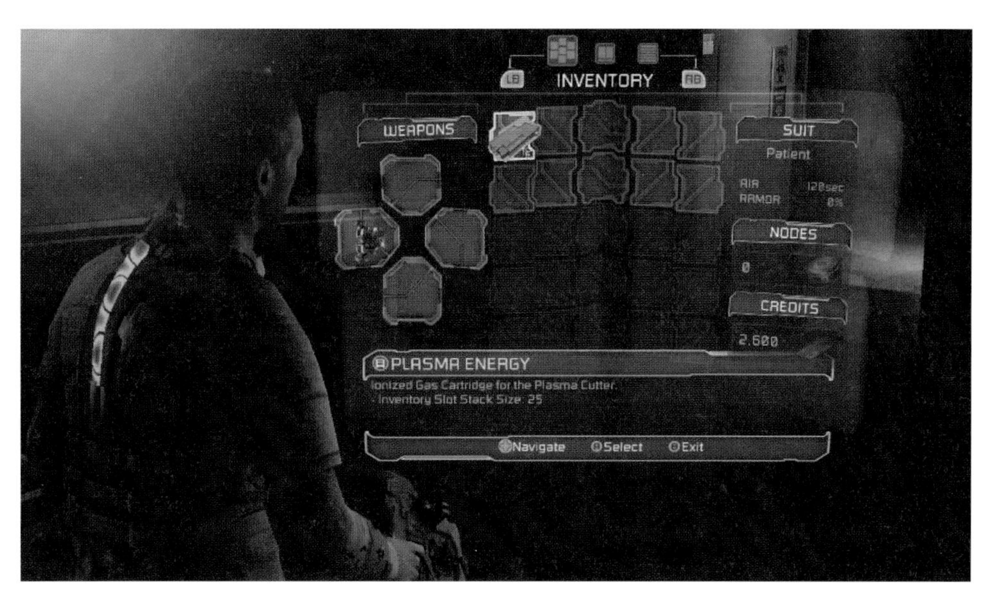

그림 11-2 데드 스페이스 2 상세 메뉴

02 행동유도성

● 행동유도성의 개념

인터페이스 디자인을 하기에 앞서 인터페이스는 인간과 사물, 시스템, 프로그램 등이 상호작용할 수 있도록 연결해 주는 매개체라는 점을 다시 한번 생각할 필요가 있다. 현재 많은 게임 UI는 제공하고자 하는 '기능'이 중심이 되어 만들어지며, 만들어진 기능을 화면에 단순히 '나열'해서 배치하는 형태로 이뤄지고 있다.

인지과학의 사물 인터페이스 연구에서 핵심적으로 다루는 개념은 '인간 중심 디자인'이다. 인터페이스는 인간이 사물, 시스템, 프로그램 등과 상호작용하기 위한 것이기 때문에 사물, 시스템, 프로그램을 쉽고 싸게 만드는 것에 중점을 둬서는 안되며, 사용자인 인간에 맞게 디자인될 필요가 있다는 것이다.

왜 고양이는 PC 전원 버튼을 자꾸 누를까? 답은 간단하다. 현대에 사용되고 있는 버튼의 모양과 구조는 아무런 설명 없이 누르고 싶게끔 디자인됐기 때문이다. 이건 고양이가 아니라 사람도 동일하다. 부드러운 재질의 볼록하게 만들어진 것을 보면 물리적인 사물이든지 가상의 오브젝트든지 누르고 싶어진다. 또한 평평한 넓은 판 앞에 서면 누구나 무엇인가를 올려놓고 싶어질 것이다.

이와 같이 특정한 설명 없이 동물의 행동을 유도하도록 디자인된 개념을 행동유도성(Affordance)이라고 부른다. 행동유도성은 인간의 심리, 신체 구조, 문화 등을 토대로 인간이 특별하게 사용 방법을 배우지 않고도 자연스럽게 인지할 수 있도록 행동을 유도한다는 의미다. 행동을 유도한다는 의미를 가지고 있기 때문에 '어포던스'라는 용어로 사용된다.

인지과학에서 행동유도성의 개념은 핵심 중 하나이며 상당히 많은 분야에서 활발히 적용되고 있다. 인터페이스 디자인에서 행동유도성을 고려하지 않는다는 건 있을 수 없을 정도로 필수적인 개념이다.

그러나 게임 UI에서는 인지과학에서 연구되어 온 수많은 연구는 둘째 치고, 가장 기본적인 개념인 행동유도성조차 사용되는 게임이 소수에 불과할 정도다. 사물 인터페이스 디자인에서 굿 디자인(Good Design)의 전제에 행동유도성의 개념이 자리잡고 있는 만큼 좋은 게임 UI를 디자인하고자 한다면 먼저 행동유도성이 무엇인지 파악하고, 제작하고자 하는 게임의 각 UI 컴포넌트들을 기능 중심이 아닌 인간 중심으로 바라보는 것부터 시작할 필요가 있다. 플레이어가 각 UI 컴포넌트를 보는 순간 어떤 행동을 하게 될 것인지에 대한 고민이 필요하다. 게임에 들어갈 버튼의 시각적인 콘셉트와 스타일을 고민하기 전에 먼저 어떻게 하면 플레이어가 아무런 설명 없이 상황에 맞게 해당 버튼을 누르는 행동을 하도록 유도할 수 있을지 디자인 관점에서 고민해야 한다. 시각적인 부분은 그 뒤에 정해도 충분하다.

현재의 게임 UI는 대부분 시각적인 아름다움과 기능 구현에 매몰되어, UI를 통해 게임과 상호작용할 플레이어라는 존재를 망각하고 있는 것은 아닌지 되돌아볼 필요가 있다. 인지과학의 수많은 연구와 이론이 아직 게임에 적용되어 있지 않다는 점을 반대로 생각한다면, 해당 연구들을 게임으로 가져와 적용했을 때 게임 UI는 지금보다 몇 단계 이상 성장할 수 있는 발전 가능성이 높은 분야라고 보고 있다.

● 사물의 행동유도성

행동유도성의 개념은 처음에 사물 인터페이스에서 시작됐다. 시각 지각 분야에 가장 중요한 공로를 했다고 평가받는 지각심리학자인 제임스 깁슨(James J. Gibson)은 「The Ecological Approach to Visual Perception」에서 행동유도성에 대한 개념을 제시했다.

그가 제시한 행동유도성은 사물 디자인이 사용자의 무의식적인 행동을 유도한다는 점에서 시작한다. 환경이 주는 물리적 정보를 기반으로 하여 사물에 대한 사용자의 모든 행동이 발생할 수 있기 때문에, 좋은 사물 디자인을 하기 위해서는 사용자 스스로가 사물을 시각적으로 보고 무의식적으로 자연스럽게 올바른 행동을 할 수 있게끔 디자인할 필요가 있다고 주장했다.

현대에는 보이는 모든 것이 사물 인터페이스라고 할 수 있을 정도로 사물 인터페이스는 생활과 밀접해 있다. 그만큼 사물 디자인을 위한 인터페이스 연구는 방대하고 오랫동안 이뤄졌다. 그럼에도 불구하고 우리는 무의식적으로 편하게 행동하면 올바른 방법으로 동작되는 사물이 있는 반면, 의식적으로 기억해두지 않으면 제대로 동작을 수행하기 어려운 사물도 존재한다. 이러한 차이는 결국 행동유도성을 고려한 디자인인가에 대한 여부로 구분할 수 있을 정도로 행동유도성은 우리의 생활의 편리성과 밀접한 연관을 가지고 있다.

그림 11-3 좋은 디자인(왼쪽)과 나쁜 디자인(오른쪽)

그림 11-3에서는 행동유도성의 개념을 포함한 좋은 디자인과 오히려 사용자의 자연스러운 행동이 디자인과 충돌하는 예를 비교하고 있다.

왼쪽 사진은 화장실 등에 자주 사용되는 문의 손잡이다. 먼저 해당 문은 바닥의 턱을 두어 안쪽으로는 열리지만, 바깥쪽으로 당길 수 없도록 디자인되어 있다는 점을 상기하며, 문의 안팎의 손잡이 디자인을 살펴보자.

문 바깥쪽에 있는 손잡이는 수평으로 길게 디자인되어 있다. 수평으로 긴 손잡이에 대해 인간은 무의식적으로 자연스럽게 미는 행동을 한다. 잡고 미는 행동이 신체에 부담이 적기 때문이다. 수평으로 긴 손잡이를 당긴다고 한다면 근육의 움직임상 더 큰 힘을 줘야 하며 불편함을 느낀다. 반대로 문 안쪽에 있는 손잡이는 수직으로 짧게 디자인되어 있다. 수직으로 짧은 손잡이에 대해 인간은 무의식적으로 자연스럽게 당기는 행동을 한다. 잡고 당기는 행동이 신체에 부담이 적기 때문이다. 수직의 짧은 손잡이를 잡고 밀려면 수평의 긴 손잡이로 미는 것보다 힘을 주기도 어렵고 힘이 문에 전달되는 영역도 좁아 상대적으로 많은 힘을 들여야 한다.

안팎의 손잡이 디자인과 문이 안쪽으로만 열릴 수 있도록 턱을 둔 것은 사용자의 행동유도성을 고려한 것이며, 올바른 사용법이 하나만 존재하여 혼란을 겪지 않도록 디자인된 좋은 디자인 사례라 할 수 있다.

반대로 오른쪽 사진은 오래된 건물의 입구 등에 자주 볼 수 있는 양방향으로 열리는 문이다. 안쪽과 바깥쪽 손잡이 모두 수직의 짧은 손잡이로 구성되어 있어 건물을 들어오는 사용자도, 건물에서 나가려고 하는 사람도 문을 당기는 행동을 유도하게 디자인되어 있다. 그런데 손잡이 위에 있는 텍스트에는 들어갈 때는 Pull, 나갈 때는 Push라고 다르게 표시되어 있다.

이는 마치 안전을 위해 친절하게 표시한 것처럼 보이지만 실제로 아무런 효과가 없다. 문을 열 때 일일이 텍스트를 보고 문을 밀거나 당기는 사람은 거의 존재하지 않기 때문이다. 오히려 수직의 짧은 손잡이에 Push라는 설명을 붙이면 인간은 자연스러운 행동과 수행해야 하는 행동이 반대가 되므로 인지에 혼란을 겪게 된다.

더 큰 문제는 양방향으로 열리는 문에 안팎으로 수직의 짧은 손잡이로 디자인했기 때문에 Push와 Pull이라는 텍스트와는 관계없이 건물을 들어오는 사용자도 문을 당길 것이고, 건물을 나가는 사용자도 문을 당긴다는 것이다. 만약 안팎의 사용자 둘이 동시에 문을 당기는 행동을 한다면 부상이나 사고로 이어질 수도 있는 나쁜 디자인 사례라 할 수 있다.

그림 11-3에서 왼쪽 사진과 오른쪽 사진을 비교해 보았다. 왼쪽 사진은 어떠한 텍스트로도 어떤 행동을 해야 하는지 알려주지 않지만 거의 모든 사용자가 무의식적으로 올바른 행동을 할 수 있도록 하나의 방법만 가능하게 디자인했다. 그러나 오른쪽 사진은 오히려 행동유도성 개념에서 텍스트가 사용자의 자연스러운 행동에 반하도록 작성되어 있어 올바른 사용법에 맞게 행동을 하기 위해서는 텍스트를 읽고 텍스트를 이해한 후 매번 기억에 의존해서 행동을 취해야 한다.

이제 우리 주변의 사물을 다시 한번 살펴보자. 아주 단편적인 예로 문의 손잡이를 제시했지만 우리 주변에 있는 모든 사물은 인간과 상호작용하기 위한 인터페이스를 가지고 있다. 행동유도성의 개념을 몰랐을 때와 다르게 이제 우리는 모든 사물이 다르게 보일 것이다. 평소에 편하게 사용한 물건과 불편함을 느꼈던 물건의 디자인과 인터페이스를 행동유도성 개념에서 분석해 보면 무엇이 문제인지 생각보다 쉽게 발견할 수 있다.

지각된 행동유도성

제임스 깁슨이 행동유도성을 제시하고 대부분의 개념을 제시했지만 물리적인 사물에 대한 행동유도성에 한정되어 있었다. 이에 도널드 노먼(Donald A. Norman)은 현실의 사물이 아닌 디지털 세계의 가상적인 사물에 대한 행동유도성에 집중했다. 현실의 사물은 시각, 청각, 촉각, 후각, 미각 등 오감에 의해 판단될 수 있으나 초기 가상 세계의 사물은 거의 시각에 의존하여 판단될 수밖에 없었다.

따라서 도널드 노먼은 시각적 인지를 기반으로 사용자의 경험과 지식을 통해 가상의 사물에 대한 행동유도성이 나타난다고 봤다. 제임스 깁슨의 행동유도성의 기본 개념을 그대로 계승했으나 현실과 가상이라는 차이가 있는 만큼 제임스 깁슨의 행동유도성과 도널드 노먼의 행동유도성에는 차이가 존재한다. 이러한 차이에 따라 도널드 노먼이 주장한 행동유도성의 개념을 지각된 행동유도성(Perceived Affordance)이라고 별도의 용어로 구분해서 사용한다.

도널드 노먼은 디지털 세계에서의 지각된 행동유도성은 가상의 사물이 가지고 있는 속성과 특성에 의해 발생하며, 사물의 속성과 특성을 파악해서 디자인에 적용해야 한다고 주장했다. 또한 그는 「디자인과 인간심리」에서 오히려 인간이기 때문에 오류를 내는 것이며, 인간이 오류를 내도록 디자인해서는 안된다고 했다. 그는 3.5인치 디스켓을 컴퓨터 하드에 넣는 경우의 수가 8가지이지만 단 한 가지만 가능하도록 디자인되어 있는 것을 좋은 디자인의 사례로 들고 있다.

「생각 있는 디자인」과 「감성 디자인」에서는 지금까지 많은 디자인이 인간이 아닌 기계의 관점에서 이뤄졌다고 비판했다. 기계는 오류를 범하지 않는 반면 인간은 오류를 범하는데 그렇다면 과연 인간보다 기계가 뛰어난 것인가를 반문했다. 이러한 의문을 제기하며, 산업혁명 이후 성실함을 요구함과 함께 인간은 실수를 하지 말아야 한다는 점을 하나의 사회 기준으로 삼은 것은 인간이 중심이 아닌 기계 중심의 관점에서 인간을 바라본 잘못된 방향이라고 했다. 이러한 관점에서 만들어진 수많은 기능 중시 디자인은 마치 실수를 하지 않는 기계를 위한 것으로 실수를 하는 인간은 실수를 하지 않는 기계를 목표로 하여 실수하지 않도록 디자인되었기에 인간에게 적합하지 않은 것이라 했다.

인간은 실수를 하기 때문에 새로운 아이디어를 낼 수 있으며, 제품을 구입할 때 기능적인 면만 보지 않고 감성(Affect)적인 요소를 생각보다 더 중시한다. 그렇기 때문에 기계 관점의 기능 중시 디자인은 인간에게 적합하지 않으며 오히려 감성을 가진 인간 중심의 디자인이 이뤄질 필요가 있다는 것이다. 따라서 모든 디자인에서 실수를 범했을 때 잘못됐다는 경고를 주는 것은 기계의 관점이며, 인간이 실수를 한다는 것은 당연하다는 전제하에 무의식적으로 실수를 하지 않도록 행동유도성을 고려한 디자인이 완성되었을 때야말로 인간 중심의 디자인이라 할 수 있다.

도널드 노먼이 주장한 지각된 행동유도성은 Apple을 비롯한 세계적인 IT기업의 디자인 가이드에 핵심 중의 핵심으로 들어가 있는 필수적인 이론이다. 국내에서 Apple의 많은 것을 배우려고 하는데 정작 가장 기본적이면서 가장 중요한 행동유도성의 개념은 거의 반영하고 있지 못한 실정이다.

디지털 미디어의 대표격인 게임에서 아쉽게도 행동유도성을 비롯한 인지과학의 대표적인 이론조차 거의 적용하고 있지 못하다. 게임의 조작 체계를 구상하거나, HUD에 배치할 컴포넌트를 구성한다고 할지라도 기계 중심의 기능 구현에 만족하지 말고, 과연 플레이어에게 자연스럽게 어떤 행동을 유도할 수 있을지 충분히 고려한 인간 중심의 디자인을 UI에 적용하려고 노력해 보자.

03 인간의 기억

감각 기억, 작업 기억, 장기 기억

인지과학에서 인간의 인지와 기억에 관한 많은 연구가 이뤄졌다. 유튜브 영상 등에서 많은 사람들이 있는 공간에서 독특한 행동을 하는 한 사람을 주변에서 마치 없는 사람처럼 보지 못하는 코믹한 영상을 한 번쯤 본 적이 있을 것이다. 이러한 영상은 단순한 재미가 아닌 인지과학에서 인간의 인지능력에 대한 테스트를 위해 시작됐다.

짧게 요약하자면 인간은 자신이 알고 있는 것(기억에 남아있는 것)만을 인지할 수 있다는 연구결과다. 세계에는 정말 많은 것이 존재하나 인간이 모든 것을 알아차린다면 뇌가 버티지 못할 것이다. 그렇기 때문에 인간은 생존을 위해 자신의 기억을 토대로 한 번 기억에 남아있는 것을 보고 한 번도 경험하지 못한 것은 인지하지 못한다는 설명이다. 이러한 테스트를 통해 반대로 어떻게 인간에게 확실히 인지시킬 수 있을 것인가에 대한 연구도 꾸준히 이뤄지고 있다.

인지과학에서 인간의 기억은 감각 기억(Sensory Memory), 작업 기억(Working Memory), 장기 기억(Long-Term Memory) 3가지로 구분된다. 감각 기억과 작업 기억은 단기 기억(Short-Term Memory)으로 분류된다. 인간은 단기 기억 중에 일부 기억을 장기 기억에 보관하고, 현재 기억할 필요 없는 기억은 잊는다. 이후 다시 해당 기억을 떠올리려면 장기 기억에서 꺼내어 단기 기억으로 변환하는 과정을 거쳐 인간의 제한적인 뇌 용량 안에서 기억을 효과적으로 관리한다.

❶ 감각 기억

감각 기억은 단기 기억 중 하나로, 인간의 망막 정보에서 아주 짧은 시간 유지되는 이미지 기억이다. 마치 눈으로 사진을 찍은 것 같은 일순간의 기억을 의미한다. 실제 인간은 눈으로 보고도 뒤돌아보기만 해도 정확히 무엇을 봤는지 기억하기 어렵다. 그만큼 감각 기억은 망막 정보에 이미지처럼 짧은 시간 동안만 유지되며 곧바로 다른 정보로 대체된다. 첫인상에 영향을 주기 때문에 중요한 기억 중에 하나지만 기억과 인지와는 크게 연관성이 없는 기억이다.

❷ 작업 기억

누구나 단기 기억과 장기 기억이라는 용어는 듣는 순간 대략적인 의미를 알 수 있을 것이다. 하지만 작업 기억이라는 용어는 어떤 의미를 가지는지 곧바로 알기는 어렵다. 인간의 기억과 인지에서 작업 기억이 가장 중요한 개념이라는 점을 기억해 두자.

작업 기억은 단기 기억 중 하나로, 현 상황에서 중요하다고 판단되거나 인상 깊은 것이나 주의를 끄는 대상을 일시적으로 기억하는 인지(認知) 영역의 '활성화'된 기억이라고 할 수 있다. 예를 들어, PC의 부품으로 비교한다면 메모리라고 볼 수 있다. 대용량은 아니지만 빠르게 처리해야 하는 것을 일시적으로 메모리에 올려놓고, 필요 없는 데이터는 버리고, 이후에 필요한 데이터는 장기 기억에 보관한다. 이처럼 작업 기억은 활성화 상태라 빠르게 처리되나 휘발성이라 오래 지속되지 않는다는 특징이 있다. 휘발성으로 오래 지속되지 않지만 작업 기억에서 처리가 가능한 정보는 보는 순간 빠르게 인지할 수 있다.

❸ 장기 기억

장기 기억은 작업 기억과 대조적으로 감각 기관을 통해 대상을 인식하는 지각(知覺)의 영역의 비활성화된 기억이라고 할 수 있다. PC의 부품으로 본다면 하드디스크(HDD)라고 볼 수 있다. 대용량인 만큼 메모리에 비해 느리지만 오랫동안 필요한 데이터를 안전하게 보관하기 수월하다. 이처럼 장기 기억은 비활성화 상태지만 오래 보관할 수 있다는 특징이 있으며, 필요한 기억은 작업 기억으로 다시 보내는 과정을 거치게 된다. 필요한 기억을 다시 활성화해서 작업 기억으로 보내야 하기 때문에 장기 기억에 존재하는 정보를 기억해내려면 시간이 소요된다.

작업 기억과 장기 기억의 순환 프로세스는 인간의 뇌가 제한적이라는 단점을 극복하기 위한 생존 본능에 따른 것이다. 1초에도 수많은 정보가 오감을 통해서 들어오게 되는데 이 모든 정보를 기억해야 한다면 뇌가 아무리 크다고 할지라도 버티지 못할 것이다. 따라서 인간은 현재 필요한 정보는 휘발성이지만 활성화된 기억인 작업 기억에 두고, 장기적으로 보관이 필요한 정보는 장기 기억으로 보내 잠시 동안 잊는다. 하지만 다시 해당 정보가 필요하다면 장기 기억을 되살려 작업 기억으로 전환하여 빠르게 처리한다.

인간은 자신이 알고 있는 것만 볼 수 있다는 연구 결과가 바로 작업 기억과 장기 기억의 순환 프로세스에서 나온 것이다. 장기 기억에 담아두고 있던 알고 있었던 정보는 비교적 쉽게 꺼내 작업 기억으로 전환할 수 있지만, 처음 보는 것이라면 처리해야 하는 정보가 많기 때문에 상대적인 처리 우선순위가 낮아져서 주의를 끄는 대상이 되기 어렵다. 이는 인간은 눈에 들어오는 모든 것에 대한 정보를 처리할 수 없기 때문에 주의를 끄는 대상의 우선순위를 정하고 해당 대상에 집중하기 때문이다.

기억을 상실했다는 것은 기억 자체가 장기 기억에서 사라진 것이 아니라 장기 기억에 접근하는 수단을 상실했다는 의미다. 인간이 한 번 경험한 것은 장기 기억에 남아있으나 기억에 따라 작업 기억으로 전환하는 비용이 다르고, 외부적 충격에 의해 장기 기억에 접근하는 수단을 상실했을 때 기억상실이 발생한다. 하지만 다시 강력한 외부적 충격에 의해 기억을 되찾는다는 의미는 기억을 다시 만들어 낸 것이 아닌 장기 기억에 접근하는 수단을 회복한 것이다. 이처럼 한 번이라도 활성화됐던 정보는 장기 기억에 보관되어 있다고 할지라도 비교적 쉽게 작업 기억으로 재활성화된다. 이러한 인간의 기억과 관련된 효과를 활용하는 것이 반복 학습이다.

작업 기억과 장기 기억에 대한 설명을 PC를 빗대어 설명했으나, 결국 PC는 인간의 기억 프로세스를 흉내 내서 만든 물건이다. 인간은 의도적으로 한 번도 경험하지 못한 것을 창조하지 못하듯 세상에는 인간의 사고 과정을 기반으로 만들어진 물건이 많이 존재한다. 그래야 인간이 사용하기에도 편리하다.

기억의 덩어리

인간의 기억과 인지에서 가장 중요한 개념 중 하나가 용량이 적지만 빠른 처리가 가능한 작업 기억이라고 했다. 그렇다면 작업 기억의 용량은 과연 어느 정도가 될까?

인간은 효과적으로 기억을 관리하기 위해 기억을 덩어리로 묶어서 지각한다. 우리가 사용하는 다양한 프로그램에서 비슷한 것들을 한 오브젝트로 그룹화해서 사용하는 것이 바로 이러한 개념에서 온 것이다. 주의를 기울여야 하는 대상은 기억의 덩어리를 분리해서 명확하게 기억하려고 하지만, 반대로 주의를 기울여야 하는 우선순위가 낮다면 비슷한 성질의 정보를 덩어리로 묶어서 주의를 덜 기울여도 기억할 수 있게끔 유지한다.

인간의 뇌에서 '활성화'된 기억의 덩어리를 청크(Chunk)라고 하며, 단순한 개념을 집단화 또는 그룹화하는 행위를 청킹(Chunking)이라고 한다. 앞서 설명한 것처럼 청크는 활성화된 기억의 덩어리이기 때문에 작업 기억과 밀접한 관련을 맺고 있다. 작업 기억은 청크의 단위로 지각되며, 작업 기억의 용량은 매직 넘버(The Magical Number Seven, Plus or Minus Two)인 7±2의 용량을 가진다. 다시 말해서 인간이 작업 기억에서 처리할 수 있는 기억의 덩어리(청크)는 5개에서 9개까지에 불과하다.

인간은 복잡한 정보를 어떤 형태로 정리하려고 할까? 인간이 복잡한 정보를 처리하는 과정을 대표하는 가장 대표적인 예가 바로 트리(Tree) 구조다. 트리 구조는 루트(root)라는 하나의 노드에서 시작하여, 비슷한 특성을 가진 것을 묶어 자식 노드로 구분하여 위에서 아래로 내려가는 그래프의 일종이다. 정보를 트리 구조로 표현하면 상위 노드 몇 가지로 그룹화된 정보로 바뀌기 때문에 인간이 쉽게 인지할 수 있는 구조다.

인간은 대부분의 비슷한 정보를 그룹화해서 청크 단위로 묶거나, 반대로 주의를 기울여야 하는 정보는 청크 단위를 분리해서 별도로 기억하려고 한다. 예를 들어 '20231225'라는 8개의 숫자로 구성된 정보를 본다면 대부분의 사람은 2개의 청크 또는 3개의 청크로 묶어서 인지한다. 8개로 이뤄진 숫자이며 숫자의 최대값을 고려했을 때, 대부분 연월일을 표현하는 숫자라고 인지하면 별도로 8가지 숫자를 모두 기억할 필요 없이 빠르게 2개 또는 3개의 값만 인지하면 된다. 만약 '31837925'라는 숫자를 본다면 쉽게 인지하지 못하고 지각의 영역까지 진행되어야 할 것이다. 장기 기억에 이러한 패턴의 숫자가 없기 때문에 8개의 모든 숫자를 기억해야만 한다. 외울 때도 4자리씩 2개의 덩어리로 나눠서 외우려는 사람이 많을 것이다.

인간이 작업 기억에 둘 수 있는 청크가 5~9개라는 점을 고려해 실생활에 청크가 활용되는 예시는 무수히 많다. 대표적으로 핸드폰 번호를 들 수 있다. 핸드폰 번호를 '01012345678'이라고 표기한다면 인지의 영역이 아닌 지각의 영역에서 데이터를 분석하고 분해해야 하는 과정이 발생한다. 그러나 '010-1234-5678'이라고 표기한다면 3개의 청크로 분리되어 쉽게 인지할 수 있다. 이때 '-' 표기는 의미를 가진 것이 아닌 단지 청크를 분리해 주기 위한 수단일 뿐이다. 사람이 핸드폰 번호를 볼 때, 숫자만 읽지 '-'를 읽지 않는 것이 구분 기호로 사용하고 있다는 것을 증명한다. 핸드폰 번호에서 '-'는 필요 없는 정보이기 때문에 굳이 보려고 하지 않는다.

인간이 5~9개의 청크를 가질 수 있다는 점은 게임 디자인 전반에 걸쳐 굉장히 중요한 의미를 가진다. 인지과학 분야에서 아주 당연하게 사용되고 있는 기초적인 것임에도 불구하고 게임 산업에서는 거의 활용되고 있지 않다는 것이 안타까울 정도다. 필자는 청크가 게임 디자인 전체에 큰 영향을 줄 정도로 굉장히 중요한 개념으로 보고 있으며, 특히 게임 UI에서는 UI 배치에 있어 가장 중요한 이론 중 하나라고 보고 있다.

비슷한 기능을 가진 컴포넌트들을 묶어 플레이어의 눈에는 최종적으로 5~9개의 덩어리로 보일 수 있게 그룹화하되, 트리 구조처럼 계층을 나누면 되는 것이다. 다시 하위 계층에서도 5~9개 안에서 덩어리를 묶어 인지의 영역에서 빠르게 이해할 수 있도록 디자인될 필요가 있다. 다만 계층도 깊어지만 인지의 영역에서 해결되지 않기 때문에 고민이 필요하다.

그렇다면 과연 어떻게 청크를 묶어야 하는지 궁금할 것이다. 이는 다음에서 설명할 게슈탈트 법칙에서 대부분의 해답을 제시하고 있다.

04 게슈탈트 법칙

인간은 시각적인 정보를 어떤 상황에 그룹으로 통합하며, 어떤 상황에 분리해서 보는가? 이 점을 이해할 수 있다면 게임 UI의 전체적인 구성과 배치를 어떻게 해야 할지 보다 명확하게 된다. 시각적인 패턴에 따라 그룹의 통합과 분리가 이뤄지는데, 이러한 시각적 패턴을 연구한 것이 심리학 이론인 게슈탈트 법칙(Gestalt Laws)이다.

게슈탈트는 독일어로 '패턴'을 의미하며, 독일의 심리학자 그룹에서 시작되어, 거의 모든 디자인 분야에서 널리 활용되고 있다. 인간은 어떤 대상을 인지할 때, 개별적인 오브젝트들의 합집합으로 인지하는 것이 아닌 전체의 패턴을 인식한다. 다시 말해서 세부적인 각각의 오브젝트를 보는 것이 아닌 오브젝트가 구성된 패턴으로 인지하게 된다.

게임 UI 디자인에서 게슈탈트 법칙을 알고 있는 것과 모르는 것의 차이는 엄청나다. 일반적으로 국내 게임 개발사의 대부분은 UI를 기능적으로 구현하는데 멈춰 있기 때문에 플레이어의 입장에서 UI를 이해하기 위해 많은 시간을 들여야 하며, 각 컴포넌트의 위치를 외워야 할 경우도 존재한다. 게임과 플레이어 간의 상호작용을 위해 피드백 시스템으로 UI가 제공되는데 다시 UI를 이해하기 위해서 많은 학습 시간과 시행착오가 필요하다면, 이는 인지과학 관점에서 명백히 실패한 디자인이라 할 수 있다.

업계에서도 UI가 아닌 사용자 경험을 중시한 UX(User Experience)가 되어야 한다고, 오래 전부터 이야기되고 있지만 결국 이론적인 지식이 기반되지 않은 시도였기에 뚜렷한 성과를 내지 못한 채 단순히 기능을 구현하는 UI에 머물러 있다. 게임 UI에 적용할 만한 여러 분야의 다양한 이론이 있지만, 최소한 여기서 소개한 인지과학의 몇 가지 핵심 이론을 적용하는 것부터 시작할 필요가 있다. 사용자 경험은 먼 곳에 있지 않다. 먼저 인간을 이해하는 것부터 시작하면 된다.

게슈탈트 법칙 자체를 이해하는 건 어렵지 않다. 하지만 게슈탈트 법칙을 게임 UI에 어떻게 적용시킬 것인가는 게임 디자이너의 궁리가 필요하다. 게슈탈트 법칙은 복수의 법칙이 존재하며, 연구가 진행되면서 점차 늘어났다. 이 책에서는 게임 UI에 활용할 수 있는 6가지를 살펴본다.

● 유사성 법칙

유사성 법칙은 인간이 색, 크기, 밝기, 모양 등과 같이 유사한 요소를 하나의 청크로 묶어서 인지하려는 경향이 있다는 것이다. 그림 11-4의 왼쪽 그림에서는 '색'이라는 유사한 요소로 인해 6×4의 별도의 객체를 인지하는 것이 아닌 색으로 구분된 6개의 덩어리를 보는 순간 인지하게 된다. 그림 11-4의 오른쪽 그림에서는 '모양'이라는 유사한 요소로 인해 동일하게 6개의 덩어리로 인지하게 된다. 색과 모양 등을 활용해서 청크를 분리함으로써 원하는 컴포넌트의 그룹을 분리해서 인지하도록 유도할 수 있다.

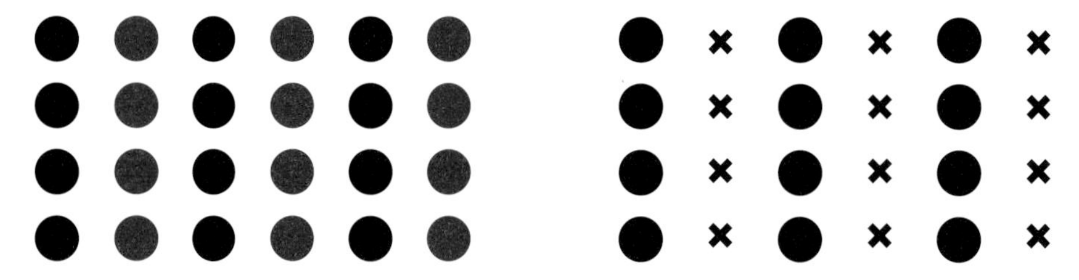

그림 11-4 유사성 법칙의 예시 (1)

그림 11-5의 왼쪽 그림에서는 '색'을 활용해서 6×6의 객체를 2개의 청크로 구분하도록 디자인했다. 검은색에 비해 빨간색은 인지하기 쉽기 때문에 강조하려는 물체에 자주 사용되며, 2개의 청크로 분리되었지만 빨간색의 마름모 형태에 집중하게 된다. 그림 11-5의 오른쪽 그림

에서는 별표의 '모양'을 활용해서 역시 6×6의 객체를 2개의 청크로 구분하도록 디자인했다. 인간은 6×6의 객체를 별도로 인지하지 않고, 별표의 모양을 따라 N이라는 글자의 형태를 하나의 청크로 인지한다.

그림 11-5의 왼쪽 그림과 오른쪽 그림을 비교하면 왼쪽 그림이 훨씬 인지하기 쉽다. 유사한 요소라고 할지라도 색, 크기, 밝기, 모양 등에 따라 각각 청크를 분리하려는 힘이 다르다. 그림 11-5에 한정해서 '모양' 보다 '색'이 청크를 분리하려는 경향이 강하다는 것을 알 수 있다. 어떤 색을 사용할 것인지, 어떤 모양을 사용할 것인지에 따라 결과는 달라질 수 있다.

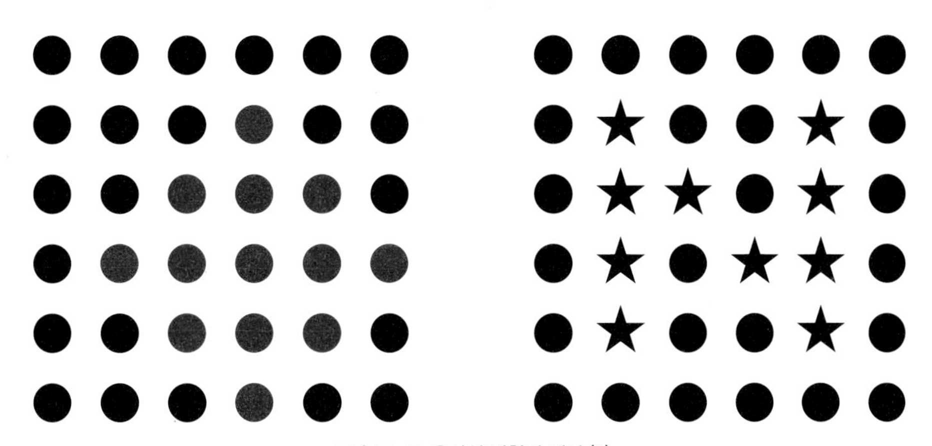

그림 11-5 유사성 법칙의 예시 (2)

● 연속성 법칙

연속성 법칙은 인간이 급하게 변하는 방향 변화보다 완만히 변하는 방향 변화를 하나의 청크로 인지하려 경향이 강하다는 것이다. 갑작스러운 변화는 신경 처리 비용이 크지만, 완만한 변화는 신경 처리 비용이 상대적으로 작기 때문에 인간은 되도록 연속적인 변화를 하나의 청크로 인지한다.

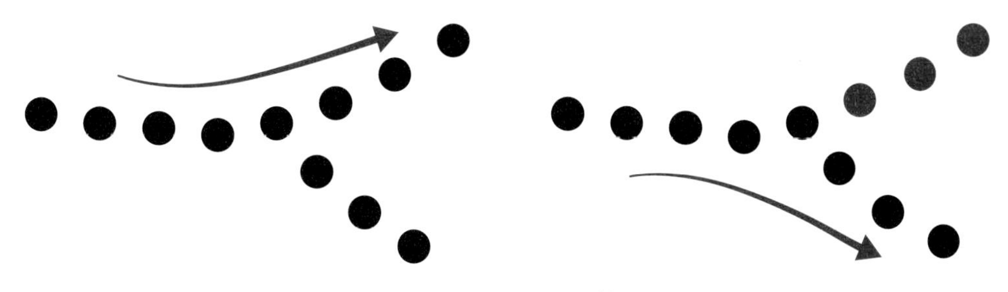

그림 11-6 연속성 법칙의 예시 (1)

그림 11-6의 왼쪽 그림에서는 분기점을 기준으로 위쪽 방향이 완만한 방향 변화이므로 화살표 방향을 하나의 청크로 인지하고, 아래의 점들은 다른 청크로 인지한다. 그러나 그림 11-6의 오른쪽 그림과 같이 유사성의 법칙을 추가로 적용해서 위의 3개의 점의 색을 바꾸면, 동일한 검은 점을 따라 분기점을 기준으로 아래쪽 방향의 화살표를 따라 하나의 청크로 인지한다. 이와 같이 게슈탈트 법칙은 동시에 여러 가지를 활용할 수 있으며, 상황에 따라 법칙의 우선도가 변한다는 점을 잘 활용하면 좋다.

게임 UI나 레벨 디자인에서도 예시와 같이 기본적으로 연속성의 법칙을 사용하다가 유사성의 법칙을 추가하는 것으로 순간적으로 플레이어의 주목 대상을 바꿀 수 있다.

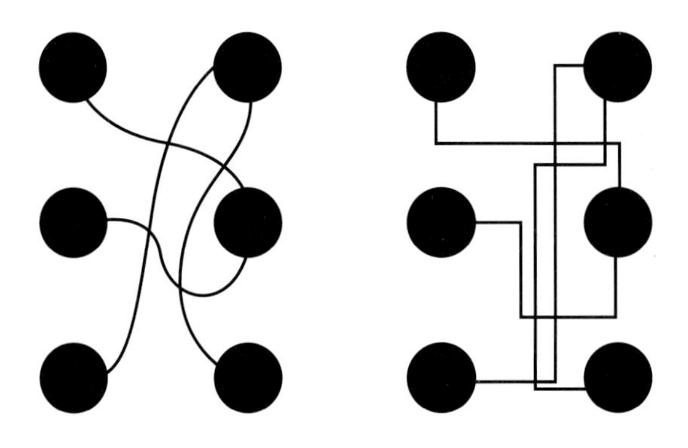

그림 11-7 연속성 법칙의 예시 (2)

그림 11-7의 왼쪽 그림에서는 6개의 점을 곡선으로 연결하고 있는 반면, 오른쪽 그림에서는 직선으로 연결하고 있다. 어느 점에서 어느 점으로 연결되어 있는지 왼쪽이 인지하기 수월한가? 오른쪽이 인지하기 수월한가? 인간은 급하게 변하는 직선보다 완만히 변하는 곡선을 빠르게 인지하는 경향이 있다. 따라서 청크를 묶고 싶다면 곡선을 활용하는 것이 유리하며, 분리하고 싶다면 직선을 활용하는 것이 유리하다.

● 근접성 법칙

근접성 법칙은 인간이 가까운 거리에 있을수록 여러 개의 물체를 하나의 청크로 인지하려는 경향이 있다는 것이다. 그림 11-8의 왼쪽 그림은 6×6의 객체 들이 동일한 거리를 유지하고 있기 때문에 36개의 점을 하나의 청크로 인지하게 된다. 하지만 그림 11-8의 중간 그림과 같이 가로로 거리를 두게 되면 가로로 3개의 청크를 인지하고, 그림 11-8의 오른쪽 그림과 같이 세로로 거리를 두게 되면 세로로 3개의 청크를 인지한다.

인간은 미묘한 거리 차이에 따라 청크로 인지하는 덩어리가 빠르게 변하기 때문에 근접성 법칙을 잘 활용한다면 게임 UI에서 필요에 따라 플레이어가 인지하는 그룹을 쉽게 바꿀 수 있다.

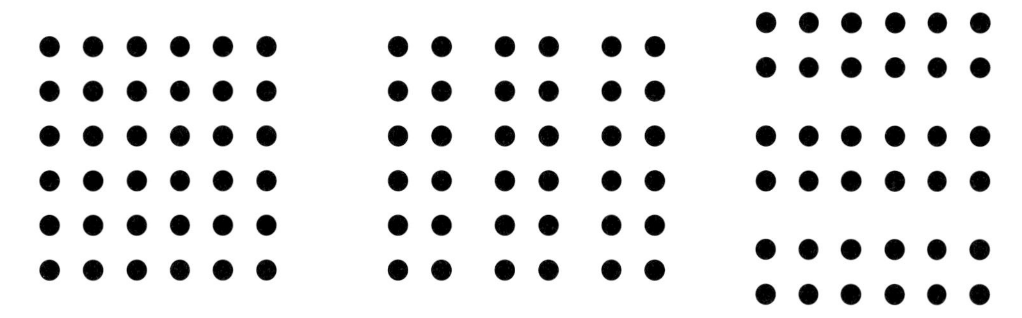

그림 11-8 근접성 법칙의 예시 (1)

그림 11-9는 게슈탈트 법칙에서 소개하는 예시가 아닌 게임 UI에서 근접성 법칙을 어떻게 활용할 수 있는지 예시로 제시한 것이다. 그림 11-9의 왼쪽 그림은 4×4의 객체로 구성되어 있다. 이를 게임 화면에 배치될 각각의 컴포넌트라고 가정한다면, 그림 11-9의 중간 그림처럼 외각에 4개씩 배치할 수 있다. 이렇게 배치하면 플레이어는 4개의 청크로 인지할 것이다. 이 상태에서 중간에 가까운 점을 중간으로 모은다면 플레이어는 순간적으로 5개의 청크로 인지하며 중간 그룹에 집중하게 된다. 이와 같이 근접성 법칙을 조금만 활용해도 플레이어가 UI를 몇 개의 그룹으로 인지하게 할 것인지, 어디에 집중하게 할 것인지를 유도할 수 있다.

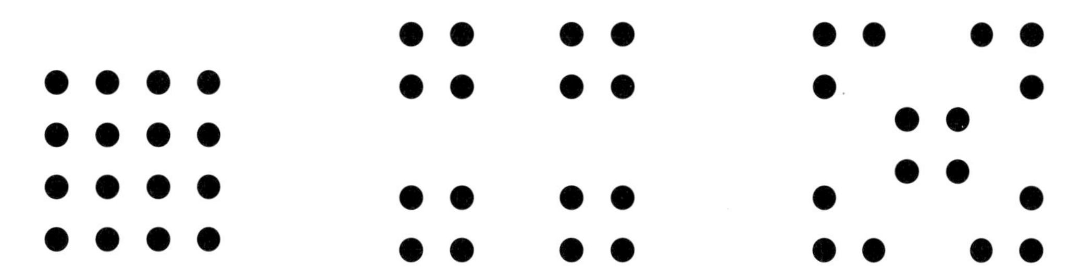

그림 11-9 근접성 법칙의 예시 (2)

게임의 상황에 따라 플레이어가 집중했으면 하는 컴포넌트가 있다면 유사성, 연속성, 근접성 등의 게슈탈트 법칙을 활용해서 UI를 변경하면 된다. 개발 비용이 크지 않은 것에 비해 게임 디자인 관점에서의 효과는 무시하지 못할 정도로 클 것이다.

● 연결성 법칙

연결성 법칙은 인간이 직접적으로 연결된 객체를 하나의 청크로 인지하려는 경향이 강하다는 것이다. 앞서 유사성, 연결성, 근접성 법칙을 살펴봤지만, 연결성 법칙은 앞서 소개했던 법칙들보다 우선시될 정도로 강력한 법칙이다. 유사성, 연결성, 근접성 법칙으로 인해 이미 청크로 인지하고 있다고 할지라도 다른 청크로 인지하게 만들고 싶다면 연결성 법칙을 활용하는 것이 좋다.

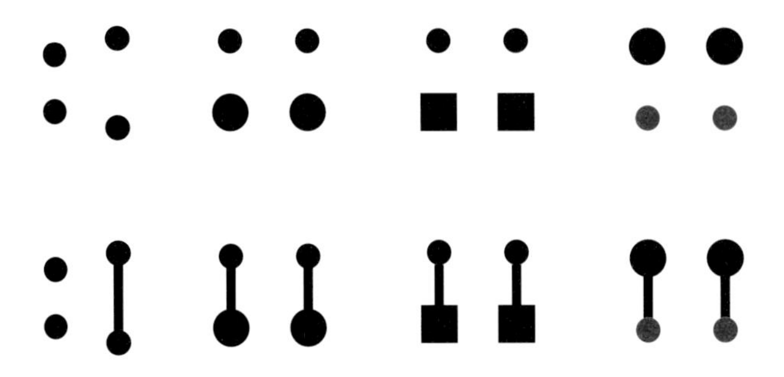

그림 11-10 연결성 법칙의 예시

그림 11-10의 맨 왼쪽 위의 그림은 4개의 점 중에 가까운 거리를 유지하는 왼쪽의 2개의 점을 하나의 청크로 인지하게 된다. 그러나 맨 왼쪽 아래의 그림과 같이 오른쪽의 먼 거리의 2개의 점을 선으로 연결하는 순간 연결된 2개의 점을 명확한 하나의 청크로 인지하게 된다.

그림 11-10의 왼쪽에서 두 번째 위의 그림은 '크기'라는 유사한 요소로 인해 위아래로 2개의 청크로 인지한다. 그러나 왼쪽에서 두 번째 아래의 그림과 같이 선을 연결하면 '크기'라는 유사성 법칙을 무시하고 연결성 법칙에 따라 연결된 점들을 청크로 인지하게 된다. 오른쪽에서 두번째 그림들과 맨 오른쪽 그림들은 '모양'과 '색'이라는 유사한 요소를 활용해 청크를 묶고 있으나 선을 연결하는 순간 연결성 법칙에 의해 청크로 인지하는 그룹이 변하게 된다.

폐쇄성 법칙

폐쇄성 법칙은 인간이 윤곽선으로 이뤄진 완전하지 않은 공간조차 인지하기 쉽기 위해 공간의 내부와 외부로 공간을 분리해 청크로 분리하려는 경향이 있다는 것이다. 그림 11-11에서 위의 2개 그림을 비교해 보면 쉽게 이해할 수 있다. 왼쪽 그림은 마치 완전한 원 위에 직사각형이 올라가 있는 것처럼 인지하지만, 실제는 오른쪽 그림과 같이 곡선에 불과할 수 있다.

인간이 작업 기억에서 처리할 수 있는 청크에 제한이 있기 때문에 가능한 한 청크를 묶어서 처리해야 할 수를 줄이려는 경향이 있다. 그림 11-11의 아래 그림들과 같이 완벽한 삼각형, 사각형, 원이 아니라 선들의 집합임에도 불구하고 인간은 사물을 빠르게 인지하기 위해 내부와 외부를 구분해서 인지해야 할 청크를 줄이려고 한다.

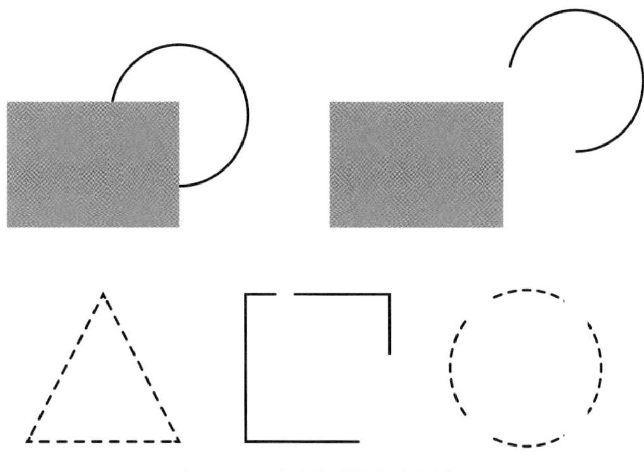

그림 11-11 폐쇄성 법칙의 예시 (1)

폐쇄성 법칙은 그림 11-12와 같이 일반적인 상식을 깨는 이미지를 보여 주는데 자주 활용된다. 따라서 게임에서는 주로 퍼즐에서 활용되고 있다. 그러나 폐쇄성의 법칙도 게임 UI에서 충분히 활용해 볼 수 있다고 생각한다. 폐쇄성 법칙은 실제 배치된 컴포넌트가 아닌 플레이어의 마음 속에서 그려지는 실제 존재하지 않는 형태를 만들어 낼 수 있어서 창의적인 게임 UI를 디자인하는데 활용할 수 있다.

그림 11-12 폐쇄성 법칙의 예시 (2)

● 대칭성 법칙

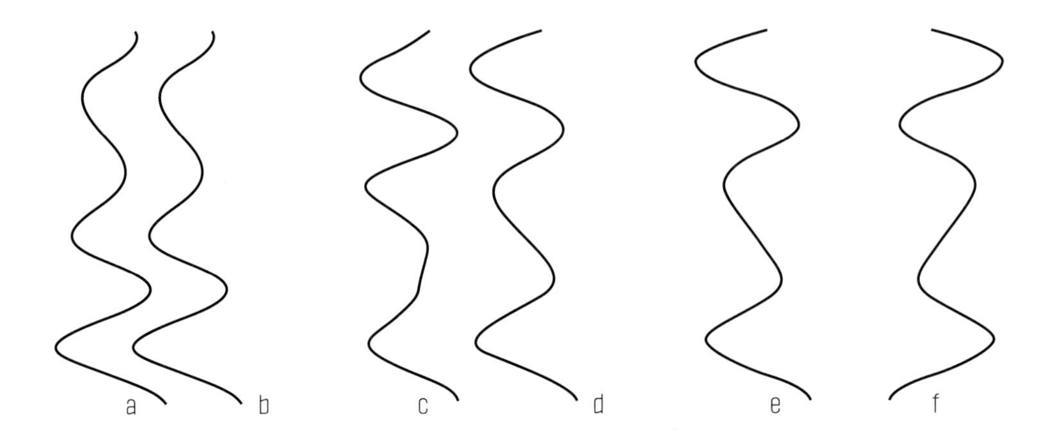

그림 11-13 대칭성 법칙의 예시

대칭성 법칙은 인간이 비대칭보다 대칭으로 된 사물을 하나의 청크로 인지하려는 경향이 강하다는 것이다. 연결성 법칙과 더불어 대칭성 법칙은 다른 법칙보다 강력하다. 청크를 묶고 싶다면 대칭하게 배치하고, 반대로 청크를 분리하고 싶다면 비대칭으로 배치하면 된다.

그림 11-13에서 a-b는 평행 배치, c-d는 비대칭 배치, e-f는 대칭 배치로 구성되어 있다. a-b와 c-d는 각각의 선을 별개로 인지하는 것에 비해 e-f는 대칭성 법칙에 따라 하나의 청크로 인지하려는 경향이 있다.

11.2 GAME CONCEPT

게임 예시

디아블로 2

〈디아블로 2〉는 2000년 블리자드 엔터테인먼트에서 개발한 액션 RPG다. 〈디아블로 2 레저렉션〉은 〈디아블로 2〉의 리마스터 버전으로 2021년 출시했다. 〈디아블로 2〉는 보편적으로 시리즈 중 가장 완성도가 높다고 평가받으며, 파밍을 중시한 액션 RPG의 기틀을 만들었다.

메커닉스와 게임 플레이 면에서도 다른 액션 RPG에 큰 영향을 줬지만, 〈디아블로 2〉의 전투 UI는 이후 수많은 액션 RPG와 RPG에 영향을 주었다. 기존 대부분의 게임은 체력, 마나, 스테미너 등 캐릭터의 주요 상태 값을 왼쪽 위에 배치하거나 미니맵, 스킬 UI 등을 화면의 외각에 UI를 배치했다. 게임 플레이를 방해하지 않고 플레이어를 몰입시키기 위해 화면의 외각에 다양한 UI를 배치하는 것이 보편적이었으나 이러한 UI 배치는 반대로 각 외각에 나눠져 있는 UI를 보기 어렵게 만들었다.

〈디아블로〉 시리즈에서는 각 구석에 배치되어 있던 UI를 화면 하단에 모아서 보기 쉽게 정리했으며, 특히 체력과 마나에 대한 UI 표현을 바(Bar) 형태가 아닌 둥근 구슬로 세계관에 맞게 표현했다. 이후 수많은 게임이 체력과 마나에 대한 UI, 스킬 UI, 인벤토리 UI 등 〈디아블로〉 시리즈의 UI를 참고하게 된다.

그림 11-14 디아블로 2 레저렉션

● 페르소나 5

〈페르소나 5〉는 아틀라스가 개발한 롤플레잉 게임이다. 일본 RPG가 선형적인 스토리에 느린 템포의 전투 시스템으로 비판받았던 시기에 일본 RPG의 현대적 해석을 통해 새로운 방향을 제시해 준 작품으로 평가받는다. 〈페르소나 5〉는 테마, 캐릭터, 세계관, 스토리, 메커닉스, 게임 플레이, 그래픽, 사운드 모두에서 높은 평가를 받고 있지만, 테마색인 붉은색으로 그려진 세련된 UI 또한 현대 일본 RPG의 최고라고 평가받는다.

그림 11-15 페르소나 5 로얄

〈페르소나 3〉와 〈페르소나 4〉를 거쳐 스토리와 게임 플레이의 완성도가 점차 올라갔지만, 연출과 UI는 아틀라스에서 개발한 〈캐서린〉에 큰 영향을 받았다. 〈페르소나 5〉의 UI를 살펴보면, 우선 〈페르소나 5〉의 테마를 강조하기 위한 붉은색을 중심으로 일관성 있게 디자인되어 있다. 원색들을 주로 사용했지만 시각적으로 마치 잡지 화보를 보는 듯한 세련된 이미지를 줬다.

게다가 거의 대부분의 UI에 사소하지만 움직이는 애니메이션을 추가했다. 게임은 화면에 움직이는 것이 아무것도 없다면 플레이어가 마치 게임이 멈춘 것 같다고 착각할 정도로 상호작용이 중요한 미디어다. 〈페르소나 5〉의 UI를 분석해 보면 UI를 제작할 때 얼마나 사소한 부분까지 애니메이션을 제작해서 넣었을 때 효과가 나올지 알 수 있을 것이다. 이렇게 사소한 부분까지 신경을 썼기 때문에 〈페르소나 5〉를 플레이하는 플레이어는 다른 게임은 비교되지 않을 정도로 UI를 동적으로 느낀다.

● 오오카미

〈오오카미〉는 클로버 스튜디오에서 개발한 액션 어드벤처 게임이다. 영웅 이자나기는 흰 늑대 시라누이와 함께 야마타노오로치를 봉인했으나 시라누이는 전투에서 깊은 상처를 입고 죽게 된다. 백년이 지나고 야마타노오로치가 부활하자 나무 정령에 의해 부활한 시라누이는 다시 야마타노오로치를 쓰러트리기 위해 모험을 떠난다.

〈오오카미〉의 그래픽은 일본 판화인 우키요에풍으로 되어 있으며 마치 붓으로 그린 것 같은 수묵화풍이다. 게임 시스템도 붓질을 하는 액션이 대표적인 차별점으로 디자인되었고, 그래픽 스타일과 일관성을 유지하기 위해 게임 UI도 마치 수묵화 같은 느낌으로 디자인됐다. 〈12장〉에서 추가로 설명하겠지만 〈오오카미〉는 그래픽 퀄리티는 높다고 할 수 없으나 UI를 포함하여 그래픽 분위기를 정말 잘 살린 게임이라 할 수 있다.

게임 UI는 게임과 플레이어의 상호작용을 위한 목적이 주가 되기 때문에 그래픽 관점에서 퀄리티는 상대적으로 중요하지 않다. 게임의 전반적인 그래픽 분위기와 어우러지는 것이 우선되어야 하며 그 이후에 세밀한 채색이나 애니메이션을 추가해 퀄리티를 올리는 것이 좋다. 〈오오카미〉는 독특한 콘셉트를 가진 UI를 어떻게 디자인하면 좋을지 방향성을 제시해 준 좋은 사례이다.

그림 11-16 오오카미

11.3 실습 가이드

12주차 실습

① **목표** : 게임의 주요 UI 디자인

② **추천 분량** : PPT 2장

③ **페이지 구성**

Page 1) 게임 플레이 화면의 UI 구상도 1장

Page 2) 게임 플레이 화면 UI의 컴포넌트 설명표 1개

④ **페이지 내용**

Page 1) 아트 스타일과 무관하게 상호작용성, 투명성, 행동 유도성, 장기 기억, 게슈탈트 법칙을 중점적으로 고려해서 게임 플레이 화면의 UI 구상도를 그림으로 표현

Page 2) 게임 플레이 화면 UI에 존재하는 각 컴포넌트의 이름, 역할, 사이즈, 필요한 애니메이션, 필요한 SE 등을 표로 정리

● 주의점

콘셉트 디자인에서 UI는 픽셀 단위로 명확한 위치와 크기를 알려줄 필요는 없다. 메커닉스와 게임 플레이 그리고 도출된 게임 시스템을 플레이어에게 얼마나 직관적이고 편리하게 제공해 줄 수 있을지 구성과 배치를 집중적으로 고민하는 과정이다. 인간이 외우지 않고 빠르게 인지할 수 있는 그룹은 5~9개이므로, 비슷한 기능을 가진 컴포넌트들을 어떻게 그룹화할 것이며, 플레이어가 어떤 형태로 상호작용을 하게 될 것인지 철저히 플레이어의 관점에서 고민하는 것이 좋다.

〈10장〉에서 메커닉스, 게임 시스템, 게임 플레이가 명확하게 정리되지 않았다면, 게임 플레이 화면의 UI를 구상하기 어려워진다. 다른 게임들과 유사한 UI의 배치로 마무리할 수밖에 없다면, 본인이 만들고자 하는 게임의 메커닉스, 게임 시스템, 게임 플레이의 방향성이 아직 잡히지 않은 것이다. 〈10장〉으로 돌아가 다시 메커닉스, 게임 시스템, 게임 플레이를 다시 다듬을 필요가 있다.

12 장

그래픽과 사운드

학 습 목 표

그래픽 퀄리티와 분위기, 언캐니 밸리, 칵테일파티 효과를 학습하여 게임 전반의 그래픽, 사운드를 디자인한다.

GAME CONCEPT

필수 이론과 개념

게임의 그래픽과 사운드

지금까지 우리는 게임의 구성요소 중 게임의 내용을 결정하는 메커닉스와 스토리 관련 축을 디자인했으며, 게임과 플레이어의 상호작용을 책임지는 피드백 시스템을 대표하는 UI를 간략히 디자인했다. 이제 게임 콘셉트 디자인에서 게임과 관련된 마지막 항목인 그래픽과 사운드를 디자인할 차례다.

이 책은 게임 디자인의 흐름을 따라가면서 콘셉트 디자인을 할 수 있도록 목차를 구성해 진행했기 때문에 그래픽과 사운드를 〈12장〉에서 소개하고 있지만, 게임의 구성요소 중 미적 정서에 해당되는 그래픽과 사운드는 테마가 명확히 결정됐다면 테마를 결정한 시점에 구체적으로 디자인할 수 있다. 게임 디자인은 게임의 내용을 디자인하는 것이 핵심이지만, 게임은 시각, 청각, 촉각 등의 오감을 통해 플레이어에게 전달되므로, 게임 디자이너는 자신이 만들고자 하는 게임의 시각적인 느낌과 청각적인 느낌을 말과 문서로 표현할 수 있어야 한다. 다만 게임 디자이너 상당수가 그래픽과 사운드를 잘 모르는 경우가 많으니, 테마를 결정한 후 우선 대략적인 미적 정서를 구상해서 콘셉트 디자인을 시작하고, 구체적인 그래픽과 사운드는 스토리와 게임 플레이 축을 마무리하여 윤곽이 나온 상태에서 디자인하는 방법으로 진행했다.

그래픽 디자이너와 사운드 디자이너에게 게임 전체를 이해할 수 있도록 통합 게임 디자인 문서도 제공해야 되지만, 모든 개발자가 많은 양의 통합 게임 디자인 문서를 읽을 거라고 기대해서는 안된다. 그들에게 통합 게임 디자인 문서는 참고 자료가 될 뿐, 원하는 정보를 찾기 어렵기 때문에 그래픽 디자이너와 사운드 디자이너 각각이 필요로 하는 정보만 쪽기획서 형태로 최소한 매주 제공하여 해당 주에 필요한 작업에 집중할 수 있게 만들어 주어야 한다.

원화가가 콘셉트 아트를 그릴 수 있도록, 그리고 사운드 디자이너가 게임 관련 사운드 작업을 할 수 있도록 레퍼런스를 세부적으로 문서로 작성해서 전달해야 한다. 레퍼런스 문서를 전달할 때 주의할 점은 단순히 몇 개 사진을 인터넷에서 찾아 문서에 포함하고 끝나서는 안된다. 해당 그림이나 사진에서 게임 디자이너가 원하는 부분과 아티스트가 받아들이는 부분이 전혀 다를 수 있기 때문이다. 여러 그림과 사진을 참고 자료로 첨부하되, 각 그림마다 정확히 참고했으면 하는 부분을 표시하고 해당 부분에 원하는 바에 대한 상세한 코멘트를 추가해 주는 것이 기본이다. 원화가와 사운드 디자이너에게 단순히 레퍼런스 몇 개만 전달하면 레퍼런스와 똑같이 작업해서 줄 것이다. 이건 원화가와 사운드 디자이너가 잘못한 것이 아닌 게임 디자이너의 경험과 능력이 부족한 것이다.

참고로 이후 상세 디자인 문서에서는 가능한 한 그래픽 리소스와 사운드 리소스에 대한 파일명, 파일 형식, 규격 등도 명확히 표로 정리해 주는 것이 아트 작업에 집중할 수 있도록 하는 방법 중 하나다. 팀 내부 규약을 만들고 파일명을 정한 다음 해당 규약에 따라 작업이 진행되어야 프로그래머가 아트 리소스를 받아서 파일명을 다시 처음부터 정리하는 무의미한 시간 낭비를 막을 수 있다.

● 그래픽과 사운드의 중요성

아무리 게임 디자인에서 게임의 내용을 정하는 것이 중요하다고 하나 결코 그래픽과 사운드를 소홀히 해서는 안된다. 플레이어가 게임의 내용을 이해하고 재미를 느끼기까지 상당한 시간이 소요된다. 반면 그래픽과 사운드는 인간의 오감에 의해 인지되는 영역이기 때문에 게임의 첫인상에 지대한 영향을 미친다.

플레이어는 시각과 청각을 통해 게임 전체적인 이미지를 구축하게 되므로, 플레이어의 관점에서 그래픽과 사운드는 게임의 내용 못지 않게 중요하다는 점을 게임 디자이너는 간과해서는 안된다. 일부 게임 디자이너 중에서는 자신이 그래픽과 사운드에 지식이 없다는 것을 핑계로 그래픽은 그래픽 디자이너에게, 사운드는 사운드 디자이너에게 알아서 작업하라고 한다. 이럴 경우 게임의 내용과 시각과 청각적인 미적 정서가 매치되지 않아 일관성 없는 키메라가 탄생한다.

미술과 음악적인 재능은 게임 디자인과 별개의 영역이기 때문에, 게임 디자이너가 그래픽과 사운드 작업을 실제 수행할 필요는 없다. 그러나 자신이 만들고자 하는 게임의 시각과 청각적인 미적 정서를 그래픽 디자이너와 사운드 디자이너에게 이해시킬 수 있을 정도의 최소한의 지식은 갖춰야 한다. 아무리 미술과 음악적인 재능이 없다고 할지라도 그래픽 디자이너와 사운드 디자이너에게 설명할 정도의 지식을 갖추기 위해서 막대한 시간이 소요되지 않는다. 모르는 부분이 있으면 그래픽 디자이너와 사운드 디자이너에게 물어보면서 기초만 공부하면 충분하다. 게임 디자이너 스스로 그래픽과 사운드 디자인을 포기한다면 게임의 시각과 청각적인 부분을 포기한 셈이다.

해외의 많은 게임 개발사들은 그래픽과 사운드를 메커닉스와 스토리 못지 않게 중요시한다. 게임 디자인이 시작되는 초기 단계부터 적극적으로 그래픽 디자인과 사운드 디자인을 담당할 리더들과 소통하며 게임의 방향성을 맞춰가며, 자신들만의 독특한 그래픽과 사운드를 제작하기 위해 해당 분야의 전문가들을 프로젝트 단위로 적극적으로 영입하는 경우도 흔치 않을 정도다. 실제 예술가가 게임에 참여하기 때문에 예술적인 게임 그래픽이 나오기도 하며, 유명한 작곡가와 오케스트라가 게임에 참여하기 때문에 환상적인 게임 사운드가 탄생한다. 해외에서 뛰어난 그래픽과 사운드를 가진 게임이 많이 나오는 건 게임 디자이너가 그래픽과 사운드의 중요성을 인지하고 있다는 것부터 시작된다는 점을 기억하자. 8가지 통합된 게임 구성요소 모델에서 설명했듯이 규모를 갖춘 해외 개발사들은 원론적인 순서에 맞게 미적 정서에 해당하는 그래픽과 사운드를 테마와 차별점이 결정된 다음에 진행하는 것을 알 수 있다.

반면 국내 게임 개발사들 대부분은 그래픽은 상대적으로 중시하나, 사운드는 게임 개발이 거의 완료된 시점에서 비로소 관심을 가진다. 심지어 QA 단계에 돌입한 후에 외주로 받아온 사운드를 게임에 넣는 경우도 있을 정도다. 이처럼 국내에서 사운드는 게임 제작 영역에 포함되지 않는다고 볼 수 있을 정도로 홀대받고 있다. 국내에서 사운드 디자이너를 보유한 개발사는 극소수에 불과하다. 그러다 보니 게임 디자이너가 원하는 사운드를 공들여 제작하기보다 여러 샘플 중에서 비슷한 느낌의 음원을 끼워 맞추는 형태로 이뤄지는 경우가 적지 않다.

또한 그래픽은 비교적 중시한다고 했으나 기술적인 면에 치우쳐 있다. 대부분의 게임에 테마가 없으니 해당 게임만의 독특한 그래픽이 나오기 어렵다. 해외 게이머들은 한국 게임 특유의 정형화된 인형과 같은 캐릭터 그래픽이 존재하며, 캐릭터성이 느껴지지 않으며 해당 게임의 특색이 캐릭터에 드러나지 않는다고 비판한다. 심지어 여러 캐릭터를 나열해 놓으면 어떤 개발사에게 제작한 것인지 구분할 수도 없을 정도로 똑같다고 비판하기도 한다. 이 문제는 다음에 설명할 그래픽 퀄리티와 그래픽 분위기의 차이에도 연결된다.

지금 이 책을 통해 게임 디자인을 배우는 독자들은, 게임 디자인에 있어 그래픽과 사운드가 메커닉스와 스토리 못지 않게 중요하다는 점을 꼭 기억했으면 한다. 그래픽과 사운드는 게임의 첫인상만 아니라 플레이어의 경험 자체를 크게 바꿀 수 있다. 아무리 재미있는 게임이라고 해도 게임에 맞지 않는 그래픽이라면 플레이를 오래하기 어렵다. 또한 스피커를 끄고 플레이한다면 재미가 크게 반감된다. 게임 디자이너는 콘셉트 디자인 단계부터 테마를 기준으로 그래픽과 사운드에 대한 방향성을 명확히 잡는 연습을 할 필요가 있다.

01 그래픽 퀄리티와 분위기

게임에 있어 다른 '보는' 미디어와 차별점을 가지는 메커닉스는 당연히 중요하게 평가받는다. 다음으로 게임에 있어 스토리가 중요하지 않다고 하는 사람은 상대적으로 많지 않다. 과거 FPS의 창시자이자 〈둠〉의 아버지라고 불리는 존 카맥이 FPS 장르에서 스토리의 한계를 주장한 적 있다. 하지만 해당 주장 이후 오히려 그의 주장과 반대로 FPS에서야말로 스토리가 중요한 역할을 할 수 있다는 〈하프 라이프〉의 1편과 2편이 등장하면서 FPS 장르에서도 〈메달 오브 아너〉, 〈콜 오브 듀티〉, 〈헤일로〉와 같은 작품들이 현재 글로벌 시장을 지배하고 있다. 현재 AAA 시장에서는 오히려 스토리야말로 평론가들에게 중요하게 평가받는 핵심적인 구성요소가 됐을 정도로 비디오 게임 시장은 스토리를 중시하는 경향이 강하다. 메커닉스와 스토리는 게임의 내용을 구성하는 2가지 축으로, 대부분의 게임에서는 메커닉스와 스토리의 밸런스를 잘 잡는 것이 중요하며, 2가지 균일하게 완성도를 높인 게임이 보통 좋은 작품으로 평가받는다.

그림 12-1 하프라이프 2

반면 "그래픽은 게임에 있어 과연 중요한 것인가"라는 소모적인 논쟁은 끊임없이 지속되고 있다. "게임은 재미가 중요하므로 스토리와 메커닉스가 뛰어나다면 그래픽은 문제가 되지 않는다." 는 주장을 하는 게이머층이 있으며, "현대 게임에서 그래픽이 뒤쳐졌다면 수많은 게임 중 해당 게임을 선택할 필요성을 느끼지 못한다."는 상반된 주장을 하는 게이머층이 있다. 게임의 역사가 시작된 이래 이 2가지 상반된 주장은 소모적으로 끊임없이 반복되고 있다.

이러한 소모적인 논쟁이 게임의 그래픽을 기술적 관점에서만 보고 있기 때문이라고 생각한다. 실제 게임 디자이너가 게임의 그래픽 콘셉트를 잡기 어려워하는 이유도 바로 여기에 있다. 게임 디자이너가 기술적 관점에서 그래픽에 접근하기에는 한계가 존재한다. 게임의 그래픽이라는 용어에는 많은 의미를 내포하고 있으며, 게임 디자이너는 게임 그래픽의 방향성을 디자인하기 위해 게임 그래픽을 좀 더 세부적으로 분리해서 볼 필요가 있다.

게임에서 그래픽이 좋다는 말은 무엇을 의미하는가? 의미가 명확하지 않기 때문에 게이머들이 서로 다른 관점에서 이견을 내고 있으며, 게임 디자인 과정에서 문제가 발생한다. 필자는 게임 디자인 관점에서 게임의 그래픽을 논할 때에는, 최소한 '그래픽 퀄리티'와 '그래픽 분위기'로 용어를 명확히 구분해서 사용할 필요가 있다고 주장한다. 특히 게임 디자인 문서에도 용어를 그래픽 퀄리티와 그래픽 분위기로 명확히 분리해야 개발자들이 서로 오해를 하지 않게 된다. 게임 그래픽이라는 용어만으로는 파트별로 서로 생각하는 바가 너무 다르기 때문에 논의가 진행되지 않는 경우가 많아 명확히 분리하는 것이 좋다.

그래픽 퀄리티는 해당 그래픽이 기술적 관점에서 얼마나 뛰어난 지를 의미한다. 최첨단 그래픽 기술을 적용해서 좀 더 사실적인 그래픽을 연출했는가 여부는 게임의 홍보는 물론 게임 플레이의 몰입도에 큰 영향을 미치는 것이 사실이다. 그러나 그래픽 퀄리티는 게임의 장르나 작품에 따라 우선순위가 달라질 수밖에 없다. FPS 장르와 퍼즐 장르의 그래픽을 동일한 선상에서 비교하는 것은 애초부터 말이 안되기 때문이다. 대표적으로 〈크라이시스〉와 〈기어스 오브 워〉 같은 게임은 해당 엔진의 그래픽 기술을 홍보하는 것을 주된 목적으로 개발된 게임이다. 〈크라이시스〉와 같은 게임은 그래픽 퀄리티는 압도적으로 높지만, 그래픽 분위기를 높게 평가하기는 어렵다.

그림 12-2 크라이시스 리마스터 트릴로지

게임 그래픽에 대해 끊임없이 소모적인 논쟁이 지속되고 있는 이유를 게임 그래픽을 '그래픽 퀄리티' 기준으로 평가하는 것에서 찾는다. 그래픽 퀄리티는 기술적인 관점이기에 사람마다 의견을 달리할 수밖에 없다. 게이머마다 게임의 구성요소에서 중시하는 것이 다르기 때문에, 그래픽 퀄리티를 기준으로 게임 그래픽이 중요한가 여부를 따진다면, 의견이 나눠지는 것이 오히려 정상이다. 게임에서 스토리가 중요한가, 메커닉스가 중요한가에 대한 논쟁과 똑같이 게임의 장르와 해당 작품에 따라 달라지며, 개인의 취향이 반영되는 문제일 뿐이다.

〈레드 데드 리뎀션 2〉에서는 서부 시대를 체험할 수 있는 장대한 오픈 월드를 구현하는 것이 게임 디자인에 있어 중요한 부분이었다. 따라서 해당 게임을 제대로 표현하기 위해서는 서부 시대의 캐릭터와 배경을 사실적으로 묘사할 높은 그래픽 퀄리티가 요구됐다. 이에 따라 〈레드 데드 리뎀션 2〉에서는 인물, 동물, 배경, 환경 등 모든 면에서 사실적이고 인상적인 그래픽 퀄리티를 보여 준다. 게다가 마치 현장에서 서부 시대를 체험하고 있는 것과 같이 그래픽 분위기도 잘 살린 게임이기도 하다.

그림 12-3 레드 데드 리뎀션 2

반면 〈언더테일〉에서는 오히려 과장된 캐릭터를 표현하기 수월한 심플하고 낮은 그래픽 퀄리티가 요구됐다. 그래픽 퀄리티가 낮았다고 해서 게이머들이 〈언더테일〉의 게임 그래픽이 나쁘다고 절대 비판하지 않는다. 〈언더테일〉의 그래픽 분위기는 작품과 잘 어울렸기 때문이다. 즉, 의도적으로 낮은 그래픽 퀄리티를 택했지만 그래픽 분위기는 뛰어났다고 볼 수 있다.

그림 12-4 언더테일

필자는 게임 디자인 관점에서 그래픽 퀄리티보다 그래픽 분위기가 더욱 중요하다고 가르친다. 그래픽 퀄리티는 게임 디자이너가 어떻게 할 수 있는 영역이 아니다. 구성된 팀의 그래픽 기술에 따라 구현할 수 있는 그래픽 퀄리티가 제한된다. 반면 그래픽 분위기는 게임 디자이너의 영역이며, 게임 디자이너의 책임이다. 시장에서는 아무리 그래픽 퀄리티가 좋다고 할지라도 장르나 작품과 맞지 않다면 명확히 실패한 것으로 평가받는다. 게임 디자이너가 그래픽에 대한 지식과 감이 없다고 스스로 포기하고 그래픽 디자이너에게 맡기려 한다면, 그래픽 분위기 관점에서 해당 게임은 이미 실패를 전제로 만들어진 것이다.

여기서 앞에서 했던 질문을 다시 한번 해 보자. "게임에서 그래픽이 좋다는 말은 무엇을 의미하는가?" 누군가는 그래픽 퀄리티 관점에서 의견을 내고, 누군가는 그래픽 분위기 관점에서 의견을 낼 것이다. 애초부터 관점이 다르니 서로 말이 통하지 않는다고 느끼고 논의가 진행되지 않았던 것이다. 그래픽에 대한 용어를 세분화할 필요성이 있다는 것이 바로 이러한 문제를 최소화하기 위함이다.

게임 디자이너는 명확하게 팀 구성원들의 능력을 파악해서 현실 가능한 그래픽 퀄리티 수준을 계획해야 하며, 게임 디자인과 잘 어울리는 그래픽 분위기가 무엇인지 그래픽 디자이너들에게 전달하기 위해 끊임없는 노력을 할 필요가 있다. 단순히 참고 사진 몇 장을 보여 주는 것에서 머무르지 말고 책, 사진, 영상, 회화 등을 총동원해서 구체적으로 어떤 부분에 어떤 것을 희망하는지 코멘트까지 포함한 상세한 문서로 전달하는 것이 좋다.

02 게임 그래픽의 유형

게임을 디자인하면서 어떤 그래픽을 선택해야 하는지 고민하게 된다. 그래픽 퀄리티와 그래픽 분위기는 앞서 설명했지만 그래픽 유형도 가능한 한 빠른 시기에 결정할 필요가 있다. 게임 그래픽 유형은 크게 2D와 3D로 구분되며, 2D와 3D 모두 세부적인 유형이 존재한다. 명확한 유형 분류 기준도 없고 학술적인 유형 분류로 보기 어려운 것도 있으나, 게임 그래픽에 대한 이해도를 높이는 차원에서 포함해서 설명한다.

게임 시장이 2D에서 3D로 빠르게 전환된 이유는 여러 가지 있겠지만, 3D 그래픽의 경우 재활용과 변형이 수월하다는 장점이 존재하기에 최근 많은 게임 개발사에서 3D를 선택한다. 2D는 상대적으로 적은 수의 그래픽 디자이너로 초기 게임 개발을 시작할 수 있으나, 3D는 특성화된 분야별로 고도의 기술을 보유한 전문적인 그래픽 디자이너들을 다수 고용해야 하기 때문에 어느 정도 규모가 있는 개발사가 아니면 시도하기 쉽지 않다. 2D와 3D 중 어떤 것을 선택하는지에 따라 개발을 위한 팀원 구성과 인건비를 포함한 제작 비용이 전혀 달라지기 때문에 신중히 선택해야 한다.

필자는 「AHP를 활용한 게임 캐릭터의 성격 디자인에 대한 연구」에서 게임 캐릭터 유형의 발전 과정을 다음과 같이 4가지로 요약했다. 아케이드 게임을 시작으로 하여 1~4세대 콘솔에는 SD 비율의 2D 캐릭터가 많았지만, 4~5세대 콘솔에 접어들면서 본격적으로 3D 캐릭터가 등장하기 시작했다. 이때는 3D 기술력이 뛰어나지 않았기에 2D와 3D가 공존한 시대였다.

6~7세대 콘솔에는 본격적으로 3D 그래픽 기술이 게임에 접목됨에 따라 상당 수의 게임들이 게임 그래픽 유형으로 3D를 선택했다. 오히려 3D의 장점을 유지하면서 2D의 느낌을 살릴 수 있도록 카툰 렌더링이 탄생할 만큼 3D로 무게중심이 옮겨간다. 8세대 콘솔부터는 모션 캡처 기술을 활용하여 현실과 분간하기 어려울 정도의 실사 그래픽을 선보이고 있다.

☑ 잠깐만요 **게임 캐릭터 유형의 발전 과정**

1. SD 비율의 2D 캐릭터
2. 3D 캐릭터의 등장과 2D와 3D 캐릭터의 공존
3. 하이 폴리곤 3D 캐릭터와 카툰 렌더링
4. 모션 캡처를 활용한 실사 같은 캐릭터

참고로 그래픽 유형은 어느 정도 분류할 수 있지만, '그래픽 스타일(그림체)'은 그래픽 디자이너의 그림 그리는 고유의 스타일이며, 무수히 많은 스타일이 존재하기에 유형을 구분하는 것이 불가능하다. 그래픽 스타일은 게이머들의 취향에 따라 선호도가 크게 달라지므로 그래픽 유형과는 별도의 용어로 확실히 구분할 필요가 있다.

게임 제작에서 게임 디자이너가 원하는 그래픽 스타일을 그릴 수 있는 그래픽 디자이너를 만나는 것은 굉장히 어려운 일이다. 몇 가지 그래픽 스타일을 소화하는 그래픽 디자이너들은 업계에 많이 있지만, 수많은 그래픽 스타일 중에 게임 디자이너가 원하는 완벽한 그래픽 스타일을 처음부터 그릴 수 있는 그래픽 디자이너가 같은 프로젝트에 참여하고 있을 가능성은 희박하다.

그렇다고 해서 게임 디자이너는 절대 포기해서는 안된다. 만들고자 하는 게임의 희망하는 그래픽 분위기와 그래픽 스타일을 얼마나 구체적이고 공감할 수 있게 설명하고, 문서를 전달하는지에 따라 게임 디자이너가 원하는 그래픽 분위기와 그래픽 스타일에 근접하게 그려줄 수 있는 그래픽 디자이너는 업계에도 상당히 많이 존재하기 때문이다. 따라서 게임 그래픽에 문제가 있을 경우에도 게임 디자이너가 역할을 제대로 수행하지 못했을 가능성이 높다고 판단하는 경우가 많다. 그래픽 디자이너와 사운드 디자이너들의 능력을 충분히 이끌어 내는 것 또한 게임 디자이너의 능력이기 때문이다.

● 2D 게임 그래픽 유형

❶ 픽셀 아트(도트)

픽셀 아트(Pixel Art)는 화상을 구성하는 단위인 픽셀(Pixel)을 기준으로 색을 칠하여 그림을 그리는 그래픽 유형으로, 일본에서 dot를 의미하는 '도트(ドット)' 그래픽이라는 용어로 사용되고 있다. 따라서 '도트를 그린다' 보다 '도트를 찍는다'는 표현이 자주 쓰인다. 게임 시장에서 처음 도입하기 시작된 그래픽 유형이다.

1920×1080과 같은 해상도를 표시하는 단위가 바로 픽셀이다. 당연히 해상도가 높아질수록 픽셀의 수가 급격히 늘어나는 만큼 상당한 작업량이 필요하기에 해상도가 높은 게임에서 픽셀 아트를 선택하는 건 신중히 결정할 필요가 있다. 물론 픽셀 아트의 단점인 반복적인 작업량을 줄여주는 기술도 점차 발전하고 있어 애니메이션을 위해 모든 프레임을 일일이 그리지 않는 경우도 늘어나고 있다.

일반적으로 그림을 그리는 방식이 아니기 때문에 픽셀 아트를 아름답게 찍기 위해서는 별도의 노하우가 필요하다. 이를 반대로 이야기하면 손그림을 그리지 못하는 경우에도 픽셀 아트를 위한 기초적인 지식을 습득하면 게임 제작에 필요한 리소스를 제작할 수 있다는 장점이 있다. 따라서 소수의 개발자로 게임을 제작하는 인디 게임 시장에서 자주 볼 수 있다.

과거의 수많은 비디오 게임들이 픽셀 아트로 제작되었으며, 〈더 바인딩 오브 아이작〉, 〈스타듀 밸리〉, 〈데드 셀〉, 〈테라리아〉 등 수많은 대표적인 인디 게임이 픽셀 아트로 제작됐다. 스퀘어 에닉스에서 제작한 〈옥토패스 트래블러〉와 같이 3D 배경에 2D 픽셀을 조합한 'HD-2D'라는 그래픽 유형으로도 발전하고 있다.

그림 12-5 스타듀 밸리

그림 12-6 옥토패스 트래블러 2

❷ 벡터

벡터(Vector) 그래픽은 수학적으로 계산된 경로를 기반으로 하여 점, 선, 면에 대한 정보를 저장하여 이미지를 표현하는 그래픽 유형이다. 픽셀 아트를 시작으로 이후 대부분의 그래픽 유형은 화소를 기준으로 하는 래스터(Raster) 그래픽에 해당하나, 벡터 그래픽은 물체 자체를 하나의 객체로 인지한다. 따라서 래스터 그래픽은 이미지를 확대 및 축소할 때 이미지가 깨지는 현상이 발생하는 것에 반해, 벡터 그래픽은 수학적 정보를 기반으로 하기에 용량도 매우 적고, 이미지를 확대 및 축소해도 이미지가 훼손되지 않는다는 장점이 있다.

다만 게임 시장에서 1980년대 극소수의 게임이 벡터 그래픽을 차용했을 뿐 벡터 그래픽은 현재 게임 시장에서 거의 사용되지 않는다. 수학적인 정보를 기반으로 이미지를 제작하기 때문에 조금이라도 복잡한 형태를 표현하는데 한계가 있기 때문이다. 벡터 그래픽을 기반으로 만들어진 프로그램인 플래시을 활용해서 제작된 플래시 게임 정도가 벡터 그래픽을 사용한 게임으로 분류할 수 있다.

❸ 애니메이션풍

초기 게임 시장에서 픽셀 아트 다음에 자리를 잡은 그래픽 유형은 애니메이션풍의 그래픽 유형이다. 당시 미국과 일본을 필두로, 캐릭터가 등장하는 애니메이션이 인기 있는 미디어로 자리잡고 있었기에 게임에서도 캐릭터를 표현하기 위해 애니메이션풍의 캐릭터가 제작됐다. 미국의 월트 디즈니를 시작으로 일본의 많은 애니메이션의 캐릭터가 게임 속으로 들어왔다.

국내 업계에서는 2D와 3D 구분 없이 캐주얼이라는 용어로 사용하고 있으나, 이 책에서는 캐주얼이라는 용어는 정의부터 불가능하기 때문에 사용하지 않는다. 미국에서는 Anime-like 2D, 일본에서 애니메이션풍(アニメ風)이라는 용어로 불리고 있기 때문에 애니메이션풍이라는 용어로 그래픽 유형을 분류한다.

게임 2D 그래픽 유형 중에 거의 대부분을 차지하고 있을 정도로 2D 캐릭터를 대표하는 그래픽 유형이다. 게임 산업이 본격적으로 활성화된 1970~1980년부터 현재에 이르기까지 변함없이 인기 있는 그래픽 유형으로 애니메이션풍을 선택한 게임은 셀 수 없이 많다.

현재 상당수의 게임 개발사가 3D를 중심으로, 일부 게임만 예외적으로 2D를 선택하고 있지만, 바닐라웨어는 〈프린세스 크라운〉, 〈오딘 스피어〉, 〈오보로 무라마사〉, 〈드래곤즈 크라운〉, 〈13기병방위권〉과 같이 애니메이션풍의 그래픽 유형을 유지하면서 새로운 시대에 맞게 2D 그래픽을 발전시키고 있다.

그림 12-7 13기병방위권

❹ 실사

실사 그래픽은 실제 존재할 것 같은 현실적인 이미지라는 뜻이나 2D 게임 그래픽에서는 의미가 모호하다. 사진과 같이 마치 현실과 동일한 느낌으로 그려진 이미지나 촬영한 것을 실사 그래픽이라고 한다.

그런데 국내 게임 업계에서는 사진처럼 그려지지 않은 이미지라고 할지라도 인체의 비율과 체형을 현실 인간과 비슷하게 그리고 재질을 표현하면 2D 실사 그래픽 유형으로 구분하기도 한다. 게임에서는 사진과 같은 현실적인 이미지가 거의 사용되고 있지 않기 때문에, 편의상 3D 게임 그래픽의 실사와 의미가 조금 다르게 사용되고 있다. 실사는 엄격히 이야기해서 사진과 같이 실물과 거의 같은 현실적인 이미지에 한정해 2D 실사 그래픽으로 본다.

〈모탈 컴뱃〉의 초기 작품은 2D 실사 그래픽 유형의 대표적인 사례다. 이 게임에서는 실사에 해당하는 부분을 실제로 사진을 촬영하고, 촬영한 사진을 활용하여 캐릭터를 표현했다. 4편부터 3D로 전환되었지만 1편부터 3편까지 실사 대전 액션의 붐을 일으켰다. 이후 〈모탈 컴뱃〉을 따라한 여러 실사 대전 액션 게임이 등장했지만, 3D 그래픽 기술이 빠르게 발전하면서 대부분 B급 게임으로 평가받았다.

그림 12-8 모탈 컴뱃 2

〈마이트 앤 매직 6〉의 캐릭터 포트레이트(초상화)와 같이 사진을 기반으로 제작된 이미지도 2D에서 3D로 전환되는 시기에 더러 등장했다. 사진을 찍어 그 위에 그림을 그리는 것으로 편집과 수정을 거치면 그래픽 작업의 부하가 줄기 때문에 기술이 애매했던 시기에 존재했던 잔재라 볼 수 있다.

❺ 반실사

반실사(半実写) 그래픽 유형은 일본과 국내 게임 업계에서 인체의 비율과 체형을 현실 인간과 비슷하게 그린 실사 그래픽과 구분하기 위해서 사용되는 용어다. 2D 그래픽에서는 실사 그래픽이라는 용어도 실제 실사의 의미와 다르게 사용되고 있지만, 반실사라는 용어는 정말 애매모호하다. 실사와 반실사를 구분할 수 있는 명확한 기준이 없고 사람마다 다르기 때문이다.

실사 그래픽과 달리 캐릭터성을 부각하기 위해서 비율과 체형을 과장해서 강조한 그래픽 유형이라고 한다. 실사와 애니메이션풍의 중간 정도의 이미지라고 볼 수 있으나 명확히 구분할 수 없어 어디까지 실사이고 어디까지 반실사인지 개인의 기준에 따라 달라진다는 한계를 가지고 있어 학술적으로 사용되지는 않는다. 기준이 애매모호하므로 대표적인 게임 예시를 제시하는 것도 논란의 여지를 남길 수 있어 제외했다.

대부분의 2D 게임에서 인게임 캐릭터는 애니메이션풍을 차용하나 캐릭터 원화나 일러스트 작업에서는 반실사로 작업하는 경우가 많다. 엄격히 유형을 분류한다면, 애니메이션풍의 그래픽 유형을 기반으로 보다 실사 느낌을 주려고 하는 것이므로 실사보다는 애니메이션풍에 속한다고 볼 수 있다.

❻ 3D 렌더링

3D 렌더링은 3D 모델링으로 제작 후 렌더링 과정을 통해 사실적인 2D 이미지를 만드는 프로세스다. 이 렌더링 과정에서 2D 결과물이 나오기 때문에 2D 그래픽 유형으로 분류했다. 2.5D라는 용어로도 사용되고 있지만, 차원을 의미하는 D(Dimensional)에 2.5라는 개념은 존재하지 않으므로 3D 렌더링이라고 사용하는 것이 명확한 의미 전달이 된다.

그림 12-9 디아블로 2

3D로 그래픽 작업을 했으나 하드웨어의 한계상 3D 리소스 자체를 게임에 포함하기에 오브젝트의 개수나 퀄리티를 확보하기 어려울 경우 사용된다. 3D로 그래픽을 작업하고 렌더링하여 2D 리소스로 만들어 게임에 적용하는 기법이다. 대표적인 예로 〈디아블로 2〉가 있으며, 실제 사진을 활용한 실사 그래픽 유형과 같이 2D에서 3D로 전환되는 시기에 하드웨어의 한계를 극복하기 위해 고안된 그래픽 유형이다. 그림의 묘사 방법이 아닌 기술과 관련된 유형이므로 다른 2D 그래픽 유형과 동일선상에서 비교하는 건 어렵다.

3D 게임 그래픽 유형

❶ 실사

게임에서 3D 그래픽은 3차원 컴퓨터 그래픽(Three-dimensional Computer Graphics)의 약자로, 모델링의 각 점을 3차원 공간 좌표에 저장하여 2차원의 화면 처리 장치로 출력하는 것이다. 2D 그래픽은 시작점부터 현실의 것을 자신만의 방식으로 해석하여 재창조하는 것으로 시작된 반면, 3D 그래픽은 애초에 현실의 것을 그대로 옮기는 시뮬레이션의 목적에서부터 시작됐다. 즉, 3D 그래픽은 2D 그래픽과는 정반대로 실사부터 발전한 것이다.

3D 그래픽은 얼마나 현실처럼 표현할 수 있는지가 기술력의 척도가 될 정도로 2D 그래픽과 탄생 배경과 발전 과정이 다르다. 따라서 실제 존재하는 것 같은 이미지를 위해 재질 표현이 매우 중요하다. 게임이 아닌 3D 그래픽 분야에서 실사 그래픽은 표준이라고 할 수 있을 정도로 일반적이다. 그러나 3D 그래픽이 게임 산업에 유입되는 과정에서, 기존의 2D 게임 캐릭터의 느낌을 3D 그래픽으로도 살리기 위해 본래의 3D 그래픽과는 별도의 방향으로 독특하게 발전된 것이다.

실제 게임에서는 완전한 3D 실사 그래픽이 많지 않다. 3D 실사 그래픽을 차용한 게임으로는 〈그란 투리스모〉, 〈마이크로소프트 플라이트 시뮬레이터〉 등과 같이 애초부터 게임의 목적성 자체가 현실의 것과 동일한 수준의 시뮬레이션을 제공하는 게임들에 한정된다. 게임 캐릭터의 매력을 표현하기 위해 일정 수준의 과장이 필요한데, 실사 그래픽으로는 게임 캐릭터를 충분히 표현하기 어렵다. 이처럼 캐릭터가 큰 의미 없는 일부 게임에 적용하는 것을 고려해 볼 수 있다.

그림 12-10 그란 투리스모 7

❷ 반실사

3D 그래픽에서도 실사와 반실사를 구분하는 기준이 애매모호하다는 점은 동일하나, 2D 그래픽의 실사와 반실사에 비해서 상대적으로 확연한 차이가 존재한다. 2D 그래픽은 현실에 없는 것을 창조하기 위한 것에서 시작됐기에 현실에 가깝다는 수준을 어느 정도로 봐야 하는지 기준을 제시하기 어렵지만, 3D 그래픽은 현실의 것과 동일하게 만드는 것에서 시작됐기에 게임 그래픽을 위해 어느 정도 과장이 이뤄졌다면 반실사로 구분할 수 있다.

그러므로 엄격하게 구분한다면 대부분의 3D 게임 캐릭터는 반실사로 볼 수 있다. 다만 최근 모션 캡처 기술의 발전과 함께 〈더 라스트 오브 어스〉, 〈디트로이트 비컴 휴먼〉, 〈메탈기어 솔리드〉 등과 같은 3D 그래픽의 최첨단 기술력을 뽐내는 게임들은 질감 표현이 뛰어나므로 3D 실사 그래픽으로 분류하는 의견도 존재한다. 게임 산업에 한정한다면 실사 그래픽에 포함할 수도 있겠지만, 3D 그래픽을 사용하는 모든 분야를 기준으로 한다면 게임은 캐릭터를 표현하기 위해 과장하는 영역이 존재하는 만큼 완전한 실사 그래픽이라고 하긴 어렵다.

❸ 카툰 렌더링

카툰 렌더링(Cartoon Rendering)은 현실을 그대로 표현하고자 만들어진 3D 그래픽 기술에서 오히려 3D 그래픽이 가진 방향성에 역행하여 2D 만화나 애니메이션과 같은 느낌을 주도록 만들어진 기술이다. 2D 그래픽을 기반으로 캐릭터를 창조했던 애니메이션과 게임 산업에서 3D 그래픽을 사용하되 캐릭터성을 극대화하기 수월한 2D 그래픽의 느낌을 살릴 필요가 있었다.

카툰 렌더링은 3D 그래픽에 렌더링 기술을 통해 뚜렷한 외각선을 부각하며, 단순화된 채색과 그림자를 만들어 낸다는 특징이 있다. 2000년에 출시된 〈젯 셋 라디오〉에서 처음으로 카툰 렌더링이 사용됐는데, 힙합과 그라피티를 주요 소재로 삼았기 때문에 3D 그래픽임에도 불구하고 명확히 2D 그래픽의 느낌을 살려야 했다.

〈젯 셋 라디오〉를 시작으로 애니메이션 캐릭터와 같은 느낌이 필요한 3D 게임에서 카툰 렌더링이 차용됐다. 〈보더랜드〉, 〈드래곤볼 Z 카카로트〉, 〈나루토 질풍전 : 나루티밋 스톰〉, 〈젤다의 전설 : 브레스 오브 더 와일드〉, 〈원신〉 등과 같은 게임이 대표적으로 카툰 렌더링을 차용한 작품이다.

그림 12-11 보더랜드 3

03 언캐니 밸리

게임의 그래픽 퀄리티만 중시한 게임들 중 일부는 게임 디자이너의 의도와 다르게 게이머에게 캐릭터에 대한 불쾌감을 불러일으키는 경우가 있다. 개발팀 구성원들의 그래픽 기술이 명확하게 뛰어나다면 큰 문제가 되지 않지만, 그렇지 않은 팀이 어설프게 그래픽 좋은 다른 게임을 기술적인 관점에서 맹목적으로 쫓아가다 보면 어설픈 캐릭터 그래픽이 되어 버리는 경우가 많다.

목표를 높게 잡으면 그만큼 따라잡으려고 하기 때문에 더 높은 곳까지 올라갈 수 있으니 괜찮지 않을까?라는 반문할 수도 있겠지만, 예외적으로 게임 그래픽에서는 이러한 생각이 치명적인 결과를 맞이할 수 있으니 반드시 주의해야 한다.

진화심리학에서 언급했듯이 인간은 서로 굉장히 비슷한데 아주 미묘하게 다른 것에 대해서 반사신경적으로 거부감과 불쾌감을 가진다. 시각적으로 명확하게 다른 물체는 적인지 동료인지 쉽게 판단할 수 있지만, 거의 동일하나 미묘하게 다른 물체라면 판단이 쉽지 않기 때문이다. 또한 전염병이나 스파이처럼 내부에서부터 막대한 위해(危害)를 가할 위험성이 존재하므로 오히려 전혀 다른 생물보다 인간과 거의 동일하나 미묘한 차이만 존재하는 것에 대해 본능적으로 거부 반응이 발생한다.

로봇공학자인 마사히로 모리(Mori Masahiro)는 이러한 불쾌한 감정을 느끼는 구간을 '언캐니 밸리(Uncanny Valley)'라고 칭했다. 한국어로는 불쾌한 골짜기라고 사용된다. 마사히로 모리는 사용자들이 인간형이 아닌 로봇에는 아무런 불쾌감을 가지지 않지만, 인간형 로봇 중에 일부에는 불쾌한 감정을 느끼는 것을 보고 언캐니 밸리라는 개념을 주장했다. 데이터를 기반으로 한 이론이 아니기에 학술적인 한계를 가지고 있지만, 진화심리학에서 설명한 인간이 미묘하게 다른 대상에 대해 불쾌감을 느끼는 점을 설명하는 개념으로 가볍게 이해하면 될 것이다.

그림 12-12는 리플리 Q2라는 로봇으로, 기존 로봇에 비해 기능적으로 상당한 발전을 했다. 시각적으로 성인 여성과 많이 비슷할 정도로 발전했으나, 아직 완전히 인간으로 보기에 애매하게 다른 부분이 있어 언캐니 밸리의 예시로 언급되고 있다.

게임에서도 언캐니 밸리에 해당하는 예는 하이 폴리곤 3D 그래픽이 본격적으로 등장하기 시작한 7세대 콘솔(플레이스테이션 3, XBOX 360, Wii 등) 전후에 찾아볼 수 있다. 하이 폴리곤 캐릭터를 하드웨어에서 처리하기 어려웠던 5~6세대 콘솔에서는 로우 폴리곤 캐릭터로 만들어졌기 때문에 명확히 인간이라고 인지되지 않았고 언캐니 밸리에 대한 고민이 필요하지 않았다. 그러나 7세대 콘솔 시대에서 하이 폴리곤 캐릭터가 등장하면서 겉모습은 예전보다 인간과 유사해졌으나, 미세한 표정이나 눈동자나 입술의 움직임 그리고 애니메이션으로 표현된 동작이 기묘하거나 괴기하게 느껴지는 게임이 많았다.

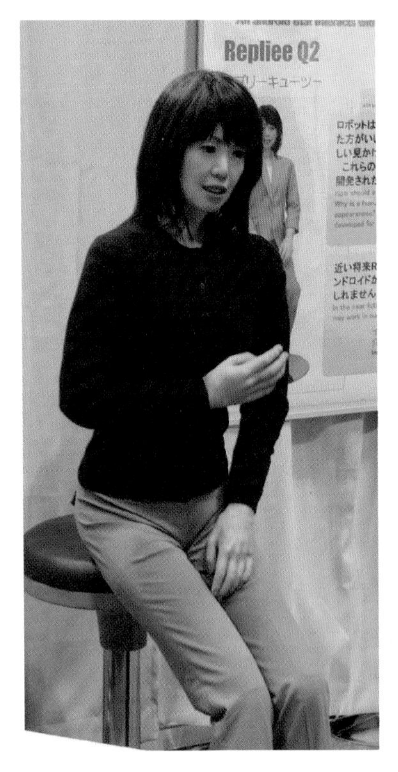

그림 12-12 불쾌함을 느끼는 로봇 예시

그림 12-13에서 알 수 있듯이, 언캐니 밸리는 2가지로 정리할 수 있다.

첫째, 로봇이나 캐릭터 등은 인간과의 유사성이 커질수록 점차 호감도가 증가하지만 약 80~90% 정도 유사하게 되면 오히려 호감도가 급감하면서 불쾌감을 느끼는 구간이 존재한다. 이 영역을 언캐니 밸리(불쾌한 골짜기)라고 부른다. 인간과의 유사성이 다시 90% 이상으로 상승할 경우 급격하게 호감도가 상승해 마치 인간과 같다고 느끼게 된다.

둘째, 움직임이 있는 그래프와 움직임이 없는 그래프를 비교하면 움직임이 있는 그래프가 호감과 비호감의 최대폭이 크다는 것을 알 수 있다. 불쾌함이 느껴지는 로봇이나 캐릭터라고 할지라도 움직임이 없다면 상대적으로 불쾌감이 강하게 들지 않지만, 움직이는 경우 실제 인간의 움직임과 비교되므로 언캐니 밸리에 들어가 불쾌감이 발생할 때도, 언캐니 밸리에서 벗어나 호감도가 높아질 때도 큰 폭의 감정 변화가 일어난다.

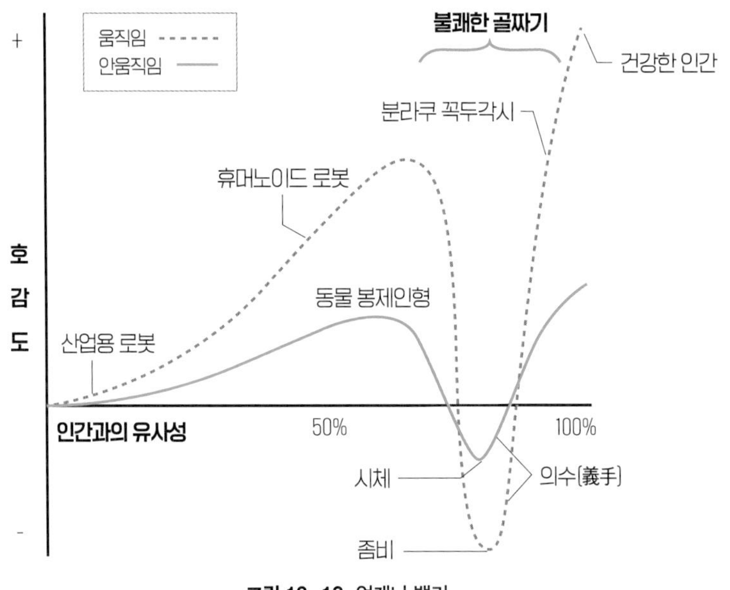

그림 12-13 언캐니 밸리

게임 디자이너는 언캐니 밸리의 개념을 이해하는 것에서 그쳐서는 안되며, 게임 그래픽에서 언캐니 밸리가 어떤 의미를 가지고 있는지 눈치채야 한다. 앞서 개발팀이 맹목적으로 그래픽 퀄리티를 올리는 것에 몰두하게 되면 치명적인 결과를 맞이할 수 있다고 언급했었다. 현재 개발팀의 그래픽 기술이 냉정하게 언캐니 밸리를 뛰어넘을 수 없는 상황임에도 불구하고 본인들의 최대 그래픽 퀄리티를 내려고 한다면 게임 디자이너가 설득해야 한다. 아무리 공들여 만든 게임이라고 할지라도 게이머들은 불쾌감을 느끼게 되어 게임에 대한 평가가 심각한 수준으로 하락할 위험이 있기 때문이다.

따라서 게임 디자이너는 게임 그래픽에 대한 기본적인 지식을 갖추고 개발팀의 그래픽 기술 수준을 파악해야만 하며, 그래픽 퀄리티가 아닌 그래픽 분위기를 기준으로 콘셉트 디자인을 할 필요가 있다. 현재 개발팀이 정해진 개발 기간 안에 언캐니 밸리를 뛰어넘을 수 없다고 판단된다면 콘셉트 디자인 단계에서부터 충분히 고민하고 논의한 후 그래픽 퀄리티 수준을 언캐니 밸리에 들어가지 않는 수준으로 의도적으로 낮출 필요가 있다. 그래픽 퀄리티는 상대적으로 낮아지겠지만 그래픽 퀄리티를 올리기 위한 노력을 그래픽 분위기에 집중한다면 게임성과 그래픽이 잘 어우러진 좋은 게임이 만들어질 토대를 마련할 수 있다.

04 게임 사운드의 유형

게임 사운드 또한 콘셉트 디자인 단계에서부터 게임 디자이너가 반드시 고려해야 하는 대상이라고 생각한다. 게임의 방향성을 구상하는 콘셉트 디자인 단계부터 사운드 디자이너와 충분히 소통하면서 자신이 정한 테마나 차별점과 일관성을 가진 사운드를 구상할 필요가 있다. 게임과 그래픽 및 사운드가 일관성을 가지지 못한다면 플레이어의 입장에서 시각과 청각에 불균형으로 인해 몰입이 깨지게 된다.

앞서 국내 게임 개발사 상당수는 아직도 사운드를 소홀히 하는 경향이 강하다고 했었다. 사운드를 전문으로 다루는 팀이 있는 개발사는 극소수에 불과하며, 전문 사운드 디자이너를 확보하고 있는 개발사도 드물다. 해외 개발사는 클래식 작곡가, 영화 음악 작곡가 등과 함께 유명 오케스트라를 동원해서 게임의 사운드를 만들어 내는 것에 비해 국내는 전반적으로 아직 갈 길이 멀다.

사운드를 소홀히 여기는 점은 특히 개발 프로세스에서 적나라하게 드러난다. 국내 개발사 대부분은 게임 개발이 거의 끝나고 게임 플레이가 가능한 내부 개발 테스트 단계에 돌입하고 나서야 외주로 요청해 작업받은 사운드를 적용해 본다. 게임이 거의 완성된 시점까지도 사운드에 대한 고려는 없었던 것이다.

게다가 사운드 제작에 필요한 디자인 문서도 부족한 상태로, 원하는 사운드에 대한 명확한 설명 없이 외주 작업이 진행되기 때문에 외주를 받은 사운드 디자이너도 어떤 게임인지 정확히 파악하지 못한 채 상상 속에서 몇 가지 케이스를 만들어 제공하게 된다. 이에 따라 실제 게임에 사운드를 적용하는 개발사에서도 정확히 원하는 곳에 원하는 사운드를 넣기 보다 폭넓게 사용될 수 있도록 제작된 평범한 사운드 리스트 안에서 비교적 어울리는 것을 선택하는 형태로 이뤄지는 경우가 아직도 적지 않다.

이러한 악순환을 끊기 위해 가장 먼저 게임 디자이너가 사운드에 관심을 가지고 게임 사운드에 대한 기본적인 지식을 가질 필요가 있다. 게임 디자이너가 게임 사운드의 중요성을 인식하고 사운드에 대해 알아가려고 하는 것부터 변화의 시작될 것이다. 게임 사운드는 다음과 같이 배경음악(Back Ground Music, BGM), 사운드 이펙트(Sound Effects, SE), 대사에 대한 성우 녹음 보이스(Voice) 크게 3가지로 구분된다. 게임 디자이너는 상세 디자인 단계에서 게임 사운드를 3가지로 구분하여 구상하게 된다.

● BGM

게임 사운드 중 배경음악(BGM)은 통합된 8가지 게임 구성요소 중 '미적 정서'에 영향을 미치는 게임 사운드의 하위 유형이다. 영화, 드라마, 애니메이션 등과 같은 기존 미디어에서도 작품의 테마를 표현하는 테마곡이 있듯이 게임에서도 게임 전체의 테마, 캐릭터별 테마, 주요 장소별 테마를 표현하기 위한 다양한 배경음악이 필요하다.

배경음악은 게임 사운드 중 게임의 테마와 명확히 일관성을 유지할 필요가 있기 때문에, 게임 디자이너는 콘셉트 디자인 단계에서부터 최소한 배경음악만이라도 충분히 고민해 보고, 사운드 디자이너와 의견을 교환해 둘 필요가 있다.

배경음악은 게임의 청각적인 미적 정서를 만들어 내므로 배경음악을 몇 가지 뻔한 샘플 중에 고른다면 청각적인 매력은 크게 반감된다. 과거 뛰어난 명작 게임 중에 상당수는 배경음악조차 유명할 정도로 전체적으로 뛰어난 게임으로 평가를 받고자 한다면 배경음악은 상당히 공을 들여야 한다. 인간은 시각적인 정보보다 청각적인 정보를 더 빠르게 인지하기 때문에 명곡을 많이 보유한 게임은 그만큼 게이머들의 기억 속에 오랫동안 남게 된다. 오랜만에 들은 게임 배경음악 하나로 그때 당시의 게임을 플레이하면서 느꼈던 감정과 추억이 순식간에 되살아나서 다시 그 게임을 하고 싶게 만들 정도로 뛰어난 배경음악은 인간의 기억 속에 깊게 각인된다.

SE

게임 사운드 중 사운드 이펙트(SE)는 통합된 8가지 게임 구성요소 중 '피드백 시스템'에 영향을 미치는 게임 사운드의 하위 유형이다. 게임에서 사운드 이펙트는 플레이어의 행동에 맞게 청각적인 피드백하는 것을 목적으로 한다. 흔히 게임 플레이의 타격감을 높이는데 사용된다고 생각하기 쉬우나 UI를 비롯한 게임 전반에 사운드 이펙트를 어떻게 적용할지 고민하는 것이 좋다.

따라서 사운드 이펙트는 플레이어가 수행하는 행동과 딱 들어맞거나, 즉각적인 피드백일수록, 다양한 행동에 적용될수록 보편적으로 좋다. 그러나 아무런 의미가 없는 행동에 사운드 이펙트를 넣는다면 거슬리니, 단순히 사운드 이펙트를 다양하게 넣어서는 안되며, 명확하게 어떤 피드백을 주려고 하는지 이해하고 필요로 하는 곳에만 추가해야 한다. 사운드 이펙트는 미적 정서를 위한 것이 아니며, 피드백 시스템 역할을 한다는 점을 잊지 말자.

사운드 이펙트는 배경음악과 보이스에 비해 상대적으로 콘셉트 디자인에서 구체적으로 구상할 필요성은 낮다. 오랜 시간 들어야 하는 배경음악과 달리 짧은 재생 시간을 가진 사운드 이펙트는 게임의 청각적인 이미지에 크게 영향을 주지는 않는다. 다만 반복적이고 높은 빈도로 재생될 가능성이 있으므로 귀에 거슬리지 않는 것이 중요하다.

Voice

게임 사운드 중 성우 보이스(Voice)는 통합된 8가지 게임 구성요소 중 '스토리'에 영향을 미치는 게임 사운드의 하위 유형이다. 성우의 녹음된 보이스를 통해 텍스트로 구성된 시각적인 대사에 청각적인 효과를 제공함으로써 플레이어의 몰입감이 크게 상승한다.

다만 막대한 대사 분량을 가진 게임에 전문 성우를 여러 명 고용한다면 개발비에 상당한 부담이 된다. 특히 성우 시장이 발달한 일본에서는 실제로 게임 제작 시 홍보를 위해 유명 성우를 다수 고용하는 바람에 개발비가 부족해져서, 결국 게임성이 좋지 않다고 평가받는 게임도 적지 않다. 그러나 일본에서는 유명 성우가 출연하는 것으로 인해 게임의 홍보 효과가 비용 대비 충분히 좋게 나오는 경우도 있기 때문에 일본 게임 시장에서는 성우 보이스를 매우 중요시하는 경향이 있다.

모션 캡처가 발달하고 캐릭터가 현실과 구분되지 않을 정도로 그래픽이 발전하면서 배경음악에 못지 않게 게임에서도 성우 보이스가 중요한 역할을 차지하게 됐다. 게임에서 대사가 나오는데 성우 보이스 없이 텍스트만 나오는 시대는 이제 지났다고 볼 수 있을 정도로 성우 보이스를 게임에 추가하는 것은 필수적으로 변하고 있다.

그러나 국내 성우는 몇몇 방송국 공채를 기준으로 제한적으로 양성되고 있기에, 과장된 연기가 필요한 방송이라는 미디어에 특화되어 있어 자연스러움이 중요한 게임에 어울리는 성우를 찾는 건 쉽지 않다. 국내 게임 개발사들이 해외처럼 게임에 성우 보이스를 적극적으로 채택하지 않는 것은 성우 시장이 다른 점도 큰 이유로 작용된다.

게임 디자이너는 콘셉트 디자인 단계에서부터 게임의 방향성을 결정할 때 어떤 캐릭터에 어떤 성우를 고용할지 현실 가능한 범위에서 우선순위를 만들 수 있어야 한다. 특히 중요한 역할을 맡을 캐릭터의 성우가 누구인지에 따라 게임의 전반적인 느낌이 완전히 변하므로 게임 디자이너가 성우 시장에 대한 이해도가 없다면 끔찍한 캐스팅으로 연결될 위험이 있다.

05 칵테일파티 효과

게임 사운드를 구상함에 있어 주의해야 할 점이 있을까? 게임 디자인과 일관성을 유지해야 한다는 것 외에 사운드는 청각과 관련되기 때문에 유난히 조심해야 할 점이 존재한다. 인간이 느끼는 오감 중 시각, 촉각, 미각, 후각은 의도적으로 차단할 수 있다. 보기 싫은 것은 눈을 감으면 되고, 맡기 싫은 냄새는 잠시 숨을 참으면 되며, 싫어하는 맛이 포함된 음식은 먹지 않으면 되며, 느끼고 싶지 않은 촉각은 건드리지 않으면 된다. 그러나 청각만은 유일하게 의도적인 차단이 불가능하다. 의도치 않게 들리는 불쾌한 소리는 생물학적으로 차단할 방법이 없다. 따라서 인간은 유독 주위 소리에 민감하게 반응하는 것이다.

그렇다면 인간은 원하지 않는 소리를 어떻게 제어하려고 했는가? 답은 간단하다. 자신이 원하는 소리를 더 크게 틀어 원하지 않는 소리의 파장을 차단하는 것이다. 버스나 지하철을 타보면 상당수의 현대인이 귀에 이어폰을 꽂고 있는 것을 볼 수 있다. 이것이 바로 원하지 않는 소리를 자신이 원하는 소리로 차단하는 대표적인 사례다. 그들은 마음을 평온하게 유지하기 위해 익숙하거나 취향에 맞는 소리를 택한다. 생물학적으로 차단할 수 없으니 생존을 위해 기술적으로 방법을 찾아낸 것이다. 하지만 원하지 않는 소리 자체가 사라졌거나 완전히 들리지 않는 것은 아니다. 영국의 인지과학자 콜린 체리(Colin Cherry)는 이러한 현상을 칵테일파티 효과(Cocktail Party Effect)로 설명한다.

칵테일파티 효과는 시끌벅적한 음악이 틀어진 파티장에서 대화를 하기 위해 서로 목소리를 높이는 상황이라도, 호감가는 상대와 이야기를 할 때는 마치 다른 소리가 들리지 않을 정도로 상대방의 소리가 뚜렷하게 잘 들린다는 현상을 의미한다. 인간은 생물학적으로 소리를 차단할 수 없으니 소리 중에서 생존에 위협을 느끼는 것이나 자신이 호감가는 소리를 선택해 집중하게 된다.

게임 디자이너는 게임 디자인을 수행할 때 칵테일파티 효과에 대해 이해하고 있어야 한다. 소리는 차단할 수 없기 때문에 동시에 여러 소리가 나는 상황이 발생할 때 플레이어가 어떤 소리에 집중할 것인지 파악해야 한다. 그래야 소리가 겹치는 순간에도 게임 디자이너가 원하는 소리가 묻히지 않고, 플레이어에게 명확히 전달할 수 있기 때문이다.

굉장히 간단하면서도 당연해 보이는 개념이지만 의외로 게임에서 잘못 사용되고 있는 사례가 많다. 예를 들어, 〈바이오쇼크〉 시리즈는 세 작품 모두 뛰어난 작품으로 평가받고 있다. 반전이 있는 스토리와 독특한 메커닉스로 독특한 게임 플레이를 경험할 수 있는 작품이다. 그러나 필자는 〈바이오쇼크〉의 녹음기 시스템은 좋지 않는 디자인이라고 평가한다.

〈바이오쇼크〉를 비롯한 많은 게임들이 게임의 세계관이나 세부 설정을 플레이어에게 전달하기 위해 다양한 형태로 분리해서 게임 세계 곳곳에 배치한다. 일반적으로 노트의 형태로 텍스트로만 제공되나, 〈바이오쇼크〉에서는 녹음기라는 형태로 텍스트와 함께 음성을 같이 제공한다. 앞서 성우 보이스의 중요성을 언급했듯이 플레이어의 몰입을 위해서라면 당연히 보이스 음성을 추가한 것이 좋은 선택일 것이다.

그림 12-14 바이오쇼크 2 리마스터

그러나 플레이어의 몰입만 고려했지 칵테일파티 효과까지는 고려하지 않은 디자인이다. 텍스트만이 아닌 음성으로 서브 스토리를 들려주다 보니 음성을 듣는 도중 갑자기 전투에 돌입하는 상황이 빈번히 발생하게 된다. 이때 플레이어는 적들의 전투 관련 소리와 녹음기에서 들리는 서브 스토리 음성 중 무엇에 집중하게 될까? 결론은 불 보듯 뻔하다. 플레이어는 생존을 위협하는 적의 소리에 민감하게 반응하고, 적들의 소리에 집중하게 되어 녹음기 음성은 의미없이 지나가게 된다.

아무리 다시 들을 수 있다고 할지라도 게임 플레이에 필수적인 정보가 아니기에 굳이 시간을 들여 듣는 사람은 드물다. 플레이어가 스토리에 집중할 수 있는 환경에서 스토리를 제공해야 하는데 기존에 보편적으로 통용되는 노트 시스템에 음성을 추가했을 때 시스템이 바뀌었으니 다른 영향이 발생할 수 있다는 것을 미처 파악하지 못한 디자인이라 할 수 있다.

녹음기와 같이 부가적인 스토리를 전달하기 위한 시스템 외에도 칵테일파티 효과를 고려하지 않은 시스템이 의외로 많다. 〈마피아〉, 〈GTA〉와 같은 오픈월드를 차용한 게임은 오픈월드라는 개념상 자동차 등으로 많은 시간 이동해야 한다. 이렇게 버려지는 시간을 효과적으로 활용하고자 하는 의도로 많은 오픈월드 게임에서는 이동 중 캐릭터 간의 대화를 추가하여 부가적인 스토리를 전달하고자 한다.

그러나 이러한 시스템 또한 녹음기 시스템과 동일한 문제를 가지고 있다. 운전하다 보면 오픈월드 특성상 다양한 상황이 발생한다. 이때 플레이어는 캐릭터 간의 대화를 들을 여유가 없다. 듣고 싶었던 대화였으나 예상치 못한 돌발상황으로 인해 해당 대화를 놓치게 된다면 플레이어는 시스템이 불합리하다고 불만을 터트릴 수밖에 없다.

이렇게 명작이라고 평가받는 게임들 중에서도 자세히 살펴보면 아직 개선할 수 있는 점을 많이 찾을 수 있다. 게임 디자인을 공부한다는 것은 아주 사소한 것까지 통찰력 있게 살피고 깊이 있게 고민해서 답을 찾는 과정이다.

12.2

GAME CONCEPT

게임 예시

● 오딘스피어 레이브스라시르

〈오딘스피어 레이브스라시르〉는 바닐라웨어에서 개발한 액션 RPG로, 〈오딘스피어〉를 리메이크한 작품이다. 바닐라웨어는 대부분의 게임 개발사가 3D 중심으로 넘어갔음에도 불구하고 미려한 2D 그래픽을 유지하면서 현대 2D 그래픽이 나아가야 할 길을 제시해 주고 있는 개발사라고 할 수 있다.

〈오딘 스피어 레이브스라시르〉는 개성 있는 5명의 캐릭터별로 각자의 시나리오가 진행되며, 스토리가 진행됨에 따라 서서히 캐릭터 간의 복잡한 관계가 밝혀지기 때문에 5명의 캐릭터로 모두 엔딩을 봐야 진정한 스토리를 이해할 수 있다. 캐릭터마다 전혀 다른 설정으로 디자인되어 있어 스토리도 색다르고, 마치 다른 게임을 5번 플레이하는 느낌일 정도로 캐릭터별 게임 플레이조차 달라 엄청난 볼륨을 가진 게임이다.

그림 12-15 오딘스피어 레이브스라시르

〈오딘스피어 레이브스라시르〉의 2D 그래픽은 바닐라웨어 고유의 미려한 동화풍으로 유명하다. 게임에서 독특한 2D 그래픽 스타일을 어떻게 구축해야 할지 궁금하다면 〈오딘스피어 레이브스라시르〉를 비롯한 바닐라웨어의 작품들을 살펴보는 것이 도움이 될 것이다. 〈프린세스 크라운〉, 〈그림 그리모어〉, 〈오보로 무라마사〉, 〈드래곤즈 크라운〉, 〈13기병방위권〉 모두 독특하면서 아름다운 2D 그래픽을 선보이고 있으므로 2D 그래픽 스타일에 관심이 있다면 반드시 플레이해 볼 가치가 있다.

● **토토리의 아틀리에**

〈토토리의 아틀리에〉는 거스트에서 개발한 연금술을 소재로 한 롤플레잉 게임이다. 〈아틀리에〉 시리즈는 1997년부터 외전을 제외한 본편만 24편까지 나온 시리즈 작품이다. 〈토토리의 아틀리에〉는 알란드의 연금술사 시리즈 중 두 번째 작품으로, 기존에 별다른 특징이 없었던 〈아틀리에〉 시리즈의 그래픽을 수채화풍으로 강조하고, 3D 그래픽임에도 불구하고 2D 일러스트와 별 차이를 느낄 수 없을 정도로 미려하고 아름다운 수채화풍으로 그려낸 것으로 높은 평가를 받았다.

그림 12-16 토토리의 아틀리에 DX

기존 일본의 많은 3D 게임이 2D 일러스트는 미려하고 아름답게 그렸지만, 3D 캐릭터 그래픽은 심플한 로우 폴리곤으로 표현하는 경우가 많았기 때문에 플레이어가 캐릭터에 몰입하기 어렵다는 지적이 많았다. 일본 개발사들도 점차 3D 그래픽이 발전하면서 이러한 단점을 극복했으나 모션 캡처 기술을 기반으로 영화의 노하우를 게임에 적용해 만든 북미의 게임들과 많은 차이를 보였던 것도 사실이다. 이러한 한계를 극복하기 위해 〈토토리의 아틀리에〉와 같은 게임은 그래픽 퀄리티가 아닌 그래픽 분위기에 집중해 퀄리티는 상대적으로 높지 않다고 할지라도 자신들만의 독특하면서 감성 있는 그래픽을 선보인 게임이 등장한다.

〈아틀리에〉 시리즈는 〈토토리의 아틀리에〉에서 수채화풍의 그래픽으로 크게 한 번 도약하고, 이후 〈라이자의 아틀리에〉에서 매력적인 캐릭터성을 가진 주인공 캐릭터를 창조해내면서 다시 한 번 도약한다. 최근 〈아틀리에〉 시리즈는 독특한 그래픽을 가졌다고 하기 어려우므로 독특한 3D 그래픽을 참고하고 싶다면 알란드의 연금술사 시리즈 작품을 찾아보길 권한다.

● 니어 오토마타

〈니어 오토마타〉는 플래티넘 게임즈와 스퀘어에닉스에서 합작해서 개발한 액션 RPG다. 안드로이드를 소재로 한 철학적인 테마, 깊이 있는 스토리, 매력적인 캐릭터, 회차마다 다른 캐릭터의 시점에서 플레이 등은 좋은 평가를 얻었으나 게임 플레이나 편의성 면에서는 아쉽다는 평가가 존재한다.

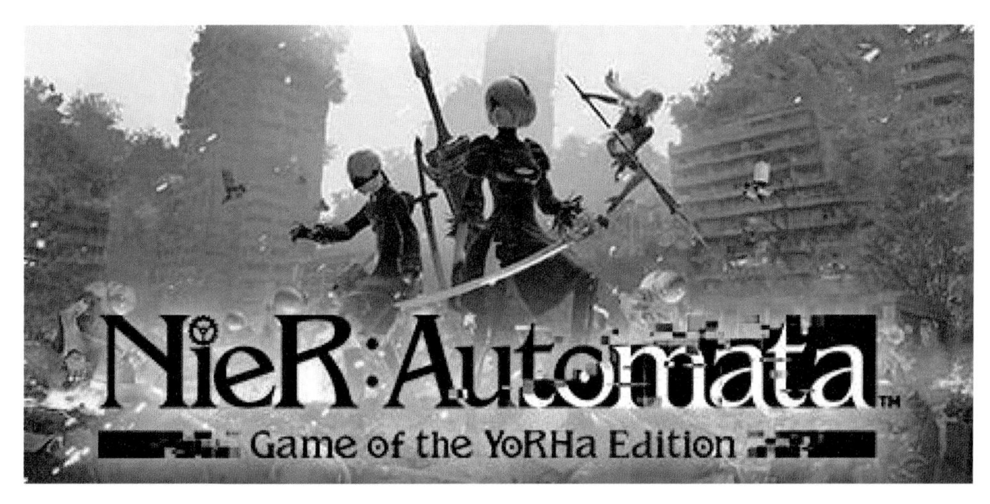

그림 12-17 니어 오토마타 : 요르하 에디션

너무 많은 명작이 사운드가 좋기 때문에 게임 중 사운드가 좋은 게임을 선정하기 쉽지 않다. 사운드는 개인 취향에 많은 영향을 받으며, 좋은 음악이란 무엇인가를 평가하는 것 자체가 어렵기 때문이다. 북미와 일본의 과거 명작이라고 불리는 게임들의 상당수는 스토리와 게임 플레이만이 아니라 사운드에서도 높은 평가를 받고 있을 정도로 해외에서는 사운드를 게임에 맞게 제작하려고 상당히 공을 들이고 있기 때문이다.

비교적 최근 게임이라 구입해서 플레이하기도 수월하고 게임의 분위기와 사운드가 절묘하게 잘 어울리는 작품이라서 〈니어 오토마타〉를 좋은 사운드를 가진 게임 예시로 선정했다. 〈니어 오토마타〉는 2017년 사운드트랙을 발매했고 사운드트랙도 좋은 평가를 받았으므로 어떤 사운드가 게임의 테마와 분위기에 맞는지 알고 싶다면 참고가 될 것이다.

12.3

실습 가이드

13주차 실습

① **목표** : 게임의 그래픽과 사운드의 방향성 결정

② **추천 분량** : PPT 3~4장

③ **페이지 구성**

Page 1) 그래픽의 유형을 정리한 표 1개(참고 그림 1장 이상 첨부)

Page 2) 희망하는 그래픽 스타일을 정리한 문장(참고 그림 1장 이상 첨부) 〈선택 사항〉

Page 3) 희망하는 그래픽의 분위기를 정리한 문장(참고 그림 1장 이상 첨부)

Page 4) 희망하는 테마곡(BGM)을 정리한 문장(참고 음악 1개 이상 첨부)

④ **페이지 내용**

Page 1) 게임의 그래픽 유형을 상세히 알 수 있도록 작성

Page 2) 게임의 그래픽 스타일을 상세히 알 수 있도록 작성

Page 3) 게임의 그래픽 분위기를 상세히 알 수 있도록 작성

Page 4) 테마곡을 비롯한 게임 사운드 중 BGM의 방향성을 상세히 알 수 있도록 작성

● 주의점

그래픽과 사운드는 본래 게임 디자이너의 영역이 아님에도 게임의 방향성과 일관성을 유지하기 위해 게임 디자이너가 방향을 잡을 책임을 가지고 있는 까다로운 영역이다. 따라서 그래픽 디자이너와 사운드 디자이너에게 게임 디자이너가 생각하는 바를 얼마나 제대로 전달하는지가 중요하다. 아무런 설명도 없이 참고할 만한 그림이나 사운드를 몇 개 샘플로 주고, 왜 전혀 다른 작업물이 나왔냐고 해서는 안된다. 이는 게임 디자이너에게 자신의 생각을 충분히 설명하거나 문서화해서 전달하지 못한 책임이 있기 때문이다.

그래픽 디자이너에게 전달해야 하는 문서는 사진마다 자신이 원하는 부분을 동그라미 등으로 시각적으로 표시하고, 어떤 점을 원하는지 가능한 한 구체적으로 코멘트를 작성하는 것이 좋다. 사운드 디자이너에게 전달해야 하는 문서는 샘플 사운드에서 참조했으면 하는 부분을 초 단위로 정리해서 코멘트와 같이 작성하는 것이 좋다. 콘셉트 디자인에서는 제한된 분량으로 상세히 적기엔 한계가 있겠지만, 단순히 그림과 사운드 샘플만 전달하지 말고 자신이 원하는 바를 명확히 설명하기 위해 다양한 방법을 고민해 보자.

13 장

게임 콘셉트 디자인 문서 작성 가이드

학 습 목 표

게임의 규모를 산정하는 인력, 스펙, 일정을 학습하고 게임 콘셉트 디자인 문서의 구성을 이해한다.

13.1

GAME CONCEPT

게임의 규모 산정

게임의 규모

게임 콘셉트 디자인에서 필요로 하는 항목은 모두 살펴본 것 같지만 아직 가장 중요한 항목이 하나 남아있다. 바로 게임의 규모를 산정하는 항목이다. 게임의 규모를 산정하는 과정은 프로젝트 매니징과 관련된 내용이지만, 프로젝트 매니징을 본격적으로 설명하려면 별도의 책을 써야 할 정도로 깊이 있고 게임 제작에서 가장 난이도가 높은 분야이니, 이 책에서는 콘셉트 디자인 과정에서 필요한 게임의 규모를 산정하는 극히 일부만 살펴본다.

아무리 만들고자 하는 게임이 무엇인지, 어떤 대상에게 제공할 것인지 정했다고 할지라도 콘셉트 디자인의 목적은 혼자서 보는 것이 아닌 경영진, 투자자에게 프로젝트 승인을 설득하는 것이며, 동료 개발자들에게 같이 게임을 만들어 보는 것이 어떨지 소개하는 것임을 한순간도 잊어서는 안된다. 다시 말해서 목적을 달성하기 위해 현실 가능성을 강력하게 어필할 필요가 있다. 아무리 재미있어 보이는 게임이라고 할지라도 현실 가능성이 없다면 현 시점에는 시기상조인 프로젝트다.

대학교 1학년 수업인 게임학개론에서 게임 디자인의 개념을 가르치기 전에 반드시 게임 개발 직군, 직군별 역할, 개발 프로세스, 팀 작업의 중요성, 프로젝트 매니징의 개념 등을 먼저 가르치는 이유는 명확하다. 딱딱하고 따분한 내용이라고 할지라도 게임 콘셉트 디자인을 수행함에 있어 게임 개발 전반을 알고 진행하는 것과 그렇지 않은 것에 절대적인 차이가 존재하기 때문이다.

게임 디자인은 팀원들과 같이 게임을 만든다는 것을 전제로 작성되어야 한다. 게임을 처음 배우려는 학생들에게 게임 디자인을 가장 먼저 알려주는 것이 게임 제작에 대한 흥미를 불러일으킬 수 있다는 장점이 있어 운영상 먼저 가르치는 경우가 많은데, 필자는 게임학을 정립하는 입장에서 이러한 교육법은 오히려 독이 된다고 생각한다. 자칫 게임 디자인이 게임 제작 중에 가장 쉽고, 현실 가능성이나 팀 구성원을 고려하지 않고 단순히 스스로 만들고 싶은 게임을 구상한다면 다른 팀원들은 군말 없이 만들어 주어야 한다는 잘못된 인식을 심어줄 수 있기 때문이다. 딱딱한 내용이라고 할지라도 게임 제작이란 무엇인지 전반적인 설명을 충분히 한 후 본격적인 게임 디자인, 프로그래밍, 그래픽 디자인 교육을 시작해도 늦지 않다.

본론으로 돌아와서 해당 콘셉트 디자인으로 게임을 완성할 수 있다는 것을 설득하기 위한 첫 관문은 게임의 규모를 산정하는 것이다. 게임 업계에서는 게임 제작을 위해 필요한 것을 정리한 리스트를 '스펙'이라고도 부른다. 게임 제작의 현실 가능성을 보여 주기 위해서 가장 먼저 스펙을 정하고, 해당 스펙을 개발할 참여 인력을 구성하고, 마지막으로 해당 인력으로 정해진 스펙을 개발할 일정을 대략적으로 결정한다. 필자는 스펙, 참여 인력, 개발 일정 3가지를 게임의 규모를 산정하고 현실 가능성을 설득하기 위한 최소한의 항목으로 보고 있으며, 따라서 콘셉트 디자인 문서에 반드시 포함하는 것이 좋다고 설명한다. 또한 「스펙 → 참여 인력 → 개발 일정」의 순으로 구상하는 하는 것이 게임 제작 프로세스에 적합하다.

스펙은 게임의 프로그래밍상 구조를 설계하는 아키텍처와 논의해서 정하는 것이 가장 바람직하나, 아키텍처를 보유한 국내 개발사는 많지 않으므로 보편적으로 게임 디자이너, 프로그래밍 파트 리더, 그래픽 디자이너 파트 리더가 함께 논의하게 된다. 참여 인력 구성과 개발 일정 수립은 본래 프로젝트 매니저의 역할이나 콘셉트 디자인에서 간략한 계획은 수립되어야 한다.

업계를 기준으로 예를 들면, 게임 디자이너가 프로그래밍, 그래픽 디자인, 프로젝트 매니징에 대한 기본적인 지식이 없다면 게임의 규모를 산정하는 것조차 불가능하므로, 현실 가능성을 스스로조차 판단할 수 없는 상태일 것이다. 이런 상태로 누군가를 설득하는 건 솔직히 불가능하다. 게임 디자이너는 게임 제작에 대해 충분히 경험이 있는 리더 수준인 사람이 할 수밖에 없는 직군이라는 점을 다시 한 번 확인할 수 있는 순간이다.

다만 우리는 처음으로 게임 디자인을 배우는 단계이므로 본인이 작성한 게임 디자인 문서를 보고 스펙, 참여 인력, 개발 일정을 연습삼아 작성해 본다. 분명 참여 인력 구성과 개발 일정을 제대로 작성하기까지는 게임 제작 경험을 여러 번 해 보아야 하지만 콘셉트 디자인 단계에서 미리 고민해 보는 것이 큰 도움이 될 것이다.

01 스펙

게임 개발에서 스펙을 결정하는 것은 게임의 규모 산정의 시작점이라고 설명했다. 필자는 스펙을 크게 '콘텐츠 스펙'과 '시스템 스펙'으로 구분한다. 현실 가능성을 설득하기 위한 시작점은 스펙을 현실적으로 정하는 것이다. 콘셉트 디자인을 수행하다 보면 이것도 넣고 싶고, 저것도 넣고 싶고, 일단 많은 분량을 넣으면 재미있을 것 같기에 점점 스펙이 커지는 경향이 있다. 그러나 스펙이 커질수록 현실 가능성은 반비례한다. 따라서 게임 디자이너는 자신이 만들고자 하는 게임의 테마, 차별점, 재미 등을 그대로 보존하면서도 최소로 필요한 핵심적인 스펙을 결정하는 능력을 가지고 있어야 한다.

게임 디자인이 진정으로 어려운 점이 바로 여기에 있다. 스펙이 조금만 늘어나도 필요로 하는 개발 인력이 급격히 늘어나게 되며, 이는 곧 개발비 상승과 개발 일정 증가로 이어진다. 개발

비와 개발 일정이 늘어나면 늘어날수록 경영진과 투자자가 느끼는 불안감도 커지고, 실패했을 때의 리스크가 눈덩이처럼 불어나게 된다. 현재 구성할 수 있는 참여 인력과 현실적인 개발 일정을 고려해서 제한적인 스펙 안에서 명확한 콘셉트 디자인을 잡아야 현실 가능성이 생기므로 스펙을 명확히 결정할 수 있는 능력은 게임 디자이너에게 있어 필수적이라 볼 수 있다. 어떤 스펙을 포기하고 어떤 스펙을 추가할 것인지, 스펙 리스트의 우선순위는 어떻게 되는지, 스펙이 바뀌었을 때 게임 전체에 어떤 영향이 미칠지 완벽히 파악하고 있지 않다면 스펙을 감으로 잡는 셈이 되므로 결국 실패한 게임 디자인으로 이어지게 될 가능성이 매우 높다.

❶ 콘텐츠 스펙

게임에 들어갈 캐릭터, 아이템, 스킬, 스테이지, 퀘스트 등과 같은 모든 콘텐츠를 수치적으로 표현한 것이 콘텐츠 스펙이다. 캐릭터 7종, 아이템 120종, 캐릭터별 스킬 12개, 공통 스킬 10개, 스테이지 5종 등과 같이 콘텐츠 스펙에서는 명확하게 수치로 표현한다.

콘텐츠 스펙에서는 먼저 게임에서 어떤 콘텐츠가 필요한지 파악하는 것부터 시작이다. 콘텐츠도 메커닉스에서 도출되어야지 단순히 다른 게임에 있으니 캐릭터, 아이템 등으로 미리 구분해서 디자인하자고 접근하는 건 스스로 창의력에 제한을 두는 굉장히 좋지 않은 습관이다. 게임에 따라 아이템이 스킬의 역할을 할 수도 있고, 캐릭터이자 아이템인 것이 있을 수도 있다. 스스로 게임 디자인한 메커닉스를 기준으로 필요한 콘텐츠를 분류하고 이를 수치화하는 것이 콘텐츠 스펙을 결정하는 과정이다.

콘텐츠 스펙은 게임 디자인, 프로그래머, 그래픽 아티스트, 사운드 아티스트 모두에게 해당되는 스펙이므로 이를 수치화함으로써 필요한 참여 인력을 구상하고, 개발 일정을 보다 정교하게 산정할 수 있게 된다. 시스템 스펙에 비해서 상대적으로 게임의 핵심이 아닌 경우가 대부분이기 때문에 어느 정도 유동적으로 바꾸면서 개발을 진행할 수 있다.

❷ 시스템 스펙

조작 방법, 이동 시스템, 전투 시스템, 성장 시스템 등과 같은 게임 시스템을 프로그래밍의 관점에서 기능적으로 표현한 것이 시스템 스펙이다. 시스템 스펙은 프로그래머에 해당되는 스펙이며, 게임의 핵심과 밀접하므로 게임 디자이너가 가장 깊게 고민해야 하는 스펙이다. 메커닉스에서 도출된 게임 시스템들을 시스템별로 구분하고, 이를 다시 기능을 기준으로 세분화하여 리스트화하면 시스템 스펙이 된다.

시스템 스펙은 사소한 변화에도 다른 시스템이 영향을 받기도 하고, 게임성 자체가 변하기도 하므로 프로그래밍 파트 리더와 충분한 의견 교환이 필요하며, 신중히 결정해야 한다. 게임을 개발하다가 일정이 연기되거나 다시 만드는 경우의 대부분은 초기에 게임 디자이너가 시스템 스펙을 잘못 잡았기 때문일 가능성이 높다.

02 참여 인력

스펙이 결정되었다면, 게임 제작을 위해 필요한 참여 인력 계획을 하게 된다. 게임 제작은 초기 단계에 많은 인원이 모여 있어봐야 커뮤니케이션 복잡도만 늘어나고 의견 충돌만 증가하므로 프로토타입을 만들 수 있는 최소 인력으로 시작하는 것이 일반적이다. 상세 게임 디자인이 틀이 잡히고, 상세 디자인 문서를 기준으로 어느 정도 기본적인 스펙이 마무리되면, 그때 해당 게임에 참여할 인력을 구하는 것이다.

처음부터 무슨 게임을 만들지도 정하지 않았는데, 많은 인원을 모아 놓고 만들고 싶은 게임을 같이 이야기해 보자는 방식으로는 절대 게임이 완성되지 않는다. 만들고 싶은 게임들도 전부 다르고, 콘텐츠나 시스템 하나하나에 호불호가 있으며, 실제 스펙을 결정하고 나니 아무런 역할을 할 수 없는 인력이 대거 포함되어 있을 수도 있다. 게임 제작은 문과(게임 디자인), 이과(프로그래밍), 예체능(그래픽 디자인&사운드 디자인)을 융합해야 하는 과정이므로 그 어떤 미디어 제작과 비교하기 어려울 정도로 난이도가 높다. 누구나 콘셉트 디자인을 시도해 볼 수는 있지만, 실제 게임을 완성하는 건 전혀 다른 전문 영역이다. 그래서 게임 업계에서는 게임을 끝까지 완성해본 경험이나 출시해 본 경험을 매우 중시하는 것이다.

실제 게임 업계에서 개발 인력을 구성하는 건 굉장히 복잡하기에 여기서는 학생들 작품이나 인디 게임의 팀 구성을 위해 필자가 자문해 주는 참여 인력 구성을 기준으로 소개한다. 장르나 게임에 따라 조금씩 변경할 수 있으나 보편적으로 아래의 구성이 효율적이다. 멀티 플레이 게임을 제대로 만들기 위해서는 서비스 단계까지 고려해야 하므로, 기본적으로 싱글 플레이 게임과 비교할 수 없을 정도로 많은 자본과 인력이 필요하므로 여기서는 논외로 한다.

2D 싱글 플레이 게임이라면, 게임 디자이너 1명, 프로그래머 1명, 그래픽 디자이너 3명 또는 게임 디자이너 1명, 프로그래머 2명, 그래픽 디자이너 2명을 추천한다. 프로그래머가 해당 장르의 개발 경험이 있거나 프로그래머로서 소질을 가지고 있다면 프로그래머가 1명인 구성이 압도적으로 좋다. 프로그래머의 팀 작업은 소스 관리나 설계와 연관되므로 난이도가 매우 높기 때문에 인원이 늘어난다고 해서 작업 속도가 늘어나는 것이 아니다. 2D 게임의 경우 필수 참여 인력이 많지 않아서 어느 정도 유동적으로 추가 인원을 고민할 수 있다는 장점이 있다.

3D 싱글 플레이 게임이라면, 게임 디자이너 1명, 프로그래머 2명, 그래픽 디자이너 4명 또는 게임 디자이너 2명, 프로그래머 2명, 그래픽 디자이너 3명을 추천한다. 게임 디자이너가 2명인 구성의 경우 스토리를 전문적으로 담당해야 하거나 게임 디자인의 역할이 중요한 장르를 선택했을 때에 한정하며, 보편적으로 3D 게임은 그래픽 작업이 세분화되어 있어 그래픽 디자이너의 수를 확보하는 것이 중요하다.

참여 인원이 8명의 배수가 되는 순간마다, 반드시 관리를 전담할 수 있는 인력을 둬야 한다. 글로벌 프로젝트 매니징 관점에서 참여 인력이 8명 이상이면 팀이 아닌 본격적인 개발 회사 규모라고 볼 수 있으므로 관리자가 없다면 서로가 무엇을 하는지 파악도 불가능하며, 커뮤니케이션 라인도 기하급수적으로 복잡해지므로 전담 관리자가 없이 진행하겠다는 건 무모한 발상이다. 따라서 냉정하게 게임 디자이너가 관리 능력이 없다고 판단되면, 반드시 별도의 관리자를 구해야 참여 인력을 늘리는 것을 고려할 수 있다. 그렇지 않다면 기본적으로 7명을 넘지 않는 것이 게임의 완성 가능성을 조금이라도 열어 놓게 된다.

필요한 참여 인력을 산정해 제한된 자원 안에서 게임을 만들어 가는 것이 게임 디자이너의 능력이지, 현재 인력으로 해결하기 위해 노력하지도 않고 문제가 생기면 무작정 참여 인력을 늘려야 한다고 생각한다면, 게임 제작에 대한 기초적인 지식조차 부족하다는 의미다. 이는 스스로 게임 디자이너에 적합한지 심각하게 고민해야 할 정도의 큰 문제이다.

개발비와 개발 일정은 절대 무한이 아니다. 게임을 구상하는 초기 참여 인력 구성과 실제 본격적인 게임 개발 단계에 들어갔을 때의 참여 인력 구성을 현실적으로 비교해서 같이 정리하면, 게임 제작에 대한 이해도와 현실 가능성이 높다는 점을 크게 어필할 수 있어 프로젝트 승인의 가능성이 높아진다.

참여 인력을 게임 디자이너, 프로그래머, 그래픽 디자이너, 사운드 디자이너 등으로 크게 분류한 후 세부적인 역할을 나눈다. 각 역할별로 필요한 개발 능력이나 주의점을 하나의 표로 정리하면 콘셉트 디자인에서 필요로 하는 참여 인력 정리가 끝난다.

03 개발 일정

스펙과 참여 인력의 윤곽이 잡혔다면 마지막으로 개발 일정을 정리하는 과정만 남았다. 개발 일정은 본래 프로젝트 매니저가 수행해야 하는 수많은 것 중 하나이지만, 글로벌 시장 기준으로 프로젝트 매니저가 게임 디자인을 담당하지 않는 전문 관리자인 경우가 적지 않기 때문에 초기 개발 일정은 게임 디자인을 총괄하는 인력이 대략적으로 잡게 된다. 이후 프로젝트 매니저가 각 팀원의 능력, 성격, 업무 적성도 등을 파악하여 현실적인 상세 개발 일정을 수립하게 된다.

이 책에서는 실제 업계에서 이뤄지는 프로젝트 매니징 수준까지 깊이 들어갈 필요는 없으므로, 콘셉트 디자인을 진행하면서 도출된 스펙을 가지고 대략적인 개발 일정을 작성해 보는 정도로 충분하다. 보통 일정 관리는 그림 13-1과 같은 간트 차트(Gantt Chart)를 기준으로 작성한다.

간트 차트란 게임만이 아닌 대부분의 업계에서 사용되는 프로젝트 일정 관리를 위한 그래프 중 하나로, 수행해야 하는 업무별로 가로의 바(bar) 형태 그래프를 그려 시작과 끝을 시각적으로 표현하여 전체적인 프로젝트 일정을 한눈에 볼 수 있게 하여 관리하기 수월하게 하는 차트다. 간트 차트를 그릴 때 시작점이자 가장 중요한 과정이 바로 왼쪽의 항목을 어떻게 분류할 것인가다. 이 항목을 잘못 작성하는 순간 일정 관리의 의미 자체가 없어진다.

〈13장〉에서 가장 먼저 스펙을 결정하라는 이유는 게임 디자인의 관점에서도 중요하지만, 바로 체계적인 일정 관리로 직결되기 때문이다. 스펙을 명확하게 정리했다면 간트 차트의 왼쪽 항목에는 바로 그 스펙이 들어가는 것으로, 자동적으로 게임 개발을 한눈에 볼 수 있는 깔끔한 그래프가 만들어진다. 스펙을 게임 디자인, 프로그래밍, 그래픽 디자인 등으로 크게 분류하고 다시 세부적으로 분류한 다음, 구체적인 스펙에 해당하는 일정을 정하면 된다. 그리고 그 일정을 수행할 인원을 참여 인력표를 보고 배분하면 된다.

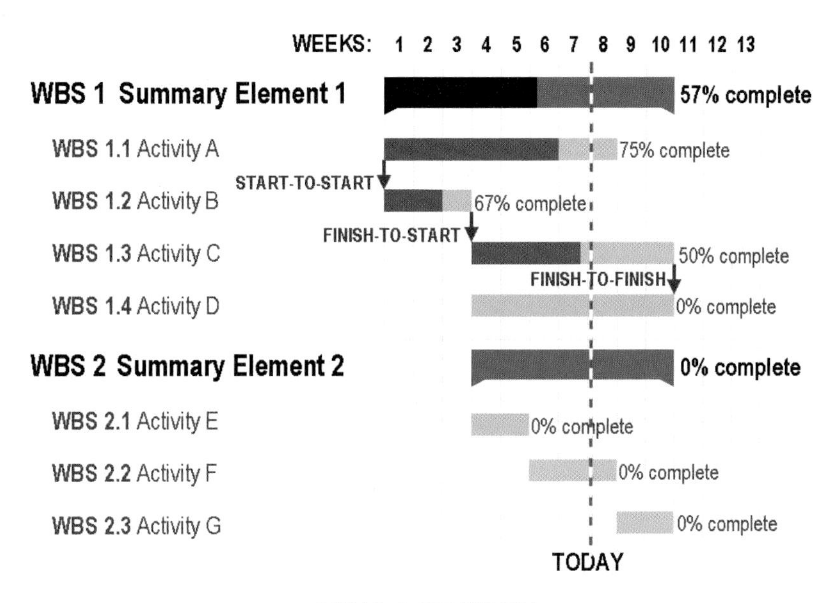

그림 13-1 간트 차트 예시

시중에 프로젝트 매니징을 쉽게 할 수 있는 다양한 프로그램이 존재한다. 본격적인 프로젝트 매니징 기능을 지원하는 Microsoft Project 등과 같은 프로그램도 존재하나 사용하면서 드는 비용이 비싸고, 프로그램이 무겁기 때문에 팀원들 모두가 익숙해지는데 상당한 시간이 소요된다는 단점이 있다. 반면에 무료로도 사용할 수 있으면서 상대적으로 가벼워 누구나 몇 번 사용해 보면 쉽게 사용법을 알 수 있는 Jira나 Notion과 같은 프로그램들이 최근 게임 업계에서 많이 사용된다.

그림 13-2와 그림 13-3은 Jira의 개발사인 아틀라시안의 홈페이지에 예시로 소개된 그림이다. 간트 차트와 같이 먼저 왼쪽의 항목이 표시되고, 해당 항목에 대한 일정과 담당자를 지정하면 각 담당자들이 업무 진행도를 지정할 수 있어 전체적인 프로젝트 진행 정도를 한눈에 확인할 수 있다. 또한 간트 차트 형태가 아닌 보드 형태로도 확인할 수 있어 작업을 중심으로 세부 내용을 확인하기 쉬운 기능도 제공한다.

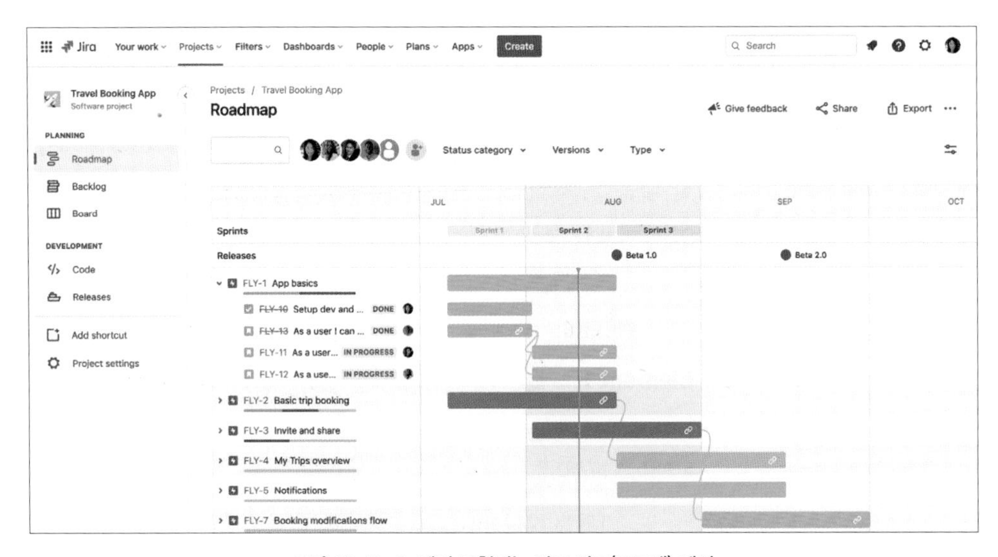

그림 13-2 Jira에서 표현되는 간트 차트(로드맵) 예시

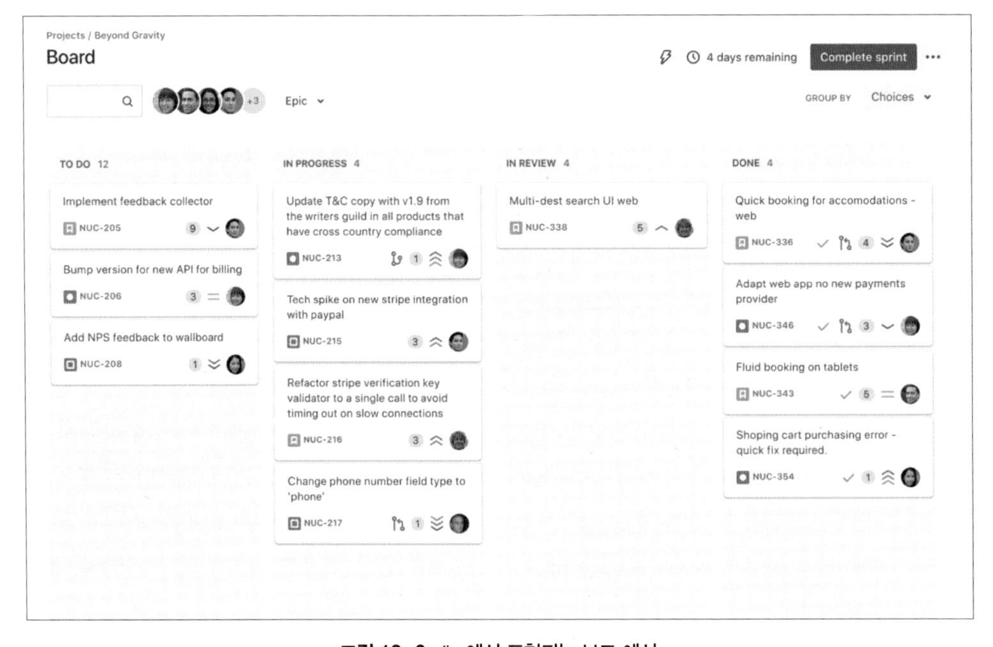

그림 13-3 Jira에서 표현되는 보드 예시

전문적인 프로젝트 매니징은 관리자 경험이 조금 있다고 아무나 흉내 낼 수 있는 분야가 절대 아니다. 프로젝트 매니징에 대한 전문적인 지식을 습득하기 위해 상당한 시간이 들며, 많은 노력을 통해 쌓은 지식을 기반으로 여러 프로젝트에 대한 매니징 경험을 실제 쌓아 수많은 실패를 극복하고 해당 팀에 적합한 관리 방법을 찾아야 한다. 프로젝트 매니저가 충분히 성장할 때까지 회사가 실패를 용인하지 못한다면 해당 회사에서는 프로젝트 매니저가 성장할 수 없다는 의미다. 개인이 아무리 열심히 공부한다고 해서 프로젝트 매니징을 습득할 수 있는 것이 아니라 회사 차원의 지원이 없으면 양성 자체가 불가능하다. 게다가 프로젝트 매니저 본인도 그 무엇보다 인간에 대해서 깊게 알아야 하기 때문에, 어느 정도 규모가 있는 회사에서 몇 명을 집중적으로 양성한다고 해도 상당한 비용과 시간이 소요된다.

마지막으로 이 책에서 프로젝트 매니징에 대해 상세한 이야기를 다루는 건 목적에 맞지 않기 때문에 프로젝트 매니징을 처음 접하는 초보자에게 주의해야 할 점 2가지만 언급하고 마무리하겠다.

첫째, 프로젝트 매니징 경험이 없는 관리자일수록 마치 한 번 일정을 결정하면 모든 구성원이 일정을 절대적으로 지켜야 한다는 강박에 사로잡히기 쉽다. 수십~수백 명의 구성원의 일정이 변하지 않으리라 생각하면 오산이다. 하루에도 여러 명의 일정이 변경되고, 그에 따라 관련된 수많은 일정을 재조정해야만 한다. 하나를 조정하면 거의 전체가 모두 바뀌는 셈인데 이를 하루에도 몇 번씩 수정해내야 한다. 생각만 해도 끔찍해 보이지만, 이는 진정한 프로젝트 매니저가 해야 하는 수많은 과업 중 단지 하나에 불과하다.

둘째, 프로젝트 매니저가 일정을 관리하기 위해 구성원별 특성을 고려하지 않고 자신의 편의를 위해 평균적인 수치를 제시하여 일정을 관리한다면, 머지않아 많은 구성원이 일정을 지키지 못하고 전체적인 사기가 떨어져 프로젝트가 실패로 이어질 것이다. 프로젝트 매니저는 일정을 결정해서 하달하는 역할이 아닌 최대한 팀 구성원의 모든 것을 파악해서 업무를 수행할 수 있는 최적의 일정을 구성원별로 서로 합의하여 지속적으로 분배해야 한다. 그래야 구성원들 스스로 업무를 잘하고 있다고 느끼게 되고, 팀 전체의 사기가 올라간다. 이러한 큰 그림까지 그릴 수 있어야 진정한 프로젝트 매니징의 개념을 이해하고 있다고 볼 수 있다.

기말 발표 가이드

기말 발표 PPT 추천 목차

① 표지

〔참고〕 : 게임 제목 명시

② 주요 목차

③ 플랫폼, 장르, 소재

④ 타겟층

〔참고〕 : '대상이 될 플레이어의 유형' 포함해서 요약하거나 제외

⑤ 테마

⑥ 차별점

〔참고〕 : 차별점 1페이지로 요약, '게임의 유형' 포함해서 요약하거나 제외

⑦ 중요시할 게임의 디자인 구성요소, 쾌락, 재미요소, 놀이 인격, 다중 지능

〔참고〕 : 5가지를 시각화하여 1페이지로 요약

⑧ 그래픽과 사운드

- 그래픽 유형, 스타일, 분위기
- 테마곡

⑨ 캐릭터 설정

- 캐릭터 관계도
- 주요 캐릭터 설정

⑩ 세계관 설정

- 세계관 요약
- 종족 또는 국가별 분야별 세부 세계관 〈선택 사항〉
- 주요 연대기 〈선택 사항〉

⑪ 스토리

⑫ 메커닉스와 게임 플레이

- 게임의 절차
- 핵심 게임 플레이 루프
- 게임의 대표적 시스템

⑬ UI

- 게임 플레이 화면의 UI 구상도
- 게임 플레이 화면 컴포넌트 설명표

⑭ **프로젝트 매니징**

- 스펙
- 참여 인력
- 개발 일정

⑮ **결론**

⑯ **참고 문헌**

* 추천 분량 : 표지, 목차, 결론 포함해서 PPT 약 25~30장

* 추천 발표 시간 : 15~20분

● 주의점

❶ 게임 콘셉트 디자인 문서의 완성

〈7장〉까지는 중간 발표를 위해 게임의 방향성과 장르를 도출하는 과정이었다면, 〈8장〉부터는 본래 상세 디자인 단계에서 수행할 항목이나 게임 콘셉트 디자인을 위한 수준으로 축약해서 구체화해 왔다. 기말 발표에서는 게임 콘셉트 디자인 문서를 완성해서 발표하는 것을 목표로 한다.

중간 발표까지 도출된 내용을 대부분 사용하지만, 업계에서 사용하는 콘셉트 디자인 문서에 맞게 순서와 비중을 반드시 조정해야 한다. 중간 발표는 스스로의 아이디어를 정리하는 것이 목적이었으나, 기발 발표는 명확하게 청중에게 자신이 구상한 게임이 매력적이라는 것을 설득하는 목적이 있기 때문이다.

게임 콘셉트 디자인 문서를 작성하기 시작하는 단계에서는 이후 변경해도 좋으니 게임의 제목이 결정되어 있어야 한다. 아직까지도 게임의 제목을 결정하지 못했다는 건 콘셉트 디자인의 방향성이 아직 잡히지 않았다는 매우 심각한 위험 신호다. 제목을 정하는데 영향을 줄만한 부각되는 요소가 지금까지 단 하나도 없다는 것이므로, 당장 〈2장〉으로 돌아가서 챕터 순으로 무엇이 부족했는지 다시 확인해야 하는 최악의 상황이다. 다른 특정 게임을 보고 기능적인 면만 따라했을 경우 보통 제목을 결정하지 못하는 사례가 자주 발생한다.

게임 콘셉트 디자인 문서를 처음 작성한다고 해서 겁먹을 필요는 없다. 이 책의 가이드를 따라 열심히 〈13장〉까지 따라왔다면 게임 콘셉트 디자인 문서에 필요한 거의 대부분의 내용은 이미 작성되어 있는 셈이다. 게임 콘셉트 디자인 문서의 추천 목차에 따라 페이지를 재배치하고, 일부 내용을 요약하거나 인포그래픽으로 시각화를 추가하는 것으로, 어느새 틀을 갖춘 자신만의 첫 번째 게임 콘셉트 디자인 문서가 완성되어 있다는 사실을 깨닫게 될 것이다.

❷ 게임 콘셉트 디자인 문서의 추천 목차 영역 구분

추천하는 게임 콘셉트 디자인 문서의 목차는 크게 다음의 4가지 영역으로 구분된다. 목차를 4가지 영역으로 나눠서 보면 이해가 빠를 것이다.

첫째, 목차 다음에 청중이 게임의 윤곽을 알 수 있는 정보를 맨 앞에서 제공하는 것이 좋다. 도출된 플랫폼, 장르, 소재와 함께 핵심 타겟층과 확장 타겟층을 제시함으로써 청중에게 게임의 대략적인 정보를 제공한다(③~④).

둘째, 게임의 방향성을 결정하는 테마와 차별점을 제시함으로써 게임의 독창성, 매력, 가능성 등을 강하게 어필한다. 테마와 차별점에서부터 청중의 표정과 반응을 특히 잘 살펴봐야 한다. 이 시기부터 게임에 관심을 가지기 시작했다면 이번 콘셉트 디자인의 절반은 성공한 것이다. 다음으로 테마, 차별점, 장르가 도출된 근거인 중요시할 게임의 디자인 구성요소, 쾌락, 재미요소, 놀이 인격, 다중 지능을 간단히 소개한다. 도출하는 과정에서는 중요했지만, 콘셉트 디자인 발표에서는 체계적으로 도출됐다는 것을 어필하는 목적이므로, 이 페이지에서 많은 시간을 소요할 필요는 없다(⑤~⑦).

셋째, 실질적인 게임 콘셉트 디자인에 해당하는 영역이다. 상세 디자인 문서에서 작성하게 될 내용 중 그래픽과 사운드, 캐릭터, 세계관, 스토리, 메커닉스와 게임 플레이, UI의 중요한 부분만을 추려서 구성된 것이다. 미적 정서에 해당하는 그래픽과 사운드를 앞에 배치했다. 단, 모든 페이지에 동일한 시간을 할당하지 말고, 앞서 결정했던 '중요시할 게임의 디자인 구성요소'를 기준으로 만들고자 하는 게임의 중요한 구성요소에 더 많은 시간을 할당하고, 중요하지 않은 구성요소는 핵심만 언급하고 빠르게 넘어가도 무방하다. 또한 중요한 구성요소의 순서를 앞당겨도 좋다(⑧~⑬).

넷째, 프로젝트 매니징에 해당하는 스펙, 참여 인력, 개발 일정을 설명하는 영역이다. 현실 가능성을 어필할 수 있는 영역이기 때문에 쉽게 생각하고 대충 작성해서는 안된다. 인터넷에서 정보를 조금만 찾아봐도 기본적으로 갖춰야 할 작성법을 배울 수 있으니, 생각외로 중시해야 하는 부분이다. 아무리 게임이 매력적이라고 할지라도 당장 만들 수 없다고 판단되면 설득력이 낮아지기 마련이다. 게임의 매력이 조금 부족해도 현실 가능성이 충분하다면, 아이디어를 추가하거나 수정하더라도 프로젝트가 완료될 가능성이 높아 보이므로 프로젝트 승인 가능성이 상당히 높아진다(⑭).

참고로, 공공기관의 심사와 같이 행정을 중시하는 곳이거나 청중들이 많은 시간을 할애하기 어려운 윗사람들이 많다면, 스펙, 참여 인력, 개발 일정을 테마 페이지 앞이나 그래픽과 사운드 페이지 앞으로 순서를 앞당기는 것도 고려할 필요가 있다. 추천하는 게임 콘셉트 디자인 문서의 목차이지만, 게임 디자인에 정답은 존재하지 않는다. 게임에 따라 변경될 수 있고, 청중에 따라 변경될 수 있으며, 상황에 따라 변경될 수 있다.

❸ 게임 디자인은 재미있지만 어려운 것이다

이것으로 게임 콘셉트 디자인이 완료됐다. 이제 게임에서 콘셉트 디자인이 무엇인지 대략적으로 이해됐고 자신감도 붙었을 것이다. 아이디어를 내는 능력이 있고, 어느 정도 문서를 작성할 수 있다면 콘셉트 디자인하는 과정이 정말 재미있었을 것이다. 게임을 디자인한다는 것은 눈에 보이는 새로운 가상 세계를 마치 신이 된 것처럼 창조하는 과정이므로 다른 미디어에서 흔히 체험할 수 있는 것이 아니다. 매력적이고 재미있는 건 당연하다.

머리말에서도 언급했듯이 게임 디자인에 대해 재미를 느끼기 시작한 독자들에게 노파심으로 마지막 문장을 남긴다. 콘셉트 디자인은 누구나 시도해 볼 수 있고 재미있는 영역이지만, 상세 디자인 단계는 콘셉트 디자인과는 비교 자체가 불가능할 정도로 차원이 다른 전문적인 영역이다. 또한 게임 디자이너가 신이라고 생각해서도 안된다. 마치 신이 된 것처럼 느껴지겠지만 상세 디자인에 들어가면 경력이 충분히 쌓이기 전까지 게임 디자이너 마음대로 되는 것이 단 하나도 없을 것이다.

많은 사람들이 게임 디자인에 관심을 가져줬으면 하는 바람으로 이 책을 집필했지만, 게임 디자인을 절대 쉽게 생각하지 않기를 바란다. 필자의 경험으로는 게임 프로그래밍보다 게임 디자인이 최소 수십~수백 배 어려운 분야라고 생각한다. 게임 개발 경력이 많으면 많을수록 필자의 의견에 공감할 것이다. 게임 프로그래밍은 업계에서 어느 정도 경험을 쌓고 경력이 쌓이면 크게 달라질 것이 없는 반면 게임 디자인의 깊이에는 한계라는 개념조차 없기 때문이다.

그러므로 게임 개발사에 진심으로 취업하고자 준비하는 학생이나 게임 개발자 지망생 중 프로그래밍과 그래픽 디자인에 자신이 없어서 게임 디자인을 하겠다는 것은 노멀 난이도가 어려우니 포기하고 하드 난이도보다 상위의 베리 하드 난이도에 도전하겠다는 것과 별 차이가 없다. 노멀 난이도에 다시 도전하거나 본인에 맞는 이지 난이도를 찾는 것을 심각히 고민해 볼 필요가 있다. 게임 디자인에만 집중하겠다고 각오해도 어려운 분야이다. 심지어 게임 디자인은 중년의 게임 개발자가 인생의 대부분을 게임 디자인에 투자했다고 해도 어려운 영역이다. 게임 디자이너로 취업하고 싶다면 콘셉트 디자인 몇 번 해 봤다고 게임 디자인이 쉬워 보인다고 생각하지 말고 최소 수백 장의 상세 디자인 문서를 몇 번 작성해 보자. 스스로 게임 디자인에 잘 맞는지 이해하게 될 것이다. 이 정도는 극복해야 게임 디자이너로 가능성이 조금이라도 생긴다.

| 참고 문헌 |

남기덕, 「게임 디자인을 위한 기초 이론」, 에이콘, 2019.
남기덕, 「게임 캐릭터 성격 모형의 상대적 중요도에 관한 연구_AHP 분석기법을 중심으로」, 한국게임학회 논문지, vol.20, no.5, pp. 77-88, 2020.
남기덕, 「게임 테마의 특성 비교 분석 연구 : 미국과 일본의 프랜차이즈 롤플레잉게임을 중심으로」, 상명대학교 일반대학원 게임학과 석사학위논문, 2016.
남기덕, 「싱글과 멀티 플레이 게임의 재미요소에 대한 우선순위 비교 연구」, 한국게임학회 논문지 Vol.22, no.2, pp. 57-68, 2022.
남기덕, 「장르별 게임 디자인 구성요소의 우선순위에 대한 연구」, 한국게임학회 논문지 Vol.21, no.5, pp. 63-73, 2021.
남기덕, 「AHP를 활용한 게임 캐릭터의 성격 디자인에 대한 연구」, 상명대학교 일반대학원 게임학과 게임학전공 박사학위논문, 2020.
남기덕, 「A Study on the Priority for Fun Factors by Genres : Focusing Action, Adventure, Role-Playing Games」, 한국컴퓨터게임학회 논문지 Vol.35, no.3, pp. 55-64, 2022.
남기덕, 길태숙, 「상호작용을 고려한 게임 캐릭터 성격 모델 연구」, 한국게임학회 논문지, vol.20, no.2, pp. 27-34, 2020.
남기덕, 윤형섭, 「게임 테마의 특성에 대한 연구 : 미국과 일본의 RPG를 중심으로」, 한국게임학회 논문지, vol.17, no.1, pp. 41-50, 2017.
남기덕, 윤형섭, 「미국과 일본 게임의 플레이어 캐릭터 나이와 성별 비교 분석」, 한국게임학회 논문지, vol.17, no.4, pp. 91-100, 2017.
넬슨 신, 「넬슨 신의 영상백과사전」, 한울, 2006.
도널드 노먼 저, 이창우 역, 「디자인과 인간심리(The Psychology of everyday things)」, 학지사, 1996.
도널드 노먼 저, 인지공학심리연구회 역, 「생각 있는 디자인(Things that make us smart) 」, 학지사, 1998.
도널드 노먼 저, 이영수, 최동성, 박경욱 역, 「감성 디자인(Emotional design : why we love (or hate) everyday things)」, 학지사, 2011.
라프 코스터 저, 안소현 역, 「라프 코스터의 재미이론」, 디지털미디어리서치, 2005.
로널드 B. 토비아스 저, 김석만 역, “인간의 마음을 사로잡는 스무가지 플롯”, 풀빛, 1997.
로제 카이와 저, 이상률 역, 「놀이와 인간」, 문예출판사, 1994.
린다 시거 저, 윤태현 역, 「시나리오 거듭나기」, 시나리오친구들, 2001.
사사키 토모히로 저, 방수진 역, 「기초부터 배우는 게임 시나리오」, 비즈앤비즈, 2007.
스튜어트 브라운, 크리스토퍼 본 저, 윤미나 역, 「플레이, 즐거움의 발견」, 흐름출판, 2010.
앤드류 롤링스, 어니스트 아담스 저, 송기범 역, 「게임 기획 개론」, 제우미디어, 2009.
웬디 디스페인 저, 김정태, 오석희, 윤형섭, 한동숭, 한호성 역, 「게임 디자인 원리 : 반드시 알아야 하는 게임 디자인 비법 100가지」, 에이콘, 2014.
윤형섭, 「MMORPG의 재미 평가 모델에 관한 연구」, 상명대학교 게임학과 박사학위논문, 2009.
이재홍, 「게임 스토리텔링 : 게임 기획과 게임 시나리오의 ABC」, 생각의 나무, 2011.
정한숙, 「현대소설작법」, 장락, 1994.
제시셀 저, 한동숭, 윤형섭, 한호성, 김정태 역, 「The Art of Game Design 1 2nd Edition : A Book of Lens」, 홍릉과학출판사, 2016.
제시셀 저, 한동숭, 윤형섭, 한호성, 김정태 역, 「The Art of Game Design 2 2nd Edition : A Book of Lens」, 홍릉과학출판사, 2016.
제인 맥고니걸 저, 김고명 역, 「누구나 게임을 한다」, 알에이치코리아, 2012.

트레이시 풀러턴 저, 최민석 역, 「게임 디자인 워크숍」, 위키북스, 2012.
케티 샐런, 에릭 짐머만 저, 윤형섭, 권용만 역, 「게임 디자인 원론1」, 지코사이언스, 2010.
콜린 웨어 저, 최재원 역, 「데이터 시각화, 인지과학을 만나다」, 에이콘, 2015.
폴 에크만 저, 이민아 역, 「얼굴의 심리학」, 바다출판사, 2006.
한글학회, 「우리말 큰 사전」, 어문각, 1992.
허먼 멜빌 저, 김석희 역, 「모비딕」, 작가정신, Chapter 104, 2010.
Bandura, A., 「Self-efficacy : Toward a unifying theory of behavioral change」, Psychological Review, 84(2) : 191-215, 1977.
Gibson, J. J., 「The Ecological Approach to Visual Perception」, Boston : Houghton Mifflin, 1979.
Greg Costikyan, 「I Have No Word & I Must Design」, Interactive Fantasy #2, 1994.
Hunicke, R., LeBlanc, M., & Zubek, R., 「MDA : A Formal Approach to Game Design and Game Research」, In Proceedings of the AAAI Workshop on Challenges in Game AI (Vol. 4, No. 1), 2004.
P. Lubbock, 「The craft of fiction (No. 5) 」, C. Scribner's Sons, 1921.
SoftBank Creative, 「第3次スーパーロボット大戦α 終焉の銀河へ パーフェクトガイド」, SoftBank Creative Inc., 2005.
TW. Malone, 「What Makes Things Fun to Learn? : Heuristics for designing instructional computer games」, Xerox Palo Alto Research Center, ACM, 1980.
TW. Malone, 「Toward a Theory of Intrinsically Motivating Instruction」, Cognitive Science 4, 1981.
佐々木 智広 저, 방수진 역, 「기초부터 배우는 게임 시나리오」, 비즈앤비즈, 2007.
野田 高梧, 「シナリオ構造論 改版」, 宝文館叢書, 1989.
「chess.com」, https://www.chess.com/ko/learn-how-to-play-chess
「ノベルゲームのシナリオ型」, http://plaza.harmonix.ne.jp/~onizuka/novelgame.html#editing

| 이미지 출처 |

그림 1-1 : https://ko.wikipedia.org/wiki/%EC%B2%B4%EC%8A%A4
그림 1-2 : https://namu.wiki/w/%ED%90%81
그림 1-3 : https://en.wikipedia.org/wiki/Colossal_Cave_Adventure
그림 1-4 : https://namu.wiki/w/%EC%95%84%ED%83%80%EB%A6%AC%202600
그림 1-5 : https://www.finalfantasyxiv.com/
그림 1-6 : https://www.leagueoflegends.com/ko-kr/
그림 1-7 : 남기덕, 「게임 디자인을 위한 기초 이론」, 에이콘, 2019.
그림 1-8 : 상동
그림 2-1 : 남기덕, 「게임 테마의 특성 비교 분석 연구 : 미국과 일본의 프랜차이즈 롤플레잉게임을 중심으로」, 상명대학교 일반대학원 게임학과 석사학위논문, 2016.
그림 2-2 : https://store.steampowered.com/app/489830/The_Elder_Scrolls_V_Skyrim_Special_Edition/, https://store.steampowered.com/app/359870/FINAL_FANTASY_XX2_HD_Remaster/
그림 2-3 : 남기덕, 「게임 테마의 특성 비교 분석 연구 : 미국과 일본의 프랜차이즈 롤플레잉게임을 중심으로」, 상명대학교 일반대학원 게임학과 석사학위논문, 2016.
그림 2-4 : https://www.playstation.com/ko-kr/games/stray/
그림 2-5 : https://store.steampowered.com/sub/45615/
그림 2-6 : https://store.nintendo.co.kr/70010000015845
그림 2-7 : https://store.epicgames.com/en-US/p/detroit-become-human
그림 3-1 : https://www.nintendo.com/store/products/etrian-odyssey-hd-switch/

그림 3-2 : https://namu.wiki/w/%EC%A0%A0%EA%B0%80
그림 3-3 : https://namu.wiki/w/%EC%9B%8C%ED%81%AC%EB%9E%98%ED%94%84%ED%8A%B8%202
그림 3-4 : https://www.innersloth.com/games/among-us/
그림 3-5 : 남기덕, 「게임 디자인을 위한 기초 이론」, 에이콘, 2019.
그림 3-6 : https://store.steampowered.com/app/389730/TEKKEN_7/
그림 3-7 : 파이어 엠블렘 문장의 비밀(게임스샷)
그림 3-8 : https://www.nintendo.com/store/products/divinity-original-sin-2-definitive-edition-switch/
그림 3-9 : https://store.playstation.com/ko-kr/concept/232492
그림 3-10 : https://www.nintendo.com/store/products/etrian-odyssey-origins-collection-switch/
그림 3-11 : https://namu.wiki/w/%EB%9E%91%EA%B7%B8%EB%A6%BF%EC%82%AC%202
그림 3-12 : https://namu.wiki/w/%E9%9B%B6%20~%EC%A0%9C%EB%A1%9C~
그림 4-1 : 제시셸 저, 한동숭, 윤형섭, 한호성, 김정태 역, 「The Art of Game Design 1 2nd Edition : A Book of Lens」, 홍릉과학출판사, 2016.
그림 4-2 : Hunicke, R., LeBlanc, M., & Zubek, R., 「MDA : A Formal Approach to Game Design and Game Research」, In Proceedings of the AAAI Workshop on Challenges in Game AI (Vol. 4, No. 1), 2004.
그림 4-3 : 남기덕, 「장르별 게임 디자인 구성요소의 우선순위에 대한 연구」, 한국게임학회 논문지 Vol.21, no.5, pp. 63-73, 2021.
그림 4-4 : 상동
그림 4-5 : 상동
그림 4-6 : https://namu.wiki/w/%EA%B7%B8%EB%9D%BC%EB%94%94%EC%9A%B0%EC%8A%A4%20II:%20%EA%B3%A0%ED%8D%BC%EC%9D%98%20%EC%95%BC%EB%A7%9D
그림 4-7 : https://namu.wiki/w/%ED%8C%8C%EC%9D%B4%EC%96%B4%20%EC%97%A0%EB%B8%94%EB%A0%98%20%EC%95%94%ED%9D%91%EB%A3%A1%EA%B3%BC%20%EB%B9%9B%EC%9D%98%20%EA%B2%80
그림 4-8 : https://namu.wiki/w/%EC%95%85%EB%A7%88%EC%84%B1%20%EB%93%9C%EB%9D%BC%ED%81%98%EB%9D%BC%20X%20%EC%9B%94%ED%95%98%EC%9D%98%20%EC%95%BC%EC%83%81%EA%B3%A1
그림 5-1 : https://www.playstation.com/ko-kr/games/final-fantasy-vii-remake-intergrade/
그림 5-2 : https://www.fanatical.com/ko/game/the-elder-scrolls-iv-oblivionr-game-of-the-year-edition-deluxe
그림 5-3 : https://store.steampowered.com/app/1265920/Life_is_Strange_Remastered/
그림 5-4 : https://store.steampowered.com/app/1222700/A_Way_Out/
그림 5-5 : https://www.playstation.com/en-us/games/the-sims-4/
그림 5-6 : https://classroompowerups.com/2017/08/09/lazarros-4-keys-to-fun-pt-1-introduction/
그림 5-7 : https://www.nintendo.com/store/products/the-legend-of-zelda-breath-of-the-wild-switch/
그림 5-8 : https://store.nintendo.co.kr/70010000021361
그림 5-9 : https://store.nintendo.co.kr/70010000029718
그림 5-10 : https://www.nintendo.co.kr/software/switch/ring/products/soft.html
그림 5-11 : 윤형섭, 「MMORPG의 재미 평가 모델에 관한 연구」, 상명대학교 게임학과 박사학위논문, 2009.
그림 5-12 : 남기덕, 「싱글과 멀티 플레이 게임의 재미요소에 대한 우선순위 비교 연구」, 한국게임학회 논문지 Vol.22, no.2, pp. 57-68, 2022.
그림 5-13 : https://www.devilmaycry.com/5/
그림 5-14 : https://store.steampowered.com/app/207610/The_Walking_Dead/
그림 5-15 : https://store.epicgames.com/ko/p/the-witcher-3-wild-hunt
그림 6-1 : https://www.playstation.com/ko-kr/games/human-fall-flat/
그림 6-2 : https://store.playstation.com/ko-kr/concept/232492

그림 6-3 : https://www.playstation.com/ko-kr/games/tekken-8/

그림 6-4 : https://store.steampowered.com/app/203160/Tomb_Raider/

그림 6-5 : https://store.nintendo.co.kr/70010000053968

그림 6-6 : https://store.steampowered.com/app/466300/Planescape_Torment_Enhanced_Edition/

그림 6-7 : https://www.nintendo.com/store/products/passpartout-the-starving-artist-switch/

그림 6-8 : https://store.epicgames.com/ko/p/sid-meiers-civilization-vi

그림 6-9 : Richard A. Bartle, 「HEARTS, CLUBS, DIAMONDS, SPADES : PLAYERS WHO SUIT MUDS」 https://mud.co.uk/richard/hcds.htm

그림 6-10 : https://store.steampowered.com/app/405900/Disgaea_PC/

그림 6-11 : https://store.steampowered.com/app/1245620/ELDEN_RING/

그림 6-12 : https://store.playstation.com/en-us/concept/201930

그림 6-13 : https://vrchat.com/

그림 6-14 : https://www.youtube.com/watch?v=Bo6_OsPopsc

그림 6-15 : https://namu.wiki/w/%EB%A0%88%EC%9D%B4%ED%8A%BC%20%EA%B5%90%EC%88%98%EC%99%80%20%EC%9D%B4%EC%83%81%ED%95%9C%20%EB%A7%88%EC%9D%84

그림 6-16 : https://www.nintendo.com/store/products/sakuna-of-rice-and-ruin-switch/

그림 7-1 : https://www.sutori.com/en/story/life-span-development--PjeiJFa9a1K4yvAvPitUq9ys

그림 7-2 : 「게임 디자인을 위한 심리학」, IGC 2017, 남기덕 강연자료

그림 7-3 : 「고급게임디자인」, 남기덕 게임학부 수업자료

그림 7-4 : 남기덕, 「게임 디자인을 위한 기초 이론」, 에이콘, 2019.

그림 7-5 : 상동

그림 7-6 : 상동

그림 7-7 : 남기덕, 「장르별 게임 디자인 구성요소의 우선순위에 대한 연구」, 한국게임학회 논문지 Vol.21, no.5, pp. 63-73, 2021.

그림 7-8 : https://store.steampowered.com/app/1150690/OMORI/

그림 7-9 : https://store.steampowered.com/app/1286350/BPM_BULLETS_PER_MINUTE/

그림 7-10 : https://ec.nintendo.com/AU/en/titles/70010000050320

그림 7-11 : https://store.steampowered.com/app/8980/Borderlands_Game_of_the_Year/

그림 7-12 : https://play-lh.googleusercontent.com/88kG8hC3uCh3yHP8J1HS2ruyu0OkOCijTiaFPgycSVyGqE3VzxA2am2XkUZlKtzPV2M=w526-h296-rw

그림 8-1 : https://namu.wiki/w/%EB%8D%94%20%EC%9C%84%EC%B3%90%203:%20%EC%99%80%EC%9D%BC%EB%93%9C%20%ED%97%8C%ED%8A%B8/%EB%93%B1%EC%9E%A5%EC%9D%B8%EB%AC%BC

그림 8-2 : 상동

그림 8-3 : 상동

그림 8-4 : 상동

그림 8-5 : https://namu.wiki/w/%EB%8D%94%20%EC%9C%84%EC%B3%90%203:%20%EC%99%80%EC%9D%BC%EB%93%9C%20%ED%97%8C%ED%8A%B8/%EA%B4%B4%EB%AC%BC

그림 8-6 : 남기덕, 윤형섭, 「미국과 일본 게임의 플레이어 캐릭터 나이와 성별 비교 분석」, 한국게임학회 논문지, vol.17, no.4, pp. 91-100, 2017.

그림 8-7 : 상동

그림 8-8 : 폴 에크만 저, 이민아 역, 「얼굴의 심리학」, 바다출판사, 2006.

그림 8-9 : 상동

그림 8-10 : 상동

그림 8-11 : 상동

그림 8-12 : 상동

그림 8-13 : 상동

그림 8-14 : 상동

그림 8-15 : 상동

그림 8-16 : 드래곤볼 Z 카카로트(게임스샷)

그림 8-17 : 상동

그림 8-18 : https://asia.sega.com/persona-remaster/p4g/kr/

그림 8-19 : https://www.danganronpa.com/reload/character/dangan01.html

그림 8-20 : https://namu.wiki/w/%ED%8C%8C%EC%9D%B4%EB%84%90%20%ED%8C%90%ED%83%80%EC%A7%80%207/%EB%93%B1%EC%9E%A5%EC%9D%B8%EB%AC%BC

그림 9-1 : https://store.steampowered.com/app/229480/Dungeons__Dragons_Chronicles_of_Mystara/

그림 9-2 : https://www.xbox.com/ko-kr/games/store/halo-master-chief-%EC%BB%AC%EB%A0%89%EC%85%98/9mt8ptgvhx2p

그림 9-3 : https://www.nintendo.com/store/products/shadowrun-trilogy-switch/

그림 9-4 : https://store.steampowered.com/app/8870/BioShock_Infinite/

그림 9-5 : https://store.steampowered.com/app/22380/Fallout_New_Vegas/

그림 9-6 : https://store.steampowered.com/app/752590/A_Plague_Tale_Innocence/

그림 9-7 : https://www.nintendo.com/store/products/persona-4-golden-switch/

그림 9-8 : https://www.nintendo.com/store/products/metro-2033-redux-switch/

그림 9-9 : 매스 이펙트 1(게임 스샷)

그림 9-10 : 매스 이펙트 2(게임 스샷)

그림 9-11 : https://www.playstation.com/en-us/games/scarlet-nexus/

그림 9-12 : https://www.dq11.jp/s/pf/story/index.html

그림 10-1 : SoftBank Creative, 「第3次スーパーロボット大戦α 終焉の銀河へ パーフェクトガイド」, SoftBank Creative Inc., 2005.

그림 10-2 : 第3次スーパーロボット大戦α 終焉の銀河へ(게임 스샷)

그림 10-3 : 상동

그림 10-4 : 상동

그림 10-5 : 제시셸 저, 한동숭, 윤형섭, 한호성, 김정태 역, 「The Art of Game Design 1 2nd Edition : A Book of Lens」, 홍릉과학출판사, 2016.

그림 10-6 : https://www.nintendo.co.jp/software/smb1/index.html

그림 10-7 : https://www.callofduty.com/ko/

그림 10-8 : https://www.xbox.com/ko-kr/games/store/gears-5/c2kdnlt2h7dm

그림 10-9 : https://store.epicgames.com/ko/p/sniper-elite-5

그림 10-10 : https://www.playstation.com/ko-kr/games/final-fantasy-vii/

그림 10-11 : https://store.playstation.com/ko-kr/concept/10004508

그림 10-12 : https://store.steampowered.com/app/1413480/Shin_Megami_Tensei_III_Nocturne_HD_Remaster/

그림 11-1 : 데드 스페이스2(게임스샷)

그림 11-2 : 상동

그림 11-3 : https://wardrobeandbath.com/hardware/towel-bars

그림 11-12 : https://fr.depositphotos.com/117320490/stock-illustration-illusory-contours-and-visual-illusions.html

그림 11-14 : 디아블로 2 레저렉션(게임스샷)

그림 11-15 : https://www.youtube.com/watch?v=-CbMbXf__0o

그림 11-16 : https://www.youtube.com/watch?v=Tn16QUYU6mk

그림 12-1 : https://store.steampowered.com/app/220/HalfLife_2/

그림 12-2 : https://www.nintendo.co.uk/Games/Nintendo-Switch-download-software/Crysis-Remastered-Trilogy-2063941.html

그림 12-3 : https://news.xbox.com/en-us/2020/04/23/coming-soon-xbox-game-pass-red-dead-redemption-2/

그림 12-4 : https://www.nintendo.com/store/products/undertale-switch/

그림 12-5 : https://www.nintendo.com/store/products/stardew-valley-switch/

그림 12-6 : https://www.nintendo.com/store/products/octopath-traveler-ii-switch/

그림 12-7 : https://www.nintendo.com/store/products/13-sentinels-aegis-rim-switch/

그림 12-8 : https://namu.wiki/w/%EB%AA%A8%ED%83%88%20%EC%BB%B4%EB%B1%83%202

그림 12-9 : https://namu.wiki/w/%EB%94%94%EC%95%84%EB%B8%94%EB%A1%9C%202

그림 12-10 : https://blog.ko.playstation.com/2023/02/06/20230206-gt7/

그림 12-11 : https://store.steampowered.com/app/397540/Borderlands_3/

그림 12-12 : https://ja.wikipedia.org/wiki/%E4%B8%8D%E6%B0%97%E5%91%B3%E3%81%AE%E8%B0%B7%E7%8F%BE%E8%B1%A1

그림 12-13 : https://namu.wiki/w/%ED%8C%8C%EC%9D%BC:Mori_Uncanny_Valley_ko.png

그림 12-14 : https://www.nintendo.com/store/products/bioshock-2-remastered-switch/

그림 12-15 : https://store.playstation.com/ko-kr/product/HP0177-CUSA03873_00-ODINSPHERELE0000

그림 12-16 : https://www.nintendo.com/store/products/atelier-totori-the-adventurer-of-arland-dx-switch/

그림 12-17 : https://store.steampowered.com/app/524220/NieRAutomata/

그림 13-1 : https://ko.wikipedia.org/wiki/%EA%B0%84%ED%8A%B8_%EC%B0%A8%ED%8A%B8

그림 13-2 : https://www.atlassian.com/ko/software/jira/features/roadmaps

그림 13-3 : https://www.atlassian.com/ko/software/jira/comparison/jira-vs-redmine

| 표 출처 |

표 2-1 : 남기덕, "게임 테마의 특성 비교 분석 연구 : 미국과 일본의 프랜차이즈 롤플레잉게임을 중심으로", 상명대학교 일반대학원 게임학과 석사학위논문, 2016.

표 2-2 : 상동

표 2-3 : 상동

표 2-4 : 상동

표 2-5 : 상동

표 5-1 : 윤형섭, 「MMORPG의 재미 평가 모델에 관한 연구」, 상명대학교 게임학과 박사학위논문, 2009.

표 5-2 : 남기덕, 「싱글과 멀티 플레이 게임의 재미요소에 대한 우선순위 비교 연구」, 한국게임학회 논문지 Vol.22, no.2, pp. 57-68, 2022.

표 5-3 : 상동

표 5-4 : 남기덕, 「장르별 게임 디자인 구성요소의 우선순위에 대한 연구」, 한국게임학회 논문지 Vol.21, no.5, pp. 63-73, 2021.

숫자

A

B-D

F

G-I

M-N

O-R

S

T-V

W

ㄱ